高等院校人文素质教育系列教材

大学生职业生涯规划理论与方法

王雪原　武建龙　王　卫　主编

清华大学出版社
北京

内 容 简 介

本书按照理论基础→择业观与成功观认知→自我认识→职业探索→职业生涯决策→求职与就业→职业适应→职业调整→职业再规划的逻辑思路，对内容进行结构设计与撰写，在提升大学生职业生涯规划认知系统性的基础上，为大学生提供全过程、长周期的相关承接性理论与方法指导。本书不仅提供了具体的测度模型、方法与典型案例分析等，还提供了获取相关资料的有效渠道与方式，为学习者补充学习内容、丰富学习资料提供参考。

本书适合高等院校、现代产业学院学习职业生涯规划、就业指导、自我认知等课程的学生，也适合相应专业的教师、研究生及开展自我职业规划的学习者。

本书封面贴有清华大学出版社防伪标签，无标签者不得销售。
版权所有，侵权必究。举报: 010-62782989, beiqinquan@tup.tsinghua.edu.cn。

图书在版编目(CIP)数据

大学生职业生涯规划理论与方法/王雪原，武建龙，王卫主编. —北京：清华大学出版社，2024.4
高等院校人文素质教育系列教材
ISBN 978-7-302-65249-6

Ⅰ.①大… Ⅱ.①王… ②武… ③王… Ⅲ.①大学生—职业选择—高等学校—教材 Ⅳ.①G647.38

中国国家版本馆 CIP 数据核字(2024)第 034528 号

责任编辑：孟 攀
装帧设计：杨玉兰
责任校对：徐彩虹
责任印制：刘 菲

出版发行：清华大学出版社
    网　　址：https://www.tup.com.cn, https://www.wqxuetang.com
    地　　址：北京清华大学学研大厦 A 座　　邮　　编：100084
    社 总 机：010-83470000　　邮　　购：010-62786544
    投稿与读者服务：010-62776969, c-service@tup.tsinghua.edu.cn
    质量反馈：010-62772015, zhiliang@tup.tsinghua.edu.cn
    课件下载：https://www.tup.com.cn, 010-62791865
印 装 者：三河市龙大印装有限公司
经　　销：全国新华书店
开　　本：185mm×260mm　　印　　张：17.25　　字　　数：420 千字
版　　次：2024 年 4 月第 1 版　　印　　次：2024 年 4 月第 1 次印刷
定　　价：49.80 元

产品编号：099176-01

前　言

　　职业生涯规划对于大学生树立正确的职业认知观，客观的认识自我与工作世界，科学作出职业选择决策，以及提升求职技巧、快速达到工作要求、及时调整工作并实现工作的再定位至关重要。本书不仅能为大学生提供有效的理论与方法支持，还能够提升大学生的认知辩证性、客观性，以便大学生根据外部动态变化与要求，依据掌握的规划策略与方法，及时调整规划内容，形成科学与客观的决策与新规划。

　　本书从入职前规划、求职与就业、入职后职业管理三个职业发展阶段进行系统设计，并通过自我认识、职业探索、自我与职业匹配决策三方面撰写入职前规划内容；通过求职准备、笔试与面试、录用与入职三方面撰写求职与就业内容；通过入职后适应、调整、再规划三方面撰写入职后职业管理内容。本书涵盖完整的职业规划与发展内容，可为大学生职业生涯规划提供系统的指导。

　　本书将职业成功典型人物与事件作为分析案例，旨在重塑现代学生的择业观，以便其认知职业成功者具有的情怀、特征等。本书重在提升学生的高阶能力，因此在提供自我认识探索、职业探索、职业决策以及入职后职业管理相关知识内容基础上，还提供了各种探索、决策与管理工具及资源获取渠道，从而为学生自主规划与决策提供有效的工具与方法支持。

　　本书由哈尔滨理工大学经济与管理学院人力资源管理系课程组共同拟定大纲，各章编写情况如下：第一章、第二章、第三章由武建龙编写，第四章、第五章、第六章由王雪原编写，第七章、第八章、第九章由王卫编写。另外，哈尔滨理工大学硕士研究生汤潮莉、李鑫港、何志承也参与了本书的全程工作。

　　本书在编写的过程中参考了职业生涯规划领域大量专家、学者的研究成果，在此向这些作者表示感谢！职业具有生命周期，不同时间阶段职业的兴衰体现不同。不同职业的活动内容、岗位能力特征等要求，随时间变化而产生变动，这就决定了职业生涯规划需要动态更新、及时调整，以适应外部环境变化提出的新要求。因此，本书当前设计内容可能存在一些不足，恳请使用本书的各位同仁、学生与读者批评指正，并提出宝贵意见，以进一步完善、更新与发展职业生涯规划理论与方法，为大学生职业生涯规划提供更科学、更客观的理论依据、方法支持及决策参考。

编　者

目　　录

第1章　大学生职业生涯概述 ... 1
1.1　职业生涯 ... 2
1.2　大学生职业生涯规划 ... 5
1.3　职业生涯规划相关理论 ... 10
1.4　大学生职业生涯规划认识误区与职业理想问题 ... 22
1.5　职业生涯规划的启示 ... 24

第2章　大学生择业观与职业生涯成功 ... 29
2.1　大学生择业观 ... 30
2.2　职业生涯成功 ... 36
2.3　职业生涯成功要素与典型人物发展历程 ... 39
2.4　职业观与职业生涯成功的调查方法 ... 42

第3章　自我认识 ... 45
3.1　自我认识的内涵与方法 ... 46
3.2　气质与职业 ... 47
3.3　性格与职业 ... 52
3.4　兴趣与职业 ... 57
3.5　能力与职业 ... 64
3.6　价值观与职业 ... 68
3.7　职业动机与职业选择 ... 75
3.8　职业选择方法 ... 78

第4章　职业探索 ... 81
4.1　职业分类与能力要求 ... 82
4.2　岗位探索 ... 93
4.3　职业预测 ... 99
4.4　新职业的兴起 ... 105

第5章　职业生涯决策 ... 107
5.1　职业生涯决策内涵与决策风格 ... 108
5.2　职业生涯决策工具 ... 114
5.3　职业生涯决策原则与案例 ... 126

第6章　求职与就业 ... 133
6.1　求职准备 ... 134

6.2 笔试与面试 145
6.3 模拟面试 160
6.4 录用与入职相关事项 162
6.5 职业角色转变 172

第 7 章 职业适应 175
7.1 职业选择与职业进入 176
7.2 职业素质与道德 183
7.3 职业态度与心理 189
7.4 职业适应策略 196

第 8 章 职业调整 205
8.1 职业生涯评价 206
8.2 职业压力管理 211
8.3 调整职业生涯 221

第 9 章 职业再发展规划 233
9.1 职业生涯咨询 234
9.2 职业能力 241
9.3 员工帮助计划 257
9.4 职业再规划与再定位 263

参考文献 270

第 1 章

大学生职业生涯概述

1.1 职业生涯

1.1.1 职业

1. 职业的内涵

从社会角度而言,职业是指人们为了谋生和发展而从事相对稳定、有收入、专门类别的社会劳动,是人类出现社会分工之后而产生的一种社会历史现象。人们由特定的社会分工而形成的具有特定专业和专门职责的社会活动,就是职业。从个人角度而言,职业是指个人扮演的一系列工作角色。与职业相关的概念包含职位、工作,如表1-1所示。

表1-1 职位、工作与职业

概念	英文	解释	举例
职位	Position	职位和参与工作的个人对应,与分配给个人的系列具体任务直接相关,有多少参与工作的个人,就有多少职位	大学英语系的英语教师
工作	Job	由一系列相似的职位所组成的一个特定的专业领域	英语教师
职业	Occupation	在不同的专业领域中一系列相似的服务	教师

社会分工是产生职业的社会基础,每个人在社会分工中占有一席之地,这就是个人的职业。在人类社会中,社会分工永远不会消失,因此职业也会永远存在并继续发展。

综上所述,职业是根据个人意愿和社会需要有效地参与社会分工,利用专门的知识和技能,为社会创造物质财富和精神财富,获取合理报酬,作为物质生活来源并满足精神需求的社会活动。职业于人生而言是实现人生发展的载体,不同的职业决定不同的人生。

2. 职业的典型特征

职业一般具备社会性、规范性、技术性、经济性、稳定性五个特征。

(1) 职业具有社会性。职业的社会性是指职业是随着社会的发展而不断变化的。社会性是职业的首要属性。职业充分体现了社会分工,是社会生产力发展的产物。每一种职业都是社会分工的细化,体现了对社会生产和社会进步的积极作用。社会成员在一定的社会职业岗位上为社会整体作贡献,社会整体也以全体成员的劳动成果作为积累而获得持续的发展和进步。职业的社会性反映出不同的职业承担着不同的社会责任,职业需要符合社会规范要求。

(2) 职业具有规范性。职业的规范性包含职业内部与外部规范性两类,这两种规范性构成了职业规范的内涵与外延。不同的职业在其劳动过程中都有一定的操作规范性,这是保证职业活动的专业性要求;同时,当不同职业在对外展现其服务时,还存在伦理范畴的规范性,即职业道德。基本职业道德要求如下。

① 爱岗敬业。它是人类社会所有职业道德的一条核心规范。它要求从业者既要热爱自己所从事的职业,又要以尊重的态度对待自己的工作岗位。爱岗敬业是职责,也是成才的内在要求。

所谓爱岗,就是热爱自己的本职工作,并为做好本职工作尽心竭力。爱岗是对人们工作态度的一种普遍要求，即要求职业工作者以正确的态度对待各种职业劳动，同时努力培养并保持对自己所从事工作的幸福感、荣誉感。

所谓敬业，就是用一种尊敬严肃的态度来对待自己的职业。用人单位倾向于选择那些既有真才实学又踏踏实实、持良好态度工作的人。这就要求从业者只有养成干一行、爱一行、钻一行的职业精神，专心致志搞好工作，才能在平凡的岗位上创造出奇迹。一个人如果不尊重自己的本职岗位，心浮气躁，好高骛远，不仅会违背职业道德规范，还会失去自身发展的机遇。虽然社会职业在外部表现上存在差异性，但只要从业者热爱自己的本职工作，并能在自己的工作岗位上兢兢业业，终会有机会创造佳绩。

爱岗敬业是职业道德的基础，是社会主义职业道德所倡导的首要规范。爱岗就是热爱自己的本职工作，忠于职守，对本职工作尽心尽力；敬业是爱岗的升华，就是以尊敬严肃的态度对待自己的职业，对本职工作一丝不苟。爱岗敬业，就是对自己的工作要专心、认真、负责任，为实现职业上的目标而奋斗。

② 诚实守信。诚实就是实事求是地待人做事，不弄虚作假。每一名从业者，只有为社会多工作、多创造物质或精神财富，并付出卓有成效的劳动，社会所给予的回报才会越多，即多劳多得。守信要求讲信誉、守诺言。要求每名从业者在工作中严格遵守国家的法律、法规和本职工作的条例、纪律；要求做到秉公办事，坚持原则，不以权谋私；要求做到对工作精益求精，注重产品质量和服务质量。

③ 办事公道。所谓办事公道是指从业人员在办事情或处理问题时，要站在公正的立场上，按照同一标准和同一原则办事的职业道德规范。即处理各种职业事务要公道正派、不偏不倚、客观公正。对不同的服务对象一视同仁，秉公办事，不因职位高低、贫富亲疏的差异而区别对待。

④ 服务群众。服务群众是指听取群众意见，了解群众需要，为群众着想，端正服务态度，改进服务措施，提高服务质量。做好本职工作是服务人民最直接的体现。要想做到履职尽责，就必须坚持工作的高标准。工作的高标准是单位建设的客观需要，是强烈事业心与责任感的具体体现，也是履行岗位责任的必然要求。

⑤ 奉献社会。奉献社会是社会主义职业道德的最高境界和最终目的，是职业道德的出发点和归宿。奉献社会就是要履行对社会、对他人的义务，自觉地、努力地为社会、为他人作出贡献。当社会利益与局部利益、个人利益发生冲突时，就要求每一个从业人员把社会利益放在首位。

奉献社会是一种对事业忘我的全身心投入，这不仅需要有崇高的信念，更需要有坚定的行动。

(3) 职业具有技术性。职业的技术性是指每一种职业都有一定的技术含量或技术要求。任何职业都有相应的职责和技术要求，能胜任和承担岗位工作的人，除了要达到岗位职业道德、责任义务及服务要求外，还要达到持证上岗的技术水准。对于某些职业，必须经过较长时间的专业知识学习或技术培训，才能具备所从事职业必备的知识、技能和技巧。职业的技术特性是一切职业共有的特性。另外，由于科学技术的发展，人们生活方式、习惯养成等因素发生变化，导致职业所需技术会呈现出时代特征。科技革命能够引发职业变革，对每个人职业素养的要求也在不断提高。

(4) 职业具有经济性。职业的经济性是指人们通过从事职业活动可以获得报酬。任何劳动者在从事一定的社会职业，承担特定的岗位职责并完成工作任务之后，都应该从中获得合理的报酬。一方面，社会、企业及用人部门对劳动者付出的劳动应该给予回报；另一方面，从事职业活动是劳动者相对稳定的主要生活来源，劳动者必须以此来维持个人及其家庭生活，从而维持正常的社会秩序，保持整个社会的稳定团结。

（5）职业具有稳定性。职业的稳定性是指职业一旦形成便会在或长或短的时期内存在和发展。职业的稳定性不仅为人们学习掌握职业知识和技能提供保证，也使人们职业生涯发展和规划成为可能。我们应该充分利用职业的稳定性，学习掌握职业知识和技能，学会职业生涯规划。

1.1.2 生涯

1. 生涯内涵

一般意义上说，生涯就是生活，日常生活也是一种生涯。职业生涯，是指一个人一生连续担负的工作职业和工作职务的发展道路。美国职业生涯专家萨柏曾提出："生涯"是生活里各种事件的方向，它统合了个人一生中各种职业和生活的角色，由此表现出个人独特的自我发展形态；它也是人生自青春期至退休所有的有报酬或无报酬职位的综合，除了职位之外还包括与工作有关的各种角色。生涯发展是以人为中心的，只有个人在寻求它的时候，它才存在。萨柏认为，生涯是个人终其一生来扮演某一角色的整个过程，其由以下三个层面构成：一是时间，指个人的年龄或生命的时程，可细分为成长、试探、建立、维持、衰退等时期；二是广度或范围，是指每个人一生所扮演各种不同的角色种类；三是深度，即个人投入的程度。

2. 生涯形态

每个人都有其独特的生涯形态，而这种形态的不同，对人的发展影响极大。好的生涯形态，会使事业获得成功；不好的生涯形态，会导致事业一事无成。

职业生涯的具体形态可分为以下 7 种。

（1）步步高升型，这类人常常在一个组织内认真经营，尽管有时工作地点或工作内容会因公司的需要而有所改变，但是因为工作业绩突出而受主管认可，常常会步步高升。

（2）阅历丰富型，这类人变换过不少工作，供职过很多家单位，工作内容的差异性也很大，但是他们勇于尝试，敢于创新且学习能力较强，常常能自如地应对各种突发状况。

（3）稳扎稳打型，这类人在工作初期处于探索阶段，工作的转换较为频繁，经过一连串的尝试与努力之后，终于进入自己所向往的机构。该机构的升迁与发展有限，但是非常稳定，如教育院校、国家机关、邮局、银行等。

（4）越战越勇型，这类人虽然有明确的职业生涯发展方向，但是会因为某些原因受到打击或重挫。挫败之后，他们常常可以凭借自己的毅力和能力继续努力，以更加成熟的态度面对新的挑战。最后，他们在工作中取得的成就会远超从前。

（5）得天独厚型，这类人对于自己的职业和工作并没有花费太多的精力，也不积极进行探索和尝试，反而因为家庭的关系很早就确定了方向。经过刻意地栽培与巧妙的安排，他们进入了公司的决策核心，并将组织发展与个人职业生涯密切结合。

(6) 生涯因故中断型，职业生涯因故中断型是指连续性的职业生涯发展因为某些原因而停顿，处于静止或衰退的状态。导致职业生涯中断的原因有很多，比如，身体患有重病，不得不进行治疗等。

(7) 一心多用型，这类人不愿意专注于一份工作或事业，在工作之余时常会给自己安排一些感兴趣的事，在稳定与创新之间寻找平衡点。

1.1.3 职业生涯

职业生涯可分为内职业生涯与外职业生涯。内职业生涯是指在职业生涯发展中通过提高自身素质与职业技能而获取的个人综合能力、社会地位及荣誉的总和，它是别人无法替代和窃取的人生财富。外职业生涯是指在职业生涯过程中所经历的职业角色(职位)及获取的物质财富的总和，它是依赖于内职业生涯的发展而增长的。

具体地讲，职业生涯是以心理开发、生理开发、智力开发、技能开发、伦理开发等人的潜能开发为基础，以工作内容的确定和变化、工作业绩的评价、工资待遇、职称、职务的变动为标志，以满足需求为目标的工作经历和内心体验的经历。职业生涯是人生中最重要的历程，是追求自我实现的重要人生阶段。人生过程通常分为少年、成年、老年等阶段，而成年阶段时间最长，是人们职业生涯最重要的时期，是人生的主体。因此也可以说，人的生涯就是职业生涯。

1.2　大学生职业生涯规划

"凡事预则立，不预则废。"基于未来职业发展规划，对大学期间的学习、生活进行科学与合理布局，是学生迅速了解与适应大学生活，加深对社会工作认知的核心与关键。因此，对职业生涯进行初步规划设计成为大学生进入学校后的首要任务。人生在世，只有树立了明确的目标，才能向着目标的方向努力，才能有意识地收集有关素材，创造有利条件，使自己的事业获得成功。

1.2.1 规划

《辞海》(全新版)对规划的定义如下：(名)比较全面的长远的发展计划。(动)做规划：积极规划基本建设。(做宾语)并列式：规+划。从基本义看，规划也是计划，是更为长远的计划，就是说从时间尺度来考量，规划侧重于长期，计划侧重于短期。这非常符合中国人的用词习惯。对于长远蓝图，按照中国文字习惯，往往用规划比较合适；而对于短期蓝图，则用计划比较合适。规划是战略性的，计划是战术性的。规划是实现战略目标和策略手段的一系列相互联系、相互制约的活动。规划可以包含着一个或若干个计划，需要一个个小的计划来实现，计划是规划的子集。规划更多带有客观意味，计划则偏重主观。规划是在特定时期内，为完成特定目标体系而展开的综合分析与设计。计划是依据归纳总结和科学分析所得出的结论，制定相应的措施、办法以及执行原则和标准。由此可见，系统、全面的部署，用规划更加合适。

1.2.2　职业生涯规划

生涯规划是宏观意义上的，是我们对自己更加全面、更加完整的了解，是对我们人生资源的最佳调配和利用。包括我们对自己的个性的掌握，兴趣的判断，各种驱动力对自己行为导向的一种理解，以及对自己未来的潜力的一种评估。所以说生涯规划涵盖的面是一个人的整体，职业则是其中重要的一环。广义上的生涯规划，更多地包括了对于自己成长的规划，其目的是让自己成为一个自己想要成为的人。但是在现实生活中大家往往会聚焦和停留在职业选择上，如小时候兴趣爱好的培养，高中时候对于文理科的选择，大学对于专业的选择以及工作之后对于行业的选择等。个人职业生涯发展的一系列选择，这些都是生涯规划当中非常重要的一环。由此可见，生涯规划涵盖的范围要比职业规划多得多，但是职业生涯的规划是生涯规划当中非常重要的一环，也是占到主导地位的一个部分。因此，从狭义上看，生涯规划即是职业规划或职业生涯规划，就是对个人的职业生涯进行比较全面的、长远的、系统的发展计划，是对个人职业选择的主观和客观因素进行分析和测定，确定个人的奋斗目标并选择实现这一目标的职业或岗位，编制相应的工作、教育和培训计划，制定基本措施。

1.2.3　大学生职业生涯规划

根据中国职业规划师协会的定义：大学生职业生涯规划是指学生在大学期间进行系统的职业生涯规划的过程。它包括大学期间的学习规划、职业规划，大学生职业生涯规划直接影响到大学期间的学习生活质量，更直接影响到求职就业甚至未来职业生涯。从狭义职业生涯规划的角度来看，此阶段主要是职业的准备期，主要目的是在于为未来的就业和事业发展做好准备。

职业生涯规划包括以下内容：确定职业目标、确定成功标准、制订职业发展通路计划、明确需要进行的培训和准备、列出时间安排。针对以上五方面内容，大学生的职业生涯规划可分为以下几个步骤。

1. 自我认识

自我认识是设计大学生职业生涯规划的基础，因此一定要全面、客观、深刻，绝不回避自己的缺点和短处。在自我认识方面，"当局者迷，旁观者清"，可以参考家庭、同学、师长的意见，力争对自己有真正全面的认识。

(1) 优势。一是学习了什么。在校期间，学生从专业学习中能够获取些什么知识？社会实践活动提高和升华了哪些方面的知识和能力？努力学好专业课程是职业设计的重要前提。要注意学习，善于学习，同时要善于归纳、总结，把单纯的知识真正内化为自己的智慧。二是曾经做过什么。如在学习期间担当的学生职务、社会实践活动取得的成就及工作经验的积累等。要提高自己经历的丰富性和突出性，就应该有针对性地选择尽量与职业目标相一致的工作项目，坚持不懈地努力工作，这样才会使自己的经历更有说服力。三是最成功的是什么。做过的事情中最成功的是什么？如何成功的？通过分析，可以发现自己的长处，譬如意志坚强、智慧超群等，以此作为个人深层次挖掘的动力之源和魅力闪光点，以形成职业规划的有力支撑。

(2) 弱势。弱势就是自身目前的不足或能力的欠缺。一是性格的弱点。人无法避免与生俱来的弱点，这就意味着，自身在某些方面存在着先天不足，是个人力所不能及的。应该多安下心来，跟别人多交流和沟通，看看别人眼中的自己是什么样子，与自己的预想是否一致，找出其中的偏差并尽力弥补，这将有助于自我提高。二是经验或经历中所欠缺的方面。欠缺并不可怕，怕的是自己还没有认识到或认识到了而一味地不懂装懂。正确的态度是：认真对待，善于发现，努力克服和提高，这时候就可以打出"给我时间，我可以做得更好"的旗号。

通过以上自我分析与认识，可以解决"我选择干什么"的问题。职业方向直接决定着一个人的职业发展，因此需要倍加慎重。选错了行业，可能会毁掉自己本该有所作为的人生。

(3) 自我知识的了解。自我了解可以通过回答"我是谁""我想做什么""我能做什么""环境支持或允许我做什么""我的职业与生活规划是什么"这五个问题，从而得到较为清晰和系统的答案。

① 我是谁——正确地认识自己，找出自己的优势与劣势。大学生在毕业前应做好自身条件的客观分析，途径主要有以下几种：一是通过对中学、大学的学习生活作一个总体回顾，然后对自己作出自我分析与评论；二是咨询自己的师长、朋友，给自己提一些合理的建议；三是进行一些人才量表的自我测试。通过以上几种方式的分析与测试，能够使我们对自己的性格、兴趣、特长、气质、智商、情商、职业倾向等指标了然于心，有助于我们从知识结构、观念、思维方式、技能、心理素质等方面对自己进行总结和分析。对于刚刚毕业的大学生，公司会选出三四项核心能力指标，作为面试的主要内容，比如人力资源员工应该具有的核心能力包括分析能力、沟通能力以及以客户为导向等能力。如果每个大学生清楚地知道自己具备哪些能力，并有意识地进行培养，那么就能真正提升自己的能力与素质。

② 我想做什么——明确自己的目标。要求一个人对自己未来职业发展的目标和前景，作出一种愿望定位、心理预期和取向审视，清楚目标，明确梦想。制订自己的职业目标并没有那么难，只要考虑一下自己希望在多少年之内达到什么目标，然后一步一步往回推算就可以了。目标的设定要以自己的最佳才能、最优性格、最大兴趣、最有利环境等信息为依据。通常目标分短期目标、中期目标，长期目标，确立目标是制订职业生涯规划的关键，有效的职业生涯设计需要切实可行的目标，以便排除不必要的犹豫和干扰，全心致力于目标的实现。

③ 我能做什么——确定自己的职业性向。大学生仅凭兴趣选择职业是不全面的，感兴趣的事情并不代表其有能力去做。因此，清楚自己能干什么，适合干什么是选择职业的必备条件。职业咨询专家约翰·霍兰德基于自己对职业性向测试的研究，提出了决定个人选择何种职业的六种基本人格类型或性向，如实际性向、调研性向、社会性向、常规性向、企业性向、艺术性向等。比如，一个有着较强社会性向的人，可能会去从事包含大量人际交往内容的职业，而不是去从事那些包含大量智力活动或体力活动的职业。科学家们进一步研究总结了分别适合于这六种职业性向的职业类型。比如，具有实际性向的人会被

吸引从事工程人员、公路巡逻员以及机械工人等职业；而那些具有调研性向的人则会被吸引到天文学、生物学和化学等研究领域。然而，完成一项工作不仅需要兴趣与动力，还需要一定能力。比如，一个人具有调研性向，他就一定能胜任天文学、生物学等领域的调研工作吗？出于对职业规划的目的，大学生可利用一些完整的测验工具来对自己的资质进行衡量，测验的内容包括大学生的智力、基本技能、与特定职业岗位相匹配的能力、与人合作的能力等。借助测评和职业咨询，把原本"只可意会，难以言传"的各种因素，细细量化分析，看看自己到底喜欢什么、能做什么、擅长什么，进而找到一条适合自己的职业发展之路。

④ 环境支持或允许我做什么——依据社会需要确定自己的最佳职业。大学生在明确自己想干、能干的专业领域和事业方向的同时，还应兼顾考虑社会的需求和未来发展等外在因素，这是职业选择是否成功的基本保证。如果所选择的职业自己既感兴趣又符合能力要求，但社会没有需求或需求很少，就业机会渺茫，这样的职业生涯规划可以说起步就是艰难的。由于社会人才需求，劳动力市场变化发展的不确定性，衡量社会需求以及发展前景不是简单的事情，因而在选择这一职业时，应综合权衡，统筹考虑，力争做到择己所爱、择己所长的同时，还能够择社会所需，理智地走好职业生涯规划的第一步。

⑤ 我的职业与生活规划是什么——确定职业目标和个性化的职业发展计划。大学生要根据自己的爱好、实际能力和社会需求制订有效的目标和实施步骤。比如，某个年龄段该做什么，某个时间段自己到达什么目标等。大学生应该有一个十分清晰的目标体系，这个目标体系可以十分容易地检验自己的能力与素质。

一般而言，清晰、全面地回答了以上五个问题，就为能够系统地制订出一份个人的职业生涯规划提供了前提保障。例如，对于一个立志创业的人来说，职业生涯规划与其创业规划在一定程度上是同一个东西。要制订一份好的创业规划，从原则上说，应该把握三个主要内容：自己能够做什么，社会需要什么，自己拥有什么资源。因此，就有必要进行自我分析、环境分析和关键成就等因素分析。

2. 确定职业发展目标

树立职业发展目标，可以成为追求成就的推动力，有助于排除不必要的干扰，一心一意致力于目标的实现。那么，如何确定职业发展目标呢？通常，在自我调查、评估、定位之后，根据社会的需要和环境的许可程度，将自我动机和需要以奋斗目标的形式与社会需要相结合，来制定职业发展目标。目标分解可分为按性质分解和按时间分解，具体内容如下所述。

(1) 按性质分解。根据性质可分成外职业生涯目标与内职业生涯目标。外职业生涯目标包含工作单位、工作职务、工作内容、工作环境、工作地点、收入、福利待遇、声望、职位等；内职业生涯目标包含观念改善、掌握新知识、提高心理素质和工作能力、工作成果、处理与他人的关系等。

(2) 按时间分解。根据时间长短可分成短期、中期和长期目标，不同目标具有不同特征。

① 制定的短期目标应具有以下特征：目标可能是自己选择的，也可能是企业或上级安排的，被动接受的；未必由自己的价值观决定，但是可以接受；目标切合实际；具备可

操作性；明确具体的完成时间；对实现目标有把握；需要适应环境。

② 制定的中期目标应具有以下特征：结合自己的志愿和所在单位的环境及要求制定目标；基本符合自己的价值观，充满信心，且愿意将其公之于众；目标切合实际并有所创新；能用明确的语言定量说明；有比较明确的时间，且可作适当的调整；对目标的实现可能性做过评估；可以利用环境；全局眼光；与长期目标一致。

③ 制定的长期目标应具有以下特征：目标是自己认真选择的，和社会发展需求相结合；非常符合自己的价值观，为自己的选择感到骄傲；有实现的可能，并有挑战性；在一定时间范围内实现即可；对实现充满渴望；立志改造环境；具有长远的眼光；目标始终如一，长期坚持不懈；创造美好未来。

3. 制订职业发展通路计划

把职业生涯中的重要方面——发展、调动、晋升等结合在一起，首先确定组织内部的职业生涯通路。职业生涯通路实际上包括一个个职业阶梯，个人由低至高拾级而上，如律师所内勤——律师助理——执业律师——律师所合伙人，可以按照职业生涯通路来安排个人的工作变动，从而训练与发展担任各级职务和从事不同职业的综合能力。职业生涯通路计划应该包括以下内容：描述各种流动的可能性；反映工作内容、组织需要的变化；详细说明职业生涯通路的每一职位的学历、工作经历以及所需的知识和技能。

4. 明确需要进行的培训和准备

可以列目录，在自己的职业生涯与生活中，什么做得好？什么做得不好？还需要什么(学习扩大权利、增加经验)？另外，怎样应用自己的培训成果？自己拥有什么资源？现在应该停止做什么？

(1) 社会职业状况。社会职业状况包括：产业结构，行业结构与分类，职业分类和结构，社会职业的发展趋势、职业流动的特点与规律等；不同职业的性质、特点、任务、工作环境、资格要求等。

(2) 教育培训信息。教育培训信息包括：个人为了获得适应某种特殊职业要求的职业资格，需要接受哪些教育与培训；怎样对各种教育、培训机构进行评价、选择；怎样对自己的胜任情况进行评估；需要在哪些方面去提升自己等。

5. 确定职业生涯运行方案

职业生涯运行方案是为实现职业目标而制定的行动方案，需要具有较强的可行性。在制定自己生涯规划时，要确定自己未来职业发展的领域，确定自己何时在企业内部发展？何时重新选择？其发展道路是怎样的？事实上，根据未来职业方向选择一个对自己有利的职业和得以实现自我价值的组织，应该是每个人的良好愿望，也是实现自我的基础，但这一步的迈出要相当慎重。

就人生第一个职业而言，它往往不仅是一份单纯的工作，更重要的是它会初步使个人了解职业，认识社会，它是个人一定意义上的职业启蒙老师。如欲从事技术工程师工作并想有所作为，可以设定自我发展计划：选择一个什么样的组织，预测自我在组织内的职务提升步骤，个人如何从低到高拾阶而上；从技术员做起，在此基础上努力熟悉业务领域、提高能力，最终达到技术工程师的理想生涯目标；预测工作范围的变化情况，不同工作对自己的要求及应对措施；预测可能出现的竞争，以及如何应对这些竞争，分析自我提高的可靠途径；如果发展过程中出现偏差，例如，工作不适应或被解聘，自己该如何改变职业方向。

1.3 职业生涯规划相关理论

1.3.1 职业生涯阶段理论

1. 施恩的职业生涯发展理论

美国的施恩立足于人生不同年龄段面临的问题和职业工作的主要任务，将职业生涯分为 9 个阶段。

(1) 成长、幻想、探索阶段。一般 0～21 岁的人处于这一职业发展阶段。该阶段的主要任务包括：①发现和发展自己的需要和兴趣以及能力和才干，为进行实际的职业选择打好基础。②学习职业方面的知识，寻找现实的角色模式，获取丰富信息，发现和发展自己的价值观、动机和抱负，作出合理的受教育决策，将幼年的职业幻想变为可操作的现实。③接受教育和培训，开发工作世界中所需要的基本习惯和技能。在这一阶段所充当的角色是学生、职业工作的候选人、申请者。

(2) 进入工作阶段。16～25 岁的人处于该阶段。首先，进入劳动力市场，谋取可能成为一种职业基础的第一项工作；其次，个人和雇主之间达成正式可行的契约，个人成为一个组织或一种职业的成员，充当的角色是应聘者、新学员。

(3) 基础培训阶段。处于该阶段的人为 16～25 岁。此时已经迈进职业或组织的大门，主要任务包括：①了解、熟悉组织，接受组织文化，融入工作群体，尽快取得组织成员资格，成为一名有效的成员；②适应日常的操作程序，正常工作。

(4) 早期职业的正式成员资格阶段。处于此阶段的人年龄为 17～30 岁，取得组织新的正式成员资格。面临的主要任务包括：①承担责任，成功地执行与第一次工作分配有关的任务；②发展和展示自己的技能和专长，为提升或进入其他领域的横向职业成长打基础；③根据自身才干和价值观，根据组织中的机会和约束，重新评估当初追求的职业，决定是否留在这个组织或职业中，或者在自己的需要、组织约束和机会之间寻找一种更好的配合。

(5) 职业中期阶段。处于职业中期的人，年龄一般在 25 岁以上。主要任务包括：①选定一项专业或进入管理部门；②保持技术竞争力，在自己选择的专业或管理领域内继续学习，力争成为一名专家或职业能手；③承担较大责任，明确自己的地位；④开发个人的长期职业计划。

(6) 职业中期危险阶段。处于这一阶段的人年龄大多为 35～45 岁。主要任务包括：①现实地估价自己的进步、职业抱负及个人前途；②就接受现状或者争取看得见的前途作出具体选择；③建立与他人的良好关系。

(7) 职业后期阶段。从 40 岁以后直到退休，属于职业后期阶段，此时的职业状况或任务如下：①成为一名良师，学会发挥影响，指导、指挥别人，对他人承担责任；②扩大、发展、深化技能，或者提高才干，以担负更大范围、更重大的责任；③如果求安稳，就此停滞，则要接受和正视自己影响力和挑战能力的下降。

(8) 衰退和离职阶段。这个阶段一般在 40 岁之后到退休期间，不同的人在不同的年龄会衰退或离职。此间主要的职业任务如下：①学会接受权力、责任、地位的下降；②基于竞争力和进取心下降，要学会接受和发展新的角色；③评估自己的职业生涯，着手退休。

(9) 离开组织或职业——退休阶段。在失去工作或组织角色之后，面临两大问题或任务如下：①保持一种认同感，适应角色、生活方式和生活标准的急剧变化；②保持一种自我价值观，运用自己积累的经验和智慧，对他人进行传帮带。

2. 金斯伯格的职业生涯发展阶段理论

美国职业发展专家金斯伯格的职业生涯发展阶段理论提出了前期职业生涯发展的不同阶段，也就是说，展现了就业前人们职业意识或职业追求的变化发展过程。金斯伯格将职业生涯的发展分为幻想期、尝试期和现实期。

(1) 幻想期，是指处于 11 岁之前的儿童时期。儿童对大千世界，特别是对他们所看到或接触到的各类职业工作者充满了新奇、好玩的感觉。该时期职业需求的特点是单纯凭自己的兴趣爱好，不考虑自身的条件、能力水平和社会需要与机遇，完全处于幻想之中。

(2) 尝试期，是指 11～17 岁，即由少年儿童向青年过渡的时期。在此阶段，人的心理和生理在迅速成长发育和变化，有独立的意识，价值观念开始形成，知识能力显著增长和增强，初步懂得社会生产和生活的经验。在职业需求上呈现出来的特点是有职业兴趣，但不仅限于此，而是更多地和客观地审视自身各方面的条件和能力；开始注意职业角色的社会地位、社会意义以及社会对该职业的需要。

(3) 现实期，是指 17 岁以后的青年期，即将步入社会劳动，能够客观地把自己的职业愿望或要求，同自己的主观条件、能力以及社会现实的职业需要紧密联系和协调起来，寻找适合于自己的职业角色。该时期所追求的职业不再模糊，其职业目标表现出的最大特点是客观性、现实性。

3. 萨柏的职业生涯发展阶段理论

美国的萨柏重点从生涯整体视角提出职业阶段理论，把人的职业发展划分为五大阶段。

(1) 成长阶段——认知阶段(0～14 岁)。这一阶段是从对职业好奇、幻想到感兴趣，到有意识培养职业能力的逐步成长过程。

(2) 探索阶段——学习打基础阶段(15～24 岁)。这一阶段为择业、初就业阶段，综合认识和考虑自己的兴趣、能力与职业社会价值、就业机会，开始进行择业尝试。

(3) 建立阶段——选择安置阶段(25～44 岁)。这一阶段为建立稳定职业阶段。经过早期的探索和尝试后，最终确定稳定职业并谋求发展。

(4) 维持阶段——升迁阶段(45～64 岁)。在这一阶段，劳动者一般会达到"功成名就"的状态，已不再考虑变换职业，只力求维持已取得的成就和社会地位。重点是维持家庭和工作间的和谐关系，传承工作经验，寻求接替人选。

(5) 衰退阶段——退休阶段(65 岁以上)。个体达到 65 岁以上，其健康状况和工作能力已经逐步衰退，即将退出工作，结束职业生涯。这一阶段会出现权力和责任的相对减少，因而个体要学习接受一种新的角色，适应退休后的生活。

4. 格林豪斯的职业生涯发展阶段理论

格林豪斯研究人生不同年龄段职业发展的主要任务，并以此将职业生涯划分为5个阶段。

(1) 职业准备阶段。典型年龄段为0～18岁，其主要任务是发展职业想象力，培养职业兴趣和能力，对职业进行评估和选择，接受必需的职业教育。

(2) 进入组织阶段。18～25岁为进入组织阶段，其主要任务是在一个理想的组织中获得一份工作，在获取足量信息的基础上，尽量选择一种合适的、较为满意的职业。

(3) 职业生涯初期。典型年龄段为25～40岁，其主要任务是学习职业技术，提高工作能力；了解和学习组织纪律和规范，逐步适应职业工作，适应和融入组织；为未来的职业发展做好准备。

(4) 职业生涯中期。40～55岁是职业生涯中期阶段，其主要任务是对早期职业生涯重新评估，强化或改变自己的职业理想；选定职业，努力工作，有所成就。

(5) 职业生涯后期。从55岁直至退休是职业生涯后期，其主要任务是继续保持已有的职业成就，维护尊严，准备引退。

5. 国际通用的按年龄层次划分职业阶段

职业生涯阶段如何划分，国际上通用的是按年龄层次划分，每十年作为一个阶段。我们每个人都要经历这几个阶段，科学地将其划分为不同的阶段，明确每个阶段的特征和任务，做好规划，对更好地从事自己的职业和实现确立的人生目标非常重要。一般来说，一个人在20岁前做好职业准备，20岁左右时希望尽快进入角色，30岁左右追求发展空间，40岁左右追求突破，50岁左右求平稳，60岁左右则顺利退出。整体而言，人的职业生涯大体可分为以下6个阶段。

(1) 职业准备阶段。这是一个人就业前学习专业、职业知识和技能的时期，也是个人素质形成的主要时期。但对于这个职业生涯的起点，许多人是盲目的，甚至是由别人(通常是家长或老师)代替决定的。

(2) 职业选择阶段。这一阶段的主要特征是从学校走上工作岗位，是人生事业发展的起点。在这一阶段，人们要根据社会需要和本身的素质及愿望，作出职业选择，走上工作岗位，这是个人生涯的关键一步。如果选择失误，将导致职业生涯的不顺利。

如何起步，直接关系到今后的成败。一个人为了找到最适合自己的职业可能要经历几次这样的磨合。可以多进行一些职业方面的尝试、探索，熟悉适应组织环境，熟悉工作内容，发展和展示个人专长，积累知识，学会与他人沟通协作，获得认可。所有这些目标都需要通过学习来逐步实现。因此，这一阶段的规划方案，也应当围绕学习这个主题来进行，可具体将其分解为：以何种形式来学习知识；重返校园还是参加培训；学习的内容是什么；达到怎样的标准；能力积累提高的具体途径等。

(3) 工作初期——职业适应阶段。这一阶段是对走上工作岗位的人的素质检验。具备岗位要求素质的人，能够顺利适应此职业；素质较差或不能满足职业要求的人，则需要通过培训教育来满足职业要求；自身的职业能力、人格特点等素质与工作岗位要求差距较大者，难以达到职业要求，则需要重新选择职业；而个人素质超过岗位要求，但个人兴趣与现职业类别很不相符者，也可能重新对职业进行选择。

(4) 工作中期——职业稳定阶段。这一阶段是个人职业生涯的主体阶段。一般处于人的成年、壮年时期，且占据个人生命过程的绝大部分时间。

这一阶段可能存在诸如发展稳定、遭遇发展瓶颈、面临中年危机、取得阶段成功等不同情况。对于大部分人来说，这一阶段应该致力于某一领域的深入发展，求得升迁和专精。它不仅是劳动效果最好的时期，也是人们担负繁重家庭责任的时期。一个人除非有特别的才干和抱负，40岁应该是职业锚扎根的时候，不宜再更换职业。因此成年人往往倾向于某种稳定的职业，或是特定的岗位。一般这时的个人精力也不允许像年轻人那样上学深造，适合的充电方式只有短期培训和实践积累。即使真的处于职业生涯的瓶颈期和转折点，需要重新调整职业和修订自己的目标，也应在45岁以前完成。在职业稳定期，如果从业者的素质能够得到发展和提高，潜力得以体现，就可能逐步取得成果，成为某一领域的出色人才、行家能手，得到晋升并获得职业生涯的成功和成就。因此，处在这一阶段的职业生涯规划应重点围绕扩大工作视野，传、帮、带新人和提升自己的领导(指导)能力来进行。

(5) 工作后期——职业素质衰退阶段。这一阶段，人开始逐渐步入老年。由于生理条件的变化，能力缓慢减退，生理需求逐步降低，转而去追求稳妥和维持现状。一般来说，处在这一阶段，上升的空间已经很小，就应规划退休前全身而退的策略，以及退休后的目标转移方案。

也有一些老年人，智力并没有减退，而知识、经验还呈现越来越多的现象(有学者称之为"晶态智力")。这种晶态智力的发挥，能够使他们的素质进一步提高，出现第二次创造高峰，直到强峰。这些人往往是所从事职业领域里的专家或专业方面的学术带头人。

(6) 职业结束阶段。这一阶段是人们由于年老或其他原因结束职业生涯历程的短暂过渡时期。

对于个人而言，职业的稳定与适合是非常重要的。在上述六个阶段中，"职业稳定阶段"最长，"选择阶段"最为关键，在其前的"准备阶段"一定程度上决定着稳定性。为了确保职业成功，必须以逻辑而系统的方式，仔细地规划每个职业阶段。同时，清楚地认识自己现在所处的职业阶段，这对职业成功是很有必要的。

1.3.2 职业生涯选择理论

人们对职业的选择会涉及很多心理现象和心理问题，对于如何选择自己的职业，国外产生了很多相关的职业心理理论，这些理论可分为三种价值取向：一是重视从个体发展角度来说明的个人价值取向，如特性——因素理论，人格类型理论和需要理论；二是注重研究作用于个人职业和职业发展的社会环境因素的社会取向，如社会学理论；三是综合取向，把职业选择和职业发展看作个人因素和家庭、社会环境因素交互作用的结果，如行为论。

1. 需要论

美国临床心理学家和职业指导专家罗恩根据其从事临床心理学的经验，以及有关各类杰出人物的个人生活史与人格特征的研究，并综合精神分析理论与马斯洛的"需要层次论"原理，提出了职业选择的需要理论。

需要论在个人职业选择方面的中心论点是：一个人早期所受的养育方式，影响其追求的职业类型以及在所选择领域中可能达到的水平。职业指导就是要帮助个人识别自己的需要，发展满足需要的技术，消除需要发展中的障碍。

需要论强调早期经验所发展的适应模式对其日后职业选择行为的影响。职业选择是个体满足其心理需要的过程，而个体心理需要的性质与满足方式又受遗传与环境的交互影响，特别是早期经验决定着个体心理需要的发展方向，而个体便朝此方向选择职业。早期经验影响个体需要的发展主要表现在以下4个方面。

(1) 如果个体需要获得满足，则不会变成无意识的动力来源。

(2) 如果个体的高层次需要(如马斯洛需求层次理论中的"自我实现需要""美的需要""尊重需要"等)未获满足，则此等需要将永远被消除，不再发展。

(3) 如果低层次需要，如生理、安全等需要未获满足，则将成为主要的驱动力，促使个体满足这些需要以求生存，从而妨碍高层次需要的发展。

(4) 如果延迟其需要的满足，则这些需要将成为无意识的驱动力。

上述这些需要满足的发展情况与个人早期家庭环境，尤其是父母对待子女的态度，将极大地影响到个体成年后的职业选择。罗恩将父母的行为分为以下三种类型：关注子女型，包括溺爱型和严格型；回避子女型，包括拒绝型和疏忽型；接受子女型，包括随意接受型与抚爱接受型。

第一种亲子关系——关注子女型。表现为从过度保护到过度要求。这两个极端之间可能表现为有第一个孩子时十分焦虑，有第二个孩子时稍好(这可以解释同一家庭的孩子之间的个体差异)。罗恩相信过度保护和过度要求的父母都吝于表现出他们的爱和赞许。孩子的生理需求可以满足，但由于达不到父母的期望，他们的心理需求往往得不到满足。被过度保护的孩子学会迎合他人的愿望以求得赞赏，渐渐变得依赖于他人。过度要求的父母则对孩子期望甚高，孩子若达不到标准就不会获得认可。在父母的高标准、严要求下长大的孩子会成为完美主义者。他们会为表现得不够完美而焦虑，因而在做职业选择时会较为困难。

第二种亲子关系——回避子女型，其程度可从忽视到拒绝。尽管不是有意忽视，但孩子的生理、心理需要都被冷落。罗恩用情感拒绝来表示，并非所有的拒绝都是物质上的忽视。

第三种亲子关系——接受子女型。也许出于偶然，也许是在爱的基础上，孩子的生理、心理需求都能得到满足。父母以一种不关心也不参与的态度或者是以积极的方式鼓励了孩子的独立和自信。

根据罗恩的理论，一个人所选的工作反映了此人儿时的家庭心理氛围。如果这个人的家庭温暖、慈爱、接纳或过度保护，他可能会选择服务、商业、组织、文化和艺术娱乐类等跟人打交道的工作。如果他经历的家庭氛围是冷漠、忽视、拒绝或过度要求的，他可能会选择技术、户外、科学之类跟物体、动植物而非跟人打交道的职业。

个人基于早期家庭环境的影响，发展出与人际关系、情绪反应以及职业选择有关的态度与兴趣。生长于溺爱、过度保护及过度要求的家庭者，将发展出顺从型人格，从而选择与他人有关的职业；生长于拒绝、忽视或不稳定的家庭者，将发展出倾向于独立型的人格，从而选择与他人无关的职业；如果个体感受家庭过度保护的情况非常严重，则可能产生强烈的防卫与侵略性格，形成非人际的倾向。

2. 发展论

美国职业生涯专家金斯伯格和萨柏等人于20世纪40年代初提出了发展性职业选择与职业指导的概念和原则，经过长期的实验研究，于20世纪50年代逐渐形成理论体系。这一理论以发展心理学为理论基础，综合差异心理学、职业社会学及人格理论等有关理论，从发展的观点来探究职业选择的过程，研究个体的职业行为、职业发展和职业成熟阶段，因而成为国外职业指导领域重要的理论学说。

(1) 金斯伯格职业发展理论。金斯伯格首先提出职业发展理论，认为职业决策是一种发展过程，它不是某一时刻就能完成的决定，而是基于人们长期以来形成的观念。职业选择过程包含一连串的决定，每个决定都和童年、青年期个人的经验和身心发展有关。职业选择是优化决策。金斯伯格认为职业选择的实现是个人意识与外界条件的折中，个人最终作出决定，是寻求个人所喜爱的职业与社会所提供的机会之间的最佳结合。

(2) 萨柏的职业发展理论。萨柏主要提出系列"人—职"关系假设，探索了个体职业发展的全过程，并提出职业成熟特征。

首先，萨柏从发展、测评、职业适应以及自我概念等领域进行纵横研究，提出了一系列有关"人—职"关系的假设，成为职业发展的理论基础。

① 个体在能力、兴趣及人格上均有不同的特征，而每种职业均要求特殊的能力、兴趣与人格特征，但两者又均具有很大的弹性：一方面，每个人均适合从事多种职业；另一方面，也容许不同的人从事同一种职业。

② 个人的职业兴趣、能力、工作、生活环境和自我概念，随时间和经验而改变，因此，职业的选择与适应成为一种持续不断的过程。这种过程构成一系列的生活阶段——生长、试探、建立、保持和衰退。个人生活阶段的发展可凭借个人能力与兴趣的成熟及自我概念的发展而达成，所以职业发展的过程，即是自我概念的发展。

③ 职业发展过程是个人与社会环境之间、自我概念与现实之间的一种调和过程，而个人的职业形态或职业发展模式的性质由社会环境、个人能力、人格特征和机遇所决定。

④ 工作满意的程度与自我概念实现的程度成正比。工作满意与生活满意基于两种情况而定，一为个人的工作与其能力、兴趣及人格特征等的配合程度；二为个人成长与探索经验上，自己是否觉得工作称职。

其次，基于上述假设，发展论进一步探索了个体职业发展的全过程，认为人们的职业意识和要求并不是在面临就业时才有的，而是在童年时就孕育了职业选择的萌芽，随着年龄、资历和教育等因素的变化，人们职业选择的心理也发生变化。职业发展如同人的身体和心理发展一样，可以分为几个连续的不同阶段，每个阶段都有一定的特征和职业发展任务。如果职业指导有效，个体就能在每一阶段达到职业成熟；如果前一阶段的发展任务不能很好地完成，就会影响后一阶段的职业成熟，导致最后在职业选择上产生障碍。职业指导主要内容如下：

① 人是有差异的。人的才能、兴趣和人格各不相同；人们因自己的上述特性各自适

应于不同职业；各种职业均具有对于人的才能、兴趣和人格要求的特定模式，但是职业与人均有一定的改变余地；职业生涯模式的不同性质是根据人们不同的家庭地位与经济状况、个人智力水平与人格特征及个人的机遇来决定的。

② 职业选择与调适是一个连续的过程。人们的生活与工作情境以及人们的自我概念，都会随时间的变化和经验的积累而改变，这使得职业的选择与调适成为一个连续的过程。职业选择与调适过程可以概括为探索阶段和固定阶段。从更大的范围看，人的职业生涯就是成长、探索、固定、维持、衰退各个阶段的总和，即构成一连串的人生阶段。

③ 职业发展过程具有可塑性。职业发展的过程，从根本上说是完成自我概念的过程。这种自我概念的建立过程，也是一种折中和调和的过程。"自我"是个人自身条件与外界各种条件、各种反响相互作用的产物。个人与社会、自我概念与现实之间的折中、调和，是人们把自身放入社会职业角色的过程。一个人工作的满意(进而是生活的满意程度)程度的差别，视个人的才能、兴趣、人格特征和价值观能否得到及时的发挥及寻求相应的归属感而不同。

④ 职业发展的阶段可以通过指导而加以改善。这里既包括培养人的职业才能与职业兴趣，使人达到成熟，也包括帮助人在职业选择上的试行选择和帮助人的自我概念的发展。

最后，发展论者认为，个体从成长期到衰退期这一连续发展的过程，显示其职业发展的成熟度。所谓"职业成熟"，指的是与个人年龄相适应的职业行为的发展程度和水准，即个人在整个职业生活过程中达到社会期望的水准，可用各发展阶段的发展任务为标准进行衡量。萨柏认为职业成熟应包括以下5方面内容。

① 职业选择的取向是指个人对职业选择的关注及运用各种资料解决问题的能力。

② 资料与计划能力是指收集有关的职业资料并做出计划的能力。

③ 职业选择的一致性是指发展过程中，前后所选择的职业，其范围、层次及职业的稳定性与一致性。

④ 人格特征的定型是指与职业有关的特性，如倾向性、兴趣、独立性等成熟定型的程度。

⑤ 选择职业的明智是指职业的选择与其能力、活动、兴趣、社会背景吻合的程度。

(3) 泰德曼的职业发展理论。根据上述发展阶段与发展任务的观点，泰德曼进一步发展了这一学说。在他看来，这一发展过程实际上是个人所作的一连串抉择的综合，也是个体职业自我概念不断分化与综合的过程。所谓"职业自我概念"，指的是个人对职业与自身关系的认识及其定型。职业自我概念是个体在社会的接触中对自我发展进行反省的结果，职业自我概念定型的时候，工作定向也就形成了。而一旦形成，就影响着个人对职业的态度，进而影响个人职业选择。因此，职业抉择的过程是贯穿于人的一生不断反复进行的过程。每当遇到一个问题或满足了一种需要产生某种体验时，就会激发抉择。抉择过程可分为两个阶段："预期"阶段与"实践"阶段。预期的思维过程又可以分为以下几步。

① 试探。其活动特点表现为随机的、多样的和丰富的，考虑一些自己想要获得且可能获得的职业目标，并对每一种选择都作出自身的评估。

② 具体化。目标较为确切并呈现组织模式的雏形，即进入比较具体的职业定向阶段。

③ 选择与明确化。通过澄清，进入选择阶段，选择后经进一步确定，消除各种思想上的疑惑，即为明确化阶段，个人即可着手准备实践其选择。

④ 实践阶段可以分为入门、重建与维持几步。在入门阶段，个人得到一种职位并开始工作，先前的意向、概念开始面对现实，实施选择。当个人已为团体所接纳，个人与团体之间相互产生影响，就会重新肯定当初的选择，从而步入重建阶段。个人肯定自身的决定，就可以达到个人与同事之间的动态平衡，使个人努力维持现有的工作，以实现职业期望。

在整个发展阶段中，个人所作的抉择包含着分化与综合两种心理作用。分化指个人在面临关键时刻，根据其认识、观念与若干外在信息，对各种问题加以鉴别分析、形成新的观念。综合则是将新的、片段的分析结果加以整理与组织。在每一阶段中，这种分化与综合的工作交替进行，从而达成"自我发展"的最终目标。所以"发展论"视整个职业发展为自我发展的过程，职业选择的过程可视为发展个人职业认同的过程，而"自我"为认同的核心。

3. 生涯决定社会学习理论

克朗伯兹的生涯决定社会学习理论(职业选择的行为理论)兼顾心理与社会的作用，认为二者对个人生涯规划均有影响。20世纪六七十年代，克朗伯兹和同事们一起对高中学生作了一连串的职业研究，并于1979年推出《社会学习理论和生涯决定》一书，书中阐述了他的主要观点。他们将行为学派班杜拉创立的社会学习原理运用于职业选择领域，以此探讨职业选择过程中社会、遗传与个人因素对职业决策的影响，进而设计训练或指导计划，以增进个人抉择的能力，从而发展起职业选择的"行为理论"。

(1) 理论观点。克朗伯兹等人认为，职业发展过程错综复杂，受许多因素交互作用的影响，其中最主要有以下4个方面。

① 遗传素质和特殊能力。遗传素质和特殊能力即个人所属的种族、性别、身体素质、智力及特殊能力等，均可能限制或影响个人学习的经验与选择自由。

② 环境条件与特殊事件。环境条件与特殊事件即个人所接受的教育与训练、家庭背景、社会政策、社会变迁等非个人所能控制的因素，以及个人职业选择的具体领域等。而家庭背景，则包括父母所从事的职业及社会经济地位、父母的教育水准以及家庭结构、父母期望等因素。

③ 学习经验。学习经验指个人在学习中所采用的学习模式，包括工具式学习与联结学习，个人的职业发展、知识技能、态度与价值观等，这些都是学习经验的产物。

④ 工作定向技能。在上述各种因素的交互作用下，个人会获得解决问题的技能、工作习惯、认知过程、情绪反应等，而这些技能又会影响其他各项因素。

(2) 生涯决定社会学习论的应用。个体如何规划一个生涯方向，是由一组复杂的因素交织互动而决定的。这些因素包括个人的遗传素质、环境的各种事物与状况以及各种学习经验。生涯的选择是一种交互的历程。这种选择不仅反映个人自主的选择结果，也反映社会所提供的就业机会与要求。总之，人选择职业，职业也选择人。生涯的选择是终生的历程。生涯的选择不是偶发事件，而是由许多的前因所造成的结果。鉴于前因事件的复杂性，前因对于个人规划职业的预测往往不太可靠。"生涯犹豫"现象主要是由于个人缺乏有关职业生涯的学习经验，或者是由于个体尚未学到系统而有步骤的生涯规划方法所致。因此，对生涯方向的把握不定是缺乏某种学习经验的结果，个体没有必要为此而愧疚或抑郁。基于对生涯选择的基本看法，克朗伯兹强调，个人在面对规划时可能无法作出妥善的决策或决策方式不正确。产生这些困扰是由于世界观或工作取向技能的不足，所以生涯自我决策不仅仅是将个人特质与工作相匹配的过程，还应该扩展新的学习经验，多参与职业生涯有关的探索活动。个体在应用社会学习理论时注意以下几个方面。

① 个体要学习合理有序的规划职业生涯的技能。

② 个体要按照适当的顺序，包括实际试探、角色扮演、模拟活动如电脑化模拟活动以及书面或视听教材等，进行各种与职业生涯有关的探索活动。

③ 个体要不断评估这些学习经验对个人的影响。

4. "特质—因素"理论

帕森斯的"特质—因素"理论又称帕森斯的"人职"匹配理论，"特质—因素"论是最早的职业选择、职业辅导理论，1909年美国波士顿大学教授弗兰克·帕森斯在其《选择一个职业》的著作中提出了人与职业相匹配是职业选择焦点的观点，他认为个人都有自己独特的人格模式，每种人格模式的个人都有其相适应的职业类型。

所谓"特质"，就是指个人的人格特征，包括能力倾向、兴趣、价值观和人格等，这些都可以通过心理测量工具来加以测量。所谓"因素"，就是指在工作上要取得成功所必须具备的条件或资格，这可以通过对工作的分析来了解。帕森斯强调，在选择职业的过程中，涉及三个主要因素。

① 对工作性质和环境的了解。

② 对自我爱好和能力的认识。

③ 以上两者之间的协调与匹配。

其中，了解自己包括了解个人的智力、能力倾向、兴趣、资源、限制及其他特质。了解各种职业成功必备的条件、优缺点、酬劳、机会及发展前途。合理推论上述两类资料的关系。帕森斯的理论内涵即是在清楚认识、了解个人的主观条件和社会职业岗位需求条件的基础上，将主客观条件与社会职业岗位(对自己有一定可能性的)相对照、相匹配，最后选择一个与个人匹配相当的职业。"人职"匹配分为以下两种类型。

(1) 因素匹配。例如，所需专门技术和专业知识的职业与掌握该种特殊技能和专业知识的择业者相匹配，如脏、累、苦等劳动条件很差的职业，需要吃苦耐劳、体格健壮的劳动者与之匹配。

(2) 特性匹配。例如，具有敏感、易动感情、不守常规、个性强、理想主义等人格特性的人，适宜从事审美性、自我情感表达的艺术创作类型的职业。

"特质—因素"论认为个别差异现象普遍地存在于个人心理与行为中。每个人都具有自己独特的能力模式和人格特性(即特质)；而某种能力模式及人格模式又与某些特定职业相关。每种人格模式的个人都有其适应的职业，人人都有选择职业的机会，人的特性又是可客观测量的。职业选择就是解决个人的兴趣、能力与工作机会相匹配的问题，个人应寻找与其特性相一致的职业。

5. 心理动力论

美国心理学家鲍亭、纳奇曼、施加等人以弗洛伊德的个性心理分析理论为基础，吸取了"特质—因素"论和心理咨询理论的一些概念和技术，对职业团体进行了大量的研究，于20世纪60年代后期提出了一种强调个人内在动力和需要等动机因素在个人职业选择过程中具有重要性的职业选择和职业指导理论，并将其命名为"心理动力论"。

心理动力论者认为职业选择为个人综合快乐原则与现实原则的结果。个人在人格与冲动的引导下，通过升华作用，选择可以满足其需要与冲动的职业。职业指导的重点应放在"自我功能"的增强上。如果心理问题获得解决，那么包括职业选择在内的日常生活问题便可顺利完成而不需要再去指导。

鲍亭等人依据传统精神分析学派的观点，探讨职业发展的过程，视工作为一种升华作用，而影响个体职业选择的动力来源则是个人早期经验所形成的适应体系、需要等人格结构。它们影响个人的能力、兴趣及态度的发展，进而左右其日后的职业选择与行为的有效性。个人生命的前六年决定着他未来的需要模式，而这种需要模式的发展受制于家庭环境，成年后的职业选择就取决于早期形成的需要。如果缺少职业信息，职业期望可能因此受到挫折，在工作中会显示出一种婴儿期冲动的升华。若个人有自由选择的机会，则必将选择能以自我喜欢的方式寻求满足其需要，同时又可免于焦虑的职业。

心理动力论者认为，社会上所有职业都能归入代表心理分析需要的、分属以下范围的职业群体：养育的、操作的、感觉的、探究的、流动的、抑制的、显示的、有节奏的运动等，并认为这一理论除了对那些由于文化水平和经济因素而无法自由选择的人之外，可以适用于其他所有的人。

6. 决策论

职业生涯决策论源于经济学中的决策理论在职业行为方面的研究。在各派职业指导理论中都或多或少涉及抉择问题，但伽勒特和乔普森等人特别强调意识与决策行为在个人职业成熟与发展的整个过程中的重要作用，认为职业发展过程是职业决策或解决问题的过程，并对职业决策的过程与步骤、技术与方法进行研究，从而发展出职业指导的决策理论，其视职业指导为培养与增进个人决策能力或解决问题能力的因素。

个人的职业决策不等同于经济活动的决策，个人对职业的价值期望，如经济收入、兴趣偏好、发展自我、社会地位等，与经济决策中的效用是不同的。另外，决策者个人的价值、态度、经验、认知方式等都是影响决策行为的重要因素。只有深入研究这些因素，才能阐明和认识职业决策过程。

决策论的研究者还不断地吸收了心理学和其他行为学科的思想，在个人与环境之间的交互作用过程中来分析个人的职业决策行为，在此基础上提出职业决策指导中的基本问题，强调从影响个人职业决策的环境、遗传、学习经验等因素分析中提出职业指导的主要任务。

(1) 职业决策过程。乔普森等认为职业决策行为是个人以有意识的态度、行动、思考来选择学校或职业并符合社会期望的一种反映。该行为的发生涉及决策者、决策的情境(社会期望)及有关决策者个人内在与外在三方面资料，而决策的过程又具有下述特征。

① 每种决策情境都有两种以上的选择可能，决策者必须选择其一。

② 每一种可能都带有若干结果，结果包括两方面，未来的可能性和对决策者的价值。

③ 每一次决策经常在不确定的情况下进行，因此都带有冒险性，但是否愿意冒险又与个人的心理特征有关。

④ 个人根据主要的可能性与价值的高低，来综合判断以选择能得到最大收获的途径。

(2) 决策的模式。决策的基本准则是选择有利因素最多而不利因素最少的方案。伽勒特提出的"决策模式"既强调预测系统，又强调价值系统在决策过程中的重要性。

① 预测系统，指根据客观事实资料(包括职业资料和心理测验资料)对工作成功概率所作的预测。个人所拥有的资料越正确完整，则预测效度越高，所作决策越明确，冒险性亦越小。

② 价值系统，指个人内在的价值体系、态度或偏好倾向。

③ 决策系统，综合上述两种系统资料的方法，通常包括 4 种策略：期望策略，选择最需要、最希望得到的结果；安全策略，选择最可能成功、最保险、最安全的途径；逃避策略，避免选择最差的、有不良结果的途径；综合策略，选择最需要的而又最可能成功并且不会产生坏结果的方案。

7. 职业锚理论

职业锚又称职业定位理论，其产生于美国麻省理工学院斯隆管理学院埃德加·施恩教授领导的专门研究小组，是在对该学院毕业生的职业生涯研究中演绎而成的。斯隆管理学院的 44 名 MBA 毕业生，自愿形成一个小组接受施恩教授长达 12 年的职业生涯研究，包括面谈、跟踪调查、公司调变、人才测评、问卷等多种方式，最终分析总结出了职业锚理论。

职业锚理论是职业生涯发展的重要内容，它从职业动机形成的角度来分析人们从事终身职业的原因。当人们有了丰富的工作阅历之后，真正从事某种职业的原因在于个人进入成年期的潜在需要的动机，也是将其作为自己终身职业归宿的主要原因。施恩认为，职业设计是一个持续不断的探索过程，经过长期的职业实践后，人们对个人的"需要与动机""能力""价值观"等各方面有了更深的认识，对自己也越来越了解，寻找到职业方面的"自我"与"匹配自我的职业"，这时个体就会越来越明显地形成一个占主要地位的"职业锚"。

(1) 职业锚内涵。所谓职业锚，是指当个人不得不作出选择的时候，无论如何都不会放弃的职业中的那种至关重要的东西或价值观，即人们选择和发展自己的职业时所围绕的中心。

在职业生涯过程中职业锚非常重要，因为它是以人们实际的生活工作经历和他人的反馈为基础形成的。即使面临非常困难的状况，在职业选择过程中职业锚也不会被放弃，所以它可以解释人们与公司之间是如何以及为什么相互影响、相互作用。这意味着人们不会放弃目前的工作，而转换到一份不能满足职业锚需要的其他工作。

(2) 职业锚的类型。经过几十年的发展，职业锚已经成为职业发展、职业设计的必选工具。国外许多大公司均将职业锚作为员工职业发展、职业生涯规划的主要参考点。自 1992 年以后，麻省理工学院斯隆管理学院将职业锚拓展为 8 种类型。

① 技术/职能型。技术/职能型的人，追求在技术/职能领域的成长和技能的不断提

高，以及应用这种技术/职能的机会，对自己的认可来自于自身的专业水平，勇于面对来自专业领域的挑战。他们一般不喜欢从事普通的管理工作，因为这意味着他们放弃在技术/职能领域的成就。

② 管理型。管理型的人追求并致力于工作晋升，倾心于全面管理，独自负责一个部分，可以跨部门整合其他人的努力成果，想去承担整个部门的责任，并将公司的成功与否看成自己的工作。具体的技术/职能工作仅仅被看作通向更高、更全面的管理层的必经之路。

③ 自主/独立型。自主/独立型的人希望随心所欲地安排自己的工作方式、工作习惯和生活方式，追求能施展个人能力的工作环境，最大限度地摆脱组织的限制和制约。他们宁愿放弃提升自己或扩展工作的机会，也不愿意放弃自主与独立。

④ 安全/稳定型。安全/稳定型的人追求工作中的安全与稳定，会因预测将来的成功而感到放松，关心财务安全，例如，退休金和退休计划。稳定包括诚信、忠诚以及完成老板交代的工作。尽管有时他们可以达到一个高的职位，但他们并不关心具体的职位和具体的工作内容。

⑤ 创业型。创业型的人希望利用自己的能力去创建属于自己的公司或创建完全属于自己的产品(或服务)，真正愿意去冒险，并克服面临的障碍。他们想向世界证明公司是靠自己的努力创建的，可能正在别人的公司工作，但同时也在学习并评估将来可能出现的机会。一旦他们感觉时机到了，便会走出去创建自己的事业。

⑥ 服务型。服务型的人一直追求自我认可的核心价值，例如，帮助他人，改善人们的生活环境，通过新的产品消除疾病。他们一直追寻这种机会，即使变换职业，也不会改变这种价值观。

⑦ 挑战型。挑战型的人喜欢解决看上去无法解决的问题、战胜强硬的对手、克服无法克服的困难等。对他们而言，参加工作的原因是工作允许他们去战胜各种不可能，新奇、变化和困难是他们的终极目标。

⑧ 生活型。生活型的人喜欢那些结合个人需要、家庭需要和职业需要的工作环境。他们希望将生活的各个主要方面整合为一个整体，需要一个能够提供足够的弹性的职业环境让他们实现这一目标。他们认为自己在如何生活、在哪里居住、如何处理家庭事务等方面与众不同。

(3) 职业锚的功能。一个人的所有工作经历、兴趣、素质、性向等因素集合起来成为职业锚。它告诉人们，到底什么才是最重要的。在人生的进程中，梳理自己的职业经历，明确自己的职业定位，就可以让自己少走弯路，迈向成功。

有些人的职业锚抛出得很早，"钳"也很坚实，从大学的专业学习时起就明确了自己的职业方向；有些人的职业锚抛出得很晚。但不管是哪种类型的人，最终都要看是否找到了自己所中意的职业。

不管我们现在是否发现了自己的职业锚，"职业锚"这个职业规划工具都可以启发我们。我们未来的职业生涯是否成功，关键是要找对自己的定位，过自己想要过的生活，而不是盲从别人。

(4) 职业锚的个人开发。自我概念的形成是个人开发的基础。职业锚其实是个人能力、动机、需要、价值观和态度等相互作用和逐步整合的结果。在实际工作中，通过不断审视自我，逐步明确个人的需要与价值观，明确自己的优势所在及今后发展的重点，最终在潜意识里找到自己长期稳定的职业定位。对于有工作经验的人而言，明确自己的职业锚，是职业选择的最佳参考。而对于没有工作经验的人而言，因为不了解各个职位的内涵，所以其职业锚尚不清晰。

(5) 职业锚理论对大学毕业生职业生涯规划的启示。大学生应当明确自身定位、合理规划、积极准备。

① 职业生涯规划要进行自我定位。自我分析和自我定位是职业生涯规划的首要环节，它决定着职业生涯的方向，也决定着职业生涯规划的成败。大学生求职之前先要进行职业生涯规划，而进行职业生涯规划之前先要进行准确的自我定位。弄清楚自己想要干什么、能干什么，自己的兴趣、才能、学识适合干什么。可通过自我分析并利用科学的图表，评判自己的职业倾向、能力倾向和职业价值观，这是职业生涯规划的基础。

② 职业生涯规划是一个动态过程。当今社会处于激烈的变化过程中，大学毕业生的就业观念也要相应地改变，打破传统的"一个职业定终身"的理念。就业、再就业是大趋势，职业生涯规划也随着各种变化来调整。所以环境的变化会导致自我观念的变化，反映到职业生涯规划中，就是不能一次把自己职业生涯的每一个具体细节都确定下来。

③ 职业生涯规划的重点内容是职业准备、职业选择与职业适应。从职业生涯发展过程来看，职业生涯发展经历了不同时期。大学毕业生职业生涯规划的侧重点在职业准备、职业选择、职业适应三个阶段。大学生不仅要对职业进行物质、心理、知识、技能等各方面的充分的准备，还要根据各方面的分析与自身的职业锚合理客观地对职业作出选择。对即将踏入的职业活动要有一定的合理的心理预期，包括工作性质、劳动强度、工作时间、工作方式、同事以及上下级关系。要快速适应工作环境，成为一个成功的职业者。

1.4 大学生职业生涯规划认识误区与职业理想问题

大学生需重视职业生涯规划，并形成相应的目标和实施途径，同时要注意避免一些误区，以免影响规划效果。

1.4.1 大学生职业生涯规划认知误区

误区一：急功近利

某理工大学机电专业的李小琴今年刚上大一，因为父母希望自己以后可以考上研究生，所以放暑假期间每天都自学英语和数学，感觉和高中一样紧张，工作的事情不考虑，社会活动也不想参加，怕影响学习。

职业咨询师认为，早准备不是坏事，但也不用"一口吃成个胖子"或"两耳不闻窗外事"。首先小琴的目标不是出自自己的意愿，这与小琴年龄小、决策能力不足有关。但到了大三或大四，自己有了主见再想转向就会为时已晚，即使以考研为目的也不应该一味学习，毕竟早晚要就业，所以要适当提升自己的综合素质、适应社会的能力以及交际能力。当然，就算是以提高认识社会为主要目标，也不要走另一个极端——旷课去打工。

误区二：准备不足

大学生往往在时间、实力和经验方面准备不足。时间准备不足表现为误认为找工作从大三开始准备就可以了，其实对社会的认识、资料的收集、能力的提高需要提早准备；实力准备不足表现为误认为看得见的准备(比如证书、成绩单)比看不见的素质重要，其实，用人单位看的是个人长期积累的综合素质，如合作意识、沟通能力、自我认识等；经验准备不足表现为误认为有一些社会实践的背景就可以帮助自己找工作。实际上，经验的获取是需要一段时间去反复进行的，短时间的尝试并不一定能成为有价值的经验。

1.4.2 大学生职业理想问题

当代大学毕业生怀着对未来的憧憬、设想和追求而谋职求业时，由于心理价值取向的固有特点和社会环境方面等多种原因，时时会感受到来自各方面的困惑和重压，不能准确把握自我与社会的平衡。当代大学生职业理想的问题主要体现在以下几个方面。

(1) 观念陈旧。一些大学毕业生看不到市场竞争的激烈与残酷，仍然抱着"皇帝的女儿不愁嫁"的思想，不在人才市场上主动出击，而是"稳坐钓鱼台"，等待用人单位的敲门声。这一现象在某些所谓的"热门"专业颇为典型。另外，一些大学生"非公不去"的陈旧观念也严重影响就业。

(2) 好高骛远，贪图享受。优越的待遇和条件对毕业生最具诱惑力，这也是最容易导致大学生择业失败的原因之一。如有一些毕业生则过分地追求"经济"，将"经济部门""经商"作为自己求职的第一目标，其实对该行业并没有太多的了解，更谈不上是否有兴趣。他们忽略了在竞争激烈的大环境下，成功者只是少数，更多的人则是盲目从众后独尝苦果。

(3) 迷恋大型企业、大单位。有相当一部分大学生认为，只有到大型企业去工作，才能发挥出自己的才能。他们认为大型企业具备了实现人生价值的物质和精神条件，机遇好、福利好、工作稳定，而小企业只有几十号人，资金不雄厚，更谈不上什么发展前途。其实，有些大型企业人才济济，竞争更为激烈。相比之下，一些中小企业却是求贤若渴。近年来，一些大企业里的大学生大材小用，而一些小企业却小材大用。所以，不管在大企业里，还是在小企业里，只要有真才实学，脚踏实地，同样能干出一番事业。

(4) 追求热门职业。行政、人事、财会是大学生追求的热门职业，所以，用人单位只能百里挑一，落选者非常多。一些冷门职业尽管急需大批人才，但问津者却寥寥无几。这也导致了人才市场中"热门难进、冷门更冷"的怪现象。

(5) 害怕吃苦。不愿到艰苦的地方工作已成为高校毕业生中的通病，这在一定程度上限制了大学毕业生的就业之路。许多毕业生虽然有远大的理想，但缺乏脚踏实地的工作精神，宁可在大城市东奔西走寻求落脚点，也不愿到小城市找一份相对合适的工作。

(6) 自我认知和期望值过高。不少自身条件好、素质较全面、工作能力强的学生易自傲，择业时会狂妄自大或自视过高。他们在择业时极容易出现"高不成、低不就"的现象，导致其择业困难。

(7) 缺乏主见，依赖他人。有的毕业生在求职择业中缺乏主见，反复无常；有的毕业生则把寻找接收单位的重任推给家长和学校，存在较强的依赖性；一些大学生在择业中不想凭自身的实力去竞争，而是把希望寄托在亲朋好友的关系网上。放弃选择权或选择意识不强，是不少大学生在择业问题上的致命伤。

(8) 自卑胆怯。有的毕业生缺乏自信心和竞争意识，对进入人才市场感到胆怯；有的大学生成绩一般，择业时不敢大胆自荐；有的大学生相貌平平，怕用人单位看轻自己。这种缺乏自信、自卑胆怯的择业心态，是无法适应市场经济客观要求的。

1.5 职业生涯规划的启示

1.5.1 迷茫的小李

小李，24岁，大专学历，文秘专业，欲寻求工资月薪5000元以上的秘书岗位。临近毕业时，她面试了很多家单位，终于被一家单位录用，可她干了几星期就辞职了。于是又换了另一家，不到三个月又辞职。这样反反复复，其中有主动辞职的，也有被解雇的，直到目前还是找工作的状态。

上述案例中，小李求职问题的主要原因是求职理念不当，过分注重薪水，即使她能找到符合她薪水要求的工作，也干不了多长时间。对于刚刚工作的应届生来说，收入较低是个普遍的问题。建议这一阶段不能太看重工资收入，特别要注意避免过于关注收入高低的误区。

小李为了找到合适的岗位，需要利用职业素质测评判断自己的职业兴趣。有职业兴趣不能说就一定能做得好，还要分析是否具备相应的职业能力，了解自己的社会实践经历和相关职业资格类型。对应届毕业生来说，主要参考在校的社会实践锻炼和顶岗实习情况，顶岗实习的指导教师一般会给出中肯的建议。她出现这种情况，主要是因为没有进行职业规划，没有明确的职业方向和职业目标，更不用说职业晋升路线图了。因此，要纠正她的求职理念，根据她的职业素质测评结果制定3~5年的职业规划。应届生一般都要根据自己的专业开始自己的职业生涯，即使不太喜欢这个专业，也得先干，在工作中才能发掘自己其他方面的能力和爱好。围绕可能的岗位制订相关的职业培训计划，如小李决定从事秘书岗位，根据岗位的描述，把握这个岗位对秘书工作所需要的职业能力。秘书岗位信息包括主要职责和工作活动、岗位所需要的知识、操作技能、性格特征、岗位的任职资格、岗位从业者的职业发展空间等。为什么公司会辞退她？或许是因为缺乏踏实工作、认真做事的态度。公司对于新人着重看态度，一般来说，新人的工作技能差一些，公司可以对其进行培训。

1.5.2 职场的困惑

李博是一位聪明有为的求职者，而且天赋很高，对不同的行业都有很好的发展潜力，但其职业发展轨迹，并不与其聪明才智和勤奋努力成正比。原来，李博是一位"跳槽专家"，在短短的10年里涉猎了四个行业，虽然在每个行业都有一定的发展，但却不能在任何一个行业中充分发挥其天赋潜能。

　　毕业于名牌大学的李博所学专业是机械设计，作为一位优秀的理科生，他刚开始涉足职场是在一家大型国有企业中从事机械自动化设计。李博的设计能力十分优秀，一到单位，便提出了一个改良方案，并付诸实施，使得该单位产品的性能得到了改善，产品竞争力大大提高。由此，李博便被该单位的员工称为"设计大师"。本来，具有这样的专业知识和天赋，再加上自己的努力，他应该会在该领域内很有前途，甚至可以发展至职业生涯的顶峰。但李博却觉得理科生暮气沉沉，自己的设计成果也只是属于职务发明创造，而且，在这一领域自己并不会赚到许多钱。于是，他便开始参加律师资格考试，时值律考热潮，李博也的确是一位学习高手，在半年内便完成了律考，并取得了律师从业资格，于是他加入了一家律师事务所，成为一位实习律师，并在两年之后成为一名执业律师。

　　李博在律师业上的表现也是较为优秀的，他的推理能力和口头表达能力得以充分发挥，再加上在办理案件时的严谨作风，经过一年的执业，他被评为优秀律师。

　　但这时，李博却又陷入了"沉思"，律师界的无序是一种现实，自己虽然收入丰厚，但是成为优秀律师后，在律师界还有什么可图的呢？于是他放弃了律师这一职业，考取了某所名牌大学的 MBA 学位，成为一名职业经理人。李博的转变能力是如此的强，在读完 MBA 之后，他担任了一家家电企业的研发总经理，着手于绿色家电的研究。在其下属中有二十几位高级优秀的科技人才，但凭借着自己的经历和丰富的知识结构，李博的领导地位开始凸显出来。在一年内，他领导二十几位高级科技开发人才成功地开发出了一项新产品，新产品投向市场后，使该公司的业绩大大提高。但他此时却又意识到，自己只不过是在打工，并不是真正的老板。于是他决定自己注册成立一家产品公司，在职业生涯上开始了再一次升华。自己开始创办公司，自己担任产品开发人，既当董事，也当经理人。当公司成立之后，李博才发现，产业的竞争是如此激烈，而且变化的速度非其所能追赶上。但公司已经成立，没有新产品如何去竞争，如何去发展呢？李博没有办法，只好将公司卖掉，另谋生路。

　　本来，李博才能十足，如果能进行职业生涯规划，确定自己 5 年、10 年的奋斗目标，凭着自己的天赋，在自己从事的领域里不断努力，最终一定会有所成就。但是他没有目标地频繁变换职业，致使自己的精力和时间都耗费在更替不同的知识和不同的领域上，结果只会是浪费时间，平平淡淡，以致其一事无成。

　　我们身边不乏这样的例子，有些人毕业后基本相同的条件，选择上的一念之差，导致了完全不一样的结果。工作过程中，为追求理想工作而作出的频繁跳槽，使进一步的发展受到限制。盲目而缺乏实效的"充电"和一味地追求证书，使经济和时间上的付出与得到的回报不成比例。我们需要客观地面对现实，认真规划我们的职业生涯，只有当我们的选择和决策能充分体现自身价值和社会价值时，我们才有机会成功。

1.5.3　清晰的规划

　　近年来，尽管越来越多的人都知道职业生涯规划的重要性，但职业生涯能否设计？职业生涯目标是否能按规划的进程得以实现？这是人们在进行职业生涯规划时首先会提出的疑问。在回答这个问题之前，先来看看比尔·拉福，一位美国青年企业家成功的职业生涯设计。

20世纪90年代中期，比尔·拉福曾率团到中国进行商业考察，在北京长城饭店接受中国青年报记者采访时，谈起了他的经历。他认为他的成功源于他父亲的指导，他父亲为他制定了一个重要的职业生涯规划，而正是这个生涯设计方案使他功成名就。

早在中学毕业之际，比尔·拉福就立志经商。比尔·拉福的父亲是洛克菲勒集团的一名高级职员，父亲的生活深深影响了年少的拉福。拉福的父亲在商界打拼多年，对商海中的事务了如指掌，深谙其中奥妙。他发现儿子有商业天赋，机敏果断、敢于创新，但很少经历磨难、没有经验、缺乏知识。于是，他与拉福进行了长谈，共同制订了计划，描绘出职业生涯的蓝图。拉福听从了父亲的劝告，升学时并没有直接去读国际贸易专业，而是选择工科中的专业——机械制造。在贸易中，工业商品占据了绝对多数，因为做商贸必须具备一定的专业知识，如果不了解产品的性能、生产制造情况，很难保证贸易的收益。因此，具备一些工科的基本知识是经商的先决条件。况且，工科学习，不仅能培养个人的知识技能，还能帮助他建立一套严谨求实的思维体系，训练他的推理分析能力，养成脚踏实地的工作态度，这些素质对经商帮助极大。比尔·拉福就这样在麻省理工学院度过了四年。他没有拘泥于本专业，而是广泛接触了其他课程，学习了许多化工、建筑、电子等方面的基本知识，这些知识在他后来的商业活动中发挥了不可忽视的作用。

大学毕业后，比尔·拉福没有立即开始经商，按照原先的设计，他开始攻读经济学的硕士学位。商业毕竟不是工业，而是一种经济活动，有其本身的规律与特征。在市场经济条件下，一切经济活动都通过商业活动来进行，不了解经济规律，不学习经济学的知识，很难在商业领域内立足。于是，比尔·拉福又考进芝加哥大学，开始为期三年的经济学硕士课程的学习。这期间，比尔·拉福掌握了经济学的基本知识，深入了解了经济规律，懂得了商业活动的社会地位和作用，搞清了影响商业活动的众多因素。他还特意认真学习了有关的经济法律。在现代商业活动中，法律充当了至关重要的角色，没有法律保障，现代商业将陷入一片混乱。他注重学习微观经济活动的管理知识，而不是把主要精力用来研究理论经济学。因此，比尔·拉福对会计、财务管理也较为精通。这样，几年下来，他在知识上完全具备了经商的素质。

令人感到意外的是，比尔·拉福拿到硕士学位后也没有立即投身商海，而是去政府部门工作。原来，他的父亲，这位老谋深算的商业活动家深知，人际关系在商业活动中异常重要，要想在商业上获得成功，就必须深谙处世规则，充分了解人的心理特征，善于与人交往，能够给人以良好的印象，使人信任你，愿意与你合作。人是相当复杂的情感动物，有时候一言不慎就会断绝你的出路，使你失去很多机会，损失巨额利润；相反如果我们能很好地利用这些关系，就能比别人多一些机会。这种开拓人际关系的能力是在任何学校里都学不到的，只有在社会上，在工作中才能得到锻炼，而训练交际能力，观察人际关系的最佳去处就是政府部门。在这种环境里工作，每个人都会逐渐变得机敏、老练、处变不惊。比尔·拉福在政府部门工作了五年。这五年中，他从稚嫩的热血青年成长为一名老成、世故、不动声色的公务人员。比尔·拉福在环境的压迫下树立起强烈的自我保护意识，胸中筑起了很深的城府。他在后来的商业生涯中，从未上当受骗，这归功于他在政府的五年锻炼。此外，他通过这五年的政府机关工作，结识了一大批各界人士，建立起一套人际关系网络。他非常善于利用这些网络为自己提供丰富的信息，提供许多便利条件，这对他后来的事业成功帮助很大。

五年的政府工作结束之后，比尔·拉福已完全具备了成功商人所需的各种条件。于是，他辞职经商，去了父亲为他引荐的通用公司熟悉商业业务。又经过两年，他已熟练掌握了商情与商务技巧，业绩斐然。这时候，他婉言谢绝了通用公司的高薪挽留，跳出来开办拉福商贸公司，开始了梦寐以求的商人生涯。比尔·拉福的准备工作太充分了，他几乎考虑到每个细节，学会了商人应学的一切。因此，他的生意进展得异常顺利，公司的成长速度出奇的快。20 年之后，拉福公司的资产从最初的 20 万美元发展为 2 亿美元，这在当今的美国商界，仍不失为一个奇迹。

比尔·拉福成功的职业生涯设计图是：工科学习——工学学士——经济学学习——经济学硕士——政府部门工作——锻炼交际能力——熟悉人际关系——大公司工作——熟悉商务环境——开公司经商，其设计脉络清晰、步骤合理，充分考虑了自己的个人兴趣和个人素质，着重突出了职业技能的培养，这种生涯设计在他坚持不懈的努力下，终于变为现实。当然，比尔·拉福的成功还有许多其他有利条件和因素，但从他的成功之路中，我们仍可以得到一个重要的启示，就是个人的职业生涯规划和管理是事业成功的导航图和助推器，是经营人生的法宝。

职业生涯是一系列既相互独立又相互联系的经验，是人们在一生中经历的职业及事件的组合，是一个有机的、逐渐展开的过程，而不是一个机械的、刻板硬套的过程。一个人的每种经历，每一种职业体验，无论是成功还是失败，都会使个体重新认识自己的潜力或局限，从而引起对自我的重新认识，校正自己的职业抱负。个人对自己的职业发展有设想，并试图按照这个设想去实现理想中的职业生涯，从而得到自己从事的行业、家庭和社会的认可。因此，个人如果能按自己的理想去规划一条适合其主要能力和价值观的职业生涯，即他能控制自己的职业发展道路，那么，他就容易成功，并拥有成就感。所以说，良好的职业生涯规划对一个人的成功有着重要意义，成功的人生需要有成功的职业生涯规划。

第 2 章

大学生择业观与职业生涯成功

2.1 大学生择业观

2.1.1 大学生择业观的内涵

1. 择业观

择业观的内涵需要在确定择业主体、择业理想、目标、方向的基础上去界定。随着社会的发展，择业者应该紧跟时代步伐，与时俱进地革新自己的择业观，使择业观符合社会发展现状。择业观中的"择"是指择业主体对职业的选择、规划，"业"是指择业主体通过兴趣爱好和社会实际确定的目标职业，而"观"则是指择业主体在选择、规划职业的过程中对未来能够从事的职业总的认识、期望和根本看法。可以说择业主体择业观形成的过程，实际上也是择业主体深入了解职业发展演变规律，并确定职业方向的过程。

综上所述，所谓择业观，实际上就是"观"择业，是指择业主体立足于本人实际对在择业过程中一系列问题的基本看法和认识，是择业者世界观、人生观、价值观在择业相关问题上的集中反映和体现。正确的、科学的择业观会对择业者实现择业目标起到积极的推进作用；错误的、不当的择业观则会阻碍择业者的成功就业，破坏就业市场的正常秩序，不利于人才资源在市场中的合理配置。

2. 大学生择业观

厘清择业观与大学生择业观二者主体上的差异性及其关系则能帮助我们进一步确定研究的主体对象。从择业主体的角度出发，大学生择业观的内涵实际上是对择业观主体的细化和准确定位。因此，大学生择业观是新时代大学生对新时期择业问题的基本看法和认识，是新时代大学生世界观、人生观、价值观在新时期择业问题中的集中反映和体现。了解大学生择业观的具体内涵需要从三个方面出发。

(1) 明确大学生择业观的主体。大学生择业观的主体是在校大学生，其对象是全日制在校本专科学生，不包括成人、自考等社会大学生，也不包括硕士学位以上研究生。在校大学生，不仅指毕业班的学生，还包括所有非毕业班的学生。

(2) 了解大学生择业观的发展阶段。职业伴随人的一生，确定大学生择业观的形成、发展阶段需要立足于职业生涯发展的阶段进行思考。人的职业生涯大致可以划分为三个阶段："从业准备阶段、从业阶段和从业回顾阶段"。从我们呱呱坠地到我们进入小学、初中、高中、大学甚至是研究生阶段的学习，在未从事某一长期稳定的职业之前，这些都属于我们职业生涯中的从业准备阶段。实际上首次就业前的择业观主要产生于从业准备阶段对间接理论、知识、经验的学习。换言之，大学生择业观的发展形成于职业生涯发展的第一阶段即从业准备阶段。大学生择业观的发展主要分为三个阶段，即择业认知萌芽阶段、择业认知丰富阶段和择业观形成阶段。择业认知萌芽阶段指的是从我们进入校园接受规范的学校教育开始到初中阶段。在这一阶段，我们在社会生活中拥有了学生这一新的角色，学习文化知识，接触前人为我们总结的客观的社会经验，同时也逐步树立自己的职业理想。在小学初中的学习过程中我们也经常在语文和思想品德等教育中有意识地被教师传输"长大后我想成为……"的职业理想，于是在这一阶段接受教育的过程中大家对择业观念的认知潜移默化地开始萌芽。择业认知丰富阶段指的是高中到大一、大二这一阶段，处于青春期的大学生们由于渴望探索世界，迫切地希望实现人生理想，在这种心理状态的带动下，大家主动地去了解职业，在了解职业的同时丰富了大学生的择业认知，为大学生择业观念的形成奠定了基础。大三到大学毕业实际上是大学生择业观形成的阶段，在这一阶段面临着毕业就业压力的大学生纷纷开始思考未来，了解适合自身发展的职业。一部分人主动进行有意识的职业规划，一部分人则被动地进行职业选择。在这一时期大学生都会因主客观的因素形成择业观念。根据这一发展特征，我们把这个时期称为大学生择业观念的形成时期。了解大学生择业观念的形成、发展过程有利于准确认识大学生择业观的内涵，在把握大学生择业观内涵的时间节点上少走弯路。

(3) 认识大学生择业观的发展变化规律。大学生的择业观实际上是通过大学生在校期间学习前人反思、归纳、总结出来的间接择业经验、规律后形成的。在此基础上，用自身已有的择业观念去指导即将面临的择业实践，然后再利用通过实践得来的择业经验进一步丰富、完善自己的择业观念，从择业经验中总结有益的择业认识，再用丰富了之后的择业认识正确指导择业实践，如此循环往复最终形成自己的正确择业观念。

2.1.2 择业观的演变

新时代大学生的择业观，并非生来就有或一蹴而就，而是在国家宏观就业政策为适应变化的人才市场需求、反复调整的背景下形成的。这一观念的形成经历了一个漫长而又曲折的过程。我国大学生择业观的历史变迁主要分为如下几个阶段。

1. 统包统分阶段的大学生择业观

中华人民共和国成立后到 20 世纪 80 年代中期，我国正处于计划经济时期，政府在资源的配置中起着决定性作用。受当时特殊政治、经济状况的影响，高级知识分子成为社会的一种稀缺资源。在这一时期，人才资源的供给由国家根据社会生产需求以及国家长远发展的实际需要而决定。为了进一步发挥人才在国家政治、经济、文化建设等各个方面的作用，党和国家提出了"统一计划、集中使用、重点配备"和"在适应国家建设需要的基础上贯彻学用一致的原则"等一系列和毕业生就业相关的方针政策，并在此基础上确定了"地方分配，中央调剂"的分配原则。基于这一时期的就业政策以及大学毕业生毕业即分配的就业特色，我们概括这一时期大学生就业处于"统包统分阶段"。在这一阶段大学生不涉及到择业的问题，但仍有一个不清晰的择业观念，主要体现在这一时期的大学生虽然不涉及择业的问题，但在高考填报志愿的过程中仍然是以自己填报志愿为主。填报志愿这一过程就集中反映了大学生对以后所从事职业的向往和追求。这也从侧面体现了计划经济时期大学生已具备一定的择业观，但由于不愁工作，毕业即分配，这一时期大学生的择业目标比较模糊，方向也不明确。

统包统分阶段大学生对择业观模糊的思维意识，是特定的时期、特定的社会需求和人才供给大背景下的产物。随着社会经济的不断发展，社会需求和人才供给之间又会出现新的局面，就业政策紧跟时代步伐进行有序调整，大学生择业观也会随之发生变化。

2. 过渡阶段的大学生择业观

20 世纪 80 年代中期到 90 年代末，是我国经济运行体制由计划经济向市场经济过渡的时期，这一时期中国经济社会发生巨大变化，单一的"统包统分"政策已经不能适应急剧变化的社会发展。运行逐步稳定的经济、政治体制为择业者创造了更多的就业机遇，有学历有能力的大学生不再满足于国家的统一分配，而是渴望能到更大的平台施展自身的才能，这一背景促使大学生的就业政策也随之发生变化。1985 年我国政府颁布了《中共中央关于教育体制改革的决定》，提出实行"在国家计划指导下，由本人选报志愿、学校推荐、用人单位择优录用"的就业制度。由此，我国开始分步骤、分层次、循序渐进的打破计划经济时期"统包统分"的模式。1986 年为进一步适应市场发展需要，原国家教委出台了《高等学校毕业生分配制度改革方案》。该方案正式提出转变就业政策的具体方向，将"统包统分"的政策逐步转变为用人单位与择业者之间平等、自由的选择的政策。就业政策中"供需见面"模式的实行和"双向选择"模式从局部试点到全面推广的过程，为大学生提供了新的就业方式和思维。

大学生就业政策由"供需见面"发展到"双向选择"的历史过渡阶段，这一阶段的大学生择业观中虽然已经开始出现职业选择的意愿，但仍需服从国家的分配，实质性的择业实践活动开展得并不多。

3. 自主择业阶段的大学生择业观

20 世纪 90 年代末到 2014 年，我国不断强化市场在资源配置中的作用，不断完善市场经济体制，逐步发展为完全以市场为导向的自主择业阶段，大学生就业政策也适时调整。1999 年，《面向 21 世纪教育振兴行动计划》颁布。这一文件规定，从 2000 年起，要在我国建立比较完善的毕业生就业制度，这一制度实施过程中十分具有代表性意义的调整就是由原来向毕业生发放"派遣证"改为发放"就业报到证"。虽然只是一个名词的改变，但由"派遣证"到"就业报到证"，代表着大学生就业方式的重大变革，同时也意味着我国精英教育向大众教育的转变。2000 年 6 月，全国教育工作会议明确指出，毕业生就业制度应当是一个不包分配、竞争上岗、择优录用的用人制度。就业政策调整的效果在 1999—2009 年的十年间迅速显现，在这期间中国普通高等学校毕业生人数从 100 万增加到 500 万。中国教育大众化的道路用十年时间走出了其他国家二十年、三十年的效果，走出了大国风范。大学毕业生数量的增多，随之而来的是大学生择业问题的产生。国家根据高校教育培养的人才数量的变化及时调整社会整体就业政策，在这一时期倡导大学生自主择业的就业政策。

随着社会经济的不断跃升，市场在资源配置中起着决定性的作用。作为市场资源中重要的人才资源，大学生也紧跟时代发展步伐，以市场需求为主导进行自主择业。劳动者与用人单位进行双向选择，这就使大学生在择业的过程中不得不面对一系列的择业问题。学校教育丰富大学生对世界的认识，择业实践中产生的问题增强大学生对择业的认识，大学生再用对择业的已有认识去指导择业实践，如此循环往复，就逐步形成了以岗位市场需求为导向的大学生择业观。

4. 自主择业"+"阶段的大学生择业观

2014 年以来，大学生就业政策进一步发展为鼓励自主创业的自主择业"+"阶段。自主择业"+"阶段是自主择业的高级阶段，是将大学生择业观念推向更加自由自主的阶段。这一阶段的主要特征是国家不仅鼓励大学生自由的选择职业人生发展的方向，还积极鼓励有想法、有能力的大学生自主创业，实现多元化就业。推动大学生择业观念从传统的进入企业转变为自主的创办企业。2014年，李克强总理发出"大众创业、万众创新"的号召，并于2015年落实到了具体的政策上。政策一经提出，相应的配套措施也及时落地，如为大学生创业提供免息贷款，提供免租金的办公场所，提供网络平台，创建项目孵化基地，鼓励高校建立专门的创业学院对大学生优秀创业项目进行指导和孵化。这些举措不仅为大学生择业、就业开辟了新路径，还为大学生择业观的形成提供了新思维，进一步深化了大学生的择业观念。随着高等院校的扩招，高素质劳动者数量增加，即使劳动者和用人单位采取双向选择的方式还是有一部分大学生毕业后不能成功择业，实现就业。推动大众创业、万众创新，"既可以扩大就业、增加居民收入，又有利于促进社会纵向流动和公平正义"，还能"让人们在创造财富的过程中，更好地实现精神追求和自身价值"。

随着符合大学生择业需求的新认识、新观念的深入人心，大学生择业观念也随着社会的发展而不断发展，从原来的单一的就业的模式转变为多样的就业模式。在选择职业的过程中大学生可以切实地分析自身实际，选择就业还是创业。这不仅丰富了自主择业的方式，而且为大学生实现自身自由全面的发展创造了更多可能。

5. 后疫情时代的大学生择业观

新型冠状病毒感染疫情暴发以来，社会经济遭到了严重破坏，社会就业形势严峻。随着后疫情时代经济逐渐复苏，大学生的就业观也相应地发生了改变。其主要特征如下。

(1) 继续深造意愿强烈。据央视新闻此前报道，2022年，全国硕士研究生招生考试，全国报考人数为457万，比上年增加了80万，增幅达到21%。而2022年院校计划研究生招生人数为110万左右，这就意味着将有300多万考生落榜，考研难度加大。数据显示越来越多的高校毕业生选择继续深造，提高自身学历。选择继续深造，一是希望能够继续提高自身综合素质，加强专业学习，想要在学术上继续深造，证明自身实力；二是希望借此更换学习和生活环境，开阔自身视野；三是部分毕业生存在盲目从众和逃避心理，想要逃避受疫情影响下的严峻就业形势，延迟工作，延迟接触社会。但不难看出，报考人数的激增与录取计划数的缓慢增长，使得考研难度也在不断加大。

(2) 追求"稳定"的就业意愿强烈。中国青年报社会调查中心在对2307名在校大学生(包括研究生和高职高专生)的专项调查中，关于"大学生最看好哪类单位的就业机会(多选)"的调查结果显示，43.1%的人首选"国有企业"，36.3%的人看好"事业单位"，34.7%的人青睐于"外资企业"，接下来依次为党政机关(32.0%)、民营企业(28.1%)、自主创业(21.2%)、公益组织(6.6%)。这一就业选择在一定程度上反映了大学生的理性选择，从总体上看，国企、事业单位等编制单位收入尚可，工作稳定，相对于私营企业、外资企业等工作压力较小，且此类编制单位有较为完善的晋升渠道和晋升制度，能够在职场中稳定发展，职业生涯不易中断；另外，受到家庭、社会文化的影响，考公考编，到国有企业就业也得到众多家庭的大力支持。

(3) 新型灵活就业形式涌现。灵活就业方式作为一种非正规的就业形式，作为劳动者在正规就业形态之外的一种重要就业补充形式而长期存在。2020年以来，受到新型冠状病毒感染疫情的影响，"居家办公"潮流的实现，构造了新的就业生态，在劳动力市场原始就业形式萎缩的情况下，新型就业形态给毕业生们提供了更多的线上办公、线上工作的机会，各类新型灵活就业形式不断涌现。以山东省为例，目前针对毕业生就业信息的统计分类，除传统的网签就业协议、劳动合同外，更是增加了自主创业(实体店与网店)、自由职业、科研助理等诸多灵活就业的新形式。调查发现，越来越多的高校毕业生选择了新型灵活就业形式，究其原因，一方面是受严峻就业形势影响，越来越多的毕业生选择了"先就业，后择业"，传统就业岗位数量的压缩，使得越来越多的高校毕业生走向新型灵活就业形式；另一方面，我国灵活就业形式的逐步完善也为高校毕业生选择灵活就业提供了平台和机会。

2.1.3 择业观认知重塑

1. 内化于心

内化是指思想政治教育过程中，受教育者在教育者的帮助下将社会发展所要求的思想观念、价值观点、道德规范纳入自己的态度体系，使之成为自己品德意识体系有机组成部分的过程。在中国特色社会主义市场经济条件下，大学生形成正确的择业观需要将社会的主流价值观念、思想、规范，内化为自身的思想和态度，来进一步指导择业实践。创新思想政治教育模式，促进大学生的择业观念由"社会要求我这样做"转变为"我要为社会这样做"。切实地将思想政治教育内容内化为大学生自身的思想和态度，需要进一步引导大学生形成科学的职业规划思想、突破自我的创新思想、终身学习的发展思想。

形成科学的职业规划思想需要从三个方面出发：第一，切实地分析"我是谁"。科学的职业生涯规划需要彻底的认清自身的专业是什么、对哪些行业感兴趣以及自身擅长做什么。兴趣是最好的老师，但很多大学生在择业之前都不清楚自身到底对哪个行业感兴趣，这样的大学生不妨先从自身所学专业出发，围绕与自身专业相关的横纵向职业群，展开调查和实践。有一部分大学生会在工作中慢慢找到自身热爱的职业方向。第二，切实地分析"我所处的环境如何"。大学生形成职业规划思想，需要了解真实的职业环境，符合环境发展的职业规划能进一步推动大学生形成正确的择业观念。第三，让想法落地，在实践中检验。科学的职业规划思想不是生来就有的，是需要大学生认真、踏实地学习职业生涯规划理论，并积极参与学校、老师、社团组织的一系列实践活动，以"实践—理论—实践"的模式造就科学的职业规划思想。

形成突破自我的创新思想则需要分两步来完成：第一步，拥有扎实的理论基础。大学生摆脱"等靠要"的择业依赖心理，突破自我并实现创新首先需要拥有扎实的理论基础。任何一件事情能够实现创新都是建立在充分积累的基础上，形成突破自我的创新思想也是如此。第二步，具备突破自我的勇气。大学生在大学接受了良好的思想政治教育，拥有扎实的专业知识功底，但最后却因为缺乏突破自我的勇气而在择业中盲目地随波逐流。强大的心理素质是成功的助推器，过于追求稳定有时并不能找到真正适合自己发展的职业之路。

树立终身学习的发展思想会让每一位大学生受益终身。在高速发展的新时代，市场每天都在发生新的变化，企业生产技术也在不断革新，这就意味着传统的"一人一辈子只会一门技术"已经不能适应新时代快速变革的社会生产发展。这就需要新时代大学生及时转变思想，树立终身学习的发展思想。树立终身学习的发展思想重在培养和坚持。好的读书学习习惯是通过学校教育、社会教育和家庭教育共同发挥作用培养出来的。当然，大学生自身的努力和坚持是终身学习的发展思想能够形成的基石。切实地将思想政治教育内容内化为大学生自身的思想和态度，还需要培育大学生拥有务实理性、行远自迩以及不骄不躁的择业态度。

务实理性的择业态度是通过实践来磨炼的，这就需要国家继续实行积极的就业政策，为大学生提供更多的就业机会；学校提供更多的、可靠的实践平台，实现理论和实践双向发展的培育机制；大学生自身要走出舒适圈，勇敢地进行各项择业准备和面对挑战。培育大学生形成行远自迩的择业态度，是引导大学生在择业的过程中要一步一个脚印地向前行。"就业难"作为新时代大学生的时代印记，需要大家迎难而上。在由浅入深、一步步进行择业准备的过程中，我们可能会取得阶段性的成功，这就需要大学生们戒骄戒躁、谦虚地继续前行，直到真正寻求到那份自身感兴趣的、与能力相匹配的、能为之奋斗终身的事业为止。因此，转变大学生的择业观需要从其内心出发，培养不骄不躁的择业态度。将社会的主流价值观念、思想、规范内化为大学生自身的择业思想和态度是转变大学生择业观念的首要环节。

2. 外化于行

外化是指受教育者在教育者的引导下，将已经形成的品德意识转化为行为表现和行为习惯的过程。内化是外化的基础和前提，外化是内化的外显和表现。我们不能单纯地将二者看成前后相继的关系，在择业观形成过程中，二者还是你中有我、我中有你的关系。提高大学生择业观培育中思想政治教育实效，促进大学生的择业观念由内化到外显，是指由心理层面上的"我要这样做"转变为行为习惯上的"我已经这样做"。

外化于行主要体现在大学生择业的行为表现和行为习惯上，具体表现为：首先，职业定位逐渐明确。大学生之所以会在择业期间迷茫和困顿，没有清晰的职业目标是主要原因之一。大学生转变自身择业观念的表现是大学生逐步找到职业的目标和方向。其次，择业准备逐步充分。有了清晰的择业目标之后，不管是学习还是实践都会更有针对性。如确定教师为目标职业后，就会有针对性地进行强化训练，大学生会更主动地了解教育综合知识、讲课、说课、班主任工作、教学设计、听评课等内容。同时，还会主动关注教师相关的招聘信息，正是科学择业观念的外化使大学生的择业准备逐步充分。最后，择业能力得到提高，在择业准备逐步充分的过程中大学生的择业能力也得到强化。例如，筛查信息的能力，招聘信息也需分类辨别，真实的择业信息能为大学生提供好的就业机会，虚假的择业信息则会将大学生拉进泥潭，更有甚者会深陷其中不能自拔，在网络发达的今天，许多不良组织利用网络信息平台发布一些虚假的招聘信息迷惑涉世未深的大学生，这些不良信息轻则会打击大学生的择业信心，重则会影响大学生的职业生涯；选择能力，根据用人单位给出的职位不同，对择业者的要求也会不同，面对不同的职位，拥有正确择业观念的人会更明白如何进行取舍，就像外向的人不适合坐办公室，而不善言谈的人不适合做销售是一样的道理；专业能力，实际上这是拥有正确择业观的人必不可少的外化表现之一，专业能力是大学生择业的底气，专业能力过硬可以为自己创造更多的就业机会，拥有了就业机会才能进一步实现人生理想和价值；社会能力是指大学生适应社会融入社会的能力，在大学生进行择业准备的过程中以科学择业观念为指导，社会能力会在实践中不断得到提升。

2.2 职业生涯成功

2.2.1 职业生涯成功的内涵

职业生涯成功是个人职业生涯追求目标的实现。职业生涯成功的含义因人而异，具有很强的相对性，对于同样的人在不同的人生阶段也有着不同的含义。每个人都可以，也应该对自己的职业生涯成功进行明确界定，包括成功意味着什么、成功时发生的事和一定要拥有的东西、成功的时间、成功的范围、成功与健康、被承认的方式、想拥有的权势和社会地位等。职业生涯成功能使人产生自我实现感，从而促进个人素质的提高和潜能的发挥。职业生涯成功与否，个人、家庭、企业、社会判定的标准都存在一定的差异。从现实来看，职业生涯成功的标准与方向具有明显的多样性。目前普遍有以下 5 种不同的职业生涯成功方向。

(1) 进取型——使其达到集团和系统的最高地位。
(2) 安全型——追求认可、工作安全、受尊敬并成为"圈内人"。
(3) 自由型——在工作过程中拥有最大的控制权而不是被控制。
(4) 攀登型——得到刺激、挑战和冒险的机会。
(5) 平衡型——工作、家庭关系和自我发展之间取得有意义的平衡。

"职业生涯的成功"指的是一个人在有限的职业生涯期间内，将个人有限的能力(智能、体能)充分并有效发挥，最大限度地接近并完成一个个"职业目标"，并获得"职业经验的有效积累"和"精神上的满足感"，同时客观上也"为社会作出了贡献"。

2.2.2 大学生职业生涯成功观

1. 大学生职业生涯成功观的构成维度

所谓大学生职业成功观，就是大学生自主地评判未来职业类型是否成功的判断标准，可以是单一的，也可以是多元的。盲目随从与模糊的职业成功观会影响个人职业的选择和发展。根据调查访谈结果，当代大学生职业成功观包含 7 个维度。

(1) 薪资收入：高薪是现代人成功的标志之一，通过工作获得更多的财富是很多大学生的目标。
(2) 工作地区。职业成功的其中一个标准就是能生活在发达的地区享受所带来的较高的消费水平和便利。
(3) 晋升与权位。职业晋升到组织等级体系高层是很多大学生的目标。
(4) 工作稳定。职业能否长久稳定的工作为职业成功标准的一个维度，很多大学生趋向于相对长久不变的工作。
(5) 和谐平衡。职业兼顾家庭工作、健康、自我和谐发展。
(6) 内在发展。职业个人兴趣、个人能力、社会责任感。
(7) 健康标准。职业在繁重工作下依然保持身心健康。

这些维度间并不是独立存在的，而是个人主观的主要趋向。我们应该树立正确的职业成功观，全面客观地认识自己的个性特点、兴趣爱好与能力倾向，消除盲目随从。

2. 职业生涯成功的评价维度

有人认为对职业生涯成功进行全面的评价，就必须综合考虑个人、家庭、企业、社会等各方面的因素；有人认为职业生涯成功意味着个人才能得以发挥以及为人类社会作出贡献，并认为职业生涯成功的评价标准可分为"自我认为""社会承认""历史判定"。对于企业管理人员来说，按照其人际关系范围，可以将其职业生涯成功标准分为自我评价、家庭评价、企业评价和社会评价，如果一个人能在这四类体系中都得到肯定的评价，则其职业生涯无疑十分成功。

(1) 自我评价。主要包含自己的才能是否得到充分施展；是否对自己在企业发展、社会进步中做的贡献满意；是否对自己职称、职务、工资待遇的变化满意；是否对处理职业生涯发展与其他人生活动的关系的结果满意。

(2) 企业评价。主要包含是否有下级、平级同事的赞赏；是否有上级的肯定和表彰；是否有职称、职务的提升或职务责、权、利范围的扩大；是否提高了工资待遇。

(3) 家庭评价。主要包含是否能够得到家庭成员的理解；家庭成员是否能够给予支持和帮助。

(4) 社会评价。主要包含是否有社会舆论的支持和好评；是否有社会组织的承认和奖励。

3. 职业成功观的科学认知

调查发现性别、学历等一些客观因素会影响职业成功观，有些因素并不会对职业成功观产生影响，通过一些学者调查研究，获得如下结论。

(1) 性别不同是产生职业成功观差异的重要因素。男大学生在工作地区和薪资收入维度上重视程度更高。相比之下，女生在内在发展和和谐平衡的维度上得分最高，这说明女大学生在判断自己职业是否成功时最关注的是自我展现和家庭工作之间的平衡。男女大学生在稳定度维度上都占有一定比重，而在工作地区维度差别较大，男生在判断职业是否成功时非常注重自己的工作地区，女大学生不考虑工作地区。女大学生在内在满足上明显高于男生，这说明当今女性更渴望才能发挥。性别上的差异引起大学生的职业成功观的这些差异，可以看出其是影响大学生职业成功观的重要因素。

(2) 大学生职业成功观与学历的高低成正比。学校教育在大学生的成长过程中起重要作用。小学、初中、高中、高等教育，各个阶段的教育使命不同，不同程度的教育会影响人的观念和价值观。不同的学历受到的教育程度不尽相同，这也影响着大学生们的职业成功观的形成。

个人的学历会影响个人的职业成功观。一般而言其原因是受过高等教育的人会获得较好的职业成功观的教育，这对他们形成正确的职业成功价值观起到了重大作用。而学历低的相关人员，由于受到的职业价值观教育较为不足，加上自我的科学文化素质和思想道德修养不够，很有可能在职业成功观上存在误区，对于在职业上怎样算是成功带有偏见。但是并不是标准越高，职业成功观的现状就越可观，过高的要求会导致大学生们在求职中产生迷茫和困惑，他们无法真正了解自己适合什么样的工作。

(3) 大学生职业成功观与专业无直接关联。大学专业学习内容一般包括专业基础课、专业选修课以及专业课。一般大一以专业基础课为主，大二以专业基础课、专业选修课为主，大三到大四上学期是专业课，大四下学期是专业实习。在专业学习时，尤其是实习期，每个专业涉及本专业知识在生产和生活中的实际操作，与其职业密切相关，一般来说这些都应该影响着大学生的职业成功观的形成。但经过调查，研究结果与理论相背离，结果显示，大学生职业价值观与专业无直接关联。当代大学生在判断职业成功时已经不再考虑自己的专业发展。因此大学生内在发展维度有待提高。

(4) 职业成功观影响因素之不同层次的学校。一方面，在职业成功观中，不同层次的学校的大学生在晋升与权位、工作稳定、和谐平衡、身心健康五个维度中无明显差异，学校类型只对工作地区和薪资收入有明显差异。学生千差万别，但是经过了大学时代的教育，同一层次学校的大学生职业成功观结构趋于一致，即使性格不同的大学生其职业成功观结构也非常相似。另一方面，学校类型只对工作地区和薪资收入有明显差异，较低层次学校的学生对自己要求也较低。学校层次越高的大学生在判断职业是否成功时会考虑的越多，其职业价值观就会在不知不觉中发展变化，受到各种因素的影响也随之增大。

(5) 职业成功观影响因素之人格特质。关于人格特质和职业选择，最早研究源于生涯发展理论中关于心理学在职业领域的应用，因此很早之前人们就开始关注到人格特质对个体的职业探索、职业决策、职业适应、职业发展的影响。国外在此方面的研究较为丰富，学者们一致认为不同人格决定了不同的职业成功观，人格特质是职业成功观最主要的影响因素之一。但是调查结果让人感到意外，当代大学生的职业成功观没有受到其人格特质的影响。人格特质的五个维度——情绪稳定性、外倾性、开放性、宜人性、责任感在职业成功观及其七个维度差异非常小。由此得出，不同人格特质的大学生，在职业成功观各维度上没有明显的差异。在进行数据统计时人格特质不同的大学生，职业成功观在七个维度上也没有多大差别。

(6) 职业成功观影响因素之职业选择类型。职业成功观一定程度上会影响职业如何选择，反过来，职业选择类型本身也会在一定程度上影响职业成功观。职业选择类型有国企、外企、党政机关、私企、外资企业等等。经过调查，大学生倾向的职业类型，首先是政府机构，其次依次为高等学校、中小学校、国有企业、科研单位，最后是民营企业和自主创业。这些情况表明，大学生的就业热点趋向一致，倾向于工作稳定的国家机关和经济待遇丰厚的外企。倾向于民营企业和自主创业的最少。这种不同职业类型的特点同样很大程度上会对大学生的职业成功观造成影响。

4. 大学生职业成功观的注意事项

首先，避免盲目跟从。大学生虽然知识储备丰富，拥有较高的学历和智商，但是面对职业成功依然缺乏独立的思考和理性的判断。没有自己的职业成功观，导致大学生陷入职业成功判断误区。其次，加强自我定位。就业和择业是每个大学生的必经之路，十几年的寒窗苦读，一份有面子、工资高的工作可能是大多数大学生的心愿，但是在面临日益发展的社会时，可能会迷失了方向。这时我们可以了解一下自己的人格特质类型，追寻适合自己的工作，认清自己的职业成功观类型，寻找适合自己的特点、兴趣的标准来确定成功的取向。最后，参加社会实践活动，培养自己的兴趣爱好，把握好自己的职业成功观。

2.3　职业生涯成功要素与典型人物发展历程

2.3.1　职业生涯成功的典型要素特征

1. 永远怀有梦想

哲学家萨特曾经说过："世界上有两样东西是亘古不变的，一样是高悬在头顶上的日月星辰，另一样是深藏在每个人心底的高贵信仰。"我们每个人都是怀揣对未来的期盼和对梦想的憧憬开始每天的生活的，很难想象，如果一个人没有梦想会是什么样子。

我们每天拼搏着，努力着，为的就是实现我们的梦想。也许梦想就是我们所有人的人生，就是我们的事业、我们的爱情、我们的幸福。在实现梦想的过程中，我们要学会迎难而上，学会坚持不懈。

大学生要怀抱梦想，矢志不移。初心如磐志不渝，百年风华正青春。身处世界百年未有之大变局，大学生应当发挥自身所学所长，自觉担当历史使命，逐梦新时代，奋进新征程。梦想就是天边的星辰，永不熄灭地照亮匆匆的人生；现实就是脚下的土地，踏实而厚重地记录行路的足迹。在人生的道路上，应是左边种植梦想，右边种植真实，随时采撷，收获希望。有了梦想，也就有了追求，有了奋斗的目标，有了梦想，就有了动力。梦想，是一架高贵桥梁，不管最终是否能到达彼岸，永远怀有梦想，并去追求它，这已经是一种成功，一种荣耀！

2. 持续学习

随着知识更新周期的加快和管理科学的不断发展，学习不能一劳永逸，必须确立不断学习、终身学习的思想。要通过不断学习、终身学习，来不断更新自己的知识结构，适应全面建成社会主义现代化强国的要求，同时也适应正在兴起的管理革命的需要，使学习成为提高工作效率和管理水平的必要手段。

持续的学习力，是所有人可以完成自我蜕变的方式。我们把"学习""进步""成长"统一称为"进化"。要想得到不断进化和成长，便需要我们在学习这条路上一直走下去。

持续的学习才能适应工作和时代的需要。社会每时每刻都在前进，周围的环境在不断变化！不管你在什么样的岗位，不管你有多么辉煌的过去，如果沉溺在对昔日以及现在表现的自满当中，不能虚心地向周围的同事、同行、客户学习，一味地吃老本，懒得学习，不提升自己，最后一定会被时代抛弃。如果不想被抛弃，就要时刻关注自己在公司是否存在被估价的可能性，在社会上是否存在高需求？而这一切取决于你的"不可替代性"，你的"不可替代性"越高，你的安全性也就越高。如何才能让自己变得稀缺和不可替代，恐怕只有活到老学到老，保持持续的学习力。

持续的学习是创新的基础和前提。"创新"实际上就是在多个领域的融会贯通，要想实现"创新"，你不得不逼自己成为一个跨界的"通才"，如何实现这一切？我想可能最好的应对方法就是要永远学习，终身学习，只有通过持续不断地学习和积累才能达到这种效果。持续学习和积累，不仅可以开拓视野，打破学科之间的界限，激发出创造性思维，还可以铸造人格,给人以超凡的智慧才华和胆略,造就创新者的气度!

大学生毕业选择参加工作,进入职场后,会发现职场竞争的激烈,加之知识与技能更新换代的加快,如果不持续学习,就有可能被职场淘汰。我们所处的时代面临的不确定性和变化越来越不可预知,越来越强烈要求人们必须拥有出色的学习能力,不断的进步去提高自己,因为拥有了出色的学习能力,才会拥有唯一可持续的职场竞争优势。未来,是一个不断变化的时代,没有永远稳定的工作,只有时刻做好准备,才能以不变应万变。而只有持续学习、不断进步,提前打造一个无法被替代的自己,才能在潮水真正到来时,拥抱它!

3. 学会面对逆境

人生之路,并非铺满了鲜花,还存在很多的荆棘。孟子曰:"天将降大任于是人也,必先苦其心志,劳其筋骨,饿其体肤,空乏其身,行拂乱其所为。"逆境可以摧垮一个人的意志,也可以磨炼出一个人的勇敢坚强。真正的勇者永远在路上奔波,永不退缩。

苦难是什么?司马迁在《报任安书》中一语道破:文王拘而演《周易》,仲尼厄而作《春秋》,屈原放逐乃赋《离骚》,左丘失明厥有《国语》。苦难是财富,是在逆境中迎难而上,1849 年,俄国作家陀思妥耶夫斯基因为参加反对沙皇的革命活动而被捕,险遭枪决,最终他戴着手铐脚镣,离开了彼得堡,开始了漫长的流放生涯。但是痛苦的牢狱生活没有击垮他,反而把他推向了文学创作的巅峰。他曾说过一句耐人寻味的话,"我怕,我配不上自己所受的苦难。"即便在最恶劣的境遇,陀思妥耶夫斯基依然有着不可被剥夺的精神的自由,可以选择以尊严的方式,面对苦难,而这种选择本身就彰显着人性的高贵。

苦难是我们人生的一部分,它考验着我们每一个人的品格和智慧,而只有经受住考验的人,才能够享受到由苦难转化而成的财富。

4. 拥有战略眼光

企业的发展需要战略眼光。企业要想基业长青,应该围绕企业战略,狠练内功。大学生的成长同样需要战略眼光。要想人生辉煌,大学生应该围绕人生规划,艰训本领。古人常说"不谋万世者,不足谋一时;不谋全局者,不足谋一城。"企业家拥有战略眼光,就能在与竞争对手的博弈中获得先动优势。大学生拥有战略眼光,就能在人生的道路上,披荆斩棘,所向披靡。如何能在强手之中脱颖而出,撑起属于自己的一片天,这就需要我们思考怎样将战略眼光与择业相结合。

(1) 个人选择与社会需要相辅相成。现代社会发展需要很多人才,社会需要决定着求职的环境。社会需要、市场需要,就是就业选择的方向。首先,一个职业的前途是与社会需要息息相关的,只有准确把握社会需要,紧跟时代发展步伐,选择的职业才有发展潜力,个人在职业方面的努力和投入才会增值,个人才能获得比较大的发展空间,自我发展才会有可靠的保障。其次,职业选择本身还是一种双向选择的过程,个人选择单位,单位选择个人。一个人在做职业选择时,还要考虑用人单位的需求,知道自己的优势,这样才能跟单位匹配成功。再次,职业选择还要符合自己的实际。每个人的性格不同,每个人都有自己的兴趣爱好,因此每个人要根据自己的实际和需求来选择职业。所以在选择职业时,不能完全凭主观意志和愿望行事。如果个人的择业脱离了社会和市场需要,他将很难被社会接纳。只有把社会需要与个人的理想、抱负和志趣结合起来，才有成功的希望！

(2) 重视自我发展和职业前途。大学生择业时更加重视自我发展机会和职业的前途。许多大学生都认识到"到一个前景不妙的企业工作，意味着今天就业明天便失业"。他们认为，有发展前景的企业能给人信任感和拼搏的动力。如果一个企业前景不佳、缺乏后劲，即使工资收入暂时丰厚，也不能让员工有稳定感。而对于当前的大学生来说，大学专业不一定成为他们职业选择的方向。大学教育更多的是一种能力的培养。职业是为了个人生存、生活，获得持续活动的一个必要途径，职业的选择需要在社会上不断地磨炼，慢慢选择的。职业内涵是没有高下贵贱，对社会有用的就可以，没有优劣之分。所以大学生在择业时，要用长远的战略眼光来审时度势，重视自我发展和职业前途，切忌"病急乱投医"，对待就业问题要更加理性。

5. 拥有自省力

《礼记·大学》有云："自天子以至于庶人，壹是皆以修身为本。"而"修身"之本则在于自省。自省是指自我反省、自我省察，它要求人们在生活中经常反省自己的行为和想法，并以一定的道德标准作出评判，从而做到修身养性。自省思想贯穿了中国修身教育的整个历史，从孔子的"内自省"到孟子的"反躬自问"、荀子的"注重礼法"，再到朱熹的"无时不省察"，自省始终在人们修身养性过程中起着重要的作用。时至今日，当代大学生面对纷繁芜杂的外部环境依旧容易迷失自己，把大学教育简化为功利主义指导下知识与技能的获取，而忽视了人之所以为人的精神追求。

反省自己，如同对镜自照。照镜子难能可贵的是，能看得到自身的亮点，更能细览自身的缺点。这种主动检视自我，打扫身上的"灰尘"，祛除"体内病毒"的习惯，正是少犯错误、不犯错误的秘诀所在。

子曰："见贤思齐焉，见不贤而内自省也""他人犯错，常有己过"，不仅反映出他的反思和内省，也彰显出了其宽广的胸怀和风度。德国哲学家康德说："别人犯错了，我们为此雷霆万钧，那犯错的该是我们自己了。"生活中，我们不要轻易指责身边人的是非，而应时刻反思自己，才能赢得更多人的尊重。

6. 脚踏实地

对于大学生来说，平凡的大学生有着相同的平凡，而不同的大学生却有着各自的辉煌。你可选择平凡，你不可选择平庸。你可以在平凡中成长，但是你得在平凡中留下足迹。每个人都在表达与期望着自己想要的一切，更需要脚踏实地、一步一个脚印来实现自己的人生追求。只要从小事开始做起、脚踏实地、认真生活，遥远的未来就不再遥远，迷茫的人生将不再朦胧！

路虽远行则将至，事虽难做则必成，在人生的探索、追求过程中，我们需要很多内心的东西来辅助我们一路向前，比如坚定的信念，思考的能力、知识的充实……但是这一切要基于"做"、基于"行动"，只有在一步步的踏实求索中才会实现最终的目标。

脚踏实地，不断积累，为成功打下基石。所谓厚积薄发，就是日复一日地不断积累，总结经验教训，不急躁，不冒进，更不急于求成,向着既定的目标一步一个脚印地前进；就是要胸怀"扫天下"的大志，从扫"一屋"的小事做起。没有脚踏实地的积累，何以发挥鸿鹄之志？"不积跬步，无以至千里，不积小流 无以成江河"。千里之途是靠一步一步走出来的，浩瀚江河是由小溪流汇聚而成，因此，我们要脚踏实地，一步一个脚印地走下去，终极到达理想的彼岸。只有脚踏实地才能实现厚积，只有厚积才能薄发，只有薄发才能使梦想变成现实。

2.3.2 职业生涯成功的典型人物发展历程

中国现代数学之父——华罗庚　　"双奥"导演——张艺谋　　玻璃大王——曹德旺

2.4 职业观与职业生涯成功的调查方法

针对环境变动、时代发展等外在因素，树立科学的职业观，学会使用职业生涯成功分析工具，开展科学与动态的择业观识别、职业生涯成功认知，为大学生在学习当前理论基础与现有发展状态的基础上，独立开展职业生涯规划研究提供支撑。

2.4.1 择业观的调查方法

可采用问卷设计与调查方法对大学生择业观进行调查，根据学生对择业的要求与偏好，来确定某一阶段大学生的择业观，或者比较不同特征的大学生择业观，调查问卷实例如下。

1. 您的性别是(　　)。
A. 男　　　B. 女
2. 您的学历是(　　)。
A. 专科　　B. 本科
3. 您的年级为(　　)。
A. 大一　　　B. 大二　　　C. 大三　　　D. 大四
4. 您的政治面貌为(　　)。
A. 党员(包含预备党员)　　B. 共青团员　　C. 群众
5. 您的专业学科类别为(　　)。
A. 人文社科类　　　　B. 理工农医类　　　C. 艺术体育类
6. 您对择业的基本认识来自(　　)。
A. 课堂讲解　　B. 父母教育　　C. 自我学习　　D. 其他
7. 您认为什么时候应该做职业规划？(　　)
A. 大一　　　B. 大二　　　C. 大三　　　D. 大四
8. 毕业后您对自己的人生规划是什么？(　　)(多选)
A. 找工作　　B. 考研究生　　C. 出国留学
D. 考公务员　　E. 自主创业

9. 您觉得现在社会的就业形势如何？（　　）
   A. 形势较好，就业容易　　　　B. 不了解
   C. 形势严峻，就业难　　　　　D. 形势正常
10. 毕业后您的就业地区倾向于(　　)。
    A. 发达城市　　B. 中小城市　　C. 西部支援　　D. 无所谓
11. 您择业时主要考虑哪些因素？(　　)(多选)
    A. 专业对口　　B. 工资待遇　　C. 职业兴趣
    D. 未来发展潜力(包括企业与个人)
    E. 地区　　　　F. 行业　　　　G. 其他
12. 毕业后您希望得到的薪金水平为(　　)。
    A. 3500 元以下　　B. 3500 元～7000 元　　C. 10000 元以上
13. 您认为拜金主义、享乐主义、物质至上等价值观会影响自己的择业观吗？（　　）
    A. 会　　　　　B. 不会
14. 职业上升空间和工资水平，您更看重(　　)。
    A. 职业上升空间　B. 工资水平
15. 择业过程中，您是否愿意放弃心中条件优越且前景发展良好的职位，而去降低自己的期望，去选择一个条件非常一般，前景也不怎么好的基础性工作(　　)。
    A. 愿意　　　　B. 不愿意
16. 如果存在上面的问题，你为什么会有这样的想法？（　　）
    A. 认为自己能找到更好的工作　　　B. 不愿在不喜欢的岗位上进行尝试
17. 您是否作过详细的职业规划？（　　）
    A. 是　　　　　B. 否
18. 您是否愿意并考虑过自主创业？（　　）
    A. 是，非常愿意　　B. 可以考虑　　　C. 不予考虑
19. 您对就业单位的类型更倾向于(　　)。
    A. 党政机关　　B. 事业单位　　C. 外企　　D. 中小企业
20. 您希望自身通过哪些方式树立正确的择业观？（　　）(多选)
    A. 树立职业理想　　　　　　　　B. 详细的规划自己的职业发展
    C. 加强与择业成功人士和老师的沟通　　D. 多关注社会发展的动态

2.4.2 职业成功认知调查方法

每个人的心中都有自己的职业成功标准，可根据真实想法，选择相应的选项(①非常不同意；②有些不同意；③一般；④有些同意；⑤非常同意，来回答如下的具体问题，通过调查确定大学生对职业成功的认知情况。

1. 通过工作获得丰厚的物质回报才算职业成功。
2. 在职位上不断获得晋升，直到组织的高层才算职业成功。
3. 通过工作获得丰厚工资就是职业成功。
4. 在工作中自由不被管制，能够到达管理阶层算是职业成功。

5. 即使一个专业领域技能特别突出，成为专家没有健康体魄也不算职业成功。
6. 职业成功的定义是工作与家庭兼顾。
7. 职业成功就是在工作之余还有充分的精力享受生活。
8. 工作中获得更多的权力，能够管理别人就是职业成功。
9. 职业成功就是生活在经济发展较高的城市。
10. 工作中能够成就梦想才算职业成功。
11. 有稳定的收入，就是职业成功。
12. 工作中能够兼顾到家庭，工作和家庭协调发展才算职业成功。
13. 工作成绩突出，没有健康的身体，不算职业成功。
14. 一个好的工作要有养老金。
15. 身心不健康即使事业再成功也不算职业成功。
16. 从事的是自己喜欢的职业就是职业成功。
17. 通过工作得到获得高收入，花钱无限制就是职业成功。
18. 个人生活家庭事业都达到协调发展就是职业成功。
19. 能住大房、开好车、穿名牌等高消费的生活就是职业成功。
20. 您在选择就业单位时，地区最重要，更乐意到自己的家乡就业。
21. 工作无压力保持身心健康才是职业成功。
22. 工作中能完成自己的理想，感到有激情才算职业成功。
23. 独立决定重大决策才算是职业成功。
24. 如果功成名就，你今后的追求主要是为社会服务。
25. 如果功成名就，你今后的追求主要是为更好享受晚年生活而努力。
26. 您认为成功的就业地区为经济发达地区。

第 3 章

自我认识

3.1 自我认识的内涵与方法

3.1.1 自我认识的内涵与构成

在心理学上，自我是指一个独特的、持久的同一身份的我，主要包括作为认知对象的我和行为主宰者的我。认知自我属于自我意识范畴，包括自我觉察、自我认知、自我分析、自我评价等，可以从"我是谁""我从哪里来""我要到哪里去"三个问题来进行说明。

第一个问题——我是谁？这包括物质自我、社会自我和精神自我三个部分。物质自我是对自己生理状况如身高、体重、形态，以及财产等的认识。一个人对自己的外貌长相、服饰打扮的定位和评价是物质自我认识的反映。这一部分有形的"自我"可以说是每个人对于"自我"最直接的感受和理解。社会自我是对自己在社会关系、人际关系中的角色、地位、作用等的认识和体验。社会自我使个体在社会化过程中得以发展和成长。精神自我是自我认知中最为核心的部分，是对"我"的内部主观存在的认识，是自身心理特征如需要、动机、价值观、能力、气质、性格等的认识。

第二个问题——我从哪里来？这包括自己的籍贯、家庭状况、学历、阅历、现有知识储备、能力、社会地位和社会资源等。

第三个问题——我要到哪里去？这包括对自己未来的人生设计，如希望自己在情感、经济、社会成就上达到什么样的目标，以及实现目标的具体方法。

正确认识自我是一个人迈向成功职业生涯的第一步，一个人如果无法充分认识自己，那么他所有的努力都可能只是为了迎合他人的期待和要求。因此，只有通过自我探索了解自己的内在需求，个人的潜能才能得以充分发挥。

3.1.2 自我认识的方法

古人曰："人贵有自知之明。"认识自己是难能可贵的。在漫长的人生历程中，必须正确地认识自己。把自己估计过高，会脱离现实，守着幻想度日，整日怨天尤人，慨叹怀才不遇，结果小事不去做，大事做不来，一事无成；把自己估计过低，会产生强烈的自卑感，导致自暴自弃，明明能干得很好的事，也不敢去试，最后抱怨终生。可见，正确地认识自我是尽力健全自我意识的基础。倘若能正确认识自己，面临成功，不会忘乎所以，瞧不起别人；遇到挫折失败，也不会丧失信心，只能更加谦虚，更加勤奋。一般而言，大学生认识自我的途径主要有以下几个方面。

1. 通过与别人的比较来认识自己

一个人对自己价值的认识，是通过与他人的能力和条件的比较而获得的。在与他人比较时，应注意比较的参照系和立足点，具体包括以下事项。第一，跟别人比较的应该是行动后的结果，而不应该是行动前的条件。第二，跟别人比较要有标准，而且标准应该是相对标准而不应该是绝对标准，应该是可变的标准而不是不可变的标准。例如，一个人的容貌与出身是不可更改的，若以此为标准同别人比较是没有意义的。第三，比较的对象应该是与自己条件相类似的人。此外，大学生在认识自我过程中要努力拓宽生活范围，增加生活阅历，积极参加社会实践和社交活动，这些都有助于找到正确的参照系来了解自己。

2. 通过自我比较来认识自己

与过去的自己相比，是进步了、成熟了，还是退步了、犯错误了？与理想中的自我相比，还有哪些差距。通过自我比较来认识自己。前者可以发现自己的成绩和进步，提高自尊和自信；后者可以明确努力的方向，进一步完善自我，但是理想中的自我要切合自己的实际情况。

3. 通过分析他人对自己的评价来认识自我

从他人的态度和情感中认识自己，是明确自我的另一种途径。一个人对自己的认识难免有偏差，因此有必要根据他人的评价、他人对自己表现出的言行态度来认识自己。他人的评价就像一面镜子，正如古语所云"以人为鉴，可以明得失"。需要注意的是，别人对你的评价，由于受多种因素的影响，也不一定是完全正确的，不能把别人的评价和态度作为唯一的衡量标准，还要充分结合其他相关信息进行综合分析。

4. 通过内省来认识自我

了解自己最重要的还是时时刻刻不忘自我反省。随时检视自己的言行举止与内在思维，这是一种个体直接认识自己的方法。个体既是心理活动的主体，又是心理活动的对象。通过内省，我们可以了解到自己的智力、情绪、意志、能力、气质、性格和身体条件等特点，内省也是自我意识形成的重要途径之一。在内省认识自己的过程中，一定要客观、全面、辩证地看待自己，形成正确的自我意识，真正地了解自己。

5. 通过自己的活动表现和成果来认识自我

自我的各个方面都表现和反映在具体事件中，当代大学生可以通过学习，以及提升文学、艺术、体育、社会工作、人际交往等各方面的能力来加深自我认识，获得关于自己能力、意志、兴趣和投入角度等多方面的信息，但注意不要把成就或成绩作为评价自我价值的唯一尺度。

6. 通过心理测试认知自我

心理测试法是通过回答有关问题来认识自己、了解自己。测试题目是心理学家们经过精心研究设定的，只要如实回答，就能大概了解自己的有关情况。这是一种简便易行的自我剖析方法。国内外常用的测试方法有性格测试、智力测试、能力测验、职业倾向测验。为了最大限度地发挥心理测评的效用，首先，选用一个较为权威的心理测量工具。其次，在做测验的过程中，一定要按自己的真实想法填答。最后，选择一个安静没有干扰的环境。

3.2 气质与职业

3.2.1 气质及类型

1. 气质的内涵

气质是个人心理活动的稳定心理特性和动力系统。气质是与生俱来的，通常人们所说的"性情""脾气",就是心理学上所说的气质。它所表现的是人的心理活动的强度、速度、稳定性、灵活性和指向性等方面的特性。它关系到一个人反应速度的快慢、情绪的强弱、注意力集中时间的长短和转移的难易,以及心理活动倾向于外部世界还是内部世界等。

气质无好坏,善恶之分。每一种气质都有积极的一面,也有消极的一面。气质类型本身不能决定一个人社会成就的高低,每一种职业领域都可以找出各种不同气质类型的代表,同一气质类型的人在不同的职业部门都能作出突出的贡献。有人曾研究表明,俄国著名文学家普希金、赫尔岑、克雷洛夫、果戈理分别属于胆汁质、多血质、黏液质、抑郁质的气质类型,他们在文学领域都取得了杰出成就。

气质并不是绝对不变的,它有一定的可塑性,人的气质可以在社会生活和教育条件下发展和改造。但我们必须注意,气质的可塑性是有限度的,不能忽视气质类型的巨大差异。气质不仅影响活动的性质,而且影响活动的效率。某些气质特征往往为一个人从事某种职业活动提供有利条件。例如,对于要求作出迅速、灵活反应动作的职业,多血质、胆汁质的人较合适,而黏液质、抑郁质的人则较难适应。反之,对于要求持久耐心细致的工作,黏液质和抑郁质的人较为合适。在某些特殊领域的选人中,应当特别注意人的气质特点。不同的角色还需要不同气质的人去扮演。如果一个人恰恰从事了与自己气质不相符的职业,那么对这个人来说是痛苦的,对工作来说也是一种损失。因此,择业时要"量质选择"。

2. 气质的类型

气质是一个古老的概念。在古希腊时代,医学家希波克拉底认为人体内有四种体液:黏液汁(生于脑)、黄胆汁(生于肝)、黑胆汁(生于胃)、血液(生于心脏)。这四种体液在不同的人身上占有不同的比例,只有四种体液调和,人才能健康,如果失调就会生病。他还根据体液在人体内占优势的程度不同,把人的气质分为四种类型。在体液的混合比例中,血液占优势的人属多血质,黏液占优势的人属黏液质,黄胆汁占优势的人属胆汁质,黑胆汁占优势的人属抑郁质。虽然现代生理学研究表明,气质的生理基础是人的高级神经活动类型,与人的体液无关,但希波克拉底的学说,仍被许多学者所采纳,并沿用至今,以下是四种气质类型的简单描述。

(1) 胆汁质的人,具有情绪兴奋度高,反应迅速,心境变化剧烈,抑制能力较差;易于冲动,性情直率,不够灵活;精力旺盛,动作迅猛,性情暴躁,脾气倔强,容易粗心大意;感受性低而耐受性较高;外倾性明显等特点。

(2) 多血质的人,具有情绪兴奋度高,思维、言语、动作敏捷,心境变化快但强度不大,稳定性差;活泼好动,富于活力,灵活性强,乐观亲切,热衷交际;浮躁轻率,缺乏耐力和毅力;可塑性、外倾性较强等特点。

(3) 黏液质的人,情绪兴奋性和不随意反应性都较低,沉着冷静,情绪稳定,深思远虑;思维、语言、动作迟缓;交际适度,内心很少外露,坚毅执拗,淡漠,自制力强;感受性低而耐受性较高;内倾性较高并且明显等特点。

(4) 抑郁质的人,具有感受性很强,善于觉察细节,见微知著,细心谨慎,敏感多疑;内心体验深刻但外部表现不强烈,动作迟缓,不活泼;易于疲劳,疲劳后也易于恢复；办事犹豫和缺乏信心；内倾性明显等特点。

在实际生活中，真正属于某种典型气质的人很少，大多数人是接近某种气质，同时又具有其他气质的一些特点。因此，判断一个人的气质，主要是了解某个人具有哪些气质特点，不能简单套用现成的模式。

3.2.2 气质测评

对于气质的测评，不同的研究流派有不同的方法。陈会昌先生编制的气质测验 60 题，是目前国内应用较广的一种气质测验工具。它既可以用于大学生班级、年级的集体测试，也可用于个人自测。该测评的一个显著优点是能够得到被测者的气质组合关系，比较符合气质组合多样性的实际。该气质测评如下。

下面 60 道题，若如实回答可有助于确定自己的气质类型。在回答下列题目时，若与自己的情况"很符合"记 2 分，"比较符合"记 1 分，"一般"记 0 分，"较不符合"记-1 分，"很不符合"记-2 分。

1. 做事力求稳妥，一般不做无把握的事。
2. 遇到可气的事就怒不可遏，想把心里话全说出来才痛快。
3. 宁可一个人干事，也不愿很多人在一起。
4. 到一个新环境很快就能适应。
5. 厌恶那些强烈的刺激，如尖叫、噪声、危险镜头等。
6. 和人争吵时，总是先发制人，喜欢挑衅别人。
7. 喜欢安静的环境。
8. 善于和人交往。
9. 羡慕那种善于克制自己感情的人。
10. 生活有规律，很少违反作息制度。
11. 在多数情况下的情绪是乐观的。
12. 碰到陌生人觉得很拘束。
13. 遇到令人气愤的事，能很好地自我克制。
14. 做事总是有旺盛的精力。
15. 遇到问题总是举棋不定、优柔寡断。
16. 在人群中从不觉得过分拘束。
17. 情绪高昂时，觉得干什么都有趣；情绪低落时，又会觉得干什么都没有意思。
18. 当注意力集中于某一事物时，别的事很难使我分心。
19. 理解问题总比别人快。
20. 碰到危险情景，常有一种极度恐怖感。
21. 对学习、工作怀有很高的热情。
22. 能够长时间做枯燥、单调的工作。
23. 符合兴趣的事情，干起来劲头十足，否则就不想干。
24. 一点小事就能引起情绪波动。
25. 讨厌做那种需要耐心、细致的工作。

26. 与人交往不卑不亢。
27. 喜欢参加热烈的活动。
28. 爱看感情细腻、描写人物内心活动的文艺作品。
29. 工作或学习时间长了，常感到厌倦。
30. 不喜欢长时间谈论一个问题，更愿意实际动手干。
31. 宁愿侃侃而谈，也不愿窃窃私语。
32. 别人总是说我闷闷不乐。
33. 理解问题常比别人慢些。
34. 疲倦时只需要短暂的休息就能精神抖擞，重新投入工作。
35. 心里有话宁愿自己想，也不愿说出来。
36. 认准一个目标就希望尽快实现，不达目的，誓不罢休。
37. 学习或工作同样一段时间后，常比别人更疲倦。
38. 做事有些莽撞，常常不考虑后果。
39. 老师或他人讲授新知识、新技术时，总希望他讲得慢些，多重复几遍。
40. 能够很快地忘记那些不愉快的事情。
41. 做作业或完成一件工作总比别人花的时间多。
42. 喜欢运动量大的剧烈的体育运动，或者参加各种文艺活动。
43. 不能很快地把注意力从一件事情转移到另一件事情上去。
44. 接受一个任务后，就希望把它迅速解决。
45. 认为墨守成规要比冒风险要强一些。
46. 能够同时注意几件事物。
47. 当我烦闷的时候，别人很难使我高兴起来。
48. 爱看情节起伏跌宕、激动人心的小说。
49. 对工作抱有认真严谨、始终一贯的态度。
50. 和周围人的关系总是相处不好。
51. 喜欢复习学过的知识，重复做能熟练做的工作。
52. 希望做变化大、花样多的工作。
53. 小时候会背的诗歌，我似乎比别人记得清楚。
54. 别人说我"出语伤人"，可我并不这样认为。
55. 在体育活动中，常因反应慢而落后。
56. 反应敏捷，头脑机智。
57. 喜欢有条理而不太麻烦的工作。
58. 兴奋的事常使我失眠。
59. 老师讲新概念，常常听不懂，但是弄懂了以后很难忘记。
60. 假如工作枯燥无味，马上就会情绪低落。

根据上述 60 题中对应不同气质类型具体的题目分值，计算不同气质类型的总分，评分方法如下：

(1) 将每题得分填入表 3-1 相应的"得分"栏里。

表 3-1 气质测评表

胆汁质	2	6	9	14	17	21	27	31	36	38	42	48	50	54	58	总分
多血质	4	8	11	16	19	23	25	29	34	40	44	46	52	56	60	总分
黏液质	1	7	10	13	18	22	26	30	33	39	43	45	49	55	57	总分
抑郁质	3	5	12	15	20	24	28	32	35	37	41	47	51	53	59	总分

(2) 分别计算四种气质类型的总得分。

(3) 确定气质类型。

A. 若某气质类型得分明显高于其他三种，平均高出 4 分，则可以定为该气质类型。若该气质类型得分超过20分，则为典型型；若该气质类型得分在10~20分，则为一般型。

B. 两种气质类型得分接近，其差异低于 3 分，而且又明显高于其他两种，高出 4 分以上，则可定为这两种气质类型的混合型。

C. 三种气质类型得分相近而且均高于第四种，则为三种气质类型的混合型。如多血—胆汁—黏液质混合型或者黏液—多血—抑郁质混合型。

3.2.3 气质对应的职业

世界上的职业多种多样，在一般职业中气质的各种特性可以起到相互弥补的作用。例如，有人对优秀纺织女工的研究发现，属于黏液质的女工，有稳定的注意力并能及时发现断头故障，能克服注意力不易于转移的缺陷；属于多血质的女工，注意力易于转移，但比较灵活，而这种灵活性弥补了注意力易分散的缺陷。但是，有些特殊职业对气质类型则有比较高的要求，如医务工作要求反应灵敏、耐心、细致、热情等品质；驾驶员、飞行员、运动员则要求机智、敏捷、勇敢、抗干扰强等气质特点；对组织管理干部则要求工作细致、善于交际、耐心等品质；外交人员则要求有思维敏捷、姿态活泼、能言善辩、感染力强等气质特点。因此，分析职业对气质的要求以及个体的气质类型，有利于做到"人职"匹配，从而提高个体职业适应性。

没有任何一种气质类型是完美无缺的，也没有任何一种气质类型是一无是处的，每一种气质类型既有为人们所乐于接受的一面，也有为人们所不赞成或不易接受的一面。但是气质不同，对职业的适应性也是不同的，如果一个人具备了从事的职业所要求的气质特点，就可以为所从事的这项工作提供有利的条件。气质类型虽然不能决定一个人社会价值和成就的高低，但往往能够影响一个人工作的性质和效率，影响一个人对职业的适应程度。因此，在职业选择中，气质应作为重要参考因素之一。

根据各种气质的特点以及职业要求，可以找到气质与职业之间的匹配关系，如表 3-2 所示。

表 3-2　气质与职业的匹配关系

气质类别	多血质	胆汁质	黏液质	抑郁质
气质特点	活泼、好动、敏感	热情直率、外向、急性子	稳重、自制、内向	安静、情绪不易外露、办事认真
适合的职业	政府及企事业管理者、外事人员、新闻记者、公关人员、驾驶员、医生、律师、运动员、公安、服务员等	导游、推销员、勘探工作者、节目主持人、外事接待人员、演员、冒险家、军人、公安民警、设计师、实业家等	外科医生、法官、管理人员、出纳员、会计、统计员、播音员、话务员、调解员、教师、人事管理主管等	秘书、编辑、检察员、雕刻工作、刺绣工作、保管员、人事、档案管理员、化验员、研究工作、经济规划等
不适合职业	单调或过于细致的职业	需注意力高度集中与细心核对的职业	富于变化和挑战性较大的工作	热闹、繁杂环境下的职业

3.3　性格与职业

3.3.1　性格及类型

1. 性格的内涵

别人通常会用什么词形容你？"活泼""沉静""内向"还是"外向"？这些词常和一个人的性格有关。性格是指个体在思想、情感和行为方面区别于他人的独特而稳定的反应模式。性格的形成是遗传因素和环境因素综合影响所致，每个人在其成长经历中，可能受到生理、遗传、家庭教养、文化、学习经验等因素的交互作用，从而形成自己的独特性格，在不同的情境中表现出特定的气质。

2. 性格的类型

根据不同的分类方法，可以将性格分成很多种类型。通过了解自己和其他人的性格倾向，可以更好地理解自己的优点、缺点，更容易接受自己；更好地理解和接受他人，不会因为存在性格的差异而苦恼；能使我们理解为什么人与人之间在思维、行为、观念、表现等方面存在不同，有助于我们在工作、生活中更好地利用这种差异，接受其他观点的合理性，避免固执己见或者简单地判定某种做法的正确与错误。

（1）外向型性格与内向型性格。按照个人心理能量倾向于外部世界还是倾向于内部世界，瑞士心理学家荣格把人的性格分为外向型与内向型，这是一种最为传统的分类方法，其特征如表 3-3 所示。

表 3-3　外向型与内向型的性格特征

性格类型	性格特征
外向型	活泼开朗、善于交际、心直口快、感情外露、待人热情，且与人交往时随和、不拘小节，适应环境的能力较强。但注意力不稳定、兴趣容易转移、活动不能持久

续表

性格类型	性格特征
内向型	感情比较深沉、待人接物小心谨慎，喜欢单独工作、喜欢思考，且具有自我分析内向型和自我批判精神。但不善于表达自己的思想，不善社交，对新环境的适应不够灵活

(2) 迈尔斯·布里格斯类型鉴别工具(MBTI)。MBTI 是由美国作家伊莎贝尔·布里格斯·迈尔斯和她的母亲凯瑟琳·库克·布里格斯共同制定的一种性格类型理论模型。该理论根据四组维度八个向度，外倾(E)—内倾(I)，感觉(S)—直觉(N)，思维(T)—情感(F)，判断(J)—知觉(P)，具体内容如下所述。

外倾(E)与内倾(I)维度：外倾是指我们的注意力和能量主要指向外部世界；内倾是指个体将自己的注意力和能量集中于自己的内心世界。

感觉(S)与直觉(N)维度：感觉和直觉是我们感知世界、获取信息的两种方式。感觉型的人倾向于通过自己的感官来获取有关环境的事实和现实，他们需要获取精确的信息和事实，着眼于现在。直觉型的人则习惯用超越感官的方式来获取信息，其更注重事情的含义、象征意义和潜在意义。直觉型的人对洞察力、抽象的事物和未来等方面有明显的偏好。

思维(T)与情感(F)维度：思维和情感是关于我们如何对获取的信息作决定并得到结果的两种方式。思维型的人习惯于通过分析数据、权衡事实来作出符合逻辑的、客观的结论和选择。情感型的人则习惯于通过自己的价值判断来作决定，通常会对信息作出个人的、主观的评价。思维型的人通常是直接的、分析性的、用思维作决定；情感型的人更坚信自己的价值观，并习惯于感性地作决定。

判断(J)与觉察(P)维度：判断和觉察是关于个体面对外部环境时如何行动的两种态度。判断型的态度意味着个体会通过思维和情感去组织、计划和调控自己的生活。觉察型的态度则意味着这样的个体倾向于用感觉和直觉的方式去对事物作决定，他们的态度通常是灵活机动的、开放的。判断型的人喜欢将事情管理得井井有条，习惯过一种稳定有序的生活；而觉察型的人喜欢自发、随意地处理问题，并愿意保持一种开放性的态度。

根据MBTI中的四组维度、八个向度，形成了16种性格特征，具体内容如表3-4所示。

表3-4 MBTI的16种性格类型特征

类 型	性格特征
ISTJ	沉静、认真、贯彻始终、得人信赖而取得成功。讲求实际，注重事实，能够合情合理地去决定应做的事情，而且坚定不移地把它完成，不会因外界事物而分散精神。做事有次序、有条理，不论在工作上、家庭上或者生活上，都十分重视传统和忠诚
ISFJ	沉静、友善、有责任感和谨慎。能坚定不移地承担责任。做事贯彻始终、不辞辛劳和准确无误。忠诚，替人着想。细心，往往记着他所重视的人的种种微小事情，关心别人的感受。努力创造一个有秩序、和谐的工作和家居环境
INFJ	探索意念、人际关系和物质拥有欲的意义和它们之间的关系。希望了解什么可以激发人们的推动力，对别人有洞察力。尽责，能够履行他们坚持的价值观念。有一个清晰的理念以谋取大众的最佳利益。能够有条理地、果断地去实践他们的理念
INTJ	具有创意的头脑、有很大的冲劲去实践他们的理念和达到目标。能够很快地掌握事情发展的规律，从而想出长远的发展方向。一旦做出承诺，便会有条理地开展工作，直到完成为止。有怀疑精神，独立自主。无论为自己或他人，有高水准的工作表现

续表

类 型	性格特征
ISTP	容忍、有弹性,是冷静的观察者,但当有问题出现,便会迅速行动,找出可行的解决方法。能够分析哪些东西可以使事情进行顺利,而且能够从大量资料中,找出实际问题的重心。很重视事件的前因后果,能够以理性的原则把事实组织起来,重视效率
ISFP	沉静、友善、敏感和仁慈。欣赏目前和他们周遭所发生的事情。喜欢有自己的空间,做事又能把握自己的时间。忠于自己所重视的人。不喜欢争论和冲突,不会强迫别人接受自己的意见或价值观
INFP	理想主义者,忠于自己的价值观及自己所重视的人。外在的生活与内在的价值观配合。有好奇心,很快看到事情的可能与否,能够加速对理念的实践。试图了解别人、协助别人发展潜能。适应性强,有弹性;如果和他们的价值观没有抵触,往往能包容他人
INTP	对任何感兴趣的事物,都要探索一个合理的解释。喜欢理论和抽象的事情,喜欢理念思维多于社交活动。沉静、满足,有弹性,适应力强。在他们感兴趣的范畴内,有非凡的能力去专注而深入解决问题。有怀疑精神,有时喜欢批评,常常善于分析
ESTP	有弹性、容忍、讲求实际,专注即时的效益。对理论和概念上的解释感到不耐烦,希望以积极的行动去解决问题。专注于"此时此地",喜欢主动与别人交往。喜欢物质享受的生活方式。能够通过实践达到最佳的学习效果
ESFP	热爱生命、热爱交际。喜欢物质享受,喜欢与别人共事。在工作上,能用常识、注意现实的情况,使工作富有趣味性。富有灵活性、即兴性,易接受新朋友和适应新环境。与别人一起学习新技能可以达到最佳的学习效果
ENFP	热情而热心,富于想象力。认为生活总是充满很多可能性。能够很快地找出事件和资料之间的关联性,而且能够有信心地依照他们所看到的模式去做。很需要别人的肯定,亦乐于欣赏和支持别人。即兴而富于弹性,时常信赖自己的临场表现和流畅的语言能力
ENTP	思维敏捷,机灵,能激励他人,警觉性高,勇于发言。能随机应变地去应付新的和富于挑战性的问题。善于引出在概念上可能发生的问题,然后很有策略地加以分析。善于洞察别人。对日常例行事务感到厌倦。甚少以相同方法处理同一事情,能够灵活地处理接二连三的新事物
ESTJ	讲求实际,注重现实,注重事实。果断,很快就能作出实际可行的决定。能够安排计划和组织人员以完成工作,尽可能以最有效率的方法达到目的。能够注意日常例行工作的细节。有一套清晰的逻辑标准,会系统地跟着去做,也想别人跟着去做。会以强硬态度去执行计划
ESFJ	有爱心,尽责,渴望有和谐的环境,而且有决心营造这样的环境。喜欢与别人共事以能准确地、准时地完成工作。忠诚,即使在细微的事情上也如此。能够注意别人在日常生活中的需要而努力供应他们。渴望别人赞赏他们和欣赏他们所作的贡献
ENFJ	温和,有同情心,反应敏捷,有责任感。高度关照别人的情绪、需要和动机。能够看到每个人的潜质,要帮助别人发挥自己的潜能。能够积极地协助个人和组织的成长。忠诚,对赞美和批评都能作出很快回应。社交活跃,在一组人当中能够惠及别人,有启发人的领导才能
ENTJ	坦率、果断、乐于作为领导者。很容易看到不合逻辑和缺乏效率的程序和政策,从而开展和实施一个能够顾及全面的制度去解决一些组织上的问题。喜欢有长远的计划,喜欢有一套制定的目标。往往是博学多闻的,喜欢追求知识,又能把知识传给别人。能够有力地提出自己的主张

3.3.2 性格测评

阅读下面每一对描述，选择其中在大多数情况下最像你的一个，你必须设想最自然状态下的自己，且在没有别人观察下的举止。

第一部分：关于你精力的描述，哪一种模式更适合你，是 E 还是 I？具体内容如表 3-5 所示。

表 3-5 E 与 I 的判定

E	I
喜欢行动和多样性	喜欢安静和思考
喜欢通过讨论来思考问题	喜欢讨论之前先进行独立思考
迅速采取行动，有时不作过多的思考	在没有搞明白之前，不会很快地去做一件事情
喜欢观察别人怎样做事，喜欢看到工作结果	喜欢了解工作道理，喜欢一个人或很少人干事
在意别人是怎样看自己的	喜欢为自己设定标准

第二部分：关于处理信息的方式，其中哪一种模式与你更接近，是 S 还是 N？具体如内容表 3-6 所示。

表 3-6 S 与 N 的判定

S	N
习惯利用过去的经验去处理信息	通过事实反映的意义及二者关系处理信息
愿意用眼睛、耳朵或其他感官去觉察新可能性	喜欢用想象去发现新做事方法、感受事物
讨厌出现新问题，除非存在标准的解决方法	喜欢解决新问题，讨厌重复地做同一件事
喜欢用自己会的技能做事，不愿意学习新东西	不喜欢练习旧技能，更愿意运用新技能
对于细节有耐心，但复杂情况出现时会失去耐心	对于细节没有耐心，但不在乎复杂情况

第三部分：关于你作决定方式的描述，其中哪一种模式更接近你，是 T 还是 F？具体内容如表 3-7 所示。

表 3-7 T 与 F 的判定

T	F
根据逻辑决策	根据个人感受和价值观决策，即使可能不符合逻辑
喜欢被公正和公平地对待	喜欢被表扬，喜欢讨好他人，即使不太重视的事情
可能不知不觉地伤害别人的感情	了解和懂得别人的感受
更关注道理或事物本身，而非人际关系	能够预计到别人会如何感受
不太关注和谐	不愿看到争论和冲突，珍视和谐

第四部分：一些描述你日常生活的方式，其中哪一种模式更接近你，是 J 还是 P？具体内容如表 3-8 所示。

表 3-8　J 与 P 的判定

J	P
预先制订计划，提前把事情落实和决定下来	保持灵活性，避免作出固定的计划
总想让事情按"它应该的样子"进行	轻松应对计划外和意料外的突发事件
喜欢先完成一件工作后，再开始另一件	喜欢开展多项工作
可能过快地作出决定	可能作决定太慢
按照不轻易改变的标准和日程表生活	根据问题的出现，不断改变计划

回顾前面的四个部分，哪些类型更接近自己？圈出适当的字母，就是自己的职业性格的四个字母。

3.3.3　性格对应职业

知道自己的 MBTI 类型，可以帮助自己了解职业倾向。有研究数据表明，S-N、T-F 两种维度的组合(ST、SF、NF、NT)与职业的选择有一定关联。

(1) ST 型的人更关注通过实效和实际的方式应用详细资料，如商业领域。例如，一位 ST 型的心理咨询硕士将会成为心理测评和应用方面的专家。

(2) SF 型的人喜欢通过实践的方式帮助别人，如健康护理和教育领域。例如，一位 SF 型的心理咨询硕士将关注自己的管理、督导技能，以发展和促进同事之间有效的工作关系。

(3) NF 型的人希望能通过在宗教、咨询、艺术等领域的工作来帮助人们。例如，一位 NF 型的心理咨询硕士将成为临床专家来帮助人们成长、发展，学习如何更好地了解自己和他人。

(4) NT 型的人更关注理论框架，如科学、技术和管理，喜欢挑战。例如，一个 NT 型的心理咨询硕士将运用他的战略重点和管理技巧，成为人力资源领域的管理者。

工作安全感则受 IJ、JP、EP、EJ 的影响最大，其中 EJ 类型的人最易有工作安全感，而 IP 类型的人常常在工作中对组织、未来等缺乏安全感。

MBTI 16 种性格类型各有其职业倾向，具体如表 3-9 所示。职业倾向的描述是基于大的类别描述的，从中理解自己的职业倾向时，不要陷入类别名称的描述，更重要的是要看到这一类别工作的特点。因为在现实的工作世界中，工作岗位名称千变万化，即使相同名称的职位也可能因不同公司而要求各异，所以只有知晓适合自己性格类型的工作特点才能灵活地运用这一理论帮助自己选择工作。

表 3-9　MBTI 16 种性格类型的职业倾向

ISTJ	ISFJ	INFJ	INTJ
•管理者 •行政管理 •执法者 •会计	•教育 •健康护理(包括生理、心理) •宗教服务	•宗教 •咨询服务(含个人、社会、心理等) •教学/教导 •艺术	•科学或技术领域 •计算机 •法律

续表

ISTJ	ISFJ	INFJ	INTJ
或其他能够让他们可以利用自己的经验和对细节的注意完成任务的职业	或其他能够让他们运用自己经验亲力亲为帮助别人的职业，这种帮助是协或辅助性的	或其他能够促进他们情感、智力或精神发展的职业	或其他能够让他们运用智力创造和技术知识去构思、分析和完成任务的职业
ISTP	**ISFP**	**INFP**	**INTP**
•熟练工种 •技术领域 •农业 •执法者 •军人	•健康护理(包括生理、心理) •商业 •执法者	•咨询服务(包括个人、社会、心理等) •写作 •艺术	•科学或技术领域
或其他能够让他们动手操作、分析数据或事情的职业	或其他能够让他们运用友善、专注于细节的相关服务的职业	或其他能够让他们运用创造和集中于他们的价值观的职业	或其他能让他们基于自己专业技术知识独立、客观分析的职业
ESTP	**ESFP**	**ENFP**	**ENTP**
•市场 •熟练工种 •商业 •执法者 •应用技术	•健康护理(包括生理、心理) •教学/教导 •教练 •儿童保育 •熟练工种	•咨询服务(包括个人、社会、心理等) •教学/教导 •宗教 •艺术	•科学 •管理者 •技术 •艺术
或其他能够让他们利用行动关注必要细节的职业	或其他能让他们利用外向天性和热情去帮助有实际需要人们的职业	或其他能让他们利用创造和交流去帮助促进他人成长的职业	或其他能够让他们有机会不断承担新挑战的工作
ESTJ	**ESFJ**	**ENFJ**	**ENTJ**
•管理者 •行政管理 •执法者	•教育 •健康护理(包括生理、心理) •宗教	•宗教 •艺术 •教学、教导	•管理者 •领导者
或其他能够让他们运用对事实的逻辑，组织与完成任务的职业	或其他能够让他们运用个人关怀为他人提供服务的职业	或其他能够让他们帮助别人在情感、智力、精神上成长的职业	或其他能够让他们运用实际分析、战略计划，组织完成任务的职业

3.4 兴趣与职业

3.4.1 兴趣及类型

1. 兴趣的含义

兴趣是指个体为认识、掌握某种事物，经常参与该种活动的心理倾向，或者说，兴趣是一个人积极探究某种事物的心理倾向。人的兴趣是建立在需要的基础之上，在活动之中发展起来的，是推动人们去寻求知识和从事活动的巨大内在动力。一个人在从事自己感兴趣的活动时，注意力会更加集中，思维会更加活跃，行为会更持久稳定，并能产生愉快的心理状态。

兴趣对人的职业活动有着重要的影响。当人的兴趣对象指向职业活动时，就形成了人的职业兴趣。职业兴趣主要是回答"我喜欢做什么"的问题，一份符合自己兴趣的工作常常能够给自己带来愉悦感、满足感。在选择职业时，人们总会将自己是否对此有兴趣作为考虑因素之一。从感到有趣开始，到逐渐形成更加稳定、持久的乐趣，进而再与自己的奋斗目标相结合，形成有着明确方向性和意志性的志趣，这是人的兴趣发展的过程。从事自己感兴趣的职业活动时，人们可以被激发出强烈的探索和创造的热情，可以在良好的体能、智能、情绪状态之下从事有意义的职业活动，激发自己全身心地投入而又感觉心甘情愿。从事自己感兴趣的职业活动可以使人比较容易适应变化的职业环境，可以使人在追求职业目标时表现出坚定有恒的意志力。可见，职业兴趣是个人在进行职业设计时必须考虑的重要因素之一。

2. 兴趣的类型

霍兰德(Holland)于1959年提出了具有广泛社会影响的从业互择理论，该理论认为人的人格类型、兴趣与职业密切相关，兴趣是人们活动的巨大动力，凡是具有职业兴趣的职业，都可以提高人们的积极性，促使人们积极地、愉快地从事该职业，并且职业兴趣与性格之间存在很高的相关性。这一理论首先根据劳动者的心理素质和择业倾向，将劳动者划分为六种基本类型，相应的职业也划分为六种类型：实用型、研究型、艺术型、社会型、企业型、事务型。六种职业兴趣类型特征如表3-10所示。

表3-10 六种职业兴趣类型特征

类 型	喜欢的活动	重 视
实用型 R	用手、工具、机器制造或修理东西。愿意从事实物性的工作、体力活动，喜欢户外活动或操作机器，而不喜欢在办公室工作	具体实际的事物，诚实，有常识
研究型 I	喜欢探索和理解事物，喜欢学习研究那些需要分析、思考的抽象问题，喜欢阅读和讨论有关科学性的论题，喜欢独立工作，对未知问题的挑战充满兴趣	知识，学习，成就，独立
艺术型 A	喜欢自我表达，喜欢文学、音乐、艺术和表演等具有创造性、变化性的工作，重视作品的原创性和创意	有创意的想法，自我表达，追求自由，追求美
社会型 S	喜欢与人合作，热情关心他人的幸福，愿意帮助别人成长或解决困难、为他人提供服务	服务社会与他人，公正，理解，平等，理想
企业型 E	喜欢领导和支配别人，通过领导、劝说他人或推销自己的观念而达到个人或组织目标，希望成就一番事业	经济和社会地位的成功，忠诚，冒险精神，责任
事务型 C	喜欢固定、有秩序的工作，希望知道确切的工作要求和标准，愿意在一个大机构中处于从属地位，对文字、数据和事物进行细致有序系统处理以达到特定标准	准确，有条理，节俭，盈利

霍兰德所划分的六大人格类型，并非并列的、有明晰边界的。他以六边形标示出六大类型的关系，如图 3-1 所示。

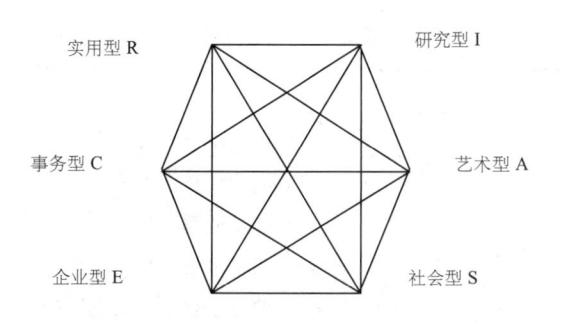

图 3-1 霍兰德六种职业类型图

从图 3-1 中可以看出，每一种类型与其他类型之间存在不同程度的关系，大体可描述为以下三类。

(1) 相邻关系，如 RI、IR、IA、AI、AS、SA、SE、ES、EC、CE、RC 及 CR。属于这种关系的两种类型的个体之间共同点较多。例如，现实型 R、研究型 I 的人就都不太偏好人际交往，这两种职业环境中也都较少有机会与人接触。

(2) 相隔关系，如 RA、RE、IC、IS、AR、AE、SI、SC、EA、ER、CI 及 CS。属于这种关系的两种类型个体之间共同点较相邻关系少。

(3) 相对关系，在六边形上处于对角位置的类型之间即为相对关系，如 RS、IE、AC、SR、EI 及 CA。相对关系的人格类型共同点少，因此一个人同时对处于相对关系的两种职业环境都表现出兴趣浓厚的情况较为少见。

根据霍兰德的人格类型理论，在职业决策中最理想的是个体能够找到与其人格类型重合的职业环境。一个人在与其人格类型相一致的环境中工作，容易得到乐趣和内在满足，最有可能充分发挥自己的才能。

3.4.2 兴趣测评

心理学中有很多职业兴趣表，其中比较经典的是霍兰德(Holland)职业倾向测验。该测验有助于我们发现和确定自己的职业兴趣和能力特长，从而更好地确定职业方向，选择一个恰当的职业目标，作出更适合自己的择业决策。下面，我们就按照霍兰德职业兴趣测验的步骤进行自我测评。

第一部分：心目中的理想职业(专业)。

对于未来的职业(或升学进修的专业)，您得早有考虑。它可能很抽象、很朦胧，也可能很具体、很清晰。无论是哪种情况，现在都请您把自己最想做的三种工作或最想读的三个专业，按顺序写下来。

①_____；②_____；②_____。

第二部分：选择感兴趣的活动、擅长的活动、喜欢的职业并进行能力自评。

下面列举了若干活动、职业，请就这些活动、职业判断其好恶。喜欢的计 1 分，不喜欢的计 0 分，最后统计喜欢的活动的总分，见表3-11。

表 3-11 活动评分

所感兴趣的活动			
R：实用型活动	总分：	I：研究型活动	总分：
装配修理电器或玩具		阅读科技图书或杂志	
修理自行车		在实验室工作	
用木头做东西		改良水果品种，培育品种	
开汽车或摩托车		调查了解金属等物质的成分	
用机器做东西		研究自己选择的特殊问题	
参加木工技术学习班		解算术或数字游戏	
参加制图描图学习班		物理课	
驾驶卡车或拖拉机		化学课	
参加机械和电气学习班		几何课	
装配修理机器		生物课	
A：艺术型活动	总分：	S：社会型活动	总分：
素描、制图或绘画		学校或单位组织的正式活动	
参加话剧或戏剧		参加某个社会团体或俱乐部活动	
设计家具或布置室内		帮助别人解决困难	
练习乐器或参加乐队		照顾儿童	
欣赏音乐或戏剧		出席晚会、联欢会、茶话会	
看小说或读剧本		和大家一起出去郊游	
从事摄影创作		想获得关于心理方面的知识	
写诗或吟诗		参加讲座或辩论会	
进艺术(美术、音乐)培训班		观看或参加体育比赛和运动会	
练习书法		结交新的朋友	
E：企业型活动	总分：	C：事务型活动	总分：
说服鼓动他人		整理好桌面和房间	
卖东西		抄写文件和信件	
谈论政治		为领导写报告或公务信函	
制订计划、参加会议		检查个人收支情况	
以自己的意志影响别人的行为		打字培训班	
在社会团体中担任职务		参加算盘、文秘等实务培训	
检查与评价别人的工作		参加商业会计培训班	
结交名流		参加情报处理培训班	
指导有某种目标的团体		整理信件、报告、记录等	
参与政治活动		撰写商业信函等	

续表

所擅长的活动

R：实用型活动	总分：	I：研究型活动	总分：
能使用电锯、电钻等木工工具		懂得真空管或者晶体管的功能与作用	
知道万用表的使用方法		能够列举三种蛋白质含量高的食品	
能够修理自行车或其他机械		理解铀的裂变	
能够使用电钻床、磨床或缝纫机		能用计算尺、计算器、对数表	
能给家具和木制品刷漆		会使用显微镜	
能看建筑设计图		能找到三个星座	
能够修理简单的电器用品		能独立进行调查研究	
能修理家具		能解释简单的化学	
能修理收录机		理解人造卫星为什么不落地	
能够简单地修理水管		经常参加学术会议	

A：艺术型活动	总分：	S：社会型活动	总分：
能演奏乐器		有向各种人说明解释的能力	
能参加二部或四部合唱		常参加社会福利活动	
独唱或独奏		能和大家友好地相处与工作	
扮演剧中角色		善于与年长者相处	
能创作简单的乐曲		会邀请人、招待人	
会跳舞		能简单易懂地教育儿童	
能绘画、素描或书法		能安排会议等活动顺序	
能雕刻、剪纸或泥塑		善于体察人心和帮助他人	
能设计板报、服装或家具		帮助护理病人和伤员	
能写一手好文章		安排社团组织的各种事务	

E：企业型活动	总分：	C：事务型活动	总分：
担任过学生干部并且干得不错		会熟练地打印中文	
工作上能指导和监督他人		会用外文打字机或复印机	
做事充满活力和热情		能快速记笔记和抄写文章	
有效利用自身的做法调动他人		善于整理、保管文件和资料	
销售能力强		善于从事事务性的工作	
曾作为俱乐部或社团的负责人		会用算盘	
向领导提出建议或反映意见		能在短时间内分类和处理大量文件	
有开创事业的能力		能使用计算机	
知道怎样做能成为一个优秀的领导者		能收集数据	
健谈善辩		善于为自己或集体做财务预算表	

你所喜欢的职业

R：实用型职业	总分：	I：研究型职业	总分：
飞机机械师		气象学或天文学学者	
野生动物专家		生物学学者	
汽车维修工		医学实验室的技术人员	
木匠		人类学学者	
测量工程师		动物学学者	
无线电报务员		化学学者	
园艺师		数学学者	
长途公共汽车司机		科学杂志的编辑或作家	
火车司机		地质学学者	
电工		物理学学者	

续表

A：艺术型职业	总分：	S：社会型职业	总分：
乐队指挥		街道、工会或妇联干部	
演奏家		小学、中学教师	
作家		精神病医生	
摄影家		婚姻介绍所工作人员	
记者		体育教练	
画家、书法家		福利机构负责人	
歌唱家		心理咨询员	
作曲家		共青团干部	
电影、电视演员		导游	
电视节目主持人		国家机关工作人员	

E：企业型职业	总分：	C：事务型职业	总分：
厂长		会计师	
电视片编制人		银行出纳员	
公司经理		税收管理员	
销售员		计算机操作员	
不动产推销员		簿记人员	
广告部部长		成本核算员	
体育活动主办者		文书档案管理员	
销售部部长		打字员	
个体工商业者		法庭书记员	
企业管理咨询人员		人口普查登记员	

能力类型测评：下面两表是在六种职业能力方面的自我评定表。可先与同龄人比较，显示出自己在每一方面的能力，然后经斟酌后，对自己的能力做评估。请在表 3-12 与表 3-13 中适当的数字上画圈。数字越大，表示相应的能力越强。

表 3-12 能力测评表 A

R 型 机械操作能力	I 型 科学研究能力	A 型 艺术创作能力	S 型 解释表达能力	E 型 商务洽谈能力	C 型 事务执行能力
7	7	7	7	7	7
6	6	6	6	6	6
5	5	5	5	5	5
4	4	4	4	4	4
3	3	3	3	3	3
2	2	2	2	2	2
1	1	1	1	1	1

表3-13 能力测评表B

R型 体育技能	I型 数学技能	A型 音乐技能	S型 交际技能	E型 领导技能	C型 办公技能
7	7	7	7	7	7
6	6	6	6	6	6
5	5	5	5	5	5
4	4	4	4	4	4
3	3	3	3	3	3
2	2	2	2	2	2
1	1	1	1	1	1

第三部分：确定职业倾向。

将感兴趣的活动、擅长的活动、喜欢的职业以及能力自评的全部测验分数按照六种职业倾向填入表3-14，并作纵向累加。

表3-14 统计表

测试内容	R型	I型	A型	S型	E型	C型
感兴趣的活动						
擅长的活动						
喜欢的职业						
能力测评A						
能力测评B						
总分						

请将上表中的六种职业倾向总分数按大小顺序依次从左到右排列：
1. _____； 2. _____； 3. _____； 4. _____； 5. _____； 6. _____。

其中，得分最高的三个职业兴趣代号组合是：
1. _____； 2. _____； 3. _____。

得分最低的三个职业兴趣代号组合是：
1. _____； 2. _____； 3. _____。

第四部分：寻找相应职业。

根据测验得分，将测验得分居第一位的职业类型找出来，对照职业索引，判断适合自己的职业类型。

如果采用三个代号组合的职业兴趣代号，应首先根据测验得分，选择得分最高的三个职业兴趣代号组合，然后根据职业兴趣代号在职业对照表中找出相应的职业。

例如，如果自己的职业兴趣代码号是RAI，那么手工雕刻者、玻璃雕刻者、手工绣花者等就是适合自己的兴趣的职业。此外，这三个字母组成的其他编号如RIA、IAR、IRA、ARI、AIR相对应的职业也会比较适合自己的兴趣。相反，得分最低的三个职业兴趣代号组合所对应的职业则相对不适合自己的兴趣。

兴趣对应职业

3.5 能力与职业

3.5.1 能力及类型

1. 能力的内涵

心理学家斯特朗曾将兴趣、能力与成就间的关系比作一艘带有舵和马达的船：马达(能力)决定船的行进速度，舵(兴趣)决定船的行进方向，成就好比是这艘船在一定时间、一定方向上行进的距离，这是由马达和舵的共同作用决定的。能力是职业选择与发展中最为现实的方面，从价值观、性格和兴趣角度，我们寻找的都是理想中的职业，而能力使理想落到实处，使得我们可以将理想的美好与现实的可能性有机结合起来。大学生正处于能力的提升期，可塑性比较强。因此，应该根据自己的能力倾向特点加强学习，努力提升自己的能力。能力倾向是一些对于不同职业中的成功，在不同程度上有所贡献的心理因素。它们是各自比较稳定的、单一的独立因素。了解能力可以判断个人具有什么样的能力并预测其在所从事的活动中成功和适应的可能性；知道什么样的职业适合于某个人；知道什么样的人适合某个职业。

2. 能力的类型

以下将简单介绍言语能力、数理能力、空间判断能力、察觉细节能力、书写能力、运动协调能力、动手能力、社会交往能力、组织管理能力等九种能力的特点。

(1) 言语能力是指对词及其含义的理解和使用能力，对词、句子、段、篇章的理解能力，以及善于清楚正确地表达自己的观念和向别人介绍信息的能力。

(2) 数理能力是指迅速而准确地运算，同时能推理、解决应用问题的能力。

(3) 空间判断能力是指对立体图形以及平面图形与立体图形之间关系的理解能力，包括对几何图形、立体图形的三个面的理解力，识别物体在空间运动中的联系，解决几何问题。

(4) 察觉细节能力是指对物体或图形的有关细节具有正确的知觉能力，对图形的明暗、线的宽度和长度作出区别和比较，看出其细微差异的能力。

(5) 书写能力是指对词、印刷物、账目、表格等材料的细微部分具有正确知觉的能力，善于发现错字和正确地校对数字的能力。

(6) 运动协调能力是指眼、手、脚等能够迅速准确和协调地做出精确的动作和运动反应，手能跟随着眼睛所看到的东西迅速行动，具有正确控制的能力。

(7) 动手能力是指手指能迅速而准确地活动和操作小物体的能力，以及手腕自由运动的能力。

(8) 社会交往能力是指善于人与人之间的相互交往、相互联系、相互帮助、相互影响，从而协同工作或建立良好的人际关系的能力。

(9) 组织管理能力是指擅长组织和安排各种活动，以及协调活动参与者人际关系的能力。

3.5.2 能力测评

了解自己的职业能力特征，也就是在从事或学习某种职业之前，了解自己已具备的潜能或心理品质，就可以预知自己未来从事哪方面的职业能够使个人的才能得到更大的发挥。

职业能力测量表的设计目的在于测出受试者是否具备从事某类职业的能力，以及这种能力达到了什么程度；如果不具备，那么有没有潜在的能力使自己通过学习获得所需的职业能力。

第一部分：下面请你根据自己的实际情况，回答下列每一个问题，并根据你的实际情况进行选择。第一个括号表示"强"，第二个括号表示"弱"。

(1) 第一组。
善于表达自己的观点(　)(　)
阅读速度快，并能抓住中心内容(　)(　)
清楚地向别人解释难懂的概念(　)(　)
对文章中的字、词、段落和篇章的理解、分析和综合的能力(　)(　)
掌握词汇的程度(　)(　)
中学时你的语文成绩(　)(　)

(2) 第二组。
能够作出精确的测量(如测长、宽、高等)(　)(　)
解算术应用题(　)(　)
笔算能力(　)(　)
心算能力(　)(　)
使用工具(如计算器)的计算能力(　)(　)
中学时的数学成绩(　)(　)

(3) 第三组。
美术素描画的水平(　)(　)
画三维的立体图形(　)(　)
看几何图形的立体感(　)(　)
想象盒子展开后平面形状(　)(　)
玩拼板(图)游戏(　)(　)
中学时对立体几何题的理解及解题能力(　)(　)

(4) 第四组。
发现相似图形中的细微差异(　)(　)
识别物体的形状差异(　)(　)
注意到多数人忽视的物体的细节(　)(　)
善于检查物体的细节(　)(　)
观察图案是否正确(　)(　)

学习时善于找出数学作业中的细小错误(　)(　)

(5) 第五组。

迅速而正确地抄写资料(如姓名、数字等)(　)(　)
在阅读中发现错别字(　)(　)
发现计算错误(　)(　)
在图书馆很快地查找编码卡片(　)(　)
善于发现图表中的细小错误(　)(　)
自我控制能力(如较长时间做抄写工作)(　)(　)

(6) 第六组。

善于做操纵机器一类活动(　)(　)
喜欢玩电子游戏或瞄准打靶(　)(　)
在体操、广播操一类活动中身体的协调能力(　)(　)
打球的姿势的水平度(　)(　)
打字比赛或算盘比赛(　)(　)
闭眼单脚站立的平衡能力(　)(　)

(7) 第七组。

灵巧地使用手工工具(如榔头、锤子)(　)(　)
灵巧地使用很小的工具(如镊子、缝衣针等)(　)(　)
弹乐器时手指的灵活度(　)(　)
善于动手做小手工品(　)(　)
能够很快地削水果(如苹果、梨子)(　)(　)
善于修理、装配、拆卸、编织、缝补等一类活动(　)(　)

(8) 第八组。

善于在陌生的场合发表自己的意见(　)(　)
善于在新场所结交新朋友(　)(　)
口头表达能力(　)(　)
善于与人友好交往，并协同工作(　)(　)
善于帮助别人(　)(　)
擅长做其他人的思想工作(　)(　)

(9) 第九组。

善于组织单位或班级的集体活动(　)(　)
在集体活动或学习中，时常关心他人的情况(　)(　)
在日常生活中能经常动脑筋，想出别人想不到的好点子(　)(　)
冷静、果断地处理突然发生的事情(　)(　)
在你曾做过的组织工作中，你认为自己的能力属于哪一水平(　)(　)
善于解决同事或同学之间的矛盾(　)(　)

第二部分：请根据每组选择的"强"或"弱"的总次数，填入表3-15。

表 3-15 职业能力测评表

组　别	相应的职业能力	强(次数)	弱(次数)
第一组	言语能力	(　)	(　)
第二组	数理能力	(　)	(　)
第三组	空间判断能力	(　)	(　)
第四组	察觉细节能力	(　)	(　)
第五组	书写能力	(　)	(　)
第六组	运动协调能力	(　)	(　)
第七组	动手能力	(　)	(　)
第八组	社会交往能力	(　)	(　)
第九组	组织管理能力	(　)	(　)

第三部分：自测结果。在"强(次数)"栏中找出两个数字最大的组，这两组所表示的能力就是你在职业能力上最强的两个方面，然后你可以对照下面的分析，看到你所适宜从事的职业有哪些；相反你也可在"弱(次数)"栏找出两个数字最大的组，这两组所反映的职业能力对你来说最弱，你不应该从事要求这两方面职业能力强的职业。

3.5.3　能力对应职业

综合职业能力评测结果，可以寻找对应的匹配职业。根据职业要求也可以明确能力提升方向与目标，从而实现能力与职业的更好匹配，具体如表 3-16 所示。

表 3-16　职业能力与职业对应关系

能力类型	对应的职业
言语能力	业务员、推销员、导游、演员、导演、编辑、播音员、节目主持人、教师、律师、审判员等
数理能力	会计、银行职员、保险公司职员、税务员、审计员、统计员、自然科学家、计算机工程师等
空间判断能力	技术员、工程师、服装设计师、艺术家、建筑师、摄影师、家电维修专家、自然科学家、军官、司机等
察觉细节能力	技术员、工程师、电工、房管员、咨询师、运动员、教练员、导演、图书馆员等
书写能力	教师、公务员、社会科学家、秘书、打字员、编辑、银行职员、咨询师、经理、记者、作家等
运动协调能力	运动员、教练员、演员、工人、农民、服装设计师、美容师、电工、司机、服务员、导游、医生、护士、药剂师、导演、警察等
动手能力	医生、护士、药剂师、导演、运动员、教练员、自然科学家、工人、农民、服装设计师、美容师、家具设计师、艺术家、服务员、保育员、摄影师、演员、售货员等
社会交往能力	采购员、推销员、公共关系人员、业务员、编辑、调度员、经理、服务员、导游、咨询师、银行信贷员、税务员、保险公司职业、演员、导演、教师、公务员、秘书、警察、律师等
组织管理能力	调度员、导游、教练员、导演、编辑、教师、经理、公务员、保育员、咨询师、税务员、秘书、律师、警察等

3.6 价值观与职业

3.6.1 价值观及类型

1. 价值观

价值观是指一个人对周围的客观事物(包括人、事、物)的意义、重要性的总体评价和总体看法。它形成一系列基本的信念，这些信念按在心目中的主次、轻重的排列次序形成体系，是决定人行为的基础。价值观是人生的基石、成功的前提、行动的准则，拥有正确的价值观意味着一个人可以在大是大非的问题上作出正确的抉择，使之指向一定的目标或带有一定的倾向性。

2. 价值观的激励作用

马斯洛提出，人有五个层次的需求——生理需求、安全需求、归属需求、尊重需求和自我实现的需求。只有当低层次的需求得到基本满足后，个人才能关注并致力于满足下一层次的需求。这些需求是强大的内在驱动力，我们所做的事情正是为了满足这些需求。它们在我们的生活中反映出来，就体现为我们的价值观。比如：有些学生会比较重视工作能带给自己多少收入，而有些学生可能更多地考虑要做自己喜欢的工作。这两者的不同在很大程度上可以归结于他们所处的需求层次不同，前者在"生理""安全"的层次上，而后者是在较低层次的需求已经得到满足的情况下，追求对"归属""自我尊重""自我实现"的需求。图 3-2 展示的是不同层次的需求所对应的价值观。

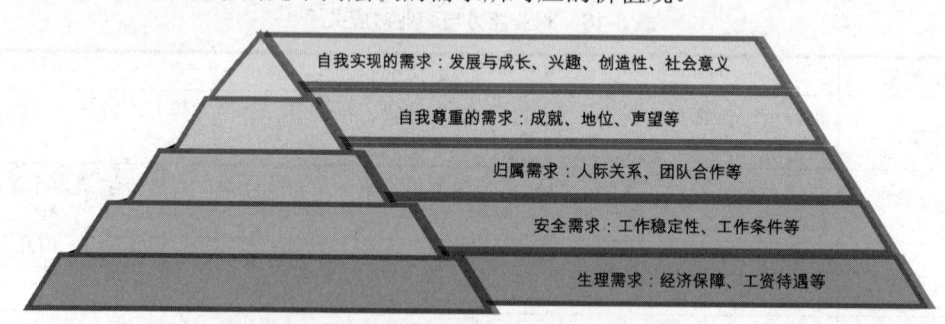

自我实现的需求：发展与成长、兴趣、创造性、社会意义

自我尊重的需求：成就、地位、声望等

归属需求：人际关系、团队合作等

安全需求：工作稳定性、工作条件等

生理需求：经济保障、工资待遇等

图 3-2　不同层次需求对应的价值观

3. 职业价值观

职业价值观也被称作工作价值观，是个人追求的与工作有关的目标，即个人在从事满足自己内在需求的活动时所追求的工作特质或属性，它是个体价值观在职业问题上的反映。职业价值观决定了人们的职业期望影响着人们对职业方向和职业目标的选择，决定着人们就业后的工作态度和劳动绩效水平，从而决定了人们的职业发展情况。哪个职业好？哪个岗位适合自己？从事某一项具体工作的目的是什么？这些问题都是职业价值观的具体表现。

4. 职业价值观的特性

职业价值观主要包含因人而异、相对稳定、具有阶段性与并不唯一的特征，具体如下。

(1) 职业价值观是因人而异的。由于每个人的先天条件和后天经历不同，其职业价值观的形成也会受到不同的影响，因此，每个人都有自己的价值观和价值观体系。在同样的客观条件下，具有不同价值观和价值观体系的人，其动机模式不同，产生的行为也不同。

(2) 职业价值观是相对稳定的。价值观是人们思想认识的深层基础，它形成了人们的世界观和人生观。价值观是随着人们认知能力的发展，在环境、教育的影响下，逐步培养而成的。人的价值观一旦形成，便会相对稳定，但当自身状况和外界环境发生较大变化时，职业价值观也会随之而变。

(3) 职业价值观是具有阶段性的。根据马斯洛的需求层次理论，当人的低层次需要得到满足以后，就会产生更高层次的需求。从职业人生来看，大多数人的职业价值观是具有阶段性的，特别是随着某一阶段的自身需求满足后，新的职业价值观也就会随之产生并确定下来。

(4) 职业价值观不是唯一的。人们在择业时会有多个动机支配他的选择，人们常常为选择感到痛苦时，就是因为个人的职业价值观并不唯一，而在某一职业中又难以得到全部满足，从而患得患失。

5. 职业价值观的分类

根据不同的划分标准人们对职业价值观的种类划分也不同。

(1) 我国学者阚雅玲将职业价值观分为以下 12 类。

① 收入与财富：工作能够明显有效地改变自己的财务状况，将薪酬作为选择工作的重要依据；工作的目的或动力主要来源于对收入和财富的追求，并以此改善生活质量，显示自己的身份和地位。

② 兴趣特长：以自己的兴趣和特长作为选择职业最重要的因素；能够扬长避短、趋利避害、择我所爱、爱我所选；可以从工作中得到乐趣、得到成就感；在很多时候，会拒绝做自己不喜欢、不擅长的工作。

③ 权力：有较高的权力欲望，希望能够影响或控制他人，使他人按照自己的意思行动；认为有较高的权力地位会受到他人尊重，从中可以得到较强的成就感和满足感。

④ 自由独立：在工作中能有弹性，不想受太多的约束，可以充分掌握自己的时间和行动，自由度高，不想与太多人发生工作关系，既不想治人也不想治于人。

⑤ 自我成长：工作能够给予受培训和锻炼的机会，使自己的经验与阅历能够在一定的时间内得以丰富和提高。

⑥ 自我实现：工作能够提供平台和机会使自己的专业和能力得以全面运用和施展，实现自身价值。

⑦ 人际关系：将工作单位的人际关系看得非常重要，渴望能够在一个和谐、友好甚至被关爱的环境中工作。

⑧ 身心健康：工作能够免于危险、过度劳累免于焦虑、紧张和恐惧，使自己的身心健康不受影响。

⑨ 环境舒适：工作环境舒适宜人。

⑩ 工作稳定：工作相对稳定，不必担心经常出现裁员和辞退现象，免于经常奔波找工作。

⑪ 社会需要：能根据组织和社会的需要响应某一号召为集体和社会作出贡献。

⑫ 追求新意：希望工作的内容经常变换，使工作和生活显得丰富多彩，不单调枯燥。

(2) 舒伯将职业价值观划分为13类，具体如下。

① 利他主义：工作的目的和价值，在于直接为大众的幸福和利益尽一份力。

② 美感：工作的目的和价值，在于能不断的追求美的东西，得到美感的享受。

③ 智力刺激：工作的目的和价值，在于不断进行智力的操作，动脑思考，学习以及探索新事物，解决新问题。

④ 成就感：工作的目的和价值，在于不断取得成就，不断得到领导和同事的赞扬，或者不断实现自己想要完成的事。

⑤ 独立性：工作的目的和价值，在于能够充分发挥自己的独立性和主动性，按照自己的方式、步调或者想法去做，不受他人的干扰。

⑥ 社会地位：工作的目的和价值，在于所从事的工作在人们心中有较高的社会地位，从而使自己得到了人们的重视与尊敬。

⑦ 管理：工作的目的和价值，在于获得对他人或某事物的管理支配权，能指挥和调遣一定范围内的人或事物。

⑧ 经济报酬：工作的目的和价值，在于获得优厚的报酬，使自己有足够的财力去获得自己想要的东西，使生活过得较为富足。

⑨ 社会交际：工作的目的和价值，在于能和各种人交往，建立比较广泛的社会联系和关系，甚至能和知名人物结识。

⑩ 安全感：不管自己能力怎样，希望在工作中有一个稳定的局面，不会因为奖金、涨工资、调动工作或领导训斥等经常提心吊胆、心烦意乱。

⑪ 舒适：希望能将工作作为一种消遣，休息或者享受的形式，追求比较舒适、轻松、自由、优越的工作条件和环境。

⑫ 人际关系：希望一起工作的大多数同事和领导人品较好，一起相处感到自然、愉快，认为这就是很有价值的事情，是一种极大的满足。

⑬ 追求新鲜感：希望工作的内容经常变换，使工作和生活显得丰富多彩，不枯燥乏味。

3.6.2　职业价值观测评

第一部分：请根据自己的实际情况或想法，在题目后面选择相应字母，每题只能选择一个答案，具体如表 3-17 所示。其中，A 代表"非常重要"，B 代表"比较重要"，C 代表"一般"，D 代表"较不重要"，E 代表"很不重要"。

表 3-17 职业价值观测试量表

具体问题	A	B	C	D	E
1.你的工作必须经常解决新的问题					
2.你的工作能为社会福利带来看得见的效果					
3.你的工作奖金很高					
4.你的工作内容经常变换					
5.你能在你的工作范围内自由发挥					
6.你的工作能使你的同学、朋友非常羡慕你					
7.你的工作带有艺术性					
8.你的工作能使人感觉到你是团体中的一分子					
9.不论你怎么干,你总能和大多数人一样晋级和涨工资					
10.你的工作使你有可能经常变换工作地点、场所或方式					
11.在工作中你能接触到各种不同的人					
12.你的工作上下班时间比较随便、自由					
13.你的工作使你不断获得成功的感觉					
14.你的工作赋予你高于别人的权力					
15.在工作中,你能试行一些自己的新想法					
16.在工作中你不会因为身体或能力等因素被人瞧不起					
17.你能从工作的成果中,感觉到自己做得很不错					
18.你的工作经常要外出,参加各种社会活动					
19.只要你干上这份工作就不会被调到其他意想不到的单位和工种上					
20.你的工作能使世界更美丽					
21.在你的工作中,不会有人常来打扰你					
22.只要努力,你的工资会高于其他同年龄的人,升级或涨工资的可能性比干其他工作大得多					
23.你的工作是一项对智力的挑战					
24.你的工作要求你把一些事务管理得井井有条					
25.你的工作单位有舒适的休息室、更衣室、浴室及其他设备					
26.你的工作有可能结识各行各业的知名人物					
27.在你的工作中,能和同事建立良好的关系					
28.在别人眼中,你的工作是很重要的					
29.在工作中你经常能接触到新鲜的事物					
30.你的工作使你能常常帮助别人					
31.你在工作单位中,有可能经常变换工作					
32.你的作风使你被别人尊重					
33.同事和领导人品较好,相处比较融洽					
34.你的工作会使许多人认识你					

续表

具体问题	A	B	C	D	E
35.你的工作场所很好，比如有适度的灯光，安静、清洁的工作环境，甚至恒温、恒湿等优越的条件					
36.在工作中，你为他人服务，使他人感到很满意，你自己也很高兴					
37.你的工作需要计划和组织别人的工作					
38.你的工作需要敏锐的思考					
39.你的工作可以使你获得较多的额外收入，比如：常发实物、常购买打折扣的商品、常发商品的提货券、有机会购买进口货等					
40.在工作中你是不受别人差遣的					
41.你的工作结果应该是一种艺术而不是一般的产品					
42.在工作中不必担心会因为所做的事情领导不满意而受到训斥或经济惩罚					
43.在你的工作中能和领导有融洽的关系					
44.你可以看见你的努力工作的成果					
45.在工作中常常需要你提出许多新的想法					
46.由于你的工作，经常有许多人来感谢你					
47.你的工作成果常常能得到上级同事或社会的肯定					
48.在工作中，你可能做一个负责人，虽然可能领导的人数很少，但你"宁做兵头，不做将尾"					
49.你从事的工作经常在报刊电视中被提到，因而在人们的心目中很有地位					
50.你的工作有数量可观的夜班费、加班费、保健费或营养费					
51.你的工作比较轻松，精神上也不紧张					
52.你的工作需要和影视、戏剧、音乐美术、文学等艺术打交道					

第二部分：评分与评价。上面的52道题分别代表13项工作价值观。每圈一个 A 得 5 分、B 得 4 分、C 得 3 分、D 得 2 分、E 得 1 分。请你根据下面评价表中每一项前面的题号，计算每一项的得分总数，并把它填在表3-18中每一项的得分栏上。

表3-18 职业价值观评价表

职业价值观	得 分	题 号
1.利他主义		2、30、36、46
2.美感		7、20、41、52
3.智力刺激		1、23、38、45
4.成就感		13、17、44、47
5.独立性		5、15、21、40
6.社会地位		6、28、32、49
7.管理		14、24、37、48
8.经济报酬		3、22、39、50
9.社会交际		11、18、26、34
10.安全感		9、16、19、42

续表

职业价值观	得 分	题 号
11. 舒适		12、25、35、51
12. 人际关系		8、27、33、43
13. 追求新鲜感		4、10、29、31

3.6.3 价值观对应职业

1. 利他主义

重视利他主义的你适合从事教师、心理咨询师、社会工作者、医生、护士等工作，这些工作有很多机会可以帮助到他人。从行业方面看，你可以进入教育、医疗、公益等行业，这些行业都是为他人或社会服务的，不论你在其中做任何职位，都可以直接或间接地帮助到他人。持有利他主义价值观的人最容易遇到的问题是帮助他人与金钱报酬之间的冲突，通常的解决方法是在职业早期先选择报酬可以满足自己生活开销的工作，利用业余时间帮助他人，当时机成熟时再全职做一些公益的事情。

2. 美感

重视美感的你适合从事与艺术和创作有关的工作，如产品设计、广告设计、UI 设计、市场策划、电影电视编导等职位，然而，追求美感并不意味着你必须具有深厚的艺术功底，也不意味着你一定要直接从事艺术方面的工作。在日常工作中，例如排版一份文档，或者修改一个产品的细节，你都可以发挥自己的主动性，将美感融入每天的工作中。

3. 智力刺激

重视智力刺激的你适合从事设计、开发、产品经理、咨询顾问、研究等工作，这些工作经常会面临新的问题，需要经常学习和思考才可以解决，可以满足你对智力刺激的需要。从行业类型上来看，你适合进入互联网、金融、教育培训、医疗、文化传媒、新能源等行业，这些行业由于兴起不久，有许多以前没遇到过的问题需要解决，可以满足你对动脑思考、学习和探索新事物的需要。

4. 成就感

重视成就感的你适合从事可以明确衡量业绩的工作，如市场、销售、生产、研发等，后勤和支持类的职位并不是最佳选择。从组织类型上看，民企或创业公司会有更多的机会令你获得成就感，事业单位比较不容易使人获得成就感。

5. 独立性

重视独立性的你比较适合的职业类型有培训师、销售、设计、技术等可以独立工作、发挥自己专长的职业，通常可以向专家型角色发展，你比较适合组织结构较扁平的公司，如互联网公司、小型创业公司等。

6. 社会地位

重视社会声望的你比较适合从事社会主流认可的工作，你比较适合的职业类型有公务员、大学老师、医生、大型企业员工等。你适合的组织类型主要有政府机关、事业单位以及规模较大的公司等,你适合的行业类型主要有金融、文化教育、IT/互联网等。

7. 管理

重视管理的你比较适合从事与管理有关的工作,如企业或政府中的各类管理职位、管理咨询顾问、律师、政治或经济学者等,在组织类型或行业方面,对你来说并没有什么特殊的限制。

8. 经济报酬

重视经济报酬的你比较适合从事回报较高的工作,如销售、讲师和互联网技术人员等,这些职业可以在较短时间内获得较高的回报,从行业类型上看,你适合进入正在快速上升的行业,可以重点考虑如互联网、金融、医疗等行业。

9. 社会交际

重视社会交际的你适合从事较多与人接触的工作,例如销售、公关人员、人力资源、记者、导游、培训师、咨询师、社工等。行业并不是最为关键的因素,不过公关、媒体、广告、会展等行业会有更多的机会与不同的人接触,你可以重点关注这些行业。

10. 安全感

重视安全感的你适合进入政府、事业单位或者大型国企等组织,这些类型的组织工作环境较稳定,能满足你对安全感的需求。你不适合进入小型民企或创业公司,因为这些公司所处的市场环境变化较快,公司员工流动性较大,会让你感到不稳定。

11. 舒适

重视舒适的你适合从事行政管理类的工作,这类工作流程明确,作息规律,能满足你对舒适的要求;与业务直接有关的工作并不适合你,因为业务部门的工作压力往往要大于支持部门。从组织类型上看,你适合进入大型外企、国企、政府、事业单位等,这些组织的工作环境较好,餐饮和办公条件较好,作息也比较规律,能满足你对舒适的需要。

12. 人际关系

重视人际关系的你应该重点考虑一些成员平均年龄与你的年龄相近的公司,在这样的组织中,同事跟你年龄相仿,更容易相处。你不适合国企和事业单位,因为这些组织中人际关系相对复杂,并不是你所喜欢的。从行业方面看,从事教育、公益等行业的人相对容易相处,但这并非是绝对的。

13. 变异性或追求新意

追求新意的你适合从事有创造性的不重复枯燥的工作,例如市场策划、互联网产品、广告创意设计等。在行业方面你比较适合进入曙光或者朝阳行业,如新媒体、新能源等,这些行业刚刚兴起不久,有很多不确定性,会让你觉得工作丰富而不单调;传统制造业和服务业的工作流程相对固定,因此不适合你。从组织类型上看,民企或创业公司更能满足你对新鲜感的追求,而大型国企、政府、事业单位的工作相对较为稳定,流程相对单一,因此并不适合你。

3.6.4 价值观在个人职业发展中的重要性

案例一：钱学森的故事　　案例二：雷锋的故事　　案例三：李开复的故事　　案例四：胡佛的故事

从以上四个中故事可以得知，"爱国、敬业、诚信、友善"个人层面的价值观对人们的职业发展有着不可估量的价值。

爱国——国家兴亡，匹夫有责，如果国家衰败，生灵涂炭，那么个人利益又从何谈起呢？只有国家兴旺发达，人民安居乐业，个人才有幸福可言。因此，一个人应该有为国家、为大众谋利益的理想。习近平总书记指出，每一项事业，不论大小，都是靠脚踏实地、一点一滴干出来的。进入新时代，我们践行爱国奋斗精神，要把爱国奋斗精神的落脚点放在自身的本职岗位上，脚踏实地、勤奋工作、艰苦奋斗、任劳任怨，做到干一行爱一行、专一行精一行，既不好高骛远，也不畏缩不前。要从一点一滴做起，在本职岗位上撸起袖子加油干，把党和人民交给自己的各项工作干好、干出成绩来。在工作中要做到勇于担当、无私奉献，兢兢业业、发光发热，为国家的繁荣富强、人民的幸福作出更大贡献。

敬业——敬业就是成功的阶梯。大凡在事业上有所成就的企业职工，全是那些对工作十分敬业、能够一如既往坚持的人。以"精业"促敬业，从"精业"走向创新，在本职岗位上作出一番成就。如果你渴望成功，渴望得到社会的承认，那么就要立足本职、爱岗敬业、精益求精、追求卓越。唯有如此，才能在本职岗位上创造出不平凡的业绩。

诚信——诚实守信是一个人立足社会的基础，也是一个人应有的基本道德品质。只有凭借诚信正直，才能拥有晋升、发展的机会，才能获得永久的成功。在社会之中，每个人都希望在工作中体现出自己的一份个人价值，这就需要别人的配合和信任。没有别人的合作，一个人很难进行正常的生活、工作；而没有别人的信任，就无法进行有效的合作，更谈不上有卓越的成就了。

友善——以友善的心态待人接物，可以使人相互理解，心平气和。以友善的气度，能使人们在价值多元的时代里，相互尊重，求同存异，共同发展，和睦共处。友善的气度，能使人们在基本的共同价值基础上，寻求协同与合作，从而创造出更大的价值与效益。

3.7 职业动机与职业选择

3.7.1 职业动机

一个人即使在相当程度上具备了某种职业所需要的能力、性格等个性特征，也并不意味着他在这种职业上一定会成功，各种职业的成功均离不开个人一定的动机水平的支持和推动。职业动机决定人们究竟为什么工作、为什么要选择这种职业等行为。

1. 动机与行为

动机，其原意是引起动作。动机在需要的基础上产生，是指向行为的直接动力。我们把引起、推动、维持与调节一个人的行为，使之趋向一定目标的心理过程或内在动力称为动机。

动机与个体行为的关系可概括为，动机是个体行为的直接动因。这一关系主要包括三层含义：一是维持行为的指向性，驱使行为指向一定目标；二是保持行为的连续性，使人坚持不懈地去实现既定的目标；三是引发动机的内驱力，是行为发生的原因。动机的主要功能如下。

1) 发动功能

人的行为总是由一定动机引起，即动机对行为起发动作用。动机引起行为，还需要一定条件，即提出和动机相应的目的，并为达到这个目的而行动。

2) 选择和导向功能

动机又是人们评价周围事物和进行学习的基础。能指导人们作出相应选择，从而使行动朝着特定的方向、预期的目标进行。

3) 强化功能

动机具有保持和巩固行为的作用，这种作用被称为动机的强化功能。行为的结果对人的动机有很大影响。动机会因良好的行为结果使行为重复出现，以使行为得到加强；动机也会因不良的行为结果使行为受到削弱或减少，以使行为消失。

2. 职业动机的作用

职业动机指的是直接推动并维持人的职业活动，以实现一定的职业目标的内部动力。职业动机决定了一个人选择何种职业，它能引发一个人产生某种职业行为，并使人的职业行为沿着特定的方向发展，强化人们在职业活动中的积极性、创造性。

1) 职业动机与需求

动机是在需要的基础上形成和发展的。职业需要有不同的层次，职业动机也有不同的水平，进而决定选择何种职业。低层次的需要是人类最原始、最基本的需要，如果生理、安全需要没满足，他的职业动机常常是为了获得生理、安全需要的满足，在职业选择上必然把待遇的高低作为选择职业的标准。低层次需要一旦满足，高水平的需要就变成了行为的重要决定因素，职业动机随之发生变化，随之而来的就是职业的再选择。只有同高级的社会性职业需要相联系的社会性职业动机，才能推动人去选择那些最能实现自己价值的职业，从而找到最能发挥自己潜能的位置。

2) 影响职业活动的三种动机

美国心理学家戴维·麦克利兰研究发现，人在工作情境中主要由三种动机驱动，即成就、权力与亲和动机。

(1) 成就动机是指一个人所具有的试图追求和达到目标的动机。成就动机是人们取得事业成功的动力源泉，是人类的抱负、雄心和获得职业成功的强烈冲动，甚至决定着人们在人生的攀登中最终达到的高度。成就动机高的人在学习和工作中勇于进取，灵活变通，积极主动，有事业心、进取心，因而容易取得事业成功。成就动机低的人则往往会选择简单易干的工作。成就动机不是天生的，它可以在专门的训练和有意识的培养下得到提高。

成就动机低的人可以从小事做起，获得成功感；成就动机高的人如果在工作中没有足够的施展机会，可以到其他领域寻找发泄的空间，比如下棋、打篮球、组织一些活动等，在其他领域获得成就感。

(2) 权力动机是指试图影响他人和改变环境的动机。权力动机较高的人喜欢利用机会表现自己，以自己的专长为世界和他人解除痛苦，或是维护社会安定，以达到影响他人、维护社会的目的。他们也会追求出色的工作成绩，但不是为了获得成就感，而是为了争取地位和权力。

(3) 亲和动机是指希望与他人在一起，建立协作和友好联系的动机。这类动机强的人很注重人际关系，不愿意与他人产生矛盾冲突，渴望得到他人的承认、喜欢，容易当"老好人"，他们更适合服务性的岗位。

其实每个人身上都具备这三种动机，关键是看哪种动机占比更高。在职业活动中，成就动机高的人关注自己是否超越别人和自己以前的成绩；权力动机高的人则会通过某种手段获取权力，渴望通过成功的表现被提升到领导岗位；而亲和动机高的人更在意和他人的合作是否融洽，他们由于能够与周围人友好相处而得到内心的满足。

3) 职业动机强度与职业活动效率的关系

职业动机引发与维持职业活动，对提高职业活动有着重要意义。但并不是职业动机越强职业活动效率就越高。一般来说，中等强度的职业动机水平，职业活动效率最高。职业动机过高或过低，都会导致职业活动效率下降。据研究，每种职业活动都存在最佳的动机水平，这种最佳职业动机水平随着职业活动性质不同而有所不同，并且具有明显的个体差异。简单的职业活动常因职业动机水平的增强而提高活动效率，复杂的职业活动则随着职业动机水平的增强而降低活动效率。

3.7.2 职业选择

在通常情况下，职业动机和职业目标常常是一致的。比如想当医生，便报考了医学院，想当医生既可能是报考医学院的职业动机，也可能是奋斗的职业目标。但在更多的情况下，职业动机和职业目标又是不一致的。同一职业目标可能有不同的职业动机，比如想当律师，有的人是为了锄强扶弱，有的人是为了金钱。同样，职业动机相同也可以表现出不同的职业目标，如锄强扶弱动机强的人，既可以选择当律师，也可以选择当警察。

在实际生活中，同一时间内一个人可能会同时存在几种不同的职业动机，既想干这个，又想干那个，有时我们可以将这些职业动机加以整合，为自己确立一个合适的职业动机。如果一个人既想当医生，又想当警察，那么可以选择法医作为自己的职业；如果既喜欢小孩，又想当老师，则可以选择幼儿园教师这个职业。

但有时这些职业动机相互对立、斗争，甚至产生激烈冲突，这时一个人选择与确定职业就由最强烈且稳定的职业动机影响并决定。面对职业动机冲突，未来从业者要面对现实，分析自己的知识状况、能力水平、身体素质以及其他主客观原因，仔细想一想自己究竟想干什么、能干什么，自己的兴趣、性格、能力适合干什么，自己的职业期望在社会环境中有多大实现可能性，在多种职业动机中反复权衡利弊，既不能好高骛远，也不能妄自菲薄，要从实际出发考虑自己的职业理想和职业目标是否合乎实际，最终占优势的就是最合适的职业动机。

3.8 职业选择方法

1. 测评结果的综合展示。根据测评结果填写表 3-19，将不同维度的自我探索结果与对应的职业进行有效综合展示。

表 3-19 职业测评结果综合展示

自我探索	气 质	性 格	兴 趣	能 力	价值观
类型					
特征					
匹配职业					

以小汤为例，根据其在五个方面获得的测评结果，明确自身特征，并获得所有可能的对应职业，具体如表 3-20 所示。

表 3-20 自我探索测评结果与对应职业

自我探索	气 质	性 格	兴 趣	能 力	价值观
类型	黏液质—抑郁质混合型	ISFJ	C(事务型)	数理能力和察觉细节能力	利他/安全感/人际关系
特征	黏液质：稳重、自制、内向 抑郁质：安静、情绪不易外露、办事认真	沉静、友善、有责任感和谨慎。能坚定不移地承担责任。做事贯彻始终、不辞辛劳和准确无误。忠诚、替人着想、细心，往往记着他所重视的人的种种微小事情，关心别人感受。努力创造有秩序、和谐工作和家居环境	喜欢固定的、有秩序的工作或活动，希望确切地知道工作的要求和标准。愿意在一个大的机构中处于从属地位，对文字、数据和事物进行细致有序的系统处理以达到特定的标准	能迅速、准确运算，能在快速准确进行计算的同时，进行推理、解决应用问题；对物体或图形的有关细节具有正确的知觉能力，对于图形的明暗、线的宽度和长度能做出区别和比较，可以看出其细微的差别	在于直接为大众的幸福和利益尽一份力，希望在工作中有一个稳定的局面、希望一起工作的大多数同事和领导人品较好，一起相处感到自然、愉快
匹配职业	黏液质：外科医生、法官、财会人员、统计员、播音员 抑郁质：保管员、化验员、秘书、人事档案管理员	教育、健康护理(包括生理、心理)、宗教服务或者其他能够让他们运用自己的经验亲力亲为帮助别人的职业，这种帮助是协助或辅助性的	记账员、会计、银行出纳、法庭速记员、成本估算员、税务员、核算员、打字员、办公室职员、统计员、计算机操作员、秘书	会计、银行与保险公司职员、税务或审计员、统计员、自然科学家、技术员、工程师、电工、房管员、咨询师、运动员、教练员、导演、图书馆员	教师、心理咨询师、社会工作者、医生、护士等工作、国企工作人员、政府工作人员

2. 统计职业出现频次，并选择出匹配职业中出现次数多的职业，其与自我特征符合性更高，以小汤为例，出现次数多的匹配职业，具体如下：①会计；②统计人员；③图书馆管理员；④心理咨询；⑤医生；⑥教师。

3. 根据筛选的职业结果，对每一个职业进行综合评价，其中，"匹配程度高"记为3，"匹配程度一般"记为2，"匹配程度低"记为1，具体内容如表 3-21 所示。

表 3-21 筛选职业与自我多维度匹配情况打分表

	气质匹配程度	性格匹配程度	能力匹配程度	兴趣匹配程度	价值观匹配程度
职业 1					
职业 2					
……					

以小汤为例，对筛选职业进行综合评价。气质与职业匹配结果中包含统计职业，因此气质匹配程度高；同理，能力匹配程度高。在兴趣方面，有统计职业相近职业，因此匹配程度为中；在性格和价值观匹配结果中，未出现统计职业及相近职业，因此匹配程度低，具体内容如表 3-22 所示。

表 3-22 筛选职业与自我多维度匹配情况得分

	气质匹配程度	性格匹配程度	能力匹配程度	兴趣匹配程度	价值观匹配程度
会计	3	1	3	3	1
统计人员	3	1	2	3	1
心理咨询	1	3	1	3	3
医生	3	2	3	1	3
教师	1	3	1	1	3
图书管理员	3	1	1	3	1

4. 职业排序。在职业排序中，要根据职业对个人特征不同维度的要求程度，确定 5 个要素的权重，从而获得职业最终得分，具体如表 3-23 所示。

表 3-23 职业最终得分计算表

个人特征	气 质	性 格	兴 趣	能 力	价值观	总分
权重	W_1	W_2	W_3	W_4	W_5	$V_i = \sum W_j \cdot V_{ij}$
职业 1						
职业 2						
职业 3						
职业 4						
……						

以小汤职业排序为例，假设气质、性格、兴趣、能力、价值观的权重为 0.1、0.2、0.1、0.2、0.3，则不同职业的最终得分如表 3-24 所示。

表 3-24 职业最终得分确定

个人特征	气 质	性 格	兴 趣	能 力	价值观	总分
权重	0.1	0.25	0.1	0.25	0.3	$V_i=\Sigma W_j \cdot V_{ij}$
会计	3	1	3	3	1	1.9
统计人员	3	1	2	3	1	1.8
图书馆管理人员	1	3	1	3	3	2.6
心理咨询师	3	2	1	1	3	2.05
医生	1	3	1	1	3	2.1
教师	3	1	1	3	1	1.7

因此，小汤的职业排序为图书馆管理人员、心理咨询师、医生、会计、统计人员、教师。

案 例 分 析

第 4 章

职业探索

4.1 职业分类与能力要求

4.1.1 职业分类与发展特征

1. 职业分类的内涵

职业分类,是指运用一定的科学方法,按照某种特定的分类标准,根据一定的原则,通过对从业人员所从事的各类社会职业进行分析和研究,进行全面而系统的划分,形成不同的种类。

《周礼·冬官考工记》中写道:"国有六职,百工与居一焉。或坐而论道,或作而行之,或审曲面埶,以饬五材,以辨民器。或通四方之珍异以资之,或饬力以长地财,或治丝麻以成之。坐而论道,谓之王公。作而行之,谓之士大夫。审曲面埶,以饬五材,以辨民器,谓之百工。通四方之珍异以资之,谓之商旅;饬力以长地财,谓之农夫;治丝麻以成之,谓之妇功……"通篇论述了王公、士大夫、百工、商旅、农夫等不同职业的分工和职责。在古代,职业还有很强的世袭性,一代又一代传下去,甚至把自己的职业作为自己的姓氏,如屠、师、桑、贾、陶等。

2. 职业分类的目的和意义

职业是随着人类社会进步和劳动分工而产生和发展起来的,是社会生产力发展和科技进步的结果。一个国家的经济体制、产业结构和科技水平决定着社会的职业构成,而社会职业的发展变化,又客观地反映着经济、社会和科技等领域的发展和结构变化。全面提高劳动者素质,充分开发和有效利用我国丰富的劳动力资源,一直被党和政府及社会各界所高度重视。党的十一届三中全会决议明确提出:"要把人才培养和合理使用结合起来","要制定各种职业的资格标准和录用标准,实行学历文凭和职业资格两种证书制度"。《中华人民共和国劳动法》规定:"国家确定职业分类,对规定的职业制定职业技能标准,实行职业资格证书制度。"根据法律规定,结合我国社会经济发展的需要,对各行业的职业进行科学分类,并编制国家"职业分类大典",不仅可以作为劳动力管理的科学化、规范化、现代化的重要基础,而且对职业教育、职业培训、职业咨询和职业介绍的开展和相互衔接,都具有积极的促进作用。

3. 职业分类

职业分类的方法很多,标准各异,但一般划分的标准是按从事社会劳动的不同内容、手段、劳动方法、环境、劳动消耗量等方面进行的。依据就业者主要付出劳动的性质来分类,可分为脑力劳动职业和体力劳动职业。依据对专门知识和技术所需要的程度来分类,可分为专门职业和非专门职业或一般职业。从职业指导的角度来分类,又可分为现实型职业、研究型职业、艺术型职业、社会型职业、企业型职业、常规型职业六类。随着经济的发展和科技的进步,职业的种类也在不断发生着变化。

联合国在 1958 年正式颁发了《国际标准职业分类》,将职业分为 9 个大类、83 个中类、284 个小类、1506 个细类。目前,许多国家都根据该职业分类,编制出符合本国国情的职业分类词典。

(1) 我国职业分类。

2015 年 7 月 29 日,国家职业分类大典修订工作委员会全体会议在北京召开,会议审议通过并颁布了 2015 版《中华人民共和国职业分类大典》(以下简称《大典》),2015 版《大典》职业分类结构为 8 个大类、75 个中类、434 个小类、1481 个细类(职业)。与 1991 版相比,维持 8 个大类,增加 9 个中类和 21 个小类,减少了 547 个职业,全面系统地反映了我国现阶段的职业分类情况,具体如表 4-1 所示。大类根据工作性质的同一性进行分类;中类在大类的范围内,根据工作任务与分工的同一性进行分类;小类在中类的基础上按照工作环境、功能及相互关系进行分类;细类(职业)在小类的基础上,依照工作的工艺技术、操作流程等相似性和同一性再作划分和分类。

表 4-1 职业分类表

大 类	从事人员	具体职业	说 明
一	国家机关、党群组织、企业、事业	管理类	含 6 个中类, 15 个小类, 23 个细类
二	专业技术人员	研发类	含 11 个中类, 120 个小类, 451 个细类
三	办事人员和有关人员	事务类	含 3 个中类, 9 个小类, 25 个细类
四	商业、服务人员	服务类	含 15 个中类, 93 个小类, 278 个细类
五	农、林、牧、渔、水利业生产人员	生产类	含 6 个中类, 24 个小类, 52 个细类
六	生产、运输设备操作人员及有关技术工	技术工人类	含 32 个中类, 171 个小类, 650 个细类
七	军人	军事类	含 1 个中类, 1 个小类, 1 个细类
八	不便分类的其他从业人员	其他类	含 1 个中类, 1 个小类, 1 个细类

当然,我国的职业种类不只限于此。自 2004 年 8 月以来,我国人力资源和社会保障部会不定期地发布《大典》上未收录的新职业,这也成为公众关注的热点,比如 2021 年我国人社部会同国家市场监督管理总局、国家统计局向社会正式发布了 18 个新职业,这 18 个新职业分别是:集成电路工程技术人员、企业合规师、公司金融顾问、易货师、二手车经纪人、汽车救援员、调饮师、食品安全管理师、服务机器人应用技术员、电子数据取证分析师、职业培训师、密码技术应用员、建筑幕墙设计师、碳排放管理员、管廊运维员、酒体设计师、智能硬件装调员、工业视觉系统运维员。这是 2015 版《中华人民共和国职业分类大典》颁布以来发布的第四批新职业。

(2) JOBSOSO 职业分类。

JOBSOSO 是国内职业测评公司——北京北森公司于 2005 年 3 月 16 日正式发布的,可以进行独立的职业信息搜索系统。这一系统包含 1000 余种职业,具体可分为以下几大类。

- 管理。
- 传媒、艺术、文体娱乐。
- 销售及相关职业。
- 商业及金融。
- 医疗专业技术。
- 行政及行政支持。

- 计算机和数学分析。
- 农、林、畜牧业。
- 建筑、工程技术。
- 科学研究。
- 食品加工和餐饮服务。
- 设备安装、维修、保养。
- 社区及社会服务工作。
- 建筑业、地面清洁及维护。
- 企业生产。
- 法律工作。
- 个人护理及服务性职业。
- 物流。
- 教育、培训及图书管理。

它对某个具体职业从职位名称、直属上级、直属下级、合作部门、职业描述、工作内容、教育背景、核心课程、工作经验、培训认证、工作环境、职业前景、公司知名度、薪酬待遇、相关职业、榜样人物、该职业对人的核心要求等角度进行了比较全面的描述。

4. 职业的发展趋势

职业从产生开始，随着生产力和社会分工的发展，一直处在不断变化之中，有的兴起，有的衰弱，有的繁荣发达，有的凋敝衰败。但从总体上看，大体有如下几种趋势。

(1) 职业分类在数量上由少到多，新职业出现的频率逐渐加快。

在职业产生初期，种类少，发展缓慢。随着社会的发展，职业种类增加的速度逐渐加快。据有关统计，我国封建社会初期(周朝)，社会职业与行业是同义语，只被分为 6 个大类，即王公(发号施令的统治者)、士大夫(负责执行的官员)、百工(各种手工业工匠)、商旅(商人)、农夫(种田人)、妇功(纺织、编织的妇女)。所谓"百工"就是技艺匠人的总称，当时木工有 7 种，金工有 6 种，皮工、染色工各有 5 种，还有其他各种工种，加起来也不过三四十种，十分简单。到了隋朝增加到 100 种行业，比周朝增加了一倍多。到了宋朝则有 220 种行业，又比隋朝多了一倍多。到了明朝更是增至 300 多种行业，当时人们把社会职业分工统称为 360 行，中华人民共和国成立后，全国工种岗位总和已发展到 10000 多种。

(2) 职业分工由简单到精细。

职业的产生是社会分工的结果，社会分工具有 3 个层次，即一般分工、特殊分工和个别分工。一般分工区分出第一产业、第二产业、第三产业；特殊分工出现了不同行业；个别分工划分出职业岗位。以农业为例，在早期，农业既是社会分工中一个最大的生产领域，又是人们从事的一种职业。到了后来，又分为种植业和其他农业，形成既有分工又有联系的职业。到了现在，种植业又分为粮食作物种植业，经济作物种植业，蔬菜瓜果种植业，果树种植业，茶、桑、麻等种植业，还有其他为农业服务的职业，如化肥、农药(将逐渐被无污染的生物农药取代)、塑料薄膜的生产等。

(3) 职业活动的内容不断弃旧更新。

同样的职业，在不同的时代，工作内容有很大不同。旧的业务知识、技术方法过时了，被新的业务知识、技术方法所取代。比如刑事警察这种职业，远比 20 世纪的一般侦探要求高得多，完成任务需要掌握现代知识和使用现代工具，要通晓法学、法律和犯罪心理学，掌握侦探技术、电子技术、鉴定技术、擒拿技术、驾驶技术等。职业没有变，但其内容已大为不同。

(4) 职业的专业化增强，并出现综合化和多元化趋势。

随着科学技术的发展，有些职业的专业化越来越强，若不具备一定的专业能力、达不到职业的要求，就不能适应职业的需要。比如邮电行业，由于新技术的广泛运用，缺乏现代电子技术的人就难以胜任工作。职业除了专业性越来越强外，还向综合化、多元化方向发展，打破了以往每种职业都有着相对固定范围的界限，职业与职业之间相互交叉延伸，界限模糊。就从业者来说，以前的研究人员只管研究成果，但现在的很多研究人员，既是研究者又是市场开拓者和经营者，有的还是管理者。从生产部门来说，现在的很多企业变成一业为主、兼营别业，这些企业的工作人员在一个岗位上同时具有几种职能、几种身份。

(5) 第三产业的职业数量大量增加。

随着科学技术水平的提高，不少职业的寿命相对缩短，职业之间的地位兴衰不断变迁，尤其是第三产业的职业数量增加迅速，就业人口显著增多。以往人们对第三产业重视不够，许多经济学家也认为第一产业和第二产业创造财富，第三产业难以创造财富。现在，第三产业受到前所未有的重视，在国民经济发展中的作用越来越大。另外，科技服务业、信息产业、知识密集型产业等从业人员数量也不断增加，其中特别值得我们注意的是专业化和综合化。专业化与综合化并不矛盾，专业化使人们必须接受较长时间的教育，才能适应社会发展的要求，成为社会所需要的从业者；综合化要求人们在接受教育时，应加强多方面知识与能力的教育和培养，也就是要注重综合职业能力的教育和培养，努力成为复合型人才。职业的这种发展趋势，对从业者的素质提出了更高的要求。从业者在掌握专业知识的基础上，可以通过学习掌握其他有关知识，这样有助于从业者提高自身综合素质，增强竞争力，成为符合现代社会需要的复合型人才。

4.1.2 职业描述与能力构成探索

1. 职业描述与职业能力的匹配

不同的职业对人才有不同的要求，对要掌握的相应专业知识也各有侧重，以下列举几类人才对能力的要求。

(1) 管理类职业：行政管理人员。

职业描述：行政管理人员，也常被称为行政人员，是具备行政学、管理学、政治学、法学等方面知识，能在党政机关、企事业单位、社会团体从事管理工作及科研工作的专业人才。

专业知识要求：应具备现代管理学、现代政治学、法学基础理论、社会学、行政学、公共政策、政策分析方法、行政法学、经济法、运筹学、统计学、公共关系学、人力资源开发与管理、计算机应用基础、办公自动化公文写作与处理、电子政务等学科基础知识。

职业能力要求：政治觉悟高、原则性强、有亲和力、有开拓创新精神。廉洁奉公、遵纪守法、有奉献精神，有较高的智力素质和较强的语言表达能力、组织协调能力、人际交往能力和管理控制能力，有基本的计算机和外语水平。

(2) 研发类职业：通信工程技术人员、机械制造技术人员。

① 通信工程技术人员。

职业描述：从事通信网络规划、设计，网络设备研发，网络工程建设，通信业务产品开发及网络运行技术管理、网络技术应用管理的工程技术人员。

专业知识要求：应具备电路分析基础、高频电路、信号与系统、模拟电子技术、数字电子技术、通信原理、电视传输原理、电磁场与电磁波、数字信号处理、数字图像处理、数字语音处理、信息论基础、电子测量原理、自动控制原理、单片机原理、计算机原理与运用、微机原理与接口技术、电子电路的计算机辅助、数据通信与计算机网络等专业知识，以及数学、英语、物理、政治、管理、法律等公共基础知识。

职业能力要求：能从事各类电子与信息技术和系统的研究、设计、制造、技术管理及其在国民经济各部门中的应用与开发；实践、动手、适应能力强；肯钻研、善于学习；能够阅读英文技术资料；在本专业领域中应用计算机软硬件的能力强；认真踏实，头脑敏捷，具有合作精神；综合素质高。

② 机械制造技术人员。

职业描述：机械制造工程技术人员指的是从事机械制造加工工艺、检测方法及其工艺装备的开发、设计等的工程技术人员，运用机械工程理论和原则，在工程人员或物理学家的指示下，撤换、制作和测试机械和设备。

专业知识要求：应具备机械设计基础、电工电子技术、微机原理与接口技术、检测技术、自动化驱动技术、数控原理、电气控制与 PLC 应用、机电一体化系统设计、液压与气压传动技术、机械制造技术基础、工程软件技术、计算机辅助工艺设计、高等数学、工程制图与 CAD 计算机应用技术、机电控制技术、机器人应用、专业英语等学科基础知识。

职业能力要求：具有以机、电、计算机与信息技术知识为基础的机械工程基础知识和较强的实际动手能力；守规矩，有一定的图表和计算能力；工作踏实、认真钻研；能够适应产业信息化发展的需要，将工业技术与计算机技术结合；能够阅读英文技术资料、熟悉工序流程和岗位工作要求；善于动脑筋，善于总结经验，有创新意识。

(3) 事务性职业：会计专业人员、人力资源专业人员。

① 会计专业人员。

职业描述：会计师是指具有一定会计专业水平，经考核取得证书，可以接受当事人委托，承办有关审计、会计、咨询、税务等方面业务的会计人员。

专业知识要求：高等数学、概率论与数理统计、大学语文、程序设计、管理学导论、财务管理、运筹学、营销管理、管理信息系统、运营管理、会计软件应用、中级财务会计、成本管理会计、税法、经济法、西方经济学。专业课有审计学、高级财务会计、中级财务管理、国际会计、财务报表分析等。

职业能力要求：在新形势下，作为会计专业人员，应该具备理解市场经济内涵、把握经济发展脉搏的能力。了解国际国内宏观经济政策形势，把握国际国内经济发展趋势，理顺宏观经济和微观经济的关系，提高高级会计管理人员的经济政策理解能力和企业战略决策能力。通过财务报告对企业进行全面、透彻、综合的分析，是会计人员应当具备的基本能力。会计人员应当了解企业的生产经营流程，利用财务报告等信息资料，结合企业管理中的落后环节和存在的主要问题，提出改进措施和建议。

② 人力资源专业人员。

职业描述：人力资源管理人员是指从事人力资源规划、员工招聘选拔、绩效考核、薪酬福利管理、激励、培训与开发、劳动关系协调等工作的专业管理人员。

专业知识要求：政治经济学、微观经济学、宏观经济学、民商法学、初级会计、统计学原理、经济法、管理学原理、组织行为学、战略管理、人力资源管理、市场营销管理、财务管理、生产运作管理、国际企业管理、管理信息系统、企业文化与伦理等。

职业能力要求：人力资源管理是根据组织发展战略的要求，有计划地对人力资源进行合理的配置，通过对员工的招聘、培训、使用、考核、激励、调整等一系列过程，调动员工的积极性，发挥员工的潜能和创造价值，以确保组织战略目标的实现，所以管理能力是人力资源管理者的首要能力和核心能力，是人力资源管理者做好本职工作的能力要求，也是人力资源管理者综合素质的重要体现。要求其从业人员具备较强的人际沟通能力，能够协调企业内各种关系，善于解决问题。

(4) 服务类职业：证券分析师。

职业描述：证券分析师在我国又被称为股评师、股票分析师，他们是依法取得证券投资咨询业务资格和执业资格，就证券市场、证券品种走势及投资证券的可行性，以口头、书面、网络或其他形式向社会公众或投资机构提供分析、预测或建议等信息咨询服务的专家。

专业知识要求：应具备货币银行学、国际金融学、国际结算、证券投资学、金融电算化、投资银行学、商业银行经营管理学、保险学原理、财政学、财务会计学、统计学、投资学、国际贸易、国际财务管理、市场营销学、经济学原理、西方经济学、政治经济学、民商法学、微积分、线性代数、概率统计、数学建模、电子理财、商务英语等学科基础知识。

职业能力要求：掌握马克思主义经济学、西方经济学和金融学的基本理论及方法；具有较全面的金融保险、会计财务、营销管理等方面的专业基础理论知识和基本技能；并有较高的英语、计算机应用、数理分析、交流能力；熟悉各种现代金融工具的特性、功能并具有相应的操作能力；能为客户设计个性化的投资方案；掌握国家有关经济、金融的方针、政策和法规；掌握国际上较先进的理论与操作惯例；了解基本的资产定价模型，具有处理银行、证券、投资等相关业务的基本能力；具有较开阔的视野，较好的获得新知识的意识和能力及创新精神。

2. 雇主所需的职业能力

在人力资源市场上，每个人实际上都是一个待价而沽的特殊商品，三年或四年后能否以高价售出有赖于自身能力和素质的卓越度，更主要的则在于人力资源市场上的顾客(雇主)是否愿意出高价。因此，雇主的需求在很大程度上决定了我们自我职业素质和职业技能提升的方向，也决定了我们能否在激烈的就业市场"卖得一个高价"。

(1) 沟通能力。沟通是建立关系最为基础的条件。语言、对话是我们主要的沟通方式，但沟通又不局限于语言和对话。沟通是在分享内涵或理解他人，如果两个人对某种东西的内涵有相同的理解，那么他们之间就存在着真正的沟通。沟通往往始于语言的交流，但如果双方对话没有得到相互理解，那么沟通就是不成功的。所以我们必须强调，沟通是双方的相互理解。

(2) 团队协作能力。团队协作能力，是指建立在团队的基础之上，发挥团队精神、互补互助以达到团队最大工作效率的能力。团队间的协作，是一种氛围，是一种团体的归属感。团队中每个成员都以自我所在的团队为荣，每个人都想为实现团队的目标而努力。对目标贡献的进取性，使得工作效率比个人单独时要高。协作也是一种动力，是激发团队成员学习的动力。大部分人都有不服输的心理，这种心理会增加成员的上进心，提升工作效率。

3. 职业能力培养的方法

为满足职业能力要求，需要采用科学的方法，提前培养职业能力。

(1) 通过专业知识的学习来培养职业能力。要想通过专业知识的学习来获得专业能力，有必要对专业知识的含义和专业能力有一定的了解。专业知识是指在特定行业、环境、工作、活动等条件下履行岗位职责、完成工作任务所必需的知识，与所从事的职业密切相关，具有一定的针对性和适用范围，包括专业理论、专业技术等方面的知识。专业能力是职业能力中的核心内容。随着职业的日益分化、细化，无论从事何种工作，都必须具备过硬的专业能力，否则就无法履行自身的岗位职责。一个人的专业能力越强，在职业活动中所发挥的作用就越显著。

(2) 学习通识知识来培养职业能力。通识知识是指在普遍的条件下，工作和进行与工作相关的生活、学习等方面所必须具备的基本知识，是一个人开展工作活动的前提，具有普遍的适用范围。通识知识是一个人的基本能力形成的基础。随着职业要求的不断提高，单纯的专业能力不能满足工作的发展需要，因此需要从业人员具有广博的综合知识和基本能力，才能够顺利开展工作。通识知识的学习能够培养一个人适应社会的能力、组织管理能力、沟通协调能力、创新能力等。

(3) 通过加强社会实践来培养自己的职业能力。社会实践活动对于培养一个人的能力具有重要作用。社会实践活动能够积累社会经验，提高基本能力。它还能够加强实际应用能力，提高专业技能。通过社会实践活动，能够促进个人的专业理论与实践更紧密的结合，更系统地了解领域的知识结构，巩固和拓宽所学的专业知识，培养分析问题和解决问题的能力及创新能力，提高专业知识的应用能力、实践动手能力和创业能力。

4.1.3 职业信息的获取途径

1. 职业信息获取的相关渠道

一般而言，可以通过以下渠道获得有关的职业信息。

(1) 国家政府部门。国家政府部门及各地区推出的有关就业方面的法律法规、决议、决定、规划、举措等信息有较强的宏观指导作用。它们能帮助人们认清就业形势，把握就业时机，调整就业心态，理顺就业思路。只顾低头"拉车"，不顾抬头"看路"的就业方式很有可能会因缺乏对宏观就业形势与政策的了解而丧失就业良机。

(2) 学校或学院就业指导中心。学校或学院的就业指导部门，会将每年毕业生就业相关信息统计、整理、分析，建立完善的信息库。一方面，能够方便以后的毕业生查询相关就业信息。另一方面，通过信息库中相关信息的统计分析，可以清晰地了解各专业、各层级、各地区毕业生的就业流向，以此作为指导毕业生就业的经验和依据。同时，就业指导部门也会建立用人单位信息库，记录所有接触过的用人单位的详细信息，尤其是人力资源部门及公司相关负责人的联系方式，并按地区和行业进行分类汇总，建立成册，以供毕业生查询。此外，学校或学院的就业指导中心，有专业的就业指导老师，他们不仅会通过各种途径和方式与用人单位取得联系，获取就业信息，也具备大量的专业指导知识，对毕业生而言有巨大的帮助作用。

(3) 人才市场。为加强就业指导与服务，各地区、各行业、各高校每年都会举办各种"人才交流会"，吸引来自全国各地的单位进行人才招聘。类似这样的就业市场，信息量大且集中，求职人员能在较短的时间内获取各种职业信息，并与单位进行直接洽谈。

(4) 各种资料与媒体。既可以通过《中华人民共和国职业分类大典》、文学作品、专业书籍、期刊杂志、名人传记、行业协会报告、社会调查报告、论文等出版物进行查询，也可以通过报纸、广播、电视等新闻媒体了解职业信息。报纸视听媒体的范围比较广泛，比如《21世纪》、中国教育电视台、《中国教育报》及《中国大学生就业》与一些传记文学等。信息时代，网络资讯如今已经成为越来越主要的获得大量信息的途径。和职业相关的网站很多，比如中文职业搜索引擎、中国劳动力市场网、前程无忧、智联招聘、中华英才、搜狐招聘频道、新浪求职频道、中青在线人才频道、各高校职业指导网站等，也有一些网站专门提供某个专业的职业信息或留学信息等更有针对性的资讯。整体而言，这些信息成本较低，信息来源范围广，信息丰富但不够深入。

2. 职业信息获取的有关方法

在无法直接获取有效职业信息的情况下，可以采用科学的方法采集有关信息。首先，可以通过参观和实习(体验)获取职业信息。参观和实习是探索行业环境、组织环境及岗位环境常用的方法。参观是到相关职业现场短时间地观察、了解。通过观察，可以了解职业相应工作的性质、内容，职业环境及氛围，获得实实在在的职业感受。参观的优点是能得到切身的感受，缺点是无法对职业的实质深入了解，易被营造的氛围迷惑。实习是到职业场所进行一定时间的打工、兼职或教学实习、实践。实习是一种比较全面地了解职业的方法。实习可以更深入、更真实地对职业的工作任务、工作要求、工作环境及个人的适应情况进行了解、判断，可以了解工作的程序、报酬、奖罚、管理及升迁发展的信息，还可通过与工作人员的实际接触，感受职业对人的影响。参加社会实践的意义在于能使学生在认识自我和改造自我两个方面获益。另外，比较典型的、有效的分析方法是生涯人物访谈法，生涯人物访谈法是指通过与某一类行业或职业中一位或数位工作者的深入交流，以获取职业信息的方法，是一种了解职业切实有效的方法。接受访谈者即"生涯人物"，应在这个职位上已经工作了三至五年甚至更长时间。为防止访谈中的主观影响，应至少访谈三人，如果既与成绩卓然者谈，也与默默无闻者谈，则效果会更好。

1) 生涯人物访谈涉及的内容

生涯人物访谈需要更多的投入和与环境的互动才能取得较深入的信息。通常情况下，我们对生涯人物进行访谈时，涉及以下四部分内容。

第一部分是访谈对象的基本情况。包括他现在哪个单位工作，做什么岗位、什么职务，他的个人基本信息。

第二部分是访谈对象的工作状态。包括他是怎样找到或做到这个岗位的，他平常的工作是怎样的，岗位的核心工作内容和职责是什么。

第三部分是任职资格。包括他认为这个岗位或职业的核心知识、技能及经验是怎样的，什么样的证书、培训是做这份工作所必需的，个人什么样的素养和品质是岗位的必备，大学生及他个人在大学期间如何准备才能更容易进入这个工作领域。

第四部分是职业的发展前景。包括这个职业的一般薪酬标准和潜在的收入空间，这个职业的一般晋升发展路线是什么，这个职业在我国及全球的发展前景怎样，这个职业相关或相似的职业有哪些等。

2) 生涯人物访谈实施提纲

生涯人物访谈需要采用规范的程序与提纲，确保职业信息获取的全面性与有效性。

第一部分：概述。通过访谈，了解该职业岗位的实际工作情况，获取相关职业领域的信息，进而判断你是否真的对该工作感兴趣，实际上是一次间接、快速的职业体验。这项活动对于没有工作经验和社会阅历的大学生来说，是了解职业的一个比较好的方法。具体操作流程如下。

(1) 认识和了解自己。可以借助一定的工具，如霍兰德职业倾向测试、职业能力测量表、职业价值观自测量表或测评软件，分析自己的兴趣、性格、技能和工作价值观。

(2) 寻找生涯人物。结合自己的兴趣、技能、工作价值观、教育背景和已掌握的职业知识列出未来可能从事的几个职业，然后在每个职业领域寻找 3 位以上的在职人士作为生涯人物。生涯人物可以是自己的亲人、老师和朋友，可以是他们推荐的其他人，也可以是借助行业协会、大型同学录或某个具体组织的网页寻找的相关职业生涯人物。注意：生涯人物的职业应是自己向往的，每个职业领域的生涯人物应当结构合理，既有刚刚工作的，也有工作了一定年限的中高层人士；正式访谈前，对生涯人物的信息掌握得越全面越好，姓名、职务和联系方式是必须的，对于生涯人物的讲话、文章，或者大众传媒和单位网页上可以获得的信息要尽可能地搜集和熟悉。

(3) 拟定访谈提纲。结合目标职业信息设计访谈问题，对生涯人物的访谈可以围绕以下要点进行：行业、单位名称、职业(职位)、工作的性质类型、主要内容、地点、时间、任职资格、所需技能、市场前景、行业相关信息、工作环境、工作强度、福利薪酬、工作感受、员工满意度等。

(4) 预约并实地采访。预约方式有电话、QQ、电子邮件和普通信件等，其中电话预约最好。预约时首先介绍自己，然后说明找到他的途径、采访目的、感兴趣的工作类型及进行采访所需要的时间(通常 30 分钟左右)，确认采访的日期、时间和地点。注意：联系前的准备要充分，电话联系时还应备好纸和笔，以备临时电话采访；联系时一定要有礼貌，时间要短。访谈方式可以是面谈、电话访谈、QQ 访谈，最好是面谈。面谈前，采访者一般可以用已经从其他渠道了解的生涯人物的好消息轻松打开话题。之后就可以按设计好的问题开始访谈了。遇到生涯人物谈兴正浓时，采访者要乐于倾听，给生涯人物留出提供其他信息的机会。在访谈结束时，还可以请生涯人物再给自己推荐其他相关的生涯人物。这样就可以以滚雪球的方式拓展自己的职业认知领域。注意：采访前为自己准备一个"30 秒的广告"，因为在访谈过程中生涯人物可能会问采访者的职业兴趣和求职意向。面谈前，应征求生涯人物的意见，视情况对谈话进行录音，或书面记录，或不记录。面谈一定要守时、简洁，不浪费他人时间。访谈结束后，对于不允许访谈现场记录的内容应迅速补记。采访结束后一天之内，要通过合适的方式表示感谢。

(5) 访谈结果分析。在一个职业领域采访三个以上的生涯人物后，用职业信息加工的观点来分析，对照之前自己对该职业的认识进行比较，找出主观认识与现实之间的偏差，确定自己是否适合这一行业、职业和工作环境，是否具备所需能力、知识与品质，形成书面总结报告，进而详细制订大学期间的自我培养计划。如果访谈结果与自己之前的认识出现严重脱节，那么就有必要进入另一个职业领域开展新一轮生涯人物访谈。

该部分的注意事项为：访谈前要做好充分准备；访谈中要注意着装和仪表，态度和蔼、大方；要文明礼貌，措辞得体；要时刻注意安全问题，增强安全意识，提高防范能力，确保万无一失；要尊重被访谈者，注意保护他们的信息安全和个人隐私；要认真对待，杜绝走过场，真正通过访谈达到探索职业的目的，为个人的职业定向和职业选择做准备。

第二部分：生涯人物访谈提纲。
(1) 您是如何找到这份工作的？
(2) 就您的工作而言，您最喜欢什么？最不喜欢什么？
(3) 你的职位是什么？你的主要职责是什么？
(4) 从事此行业的人做些什么？
(5) 工作地点一般在哪里？
(6) 在行业内先从什么工作岗位做起？什么岗位能学到最多的知识，最有益于发展？
(7) 工作场所性质有哪些特征？
(8) 在工作方面，您每天都做些什么？
(9) 您在做这份工作时，日常面临的问题是什么，什么最有挑战性？
(10) 您的主要成就是什么？最成功的是什么？
(11) 在这个职位上，如果想获得成功必须拥有并保持什么样的能力？
(12) 目前还缺乏的必须改进的能力有哪些？怎么改善它们？
(13) 在你的组织中，能把同一岗位成功和不成功区别开来的行为是什么？
(14) 您认为做好这份工作应该具备哪些知识、技能和经验？
(15) 目前行业内要求从事这份工作的人应具备什么样的教育和培训背景？
(16) 您认为什么样的个人品质、性格和能力对做好这份工作是重要的？
(17) 这项工作需要的个人品质、性格和能力同其他工作要求有什么不同吗？
(18) 学校中的哪些课程对这个行业比较有帮助？
(19) 行业内，单位对刚进入该领域工作的员工一般会提供哪些培训？
(20) 在您的工作领域里初级职位和略高级别职位的薪水一般是什么水平？
(21) 这个行业是否有季节性或地理位置的限制？
(22) 这个行业存在的困难及前景如何？
(23) 据您所知，有什么职业杂志、行业网站或其他渠道能帮助我深入了解这个领域吗？

(24) 您的熟人中有谁能够成为我下次采访的对象吗？可以说是您介绍的吗？

3) 职业生涯人物访谈报告

完成职业生涯人物访谈后，需要针对访谈获得的信息与资料，撰写职业生涯人物访谈报告，这里以教师访谈结果为例，具体如下。

(1) 前言。通过这次访谈，我意识到具体职业信息及较为理智的确定自己未来规划最有效的方法是，对处在你感兴趣职位的人进行信息访谈。在这次实践中我体会到了信息访谈是对自己非常有帮助的，也对自己感兴趣的、未来可能会从事的工作岗位的认识从书本上表面认识走向一个较为实际的认识。

(2) 访谈方式。由于人际交往网络有限，这次访谈主要采取了电话访谈。

(3) 访谈职业。因为我学的是对外汉语专业，就业方向是秘书和教师，所以我从教师入手，采访了一个自己认识的教师。

(4) 访谈内容，某县中学老师电话访谈。

问题1：陈老师，您工作多少年了？为什么选择这个职业？

答：教了十年了，当时我念的是师专，那时候国家包分配，我师专毕业后回本县中学从教了，喜欢和孩子们打交道，喜欢这个职业。

问题2：从事教师这个职业，需要具备哪些条件？

答：最基本的是具备相应的专业知识和教学技能，还要有一定的职业素质和道德。还有，要涉及其他领域知识，这也很重要。

问题3：您成为一名优秀教师有过什么教育培训和教育经验吗？

答：记得刚从教时，自己的普通话不标准，参加过普通话培训班；前些年主要以板书的形式进行教学，对板书的设计和粉笔字的书写都有较高的要求，那时有空就练习粉笔字；经常去听其他优秀教师授课等。后来过了几年，学校要求我们师专毕业的这些老师再提高文化水平，所以那时候每到寒暑假我们都得去上课，再后来，参加自考，拿到了本科学历。总的来说，就要不断学习，发现自己哪些不足的，要赶紧加强。

问题4：您认为您的工作环境如何？

答：学校是教书育人的地方，是文化圣地，严谨的教风与学风、严格的纪律是必要的，同时，由于学生是一个年青、生命力蓬勃的群体，所以有充实的课外活动、活泼的课堂氛围、积极的求知态度，这样严谨又不失活泼的环境是我追求的。

问题5：您认为具备什么样的素质、技巧和能力的人才能适合或胜任这个职业？

答：首先要热爱老师这个行业和自己从事的这个专业，对学生要有爱心、耐心和责任心。初中学生处在生理和心理不稳定变化期，压力较大，老师如同父母，在生活和学习上要给他们关心、支持和爱护，同时给他们心理疏导。教书，不只教课本知识，还要教他们如何为人处世，还要有崇高的师德，有现代教育观念，有正确的教学方法，优秀的教学能力。

问题6：那您的工作时间和生活形态如何？

答：作为班主任，一天工作十小时以上，除了每天上课，还要关注每一个学生的精神状态，及时给予疏导。除了双休日，大部分时间在学校里度过。

问题7：那这份工作待遇如何，你满意吗？

答：基本满意，月工资4000元左右，工资都是按国家标准给发的，其他福利也不错，当然不同学校有差别，这样的工资已经很不错了。

问题8：据您所知，这份工作前景如何？

答：现在人们越来越重视自身的文化和教育水平，终身学习已进入人的意识，国家也在不断加大教育投入，大力支持教育事业，因此前景还是不错的。

问题9：那现在我们大学生毕业之后，要想成为一名初中老师，您看这对我们有什么要求呢？

答：从长远来看，如果自己想长期从事这份工作的话，建议同学们先考研，因为现在对老师的文化水平要求越来越高了，我们学校很多老师都在不断地提高自己。你研究生毕业之后，不但应聘岗位比较容易，而且以后的发展也会相对好一些。

(5) 访谈总结。经过这次访谈，我得到了很多启示，主要体现在以下几个方面。

首先，专业知识很重要，要精通专业知识。用人单位都对充足的专业知识看得很重要，所以，我们要认真学、认真钻研、精益求精。而且我们要关注行业动态，确定自己今后的发展方向，努力提高自己的综合业务素质和专业竞争实力。

其次，用心地扩大自己的人际关系网络。在问到"您是怎么找到现在这份工作的？"多数人表示是通过朋友介绍的，这从一个侧面上反映了人际交往的重要性，这只是其中的小部分，所以我们从进入大学开始就得更加重视培养自己为人处世的能力，经营并维护好自己的人脉资源。

再次，各种基础知识很重要。许多大学生现在认为大学里开的许多基础课程不重要，没有学的必要，其实这种观点是错误的。大学里，这些基础课程的学习更有利于我们形成完整的知识体系，锻炼我们的思考方式。

最后，正视自己的不足，并努力改正。人无完人，我觉得人的一生都不可能达到完美的境界，这就要求我们不断学习、不断改进，正如那句话"路漫漫其修远兮，吾将上下而求索"。

(6) 结束语。这次的人物访谈，总的来说收益颇多，了解了这么多的信息，为我将来的就业又增加了一份信心，也更加明确了自己今后所要发展的方向和争取的目标，并在今后的学习生涯中有针对性地就此次访谈中自己所暴露出的问题进行弥补，以及就所要求的能力等进行培养。相信在将来，自己能成为一个优秀的人。

4.2 岗位探索

4.2.1 岗位及基本类型

1. 岗位的定义

岗位，又称为职位，是企业生产经营、管理运作的最基本细胞，是分割与承载组织工作的具体单元。岗位由工作、岗位主持人、职责和职权、环境、激励与约束机制五个要素组成，是五个要素相互作用的整体。

(1) 工作。工作是组织为了实现目标而要求岗位必须完成的具体任务。作为构成岗位的最基本的要素，工作是对一个岗位的界定，包括对工作的内容、方法和质量要求所作的规定，而这些决定了每个岗位的主要功能和性质。工作要素有三个特征：一是输出特征，即岗位工作的产出结果是什么，如产品、劳务等，这是确定岗位绩效的前提；二是输入特征，即为了获得工作输出，应该输入哪些内容，包括物质、信息、规范等；三是转换特征，即把输入转化为输出的程序、手段、方法等。工作要素是岗位的本质要素，是岗位五要素存在的基础。

(2) 岗位主持人。岗位主持人是岗位要素中唯一的能动要素，所有的岗位都是由员工主持的。岗位主持人具有主观能动性，因此能够实现岗位行为的连续性。只有各个岗位的行为都体现出连续性，整个企业的经营管理过程才有可能完成，组织目标才有可能实现。一方面，每个岗位都有其特殊的要求，员工要想胜任某一个工作岗位，必须具备一定的知识、技能和素质；另一方面，岗位与员工的匹配是一个互动发展的过程，员工还要根据岗位的特性、报酬并结合自己的特长、爱好、个人发展机会进行选择。在双方合一的情况下，这个匹配才能达成。

(3) 职责和职权。职责是指岗位主持人为完成工作任务所必须尽到的责任，包括职责概要、具体职责内容和时间安排。职权是指主持人为尽岗位的职责所必须拥有的相应工作权力。岗位的职责、职权既要结合，又要对等，在明确其职责时就要赋予其相应的职权。职权是职责的孪生物，是职责实现的必然要求和必要补充。岗位的职责和职权都是由岗位本身决定的，有责无权就会难以尽责，有权无责必然导致权力滥用。只有责权明晰、责权相辅，才能调动员工的积极性，使其尽职尽责，提高效益。

(4) 环境。环境是对当前岗位的工作条件的概括，包括工作环境(工作地点、湿度、温度、粉尘、噪声等)、岗位属性(职位名称、职位标号、岗位性质、直接上级、所属组织等)、职位关系(可晋升岗位、与其他岗位的关系及关系描述等)和所需培训(岗前任职培训、在职技能培训、脱产培训等)。环境要素是界定岗位工作关系的基础，它不但可以使岗位主持人在合格的硬件环境中充分完成自己的工作，还对岗位主持人之间的工作关系进行了制度上的界定。

(5) 激励与约束机制。激励与约束机制是岗位的定向动力要素，岗位本身不但需要激励和约束，而且能够产生激励和约束的作用。岗位通过任务目标对岗位主持人产生激励作用，以激发主持人的活力和积极性；同时，通过对职责和职权及业务流程和条件的规范，对岗位主持人进行约束，使岗位主持人的行为不偏不倚，不脱离岗位的范畴。

从以上五个方面看，工作是岗位基础要素，主持人是岗位主导要素，职责与职权是岗位保证要素，环境是岗位条件要素，激励与约束机制是岗位定向动力要素。任何一个岗位任务的完成，都是岗位五要素共同作用的结果。在岗位五要素中，起主导作用的是岗位主持人，其他要素都是被动的。只有依靠岗位主持人发挥主导作用，才能形成现实岗位行为，带动各个要素运转，最终实现岗位的绩效。

一般来说，岗位具有三个特征。第一，岗位是客观存在的，虽然岗位的设置是人们分析和决策的结果，但却是不以人们的主观意志为转移的。第二，岗位是以工作为中心来设置的，而不能"因人设岗"。第三，任何一个岗位、都要由合适的人来主持。只有这样才能实现岗位本身所拥有的功能。由此可以看出，岗位具有双重属性：一是与劳动分工相联系的自然属性(技术属性)；二是与社会关系相联系的社会属性。

2. 岗位的基本类型

一般而言，岗位大致可以分为以下几种类型。岗位不同，需要的能力特征也不同。

(1) 科研类岗位。要求从业者具有扎实、全面的基础知识和专业知识，具有发现问题、分析问题和解决问题的能力，以及追求真理、刻苦钻研的科学精神和高度的协作精神。

(2) 工程技术类岗位。要求从业者在掌握相关专业知识的基础上具备筹划、论证、设计、组织实施及解决各种工程技术实际问题的能力，工作要认真细致、一丝不苟，能够深入生产实践，有不辞劳苦、艰苦奋斗的创业精神和理论联系实际的工作作风。

(3) 管理类岗位。要求从业者具有相关的专业知识，熟悉有关的行业、专业政策，并具有相应的社交能力、工作协调能力、科学决策能力和群众工作能力。要认真负责、严于律己、依法办事、讲究效率。

(4) 教育岗位。要求从业者在具有较高综合素质的同时，还要具备甘于奉献、为人师表的良好品质，具有广博的知识，良好的语言文字表达能力和一定的教学组织和管理能力。

(5) 医疗卫生类岗位。要求从业者接受过专门的培训和教育，并取得合格的成绩，具有精确细致的动手能力，良好的专业素养，正确分析和诊断病情的逻辑思维能力，坚定果断的心理素质和良好的沟通能力。

(6) 文化新闻类岗位。要求从业者具有较高的思想素质、社会责任感和组织活动能力，熟悉语法、修辞、逻辑等基础知识和东西方文化等相关的专业知识，普通话水平较高等。

4.2.2 岗位探索的含义和方法

1. 岗位探索的含义

岗位探索就是岗位本身和影响岗位发展的因素的调研。对岗位进行探索是大学生求职的第一步，对岗位的明确把握，可以让大学生在应聘时更有针对性，也会在了解岗位的基础上加深对自己的了解。岗位就像阵地，当应聘者要占领阵地时，一定要对阵地有全面、准确的了解，而这种了解的方式就是探索和调研。

2. 岗位探索的方法

以下介绍几种常用的岗位探索方法，可以帮助我们了解岗位职责与任职资格。

(1) 观察法。观察法就是在不影响被观察人员正常工作的条件下，通过观察将有关工作的内容、方法、程序、设备、工作环境等信息记录下来，最后将取得的信息归纳整理为适合使用的结果的过程。在进行观察时，应根据工作岗位分析的目的，利用现有的条件，确定观察的内容、观察的时间、观察的位置、观察所需的记录单等，做到省时高效。

(2) 访谈法。访谈法是访谈人员就某一岗位与访谈对象，按事先拟好的访谈提纲进行交流和讨论。访谈可以分为个别访谈和群体访谈。个别访谈法在各职位的工作职责之间有明显差别时使用。群体访谈法主要在多名员工从事同样的工作时使用。访谈对象包括该职位的任职者、对工作较为熟悉的直接主管人员、与该职位工作联系比较密切的工作人员、任职者的下属等。为了保证访谈效果，一般要事先设计访谈提纲，并交给访谈者准备，访谈提纲如表 4-2 所示。

表 4-2　访谈提纲事例(部分)

序　号	问　　题	记　　录
1	目前你做的是什么工作？	
2	你所在岗位的工作目标是什么？	
3	在工作中你的主要职责是什么？	
4	你在完成工作职责时遇到的主要困难是什么？	
5	衡量这份工作绩效的标准有哪些？	
6	您的工作需要哪些相关的证书或执照？	
7	在工作中你需要和哪些岗位的人员联系？	
8	你接受过哪些跟工作相关的培训？	
9	……	

（3）参与法。参与法是指直接参与某一岗位工作，从而细致、全面地体验、了解和分析岗位特征及岗位要求的方法。与其他方法相比，参与法的优势是能够获得岗位要求的第一手真实、可靠的数据资料。因此，通过参与法获得的信息更加准确。

（4）问卷调查法。问卷调查法就是根据工作岗位分析的目的、内容等，事先设计一套岗位调查问卷，由被调查者填写，再将问卷加以汇总，从中找出具有代表性的回答，形成对工作岗位的描述信息。问卷调查的关键是问卷设计。问卷有开放型和封闭型两种形式。开放型问卷由被调查人根据问题自由回答，封闭型问卷由调查人事先设计好答案选项，再由被调查人进行选择。

4.2.3　岗位职责

岗位职责是指该职位通过一系列什么样的活动来实现组织的目标，并取得什么样的工作成果，是职位界定的主体。它是在职位标识的基础上，进一步对职位的内容加以细化的部分。岗位职责包括如下内容：日常工作是指那些经常性的、周期稳定的或常常发生的工作；上级分配任务的质量和数量；与组织内外人员的关系，包括建议、培训等；对于经营记录利润等的责任；与上级和下级的权责关系；所要使用的设备与机器。一般能够通过招聘网站、公司招聘简介等渠道查询岗位职责，以高校资产管理机构为例，部分岗位职责如表 4-3 所示。

表 4-3　某高校资产管理机构部分岗位职责

岗　　位	职责内容
综合管理岗位	·负责宣传报道工作 ·负责做好处内外各种会议的会务工作，做好会议记录 ·负责国资处的网站建设、网上信息发布等工作 ·负责国资处印章的管理 ·负责来访人员的接待及对外联络工作

续表

岗 位	职责内容
综合管理岗位	• 负责处内办公用品的购置及发放工作 • 负责本处所用资产的购置、更新及维修工作 • 负责处内外公函、信件、报纸杂志的订阅、发放工作 • 负责处内考勤工作 • 负责组织本单位工作人员参加学校和本单位的工会活动
学生公寓管理岗位	• 负责学生宿舍房源的安排工作 • 与学生处共同做好学生公寓房源的调配工作 • 负责提供临时性学生房源需求 • 做好学生公寓信息化管理工作
物业管理岗位	• 熟悉物业管理方面的法律法规 • 起草学校物业管理服务协议 • 组织协调物业管理协议的签订工作 • 做好物业的日常管理、考核工作 • 起草物业管理方面的汇报材料 • 监督检查托管项目的执行情况 • 管理协调物业费支付工作 • 完成领导交办的其他工作
固定资产管理岗位	• 依据国家和上级主管部门制定关于国有资产管理方面的法律、法规、方针政策及学校制定的相关规章制度，设置固定资产实物管理总账及分类账 • 做好家具类、图书资料类和房屋建筑物类固定资产的登记工作 • 对实验室与设备处提供的仪器设备类固定资产账进行核对 • 对图书馆提供的图书资料类固定资产账进行核对 • 与财务处定期核对固定资产账，做好固定资产的财务手续工作，保证财务账能够与实务账一致 • 按照上级部门的要求编报国有资产决算报表及其他有关的统计报表 • 定期对全校固定资产使用情况进行抽查，及时发现固定资产管理方面的问题，并提出改进措施 • 做好固定资产处置的审核、申报工作 • 对资产管理员进行业务培训和指导 • 完成领导交办的其他工作

4.2.4 岗位任职资格

1. 任职资格的定义

任职资格又称职位规范，它界定了工作对任职者的教育程度、工作经验、培训、知识、技能、能力、心理特征等方面的最低要求。一份完整的任职资格一般包含如下项目：教育程度(学历及专业要求)、所需资格证书、工作经验(一般、专业、管理)、培训要求、知识要求(基础知识、专业知识、组织知识、政策知识、业务知识)、工作技能要求、心理品质要求(包括气质、性格、兴趣、价值观、态度)等。对劳动者而言，岗位任职资格反映了企业就该岗位对劳动者能力和素质的基本要求及期望，任职资格通常在岗位说明书或者单位发布的招聘简章中可以找到，具体例子如表 4-4 所示。

表 4-4　某银行招聘简章中任职资格要求

基本条件	• 遵纪守法、诚实守信、廉洁自律，具有良好的职业道德，无不良嗜好和不良行为记录 • 具有良好综合素质，认同企业文化和发展价值观，愿意履行银行员工义务和岗位职责 • 具有较强的学习能力、沟通能力、敬业精神和团队协作精神，有较强的组织协调能力和全局观念，能承受一定的工作压力。具有良好的书面及口头表达能力 • 身体健康，符合××银行员工亲属回避制度规定
具体条件	• 学历要求。本年应届全日制本科及以上学历毕业生。属国内院校的，应于本年 7 月 31 日前取得学历、学位证书；属境外院校的，应在上一年 8 月至本年 7 月间毕业，并能在本年 7 月 31 日前取得中华人民共和国教育部中国留学生服务中心出具的学历学位认证 • 年龄要求。本科生年龄不超过 24 周岁，硕士研究生不超过 28 周岁，博士研究生不超过 30 周岁，年龄计算时间截至本年 7 月 31 日
专业要求	• 总行科技人员要求软件、工程网络、工程信息安全、计算机科学与技术等专业 • 省会城区支行经济金融类、理工类、法学类、管理类等专业优先考虑 • 市州分行、支行专业不限
其他条件	• 在校期间获得奖学金及其他荣誉称号、中共党员、担任院校级学生干部的，在同等条件下均可优先考虑

2. 职业资格证书

　　职业资格证书是表明劳动者具有从事某一职业所必备的学识和技能的证明。它是劳动者求职、任职的资格凭证，是用人单位招聘录用劳动者的主要依据，也是境外就业、对外劳务合作人员办理技能水平公证的有效证件。职业资格证书与职业劳动活动密切相连，反映特定职业的实际工作标准和规范。职业资格证书能够反映劳动者具备某一类职业的职业资格，包括从业资格和执业资格。从业资格是指从事某一专业(职业)学识、技术和能力的起点标准。执业资格是指政府对某些责任较大、社会通用性较强、关系公共利益的专业(职业)实行准入控制，是依法独立开业或从事某一特定专业(职业)学识、技术和能力的必备标准。人力资源和社会保障部印发的《国家职业资格目录(2021 年版)》，包含 72 项职业资格，其中专业技术人员 59 项(准入类 33 项，水平评价类 26 项)，技能人员 13 项。职业资格总量比 2017 年目录减少 68 项。中国人事考试网有关于不同职业资格证书考试条件、考试要求与时间等方面的信息，可根据自身需要进行查阅。

　　国家职业资格证书分为五个等级，即初级(国家职业资格五级)、中级(国家职业资格四级)、高级(国家职业资格三级)、技师(国家职业资格二级)、高级技师(国家职业资格一级)。国家级职业资格证书由中华人民共和国人力资源和社会保障部统一印制。部分具有高含金量的职业资格证书列举如下。

　　(1) 特许金融分析师。报名条件：基本要求为大学毕业。考试内容：考试分为三个等级，知识领域包括道德和专业准则、量化方法、经济学、财务报告及分析、证券投资等。考试时间：第一级考试每年 6 月和 12 月各举行一次，第二级、第三级考试每年均于 6 月同时举行一次。推荐理由：长久以来 CFA 一直被视为金融投资界的 MBA，在全球金融市场更为抢手。CFA 资格是国际通行的，最具权威的金融分析领域的行业标准。

　　(2) 中国精算师。报名条件：我国的精算师主要分为准精算师和精算师。报考准精算师要具有本科以上学历,申请精算师要具备中国准精算师资格。考试内容:精算理论和技能,考试要求涉及财务会计制度、社会保障制度、保险法规等。考试时间:每年春季、秋季两次。推荐理由:精算师的执业证书被称为"金域中的金领"。

(3) 一级建造师。报名条件:取得工程类或工程经济类大学专科学历工作满 6 年,其中从事建设工程项目施工管理工作满 4 年。取得工程类或工程经济类大学本科学历,工作满 4 年,其中从事建设工程项目施工管理工作满 3 年。取得工程类或工程经济类双学士学位或研究生班毕业,工作满 3 年,其中从事建设工程项目施工管理工作满 2 年。取得工程类或工程经济类硕士学位,工作满 2 年,其中从事建设工程项目施工管理工作满 1 年。取得工程类或工程经济类博士学位,从事建设工程项目施工管理工作满 1 年。考试内容:建筑工程经济、建筑工程管理项目、建筑工程法规及相关知识、工程管理与实务等。推荐理由:拥有一级建造师的执业资格,是担任大型工程项目经理的前提条件。

4.3 职业预测

4.3.1 职业预测方法

职业预测是依据职业生涯现实和历史事实,对未来职业生涯发展状态作出科学判断的理论和方法。过去的职业生涯状况,反映了过去人类社会的生活情景;现实的职业生涯状况,也是现实人类社会政治、经济、科技、文化等生活的真实写照;同样,未来的职业生涯发展势态,必然代表了未来社会的发展走向。职业预测有利于把握未来,进而可以从职业预测中寻找适合自己发展的轨迹。

1. 德尔菲法

德尔菲法,又称专家调查法,是指在组织研究领域内,资历较深的专家学者对未来人才市场需求展开预测评价。预测方法的实质是匿名表达个人观点,按照固定的方法应用步骤,通过背靠背的方式,收集专家们关于未来人才需求的主张观点进行预测,具有一定的主观性。

一般情况下,专家调查法操作流程如下。

(1) 确定专家组成员。要求小组成员对预测对象的研究拥有专家级水准,并且乐于解答调研人员的频繁问询。组内人员数量应控制在十几人,提前做好调查计划,准备的题目明晰精简,方便专家给出权威解答,搜集专家们可能用到的资料。

(2) 进行第一次预测。把准备好的资料文本和调查题目分别发送给专家小组中的每位成员。注意标注解答要求与收回时间,方便资料的整理和回收。

(3) 反复预测。综合总结专家们的首次预测结果,二次分送,请专家们再次回复。基于个人观点和他人主张的对比,决定个人观点调整与否。重复直到专家们意见趋向一致。最后,根据专家们最终的意见统计分析得出结果。

2. 时间序列预测法

时间序列是指在一定的社会经济活动中,某一变量或指标的数值或观察值,按其出现时间的先后次序,且间隔时间相同而排列的一列数值。时间序列预测法是对预测对象(职业所需从业人员数量)的历史数据按时间排序,深入探究预测对象,在一定的时间区域内的变化规律,并以此为依据,预测将来某时间点的人才需求。也就是说,把预测对象看作时间函数,运用时间特性表示预测指标,寻找研究对象与时间的关联程度,进而展开预测。通过统计预测对象的历史数据,建立时间函数,实现预测。它受时间变化、规律变化和突发变化等外部条件的影响。

3. 相关分析法

相关分析法是指分析人才需求与其所处的内外环境相互影响的具体指标,以指标的历史统计数据为依据,推导模型建立所需的内部参数,成功构建模型完成预测。其中,回归模型是相关分析法中最常用的预测模型,使用过程中的关键是确定引发预测对象变化的多项预测指标。因此,在建立回归模型之前或之后,质性分析自变量与因变量之间的相互关系,具体指确定变量存在一种难以言明、无法判断的影响关系,客观表现在变量之间数值的变化存在关联,因变量随自变量的变化而变化。

4. 灰色系统预测法

基于 1982 年邓聚龙教授创立的灰色系统理论,形成的灰色系统预测法认为,信息系统中有三色,灰色、白色和黑色。其中,白色系统是指信息完全已知,黑色系统是指信息完全未知,灰色系统处于黑色和白色系统之间,是指信息系统中存在两色信息,一种属于白色信息,余下的属于黑色信息,混合交织。灰色系统理论通过对已知部分确定信息进行提取和分析,实现对系统有效运行、演化规律的正确描述和有效控制。灰色系统预测属于量性研究,在灰色系统理论的指导下,运用有限的历史数据资料,组建数学函数模型,将其用以分析某研究对象的变化规律,掌握其未来发展水平的一种方法。灰色系统预测法的应用优势是,在预测资料准备不足的情况下展开预测,可以实现相对良好的精度预测。以灰色系统建立的数学模型称作灰色预测模型(Grey Models,GM)。其中一元一阶的灰色预测模型使用频率最高,即仅有一个变量所组成的一阶微分方程。灰色模型运行的原理是通过对不完整的、缺乏变动规律的相关数据资料进行积累加权生成处理,逐步使研究对象具备一定的增长规律,形成指数上升数列。基于此,建立微分方程模型,实现预测。

5. BP 神经网络预测法

BP 神经网络预测法,是在传统的神经网络模型基础上,运用误差反向传播算法组建的多层前馈网络模型,模型结构包括输入层、隐含层和输出层。在网络模型的建立过程中,主要步骤为网络模型的学习训练和网络模型的性能检验。其中,网络模型的学习训练,需要确定输入层和输出层的神经单元,隐含层层数设定及其神经单元数量,模型的基本运行参数。从数学意义上讲,BP 神经网络预测的过程是信号从输入到输出的完整传播,以此反映模型的非线性映射。假设模型输入层单元数为 n,输出层单元数为 m,那么 BP 神经网络模型就是 $R^m \times R^n$ 的高度非线性映射。通过学习算法,反复调整模型参数设置,优化模型误差。

误差反向传播算法是指网络信号的正向传递和逆向传递。模式从输入层输入,经隐含层逐层处理后传入输出层。信号正向传递中,从输入层到输出层,层层迭代,每层单元节点只对与之连接的下层节点产生影响。若信号输出后,与网络预设的误差目标不一致,则信号进入反向传递。在反向传递过程中，反向信号按照正向信号传递连接原路返回，网络模型根据反向信号，自动修改各层连接的单元权值，直到接近期望输出，停止学习。误差反向传播算法的优势在于，其表现出了变量间的非线性关系和在时延状态空间中的相关性，而且信号传递过程中信息丢失少，可以较好完成预测任务。BP 神经网络预测法的优势是对变量间的非线性现象的完美解释，和随意调整模型结构，即网络模型隐含层的层次数量、每层的神经元个数等结构设置，可按照预测需求灵活设定。此外，模型结构之间的差异，致使预测性能也会有所不同，故而在研究多元变量间的预测领域发挥独特作用。

以上方法在开展职业人才需求与发展趋势预测中，具有不同的优缺点，如表 4-5 所示，现实中可结合多种方法进行综合预测。

表 4-5 职业预测方法比较

类别	名称		特点
传统预测法	德尔菲法	优势	操作简单，资料不全也能顺利实施；采取匿名形式，专家之间没有交流；独立反馈；多次征询反馈，趋于一致
		不足	预测结果来自专家个人看法，其结论的科学性得不到保障；且无法排除是否存在随大流现象，有一定的片面性
	时间序列预测法	优势	用于处理动态数据，属于过程统计；预测精度高；可对某一时间区间进行需求预测
		不足	弹性差，无法跟随目标变动进行修改；使用人工进行运算难度较高
	相关分析法	优势	用来处理静态的独立数据；可研究相关关系变量间的统计规律
		不足	参数计算复杂；因素筛选困难，尤其是历史数据不好查阅或获取难度大
现代预测法	灰色系统预测法	优势	不受数据间规律、变化趋势的影响；运算方便；短期预测精度高，易于检测
		不足	数据资料灰色程度越大，结果准确性越低；不适合长期若干时段预测
	BP 神经网络预测法	优势	较强非线性映射能力；可拟合高度非线性问题；可用于动态预测；结构精炼，应用性强，预测精度高；可用于进行间断性未来预测
		不足	必须使用计算机及相关软件得以实现

4.3.2 未来职业

1. 未来发展的职业

2021 年，人力资源和社会保障部会同国家市场监督管理总局、国家统计局向社会正式发布了 18 个新职业具体如下。

(1) 集成电路工程技术人员。集成电路工程技术人员是指从事芯片设计需求分析、详细设计、测试验证电子设计工程技术人员。

主要工作内容：对芯片设计进行规格制定、需求分析，编制设计手册，制订设计计划；对芯片进行规格定义、RTL 代码编写、验证、逻辑综合、时序分析、可测性设计；对芯片进行设计仿真以及逻辑验证；对芯片进行后端设计、总体布局与模拟版图设计；对芯片进行后端仿真、版图物理验证、时序/噪声/功耗分析、全局完整性分析与验证；根据生产工艺进行芯片生产数据签核与输出验证。

(2) 企业合规师。企业合规师是指为从事企业合规建设、管理和监督工作，使企业及企业内部成员行为符合法律法规、监管要求、行业规定和道德规范的人员。

主要工作内容：制订企业合规管理战略规划和管理计划；识别、评估合规风险与管理企业的合规义务；制定并实施企业内部合规管理制度和流程；开展企业合规咨询、合规调查，处理合规举报；监控企业合规管理体系运行有效性，开展评价、审计、优化等工作；处理与外部监管方、合作方相关的合规事务，向服务对象提供相关政策解读服务；开展企业合规培训、合规考核、合规宣传及合规文化建设。

(3) 公司金融顾问。公司金融顾问是指在银行及相关金融服务机构中，从事为企业等实体经济机构客户提供金融规划、投融资筹划、资本结构管理、金融风险防控和金融信息咨询等综合性咨询服务的专业人员。

主要工作内容：研究分析宏观经济形势、产业政策及客户发展战略，指导客户制定中长期金融发展规划；帮助客户拓宽投融资渠道，提高金融需求匹配效率；分析客户资产、现金流特征，指导客户制定、调整现金管理方案；帮助客户优化和管理资本结构；指导客户识别、评估、分析金融风险，提供金融风险防控和处置建议；提供金融信息分析、咨询服务，指导客户与银行等金融机构接洽，帮助解决信息不对称问题；帮助客户建立完善的投融资决策体系，提供相关政策解读服务。

(4) 易货师。易货师是指从事非货币互换货物和服务，管理易货企业的易货账户，提供易货交易及咨询服务的人员。

主要工作内容：策划客户需要的易货方案；协助易货商管理易货交易账户；开展易货额度跟踪服务；实施易货商到期易货额度的易货交易；优化配置企业产、供、销资源；使用各类易货交易平台完成易货交易；评估企业易货的商品；通过易货方式为企业解债。

(5) 二手车经纪人。二手车经纪人是指在二手汽车整车、汽车总成、零部件销售的整个过程中，为促成他人的交易成功而从事专业销售和售后服务的一站式人才。

主要工作内容：收集、分析车源信息，并负责信息咨询及信息传递；分析客户需求，维护客户关系；收购多渠道车源；与客户磋商、谈判并签订销售合同；鉴别、评定二手车等级，协助办理过户手续；核算、结算车款及佣金；代理运输、保险、金融等第三方增值服务。

(6) 汽车救援员。汽车救援员是指使用专项作业车、专业设备工具及专业技能救助车辆脱离险境或困境的现场作业人员。

主要工作内容：设置救援现场安全区；识别、分析确认车辆基本故障；紧急排除修理车辆故障；救助事故车辆被困人员；救助危险货物运输事故车辆；施救处理困境车辆；装载、运输、卸载被救拖运车辆；上传服务过程资料及其他业务管理。

(7) 调饮师。调饮师是指对茶叶、水果、奶及其制品等原辅料通过色彩搭配、造型和营养成分配比等完成口味多元化调制饮品的人员。

主要工作内容：负责采购、清洁、装饰、调配、推介等工作任务；采购茶叶、水果、奶制品和调饮所需食材，清洁操作吧台，消毒操作用具；装饰水吧、操作台，陈设原料；依据食材营养成分设计调饮配方；调制混合茶、奶制品、咖啡或时令饮品；展示、推介特色饮品。

(8) 食品安全管理师。食品安全管理师是指依据国家法律和标准，采用危害分析与关键控制点等食品安全控制技术，在食品生产、餐饮服务和食品流通等活动中，从事食品安全风险控制和管理的人员。

主要工作内容：制定食品安全管理制度；从事本单位食品生产许可证或食品经营许可证的办理工作；组织本单位从业人员食品安全知识培训，实施从业人员健康管理；从事本单位食品生产与经营环境的卫生管理工作；从事本单位原料、食品及相关产品的安全管理工作；从事本单位食品采购、生产、储运、销售、餐饮服务的过程管理工作；从事本单位食品安全定期自查、追溯、召回、产品留样、文件记录管理工作；配合食品安全行政监管部门的食品安全监督检查和食品安全事故处理。

(9) 服务机器人应用技术员。服务机器人应用技术员是指运用服务机器人(含特种机器人)相关技术及工具，负责服务机器人在家用服务、医疗服务和公共服务等应用场景的集成、实施、优化、维护和管理的人员。

主要工作内容：分析服务机器人在个人/家用服务、医疗服务和公共服务等应用场景的需求，提出应用方案；对服务机器人环境感知、运动控制、人机交互等系统进行适配、安装、调试与故障排除；负责服务机器人应用系统的参数调测和部署实施；对服务机器人的运行效果进行监测、分析、优化与维护；提供服务机器人相关技术咨询和技术服务等。

(10) 电子数据取证分析师。电子数据取证分析师是指从事电子数据的收集提取、数据恢复及取证分析的人员。

主要工作内容：针对各类电子数据的现场及在线提取固定；分析基于物理修复或数据特征等的电子数据恢复技术；提取分析不同介质和智能终端电子数据；提取分析服务器、数据库及公有云电子数据；提取分析物联网、工程控制系统电子数据；设计建立电子数据取证可视化分析模型；分析计算机及其他智能终端应用程序功能。

(11) 职业培训师。职业培训师是指从事面向全社会劳动者进行专业性、技能性、实操性职业(技能)培训一体化教学及培训项目开发、教学研究、管理评价和咨询服务等相关活动的教学人员。

主要工作内容：开展职业培训需求调查分析；开发职业培训项目、课程与教材；进行职业培训教学研究与教学改革，制定职业培训计划和实施方案；实施职业培训教学活动；负责职业培训全过程与效果的全面管理，对学员学习情况进行考核与评价；提供职业培训咨询和指导服务等。

(12) 密码技术应用员。密码技术应用员，简单来说就是运用密码技术，从事信息系统安全密码保障的架构设计、系统集成、密码咨询等相关密码服务的人员。

主要工作内容：分析客户信息系统存在的安全威胁及风险，并根据客户的需求调整完善密码；帮助客户设计密码；对客户的信息系统密码应用进行安全性评估；应急处置密码应用安全突发事件；为客户提供密码应用技术咨询服务；在客户的要求下进行密码相关技术培训及密码科普等相关服务。

(13) 建筑幕墙设计师。建筑幕墙设计师是指从事建筑幕墙及类似幕墙的装饰表皮创造或创意工作，绘制幕墙或类似幕墙的装饰表皮图纸的工程技术人员。

主要工作内容：根据建设单位、建筑师风格要求，研究制定设计建筑幕墙系统、风格、结构和分格方式，并明确有关设计材料、造价费用和建造时间；组织有关结构、力学、材料、热工、光学、声学等技术资料，绘制建筑幕墙设计图；设计幕墙构件生产和板块组装工艺及其必需的模具，设计幕墙构件生产和板块组装过程检验试验验收准则；组织设计建筑幕墙的安装方法和工艺，确保施工便捷性和幕墙安全性；制定建筑幕墙产品的检测方案，同时对幕墙施工进行指导和检查。

（14）碳排放管理员。碳排放管理员是指从事企事业单位二氧化碳等温室气体排放监测、统计核算、核查、交易和咨询等工作的人员。

主要工作内容：监测企事业单位碳排放现状；统计核算企事业单位碳排放数据；核查企事业单位碳排放情况；购买、出售、抵押企事业单位碳排放权；提供企事业单位碳排放咨询服务。

（15）管廊运维员。管廊运维员是指在电力、通信、给排水等管线集于一体的城市综合管廊运营过程中，从事项目组织管理和设备运行与维护等技术工作的人员。

主要工作内容：对给水管道、电力电缆、燃气管道、蒸汽管道、通信线缆等市政管线进行日常巡检与应急处置；监管管廊内管线施工；确保管廊内环境健康管理；管廊的构筑物及作业安全管理；检查、巡视、维护管廊构筑物，进行沉降监测、混凝土检测；管廊设备的运行与维护；管廊智慧化应用；管廊项目组织与绩效评价。

（16）酒体设计师。酒体设计师是指以消费市场为导向，使用感官鉴评技能与科学分析方法对原酒与调味酒组合特性进行分析与综合评判，并根据产品配比方案生产特定风格酒类产品的人员。

主要工作内容：对市面上的酒类饮品进行信息搜集和分析；根据客户的需求制定新的酒类饮品调配方案；能够按照产品需求生产特定风格的酒类饮品；对贮藏过的酒进行质量鉴定；根据酒体的具体情况提出发酵、蒸馏工艺改进建议等。

（17）智能硬件装调员。智能硬件装调员是指能够使用示波器、信号发生器及计算机或手机等工具设备，完成智能硬件模块、组件及系统的硬件装配及调试、软件代码调试及测试、系统配置及联调等智能硬件装调工作任务的技术服务人员。

主要工作内容：操作电子产品装配设备、示波器、信号发生器等设备，完成智能硬件组件的装配、调试及故障排除，组件功能软件的测试及调试，撰写智能硬件组件的装调报告；分析研究智能硬件在家用服务、医疗服务、物流和公共服务等应用场景的具体需求，提出解决方案；负责智能硬件应用系统的参数调测、方案应用和部署实施，撰写智能硬件应用系统的装调维护报告；对智能硬件在环境感知、自动控制、人机交互等应用方面进行适配、安装、调试；测试智能硬件应用系统功能，撰写应用系统测试报告及优化报告；提供智能硬件相关技术咨询和技术服务等。

（18）工业视觉系统运维员。工业视觉系统运维员是指从事智能装备视觉系统选型、安装调试、程序编制、故障诊断与排除、日常维修与保养作业的人员。

主要工作任务：对相机、镜头、读码器等视觉硬件进行选型、调试、维护；进行物体采像打光；进行视觉系统精度标定；进行视觉系统和第三方系统坐标系统标定；将视觉应用系统和主控工业软件集成嵌入通信；确认和抓取采像过程中的物体特征；识别和分类系统运行过程中的图像优劣，并判断和解决问题；设计小型样例程序，验证工艺精度；进行更换视觉硬件后的系统重置、调试和验证。

2. 未来可能衰落的职业

由于全球经济受互联网的影响，职业变化的速度正在不断加快，一些非常熟悉的职业甚至是目前比较热门的职业可能将要消亡。

(1) 传统秘书。自从个人计算机、电子邮件和传真机问世，秘书的时间有 45%以上是用来把文件归档、传递信息、邮寄信息、邮寄信件和复印材料。但是，更先进的电子办公系统将使主管人员和经理有可能把潦草的便条变成备忘录，按一下指令键便可以分发出去，传统的秘书实际上将不复存在。

(2) 银行出纳员。今后几乎所有的银行客户都会使用自动柜员机，只会留下为数不多的出纳员负责银行业务的前台交易。

(3) 人工客服。随着 AI 智能技术越来越成熟，在人工成本不断增加的情况下，传统人工客服向着智能客服转型升级已是必然趋势。过去企业需要几名人工客服才能够解决的用户咨询量，现在只需要一个智能客服就可以解决了。例如，中国建行的智能客服"小微"，它的服务能力已相当于 9000 个人工座席，超过 95533、400 人工座席服务的总和。不难看出，智能客服不仅能够保证企业服务在线，还能协助企业缩减人工客服数量，节省企业成本投入。因此，如果智能客服机器人能很好地完成任务清单后，所需人工客服的数量就必定会减少。

(4) 保安。近年来，人工智能技术的发展，让社区安防更智慧。现阶段的智慧社区除了基本实现了人脸识别、车辆识别、视频分析等人工智能技术外，更是添加了安保机器人。安保机器人可以全天候 24 小时不间断巡逻，能够识别可疑人员和可疑行为、自动预警报警，保障园区内应急工作高速、高效进行。

(5) 接待员。美国某些通信公司现在就可以提供能够处理打进和打出电话的极其先进的语音识别系统，许多公司也正在研制相似的系统，这使得不少大公司和政府机构将来可以取消接待员这种职业。

(6) 公共图书馆管理员。计算机图书目录已取代传统图书馆的卡片目录，而且不久后还有可能取代传统意义上的图书馆，那时人们可能会通知图书馆通过互联网把图书内容传送过来。

(7) 传统制造业。制造业包含机械的设定、调整、操作及维修等，或是以手工利用小型器械来制造产品或组合零件。目前，由于进口产品多且多利用国外生产，加上生产线的自动化，传统的人工制造业难逃日渐衰退的命运。唯一幸免的可能是塑胶器具的操作，因为某些金属器械将为塑胶制品所取代。

(8) 运输业。运输业含大众运输及货品的搬运。一般而言，运输业将会持续成长，当然也因行业相异而有不同的发展。就公车司机这个行业的发展来说，仍会快速成长，卡车货运则是持续成长。而操纵搬运机械者，则因机器的自动化而成长空间有限。

(9) 清洁工人、基层劳力。在清洁工人、基层劳力方面，因受自动化进展缓慢、离职率高、容易受到冲击等因素影响，未来也不容乐观。

4.4 新职业的兴起

人力资源和社会保障部联合国家市场监督管理总局、国家统计局，向社会发布了"区块链工程技术人员""互联网营销师""在线学习服务师"等 9 个新职业。值得注意的是，除了区块链工程技术人员等新增职业外，一些职业还发展出了新工种，如互联网营销师职业下增设的"直播销售员"。

2020年以来，直播行业迎来发展新机遇，直播卖货一度火爆。疫情之下，不少行业产品滞销，撒贝宁、欧阳夏丹等央视主播携手网红电商主播共同带货，利用"主流媒体+电商直播"的资源与能力，促进更多的产品销往全国各地，带动国内经济复苏。

根据《2020淘宝直播新经济报告》显示，2019年直播电商爆发，进入真正的电商直播元年。以淘宝直播为例，近一年内用户规模呈现爆发式增长态势，在2020年3月，淘宝直播App活跃用户高达375.6万人，同比增长率高达470%，直播电商行业红利仍将持续。

数据显示，互联网营销从业人员数量以每月8.8%的速度快速增长，大量中小微企业也因网络直销方式激发出活力，直接带来的成交额达千亿元。

第 5 章

职业生涯决策

职业生涯决策是个人根据各种条件,通过一系列活动进行的目标决定,以及为实现目标而制定优选的个人行动方案。职业决策是一个复杂的认知过程,通过此过程,决策者组织有关自我和职业环境的信息,仔细考虑各种可供选择的职业前景,作出职业行为的公开承诺。从这个概念可以看出:职业生涯决策是一个过程,而不单单是一种结果。

5.1 职业生涯决策内涵与决策风格

5.1.1 决策内涵与决策理论

1. 决策内涵

决策就是个人在两个以上可能选择之间挑选、决定的过程。如果没有一种以上的可供考虑的行动、选择或可能性,就不会有作决策的必要。所以决策是个人在众多可行的方案中,选择最令自己满意的方案的过程。

职业生涯决策是一个过程,而不单单是一种结果。这个历程看似简单,其实不然,因为其中包括许多复杂的决策因素。

职业生涯决策的概念有广义、狭义之分。广义的职业生涯决策,是指为确定职业所进行的提出问题、搜集资料、确定目标、拟订方案、分析评价、最后选定、检查督导等一系列认知活动。用生物学的概念比喻就是不断地同化和顺应,不断地接收来自外部的信息,并与自身的信息加以整合,内化为自身的一部分,再以执行选择的形式投诸外部世界,进行新一轮的纳新和整合。具体过程是:提出问题—搜集资料—确定目标—拟订方案—分析评价—最后选定—检查监督。狭义的职业生涯决策,是把决策理解为广义决策过程中的一个环节,即从几个备选职业方案中选择一个"确定"的环节,通俗地讲就是"拍板"。具体讲,是指为达到一定目标,从两个以上的可行方案中选择一个合理方案的分析判断过程,是决策者在经过各种考虑和比较之后,对"应当做什么"和"应当怎么做"所作的决定。可见,狭义的职业生涯决策由三部分组成:一是明确目标;二是确定可选方案;三是挑选最终方案。

对于大学生而言,职业生涯决策的核心在于根据自身特点和社会需要作出合理的职业方向选择,即进行职业定位的过程。这个方向确定的过程包括职业生涯起点、职业生涯路径的选择与确定。看似一个点的选择,其实涉及对于自我的了解、对于世界的认识和体验,因此职业生涯决策的过程是一个整合的过程。本书讲的职业生涯决策,是指在了解自我和外界之后,从几个方案中确定一个,是狭义的职业决策过程。

2. 决策理论

决策理论其实根源于经济学,主要指一个人在面对生涯、职业或升学抉择时,所作的选择尽量要能够获得最大收益,使损失最小。所以整个决策过程就涉及客观的可能性与价值、个人的价值观方面的问题。心理学上称之为效用—期待论(Utility-Expectancy Theory)。"效用"除了指可能导致的结果之外,还包括达成决策目标所需的成本及冒险性和效用有关的一些可能的考虑。当个人在作抉择时,将所有可能影响决策的变项,包括所有可能的方案,每个方案的可能性及阻碍,个人对决策之后可能导致结果的期望等逐一清楚地列出来，而个人的最后决策则取决于其主观的自我概念及价值观对于这些主观因素的评估结果。因此最后的决策其实是个人对于价值及可能性二者主观的组合。

但个人的职业生涯决策不等同于经济活动的决策，个人对职业的价值期望，如经济收入、兴趣偏好、自我发展、社会地位等，是与经济决策中的效用不同的；另外，决策者个人的价值观、态度、经验、认知方式等都是影响决策行为的重要因素。只有深入地研究这些因素，才能清楚地了解职业生涯决策过程。

早期的职业生涯理论中，虽然认为决策是很重要的过程，但是却将此过程视为是自然发生的，也就是所有的资料准备齐全之后，决策过程就会自然而然地发生。例如美国职业辅导先驱帕森斯认为，职业辅导员在帮助个人选择职业时，只要提供充分且正确的资料，他自己就能作出正确的决定。显然，帕森斯强调资料的重要性，认为决策只是次要的必然结果。但是，从职业辅导的种种经验中发现，并不是搜集及提供资料就能帮助个人作好职业选择，故许多学者便开始注意决策过程在职业生涯发展中的重要性。席勒在对于人类冒险行为的研究里，就特别引导出一个研究取向，那就是重视决策过程中个人的行动，而不是强调作决定过程前的资料搜集、整理与分析。另外，在目前这个快速变化的社会里，帮助个人如何"适应"要比帮他做某个特定的选择来说更重要，所以目前不论是持发展论或是行为论的职业生涯发展学家均肯定了决策过程的重要性，并且视其为最有效的职业或升学抉择所必备的认知技能。于是决策过程就由刚开始的配角，逐渐升级为众人瞩目的主角，在生涯发展上占有的地位也日趋重要，到后来便发展成为职业生涯理论里的一个派别。归纳相关看法与研究，属于职业生涯决策的理论主要有奇兰特(Gelatt)的决策模式说、克朗伯兹(Krumboltz)的生涯决定社会学习论、泰德曼(Tiedeman)的决策历程说。

1) 奇兰特的决策模式说

奇兰特认为决策是一连串的决定，任何一个决定都将会影响其后来的决定，亦会受先前决定的影响，因此决策是一个发展的历程而非单一的事件。这也说明职业生涯决策不是一个结果，而是持续不断地作决定及修正的终生历程。决策的基准在于选择有利因素最多、不利因素最少的方案。这个模式特别强调资料的重要性，奇兰特将个人处理资料的策略分成以下三个系统。

(1) 预测系统。预测不同的选择可能会造成的结果，及估算出每个行动可能造成该结果的概率，以作为应采取哪个行动方案之参考。

(2) 价值系统。个人对于各种可能行动的喜好程度。

(3) 决策系统。评判各种行动方案的标准，其选择的取向分为：期望取向，就是选择可能达成自己最想要结果的方案；安全取向，选择最安全，最保险的方案；逃避取向，避免选择可能造成最不好结果的方案；综合取向，就是考虑自己对于行动结果的需求程度、成功的概率及避免最不好的结果。权衡这三个方面，然后选择一个行动方案。作决策的具体步骤是：根据自己的需求制定目标；搜集资料，以了解可能的行动方向；根据所得的资料，预测各个可能行动的成功率及其结果；估算个人对于每个行动方案的喜好程度；评估各种可能方案，选择其中的一个方案执行；如果目标达成则终止决定，然后再等待下一个决定的出现；若没有成功，则继续调查其他可行的办法。

2) 克朗伯兹的生涯决定社会学习论

社会学习论是由班都拉(Bandura)所创，强调的是个人独特的学习经验对其人格与行为的影响。克朗伯兹将其观念引用到职业生涯辅导上,以便了解在个人决策历程当中,社会及遗传与个人因素对于决策的影响。认为影响职业生涯选择的因素包括:遗传因子与特殊能力、环境情况与特殊事件、学习经验、工作取向技能。克朗伯兹发展出的职业生涯决策模式可分为七个步骤:一是界定问题,即厘清自己的需求及时间或个人限制,并制定出明确的目标;二是拟定行动计划,即思考可能达成目标的行动方案,并规划达成目标的流程;三是澄清价值观,即界定个人的选择标准,作为评价各项方案的依据;四是找出可能的选择,即搜集资料,找出可能的方法;五是评价各种可能的选择,即依据自己的标准来评价各种可能的选择;六是系统地删除,即系统地删除不合适的方案,挑选最合适的选择;七是开始行动,即执行行动方案。

3) 泰德曼的决策历程说

泰德曼结合萨柏与金斯伯格的职业生涯发展观点,提出整个决策过程是由预期、实施与调整这两个阶段不断进行组合而成的。预期的阶段:个人采取各种方式,先行拟出几个可行的方案,然后考虑各个方案的利弊得失,并且预估其可能的结果,最后做出具体的选择;实施与调整阶段:将选择的方案落实于现实生活,然后评估其结果,并根据个人对结果的满意程度,对方案进行调整或改变。金树人曾经做过总结,认为职业生涯决策理论的一个重要观点就是把职业选择作为一个持续不断的历程,而非发生在单一事件上,并且同时还提出下列大多数人认同的决策步骤:一是探索不同的可行方案;二是比较不同方案后果的得失;三是根据对后果的详细预估而作选择;四是接受事实的考验;五是评估实施的结果再作决定。

总之,决策理论重视个人生涯发展时的历程及抉择,并且因为涉及个人的价值观,所以除了搜集正确的客观资料之外,更重要的是要针对个人独特的价值观,加以了解、分析。因此,虽然有大多数人所认同的具体步骤可供参考,但个人主观的价值评判才是最重要的决策依据。另外,决策理论者认为,有效的决策能力比单一的职业生涯选择更重要。

5.1.2 决策风格

决策风格对决策效果具有重大的影响,主要表现为:不同决策风格的人对决策制定的方式与步骤有不同的偏好,不同决策风格的人对行动的迫切性有不同的反应;不同决策风格的人对待风险的态度与处理办法互有差异,下面介绍几种决策风格类型。

1. 丁克里奇的决策风格类型

丁克里奇(Dinklage)提出,人们通常会采用以下几种决策模式。

(1) 痛苦挣扎型。这种类型的人会花费很多时间和精力来搜集信息,以确认有哪些选择,并向专家询问,反复地比较,却迟迟难以作出决策。他们常爱说的一句话"我就是拿不定主意"。出现这种情况的时候,搜集再多的信息进行分析比较也无济于事。需要弄清的是他们被一些什么样的情绪和非理性信念困住了,比如害怕自己作出错误的决定、追求完美等。

(2) 冲动型。与"痛苦挣扎型"相反,这一类型的人遇到第一个选择就紧紧抓住不放,不再考虑其他的选择或进一步搜集信息。他们的想法是:"先决定,以后再考虑。"

比如，先找到一份工作再说。冲动的决策方式可能是出于对困难的回避，不愿意花费时间和精力去探索。这种方式的危险在于风险太大，等有了更好的选择时只能是追悔莫及。

(3) 直觉型。这种类型的人将自己的直觉感受作为决策的基础。他们通常说不出什么理由，只能表示："就是觉得这个好。"人们在择友的时候常常采用这种决策方式。直觉在人们对环境情况无法获得充分信息的时候会比较有效，但它有可能不符合事实，有时候人们的判断可能会因为自身先入为主的偏见而产生较大的误差。因此，不能仅仅将直觉作为决策的依据。

(4) 拖延型。这种类型的人习惯将对问题的思考和行动都往后推迟，"过两天再考虑"是他们的口头禅。大学生常见的"我还没有准备好要去工作，所以打算先考研"，就是这种方式的体现。拖延型的人心中常抱有这样的希望：也许事情过几天就自动解决了。然而，问题并不会自动解决，有时候甚至会越拖越严重。

(5) 宿命型。这种类型的人无法自己承担责任，而将命运归咎于外部形势的变化。他们常说"该怎么就怎么吧"或"我这个人永远不会走运"之类的话。当一个人将自己生活的主导权交给外界环境的时候，可以预见这个人是很容易觉得无力和无助。这样的人容易成为环境的"受害者"，怨天尤人，却没想到自己的环境正是由于个人放弃了对生命的"主权"而造成的。

(6) 顺从型。这种类型的人倾向于顺从别人的计划而不是独立地作出决策。他们常说："只要他们觉得好，我就觉得好。"比如，很多大学生一窝蜂地争取出国、进外企、考研、参加各种培训班，只是因为"大家都这样做"。从众的人固然在追随群体的过程中获得了一种虚拟的安全感，但却忽略了自身的独特性，因此，他们的选择在很大程度上并不适合自己。他们在不花费心思的同时，也牺牲了对生命本应有的满足感。

(7) 瘫痪型。有时候，个体可能在理性上接受了应当自己作决策的观念，却无法开始决策过程。他们知道自己应该开始了，可是内心深处总是笼罩着"一想到就害怕"的阴影。事实上，他们无法真正为决策过程和决策后果承担责任，而这种害怕承担责任的心理可能又源于家庭在其成长过程中长期不当的教育方式。

(8) 计划型。确认所有的选择，不在探索之前就匆忙作决定，以免将自己的选择面限制得很窄，这是最为科学的决策方式。

2. 哈伦的决策风格类型

哈伦(Harren)把大部分人的职业生涯决策方式归纳为以下三种类型。

(1) 理智型。这种类型的人崇尚逻辑分析，往往在系统搜集足够的自我和环境信息基础上，权衡各个选项的利弊得失，深思熟虑、按部就班地作出最佳的决策。他们能够意识到行为的相应后果，愿意承担决策的责任。

(2) 直觉型。这种类型的人以自己在特定的情景中的感受或者情绪反应，直接作出决策。这种风格的人作决策全凭感觉，比较冲动，很少能系统地搜集相关信息。他们能为自己作出的抉择负责，但缺乏对将来的预期，不够积极，逻辑性也不强。

(3) 依赖型。这种类型的人不能主动承担决策的责任，常常等待或者依赖他人为自己搜集信息且作决策，比较被动和顺从，作选择时十分注重他人的意见和期望。他们以社会赞许、社会评价和社会规范作为作决策的标准。

这三种决策风格类型各有利弊。依赖型最省时、省力，并且父母长辈的意见有时确实是宝贵的经验，但不见得是最有效、最适合的策略；直觉型的决定是自发性的，在时间紧迫的情况下非常有用，缺点是容易受到主观意见的影响；理智型的决定包含探索个人与环境的需求，优点是针对不同选项分析利弊得失，得出的结果较为合理，但要考虑时间因素，需要在前期资料的搜集上花费很多工夫，会有错失良机的可能。当然，如果我们有充分的时间和精力，那么选择理智型方式进行决策是最好的。

3. 斯科特和布鲁斯的决策风格类型

美国职业生涯专家斯科特(Scott)和布鲁斯(Bruce)认为决策风格是在后天的学习经验中逐渐形成的，据此将决策风格划分为五种类型：理智型、直觉型、依赖型、回避型和自发型。

问题：路边有一片桃园，假如你可以进入桃园摘桃子，但只许前进不许后退，只能摘一次，要摘一个最大的，你会怎么办？

A. 对视野范围内的桃子进行比较，形成一个大概的标准，再根据这个标准选择最大的桃子。

B. 我感觉这个大！就摘下这个了。

C. 去问看管桃园的人，让他告诉我什么样的最大，或者问旁边的人什么样的最大。

D. 先别管了，走到最后再说吧。

E. 稍作比较，迅速摘一个。

其中，A 倾向于理智型；B 倾向于直觉型；C 倾向于依赖型；D 倾向于回避型；E 倾向于自发型。

(1) 理智型。以周全的探求和对选择的逻辑性评估为特征。理智型的决策者具备深思熟虑、分析、逻辑的特性。这类决策者会评估决策的长期效用并以事实为基础作出决策。理智型决策风格是比较受推崇的决策方式，强调综合全面的搜集信息、理智的思考和冷静的分析判断，是其他决策风格的个体需要培养的一种良好的思考习惯。但理智型的决策风格也并不是理想的、完美的决策方式，即使采用系统的、逻辑的方式，也会出现因为害怕承担决策的后果而不能整合自己和他人重要观点的困扰。

(2) 直觉型。以依赖直觉和感觉为特征，比较关注内心的感受。直觉型的决策风格以自我判断为导向，在信息有限时能够快速作出决策。当发现错误时能迅速改变决策。由于以个人直觉而不是理性分析为基础，这类决策发生错误的可能性较大，因此容易造成决策的不确定性，容易丧失对直觉型决策者的信心。

(3) 依赖型。以寻求他人的指导和建议为特征。依赖型的决策者往往不能够承担自己作决策的责任，允许他人参与决策并共同分享决策成果，期待分摊风险和责任。会受到他人的正面评价，但也可能因为简单地模仿他人的行为而导致负面的反馈。依赖型的决策者需要理解生活中重要他人对自己的影响程度。

(4) 回避型。以试图回避作出决策为特征。回避型的决策风格是一种拖延、不果断的方式。面对决策问题会产生焦虑的决策者，往往因为害怕作出错误决策而采取的反应方式。由于决策者不能够承担作决策的责任，而倾向于不考虑未来的方向，不去做准备，不知道自己的目标，也不思考，更不寻求帮助。这样的决策者更容易受到学校等支持系统的忽略。所以，这些学生需要意识到自身的决策风格及其可能造成的危害，努力调整思想，增强职业生涯规划的意识和动机，才能从根本上得到帮助。

(5) 自发型。以渴望即刻、尽快完成决策为特征。自发型的个体往往不能够容忍决策的不确定性以及由此带来的焦虑情绪，是一种具有强烈即时性，并对快速作决策的过程有兴趣的决策风格。自发型决策者常会基于一时的冲动，在缺乏深思熟虑的情况下作出决策，此类决策者通常会给人果断或过于冲动的感觉。

4. 决策风格类型测评

为了科学地判定自身决策风格类型，可采用量表法进行测评，常用的 Harren 决策风格测试如表 5-1 所示(根据表中选项作出判断，符合记 1 分，不符合记 0 分)。

表 5-1 Harren 决策风格测试

序 号	情景描述	是否符合
1	我常常仓促作草率的判断	
2	我做事情时不喜欢自己出主意	
3	碰到难做的事情，我就把它放到一边	
4	我会多方搜集决策所必需的一些个人及环境材料	
5	我常常凭一时冲动做事	
6	做事时我喜欢有人在旁边，以随时商量	
7	遇到需要作决定的事情，我就紧张不安	
8	我会将搜集到的材料加以比较分析，列出选择的方案	
9	我经常改变我所作出的决策	
10	发现别人的看法与我的不同，我就不知怎么办	
11	我做事总是左思右想，下不了决心	
12	我会权衡各项可选择方案的利弊得失，判断出此时此地最好的选择	
13	作决策之前，我从没有做过任何准备，也未分析可能的结果	
14	我很容易受别人意见的影响	
15	我觉得作决策是一件痛苦的事情	
16	我会参考其他人的意见，再斟酌自己的情况来作出最适合自己的决策	
17	我常常不经慎重思考就作决定	
18	在父母、师长或亲友催促做决策之前，我并不打算作任何决策	
19	为了避免作决策的痛苦，我现在并不想作决策	
20	经过深思熟虑之后，我会明确决定一项最佳方案	
21	我喜欢凭直觉做事	
22	我常让父母、师长或亲友为我作决定	
23	我处理事情经常犹豫不决	
24	当已经决定了所选择的方案，我会展开必要的准备行动并全力以赴做好它	

根据表 5-1 所述 24 题符合与否的得分情况，再依据表 5-2 进行得分汇总，获得不同风格的最终得分。

表 5-2 Harren 决策风格类型测评结果

题号组	1.5.9.13.17.21	2.6.10.14.18.22	3.7.11.15.19.23	4.8.12.16.20.24
得　分				
决策类型	直觉型	依赖型	回避、犹豫型	理智型

5.2　职业生涯决策工具

5.2.1　决策考虑的因素

1. 个人因素

个人因素是指大学生在进行决策时受到自身内部心理特征的影响，与自我认识密切相关，包括个人的兴趣、职业价值观、能力、气质、性格等，它们往往是大学生就业决策中的主要因素。

(1) 兴趣。孔子曾经说过："知之者不如好之者，好之者不如乐之者。"这里说的是对学习的态度，也就是说，孔子在教育学生的时候就已经懂得了兴趣对于学习的重要性，而在我们职业生涯发展阶段兴趣同样起着举足轻重的作用。如果所从事的工作是自己的兴趣所在，那么工作就会成为一种享受。社会学研究表明，在进行就业决策时，选择和自己兴趣爱好、能力相符职业的劳动者，其劳动生产率比不符合要求的劳动者要高 40%。大学生能够在职业生涯中取得突出成就或者获得职业幸福感，其中重要的原因之一就是从事了自己感兴趣的职业。

(2) 职业价值观。价值观是我们在生活和工作中所看重的原则、标准或品质，它是指向我们一生中最重要的东西，因此它也是一套自我激励机制。舒伯认为职业价值观是个人追求的与工作有关的目标，亦即个人的内在需求及在从事活动时所追求的工作特质或属性。然而，当代大学生在就业决策时往往过于盲目，还没有对自己的价值观进行澄清时就进行了决策，所以大学生在决策之前要对自己的价值观进行澄清。澄清了自己的价值观，了解到在就业决策时，自己最看重的东西是什么，就不会在价值观的取舍方面感到迷茫，从而影响个人的就业决策。

(3) 能力。能力按其获取方式分为两种，即能力倾向(天赋)和技能。对于大学生而言，无论是天赋异禀还是普通人，都需要通过后天的学习与训练才能够获得更高的职业技能。大学生能够跨入大学校门，这一事实已证明他们具备了一般能力，而当今许多大学生都以自身能力强弱作为就业决策的考虑因素。尽管他们会出现能力的错误估计，但进行决策时仍是把能力作为一个方面来权衡。有些能力不足的大学生有时会有意识地选择能力要求较高的职业或能力较高的大学生有意地俯就低能力型职业，都是现实存在的。这两种选择常常会造成职业满意度和职业的稳定性降低并形成职业倦怠，同时也造成人才资源的浪费，除非决策者有充分自信或职业具有足够诱惑力。大学生还是应当尽量在自己能力允许的职业范围中寻找合适职位，这样职业的稳定性和职业的满意度才能大大增强。

(4) 气质与性格。个人心理特征比较重要的就是气质与性格，其影响个人活动的效能。气质是由个体神经系统的结构和功能特征决定的，具有先天性与稳定性。人们将对待客观事物的态度和社会行为方式中所表现出来的稳定倾向性称为性格，它是个性中最为重要的心理特征，人和人的差别首先表现在性格上。性格是在人的神经生理基础上，通过人的社会实践形成和发展起来的心理特征。性格比气质更能反映一个人的心理面貌。气质和性格相互渗透，气质影响性格，性格控制气质，使气质服从于实践需要。性格具有稳定性，与职业适配能够产生更好的工作效能，是职业生涯决策中需要考虑的重要因素。

2. 家庭因素

大学生在进行就业决策时深受家长的影响。就业决策的前提是专业的选择，许多大学生在高考专业选择时就已经服从了家长的意志，而在大学毕业进行就业决策时，也同样会受到家长意识的影响，尤其是大学生在进行就业决策时会有意志薄弱和行动犹豫的阻力，这时家庭的作用便会放大，从而对大学生的就业决策产生重要影响。家庭因素主要有以下三种。

(1) 家庭背景。大学生的家庭环境和家庭背景往往对就业决策有直接的影响。出身农民家庭的大学生，对父母每天辛苦且又收入微薄的工作有着强烈的感受，从父母的言传身教中，这些大学生在就业决策时很少会选择父母从事的职业；知识分子家庭出身的大学生，会长期受到父母及其他家庭成员的教诲和影响，很可能继承父母、家人的职业价值观和职业素养，从而继承父母的职业道路。但是，当大学生与家长的价值观不同，因此在就业决策上就会发生冲突，或者大学生想极力摆脱父母意志的时候，两者的矛盾就会产生。

(2) 家庭的期望。家庭中，父母、亲人对大学生的期望会存在差异。期望值较高的，大学生在就业决策时就会选择社会声望较好的职业，而且社会地位和收入等都相对较高，但是有时会出现大学生选择了不适合自己的职业；期望值较低的，大学生在就业决策时就会容易选择那些与大学生自己兴趣、能力、价值观等相匹配的职业。

(3) 家庭的支持。家庭对大学生选择较好职业的支持态度是毋庸置疑的，但支持的强度也会有很大差别，这主要是由于大学生父母和家庭成员的社会地位、社会关系、经济条件等不同造成的。如果没有家庭的支持，大学生在就业决策时，很可能会将自己的兴趣、爱好等抛开，转向较容易进入的职业和较顺利获得的职位，反之则会寻求更符合大学生自身发展的职业。

3. 内外环境因素

进行职业决策，需要对职业外部环境与内部环境进行系统分析，其中职业选择的外部环境又包括社会环境和行业环境。

1) 社会环境

一个社会的大环境对职业的类别和职业发展前景影响极大，从而也会影响到个人职业生涯规划、选择和发展。因此，在进行职业生涯规划时，首先应对社会大环境进行分析，通过了解和分析所在国家和地区的经济、科技、政治、文化等社会环境因素，有助于个人制定正确的职业生涯规划，使个人在变化的社会环境中不断取得职业生涯的发展。一般来说，对社会环境的分析主要从以下四个方面进行。

(1) 经济发展水平和发展前景。对职业选择最重要的影响因素是经济发展。在经济发展水平高、速度快的地区，企业相对集中，优秀企业也比较多，个人职业选择的机会也较多，因而有利于个人职业的发展。反之，在经济落后、发展缓慢的地区，个人职业选择的机会就相对较少，个人职业发展空间也会受到限制。这就是为什么大学生毕业后趋向于留在经济较发达的城市。

(2) 科学技术的发展。在科技发展迅猛的今天，科学技术是第一生产力的理念，已越来越被人们所认识和接受。科技的发展不但会对经济的发展产生重大的推动作用，而且还会对整个社会生活产生重大的影响。科技的发展也使得新的职业不断产生，如人工智能工程技术人员、数字化管理师、无人机驾驶员等，而一些职业则因无社会需要而逐渐消失。

(3) 政治体制的影响。一个社会的政治体制对经济体制、企业的组织体制也有重大的影响，政治体制及所产生的氛围还会潜移默化地影响个人的追求，从而直接影响到职业生涯的选择和发展。

(4) 社会文化环境和主流价值观的影响。一方面，社会文化环境，像教育条件和水平、文化设施等，会影响人们的受教育机会和状况，而良好的教育又是职业生涯成功的重要基础。另一方面，社会文化的重要组成部分是社会的主流价值观，它是影响人们思想、行为的重要因素。个体思想的发展和成熟的过程，实际上就是一个认可、接受社会主流价值观的过程，一个人生活在某个社会环境里，也必然会受到社会价值观的影响。

2) 行业环境

在对职业所处的社会环境分析后，还应对职业所处的行业环境进行分析。因为，行业环境将直接影响到企业的发展状况，进而影响到个人的职业生涯的发展。行业环境分析的主要内容包括以下几个方面。

(1) 行业发展的现状和优势。进行行业发展现状分析，应该了解以下几个问题：自己现在是从事什么行业，是传统制造业还是高科技产业，是能源产业还是新兴服务业；这个行业在我国的发展趋势如何，是逐渐萎缩的行业，还是朝阳产业；行业目前存在什么问题，是否可以改进或避免，还是无法解决；行业是否具有竞争力优势，这种优势会持续多长时间。

(2) 国际、国内重大事件对该行业的影响。行业发展受国内、国际重大事件的影响，进而影响到该行业能否提供较多的职业机会，如北京成功举办 2022 年北京—张家口冬季奥运会，会对当地的建筑业、旅游业和服务业等提供更多的发展机会和就业机会。

(3) 行业发展前景预测。行业发展前景预测可从两方面进行分析，一方面是行业自身生命力，是否有技术、资金的支持；另一方面也要考虑和研究国家对相关产业的政策。政府会根据经济与社会发展状况对一些行业发布相关的法规、政策，如对一些行业实施鼓励和扶持；对另一些行业则限制发展、缩小规模。

总之，通过分析和了解影响职业生涯的行业因素，有利于个人选择有发展前途的行业和职业，有助于个人目标的更好实现。

3) 内部环境

如果你选中一种职业或已经在一个企业中就职，就需要通过对企业内部环境的分析，了解该企业在本行业和新的发展领域中的地位和发展前景。对企业内部环境的分析主要包括以下几个方面。

(1) 企业实力。企业在本行业中是否具备了很强的竞争力，还是处于一个很快就会被吞并的地位，其发展前景是什么。在激烈的市场竞争中，不是最大、最强的企业就一定能生存，即不是强者生存，而是适者生存。只有适应环境、适应发展趋势的企业才能生存。

(2) 企业文化及领导者的素质和价值观。企业文化决定一个企业如何看待其员工，所以员工职业生涯是被企业文化所左右的。一个主张员工参与管理的企业显然要比一个独裁的企业更能为员工提供发展机会。一个渴求发展的、追求挑战的员工也很难在一个任人唯亲或论资排辈的家族式企业中受到重用。反过来说，如果一个人的价值观与企业文化格格不入，这也决定了他在这个组织中难以得到发展。所以，企业文化是个人在制定职业生涯规划时应当考虑的一个重要因素。企业文化和管理风格与企业领导者素质和价值观有直接关系，企业经营哲学往往就是企业家的价值观。企业主要领导者的抱负及能力是企业发展的决定因素。

(3) 企业制度。企业员工的职业生涯规划和发展，归根到底要靠企业管理制度来保障，包括合理的培训制度、晋升制度、绩效考评制度、奖惩激励制度、薪酬福利制度等。企业的价值观、企业的文化等也只有渗透在制度中，才能使制度得到切实的贯彻执行，没有制度或者制度制定得不合理、不到位的企业，员工的职业生涯就难以得到发展。

5.2.2 决策的主要方法

在充分认识了企业所处的社会环境、行业环境、组织内部环境、职业声望以及未来职业的发展走向之后，接下来应评估上述因素对自己职业选择和职业发展的影响，根据自己的兴趣、爱好和特长，考虑自己的能力、性格和气质等特征是否适合在这样的环境里发展。对职业发展中的各种机会进行评估，选出自己理想的职业，并通过自己的努力获得理想的职业，为进一步设计职业生涯目标和实施职业生涯规划打下基础。

决策的主要方法有以下几种。

1. 直接法

直接法主要是借助个人内在的感情和感觉，运用想象力辅之以过去的知识、经验和背景来作选择，该方法的优点是简单、迅速，缺点是主观武断、凭感性、缺乏科学依据。

2. 比较法

比较法是运用推理、比较和数据资料，综合考虑多方面的利弊得失，找出正面预期多、负面影响小的方案。这种方法比较科学，但较为复杂，需要的技术和资源较多，选择过程较长。

3. 测试法

测试法主要是利用一些量表来测试自己的职业倾向或职业兴趣等，然后参考测量结果来进行职业选择。

4. 咨询法

咨询法通常是找一些有经验的咨询专家进行咨询或指导，利用他们的专业知识和经验辅助决策。若在测试结果的基础上进行咨询分析，则效果更好。

为了更加有效地考虑多方面内容，形成科学的职业决策，可采用有效的决策模型，对决策影响因素进行综合测度，进而选定合适的职业。

5.2.3 决策模型

1. SWOT 模型

SWOT 分析法是企业战略决策、市场营销分析中最常用的方法之一，即在职业选择中通过对自己的优势、劣势、机会和威胁进行分析，对各种机会进行评估，以便选择出最佳方案的一种职业评估和选择方法。在职业规划中，SWOT 分析法中所指的优势和劣势主要是基于个人内在本身特点的分析，而机会和威胁则主要分析来自外部的环境因素，包括前面所提到的社会、行业和组织内部环境因素。

(1) 优势是指与其他竞争对手相比，自己出色或与众不同的地方。主要包括以下内容。

① 专业背景。这里的专业背景主要是指职业生涯决策者的专业背景、接受培训的经历。在学校期间，专业课程主要学习了什么？专业以外学习了什么？自学了什么？你具备什么样的专业理论素养和实践能力？或许专业并不是职业生涯决策者最理想的就业方向，即使这样，专业仍能对职业生涯决策者选择职业起到一定的帮助作用。

② 工作能力和实践经历。在大学读书期间，你担任过什么样的班级或学生组织的职务？组织过什么样的活动？参加过什么社会实践活动和专业实习活动？是否做过志愿者？获得过哪些奖励？等等。这方面的优势能反映职业生涯决策者运用能力的素质。

③ 与众不同的素质。例如，你具有哪些样的经历，你具有什么样的独特能力和奖励，你的人际关系如何等。每一位竞争对手都有一定的能力，但是作为职业生涯决策者则要找到自己具备而其他人往往不具备的能力。

(2) 劣势是指与竞争对手相比，处于落后地位的方面。每个人都有自己欠缺的地方，找到劣势是为自己的职业生涯决策提供良好的参考坐标。

一般而言，自己的劣势主要从两方面寻找：一方面是从自己的性格方面去分析，如性格内向、不善于和人打交道，独立性强、与人默契配合有些困难等；另一方面是从自己的经历去分析，对于大学生来说，很多人都存在没有工作经历，经验欠缺，对可能面临的困难估计不足等问题。

(3) 机会是指有利于职业选择和职业发展的一些机会。分析面临的机会主要包括以下三个方面。

① 对国际、国内宏观环境的分析。一是当前国内的政治经济形势是否稳定，是否有利于经济的发展；二是你感兴趣的行业在国际、国内前景如何。

② 对自己所感兴趣的地区企业的环境分析。企业在本地区的发展趋势如何，市场行情怎么样。

③ 对自己的人际关系进行分析。哪些人会对你的职业发展有所帮助，能持续多久，如何和他们保持联系。

(4) 威胁是指存在潜在危险的因素。分析面临的威胁主要包括企业的重组、领导层的换届、新同事或竞争对手的实力增强、行业遭遇发展危机等。

在此基础上列出今后三至五年的发展计划和目标。当列出具体的计划和目标时，需要明确：你如何实现这样的目标，在这个过程中需要解决什么问题；如何解决这些问题；如果需要外界的帮助，你如何获得；等等。例如，你的个人 SWOT 分析可能显示，为了实现你的职业目标，你需要进修相关的课程，那么你的职业发展计划中就应该说明要具体学什么课程，怎样学，达到什么样的水平。

运用 SWOT 分析法，特别是利用表 5-3 所示的 SWOT 分析表格，可以清楚地了解个人的优势和劣势，以及自己有哪些职业生涯发展机会等。因此 SWOT 分析法在职业生涯决策初期的作用非常明显，可以顺利地帮助学生明确自己的职业选择方向，但是当大学生已经有几个可供选择的方案时，就需要同其他的决策方法共同使用，以准确评估各个方案。运用此方法进行评估时，要尽可能地对面临的各种职业发展机会进行评估，然后确定职业生涯目标，筛选出最佳发展机会。

表 5-3　职业生涯决策的 SWOT 矩阵

内外部分析	优　势	劣　势
	学过什么 曾经做过什么 最成功的是什么	性格的弱点 经验的欠缺 最失败的事情
机会 创造机会 寻找机会 等待机会	SO 发挥优势，抓住机遇	WO 创造机会，弥补劣势
挑战 现有挑战 潜在挑战 未来挑战	ST 规避风险，等待机会	WT 正视劣势，另辟蹊径

2. 运用多因素分析模型

同一类型的职业，往往有多种职业可供选择。例如，常规型职业中，有会计员、出纳员、统计员等，此外还有文书、秘书、办公室人员等具体职业。即使选择教师职业，也存在着大学、中学、小学或幼儿园教师职业层次上的差别，还存在教什么科目的差别。个体该如何选择，可采用多因素分析模型进行评估。

1) 择业动机理论

美国心理学家佛隆(V. H. Vroom)提出择业动机理论，在 1964 年的《工作和激励》一书中，提出了解释员工行为激发程度的期望理论。他认为人的行动动机强度主要受两个因素的影响：一是效价，即个体对一定目标重要性的主观评价；二是期望值，指个体对实现目标可能性大小的估计，亦即目标实现的概率，员工个体行为动机的强度取决于效价大小和期望值。上述理论可用公式表示：F(行动动机强度) = V(效价) × E(期望值)。如果效价越大，期望值越高，行为动机就越强烈，即为了达到一定的目标，个人会付出极大的努力。将期望理论用来解释个人的职业选择行为，具体化为择业动机理论。该理论将个人职业选择分为以下两步。

第一步，确定择业动机。择业动机 = 职业效价 × 职业概率，其中择业动机表明择业者对目标职业的追求程度，或对某项职业选择意向的大小。职业效价指择业者对某项职业价值的评价，职业效价取决于择业者的职业价值观，择业者对某项具体职业要素，如兴趣、劳动条件、工资、职业声望等的评估，即职业效价＝职业价值观×职业要素评估。职业概率是指择业者获得某项职业可能性的大小。职业概率的大小通常取决于以下四个条件。

(1) 某项职业的需求量，在其他条件一定的情况下，职业概率同职业需求量呈正相关。

(2) 择业者的竞争能力，即择业者自身工作能力和求职就业能力。

(3) 竞争系数，指谋求同一种职业的劳动者人数的多寡，在其他条件一定的情况下，竞争系数越大，职业概率越小。

(4) 其他随机因素。

$$职业概率 = 职业需求量 \times 竞争能力 \times 竞争系数 \times 随机性$$

择业动机公式表明，对择业者来讲，某项职业的效价越高，获取该项职业的可能性就越大；反之，某项职业对择业者而言其效价越低，获取此项职业的可能性就越小，择业者选择这项职业的倾向也就越小。

第二步，比较择业动机，进行职业选择决策。择业者对其视野内的几种目标职业进行了价值评估，并获取了该项职业可能性的评价，在量化测定几种职业择业动机的基础上，横向进行择业动机比较。择业动机是对职业的全面评估，即对多种择业影响因素进行全面的权衡。一般来说，择业者多以择业动机分值高的职业作为自己选定的结果。

2) 盖蒂的PIC模型

PIC模型是由以色列职业心理学家盖蒂(Gati)提出的一种系统的职业决策方法，其构建兼顾理论验证与实践运用。PIC是排除阶段(Prescreening)、深度探索阶段(In-depth exploration)和选择阶段(Choice of the most suitable alternative)的英文缩写。

PIC模型的理论基础是排除理论。决策方案的选择通常都是多属性的，在选择过程的每一阶段，要挑选出某一属性或某一方面，根据其重要性对其做出评价，对不符合决策要求的属性应予以排除，即不再在以后的比较选择中继续加以考虑，直到剩下某种未排除的方面或属性时，再作出最后的选择。

(1) 排除阶段。在许多职业决策的情境中，潜在职业方案的数目是相当大的。排除阶段的目的就是将这些潜在方案的数目减少，使其达到可操控的水平。这样可以筛选出一定数量的可行方案，决策者能够为每个方案搜集到广泛的信息，并且有效地加工这些信息。排除阶段可分为以下五个步骤。

一是，选择在搜寻中被用到的有关方面。寻找有可能的方案是建立在个人对有关方面的偏好这一基础之上的，如个人的职业价值观、兴趣、能力、工作环境、培训时间、工作时间、人际关系类型等。

二是，根据重要性进行排序。按照个人的重视程度给这些方面进行排序，以便于序列搜寻过程能相应地进行(即先搜寻最重要的方面，再搜寻次重要的方面，以此类推)。

三是，为重要的方面定义可接受水平的范围。在序列搜寻中对于每一个要考虑的方面，首先引入个人偏好的最优水平——即在该方面上最想要的；然后，挑选出次想要的；最后是可接受的水平。

四是，将个人可接受水平的范围与有关职业方案的特性水平进行比较。序列排除过程是这样开始的：列出所有潜在的职业方案，并且将它们的特点与个人的偏好进行比较。首先排除在最重要的方面与个人偏好不符的方案。在其他方面，这个过程被反复进行，直到剩余"有可能的方案"的数目在可操控的范围内。

五是，灵敏度分析。检查对偏好的可能变化而引起相应结果变化的灵敏度。这个步骤包括再次检查排除阶段的输入、输出以及步骤。检查被报告的偏好是否仍然是可以接受的，还是更希望改变它们；分析为什么某些在系统搜寻前被个人直觉地认为是有吸引力的方案而在序列排除过程后被删除了；找出那些仅仅因为一个方面的不一致而被剔除的方案；检查关键方面信息的有效性，并且考虑有无可能在这个关键方面折中一下。

(2) 深度探索阶段。这个阶段的目的是找到一些有可能的，尤其是合适的方案，形成想要结果的合适方案清单。可基于以下两方面考察该方案是否被认为是合适的：一方面，每个合适的方案与个人的偏好相符；另一方面，个人符合该方案的要求。考察某个方案是否真正适合个人，涉及两个条件：一是在个人认为最重要的方面检查每一个可能方案与个人偏好的符合程度；二是在其他重要的方面检查该方案与个人偏好的符合程度。

可行方案都是经过排除阶段的筛选后留下的，它们在重要的方面多少和个人的偏好相符合。在深度探索阶段，随着个体得到更多的、更具体的信息，个人的偏好是会被调整的。对于个人满足特定方案要求的程度，也包含两种适合的条件：一是考察个人是否真正能达到方案核心方面规定的要求；另一个涉及考察实现每个方案的可能性，既要考虑个人过去的教育背景、实践经验等，也要考虑每个有可能方案的先决条件(如最低的从业资格)。最后，希望个人能通过自己的努力，来提高实现某个可能方案的可能性。

(3) 挑选最合适方案阶段。该阶段的目的是考虑个人的偏好与能力，挑选对于个人来说最合适的方案。具体表现如下。

首先，挑选最合适的方案。许多人会在深度探索阶段结束时得到一个合适的方案，并据此收集相应的信息。在这种情况下，一般没有必要再比较方案了。但是深度探索阶段结束时也可能会得到两个或更多的合适方案，个人为了挑选最合适的一个，不得不比较这些方案，这时就要关注它们的特点，将方案的优缺点进行比较，考虑各个方案之间的平衡，挑选其一。

然后，挑选其他合适的方案。职业决策通常是在不确定的状态下作出的，职业方案实现的可能性也经常是不确定的。比如，得到一份工作的可能性不仅仅取决于是否满足了它的最低要求，而且还有赖于其他应聘者的人数和品质。所以，在挑选了偏爱的"最合适的"方案之后，个体必须利用搜集到的信息评估实现该方案的可能性，如果肯定能够实现，就没有必要再挑选次等的方案；但如果存在不确定性，建议回到前面的步骤，搜寻更多的、可能被认为是"次等的"但仍然适合的方案；如果第一和第二方案实现的可能性都相当低，建议考虑第三、第四方案等。

3) 运用决策平衡单模型进行评估

当面临多个可能的选择犹豫不决的时候，"决策平衡单"可以帮助我们详尽地考虑多方面的因素，将重大决策的思考方向集中到四个主题上：个人物质方面的得失、他人物质方面的得失、个人精神方面的得失和他人精神方面的得失。其步骤如下。

(1) 将各种职业选择在决策平衡单顶部水平排列。

(2) 在平衡单左侧，垂直列出在个人物质方面的得失、他人物质方面的得失、个人精神方面的得失和他人精神方面的得失四个方面的考虑因素。

① 个人物质方面的得失：收入、升迁的机会、工作环境的安全、休闲时间、对健康

的影响、就业机会、足够的社会资源等。

②　个人精神方面的得失：兴趣的满足、能力的满足、价值观的满足、生活方式的改变、成就感、自我实现的程度、挑战性等。

③　他人(父母、师长、配偶等)物质方面的得失：家庭经济、家庭地位、与家人相处的时间等。

④　他人(父母、师长、配偶等)精神方面的得失：成就感、自豪感、依赖等。

(3) 对每种因素按 1~5 的等级分配权重。5 为最高权重，表明对决策者的价值最大，最看重，表示"非常重要"；4 代表"较为重要"；3 代表"一般"；2 代表"不重要"；1 代表"最不重要"。

(4) 对各种职业选择在各因素上的重要程度进行打分。"+"与"-"分别代表得与失，对每一个考虑因素，均可以用数值(如 1~10)的大小代表得失的程度。

(5) 将得分与权重对应相乘算出每种职业选择的总分，进行排序。

举例说明，大家在面临决策时，可以按照以下平衡单中的得失层面内容进行分析，并权衡作出选择。

首先，自我物质方面的得失。

A. 经济收入；
B. 工作的困难度；
C. 工作的兴趣程度；
D. 选择工作任务的自由度；
E. 升迁机会；
F. 工作的稳定、安全；
G. 从事个人兴趣的时间(休闲时间)；
H. 其他(如社会生活的限制或机会、对婚姻状况的要求、工作上接触的人群类型等)。

其次，自我赞许(精神)得失。

A. 因贡献社会而获得自我肯定感；
B. 工作任务合乎伦理道德的程度；
C. 工作涉及自我妥协的程度；
D. 工作的创意发挥和原创性；
E. 工作能提供符合个人道德标准的生活方式的程度；
F. 达成长远生活目标的机会；
G. 其他(如乐在工作中的可能性)。

再次，他人物质方面的得失。

A. 家庭经济收入；
B. 家庭社会地位；
C. 家人相处的时间；
D. 家庭的环境类型；
E. 可协助的组织或团体(如福利、政治、宗教等)；
F. 其他(如家庭可享有的福利)。

最后，他人的赞许(精神)的得失。

A. 父母;
B. 朋友;
C. 配偶;
D. 同事;
E. 社区邻里;
F. 其他(如社会、政治、宗教团体)。

根据表 5-4 中不同考虑因素的权重,以及在不同选择项目中各因素的具体得分情况,获得选择项目总分,为决策提供依据。

表 5-4　平衡单模型的职业生涯决策

选择项目 考虑因素	权　重 -5~+5	选　择　一		选　择　二		选　择　三	
		加权分数 (+)	加权分数 (-)	加权分数 (+)	加权分数 (-)	加权分数 (+)	加权分数 (-)
个人物质方面的得失							
个人精神方面的得失							
他人物质方面的得失							
他人精神方面的得失							
总分							

4) 大学生职业生涯愿景模型法

可以通过明确愿景、建立愿景,明晰大学生的内心追求,选择合适的职业。

(1) 个人愿景是什么。个人愿景是发自个人内心的,一个人真正最关心的、一生最渴望达成的事情,它是一个特定的结果,一种期望的未来或意象。

愿景具有多个方面。有物质上的欲望,也有有关个人健康、自由方面的欲望,还有对社会贡献、对某领域知识的贡献等,所以这些都可以成为人们心中真正愿望的一部分。总的来说,个人愿景主要包括以下几个方面。

自我形象:你希望成为什么样的人?假如可以变成向往的那种人,你会有哪些特征?

有形财产:你希望拥有哪些物质财产?希望拥有多大的数量?

家庭生活:在你的理想中,未来的家庭生活环境是什么样子?

个人健康:对于自己的健康、身材、运动以及其他与身体有关的事情,有什么期望?

人际关系:你希望与同事、家人、朋友以及其他人保持哪一种关系?

职业状况:你理想中的职业状况是什么样子?你希望自己的努力可以发挥什么样的影响力?

个人休闲:在个人的学习、旅游、阅读或其他领域中,你希望取得怎样的成果?

(2) 如何建立个人愿景。学会把焦点放在全身心追求的目标上,而非仅放在次要的目标上,这样的能力是"自我超越"的动力。人在做自己真正想做的事情时,就会精神焕发,并充满热忱。即使是遭受挫折的时候,也会坚韧不拔,认为这是自己分内的事,觉得很值得做,意愿很强大,效率也不会降低。

每个人都有自己的愿景,但在很多情况下,人们对自己的愿景往往是模糊的,或者是误解的,这样就会造成行动的盲目。因此,对于每个人来说,关键并不是如何建立个人愿景，而是如何厘清个人愿景。以下三个步骤可以帮你清晰自己的愿景。

① 想象实现愿景以后的情景(假如你得到了深深渴望获得的成果，那么……)：这到底是什么样的情景，你怎样来形容它？你的感觉如何？这种感觉是不是你真正所想要的？

② 形容个人愿景(想象你正在达成一生最渴望达成的愿望，这些愿望会像什么样子？)：请你回顾在中小学时代、大学时代、参加工作后以及现在的个人愿景，其中哪些愿景实现了，哪些还没有实现，原因是什么？这些愿望包括自我形象、有形的财产、感情生活、个人健康、人际关系、工作和个人休闲等。

③ 检验并弄清楚愿景(分步检视你写下来的个人愿景所组成的清单和每个方面，从而找出最接近你内心深处的层面)：如果你现在就可以实现愿景，你会接受它吗？假定你现在就实现了愿景，这个愿景能为你带来什么？你接受了它，你的感受又是怎样？

5）"五W"法

对于许多大学生来说，职业生涯规划也许是一个比较模糊的概念，因而就更谈不上对自己进行职业生涯规划了。对于职业生涯规划，并不如某些书本上所说的那样玄机无限，只要对自己有一个基本认识，同时掌握一定的方法，每个人都能对自己进行职业规划，为自己的职业生涯发展画一个蓝图。"五W"法共分为以下5个问题。

(1) Who are you？(你是谁？)是对自己进行一次深刻的反思，有一个比较清醒的认识，将优点和缺点都列出来。

(2) What do you want？(你想干什么？)是对自己职业发展的一个心理趋向的检查。每个人在不同阶段的兴趣和目标并不完全一致，有时甚至是完全对立的。但随着年龄的增长和经历的增多而逐渐固定，并最终锁定自己的终生理想。

(3) What can you do？(你能干什么？)是对自己能力与潜力的全面总结，一个人职业的定位最根本的还要归结于自己的能力，而其职业发展空间的大小则取决于自己的潜力。对于一个人潜力的了解应该从几个方面着手去认识，如对事的兴趣、做事的韧性、临事的判断力以及知识结构是否全面、是否及时更新等。

(4) What can support you？(环境支持或允许你干什么？)这种环境支持在客观方面包括本地的各种状态，比如经济发展、人事政策、企业制度、职业空间等；人为主观方面包括同事关系、领导态度、亲戚关系等，两方面的因素应该综合起来看。有时我们在做职业选择时常常忽视主观方面的东西，没有将一切有利于自己发展的因素调动起来，从而影响了自己的职业切入点。

(5) What you can be in the end？(你最终将成为什么样的人?)是确立自己的最终职业目标。当然，对这个问题的回答是建立在前四个问题的基础之上的。明晰了前面四个问题，就会从各个问题中找到对实现有关职业目标有利的和不利的条件，列出不利条件最少的、自己想做而且又能够做的职业目标，那么对第五个问题有关"自己最终的职业目标是什么？"自然就有了一个清楚明了的框架。

一个人回答了这5个问题，找到它们的最高共同点，就有了自己的职业生涯规划。该方法尤其适合即将毕业的大学生。

案例：下面我们对某高校的计算机专业女生的职业选择和职业目标确定做一次分析，或许能够启发许多和她一样的同学。某高校女生，计算机专业，在临近毕业时常常对自己的就业方向难以选择。就现在来说，计算机专业属于热门，找一份差不多的工作并不难，但由于自己是女生，在就业时肯定不如同班的男生，同时自己对教师的职业比较喜欢。在这种存在多种矛盾的情况下，我们不妨和她一起进行一次有关职业规划方面的认真思考，并通过对其职业前途的规划确定其就业方向。

(1) Who are you?（你是谁？）

某重点高校计算机专业毕业生；优秀学生干部，学业成绩优秀，英语过国家六级；辅修过心理学、管理学；参加过高校演讲比赛，且拿过名次；家庭经济状况一般，属于既不很富裕也不拮据的那种家庭，父母工作稳定，身体健康，暂时还不需要有人特别照顾；自己身体健康；性格不属内向，但也不是特别活跃，喜欢安静。

(2) What do you want?（你想干什么？）

很想成为一名老师，这不仅是儿时的梦想，而且比较喜欢这种职业；其次可以成为公司的一名技术人员；如果出国读管理方面的硕士，回国成为一名企业管理人员也是可以接受的。

(3) What can you do?（你能干什么？）

做过家教，虽不是自己的专业，但与孩子交流有天生的优势，做家教时当学生成绩进步时很有成就感；当过学生干部，与同学们相处比较好，组织过几次有影响的大型活动；实习时在公司做过一些开发，虽然没有大的成就，但感觉还行。

(4) What can support you?（环境支持或允许你干什么？）

家里亲戚推荐去一家公司做技术开发；GRE 考得还可以，已经申请了国外几所高校，但能不能有奖学金还很难说，况且现在签证比较困难；去年曾有几家学校来系里招聘教师，但不是当老师，而是要去学校做技术维护，今年不知会不会有学校再来招聘教师；有同学开了一家公司，希望自己能够加盟，但自己不了解这个公司的具体业务，也不知道它有多大的发展前途。

(5) What you can be in the end?（你最终成为什么样的人？）

最后的选择可能有四种，分别如下。

第一种：到一所学校当老师，自己有这方面的兴趣和理想，在知识和能力方面并不欠缺，在素质教育大趋势下，与师范类专业相比，自己有专业方面的优势，讲授知识时可以让学生了解更多的前沿知识，特别是现在计算机在中学生中有了相当的普及和基础，并且自己有信心成为学生心目中理想的好老师；不足的就是缺乏作为一名教师的基本训练以及一些技巧，但这方面可以逐步提高。

第二种：到公司做技术人员，收入上会好一些，但通过这几年的发展看，这种行业起伏较大，同时由于技术发展较快，需随时对自己进行知识更新，压力较大，信心不足，兴趣也不是很大。

第三种：去同学的公司，丢掉专业，从底层做起，风险较大，这与自己求稳的心理性格不符，同时也会有家庭阻力。

第四种：如愿获得奖学金，能够出国读书，回国后还是去做一名企业管理人员。不确定因素较多，且自己可把握性较小，自己始终处于被动状态。

单纯从职业发展上看，这四种选择都有其合理性，但如果从个体而言，第一种选择显然更符合她本人的职业取向。从心理学上看，第一种选择能够使得她得到最大的满足，在工作中也最容易投入，做出一定的成绩后会有很大的成就感。从职业前途看，教师这个职业也日益受到社会的尊重,社会地位呈上升趋势。从性格上看这种职业也比较符合她的职业取向。主要困难是非师范生进入这个职业的门槛比较高,如果她能够确定自己的最终目标后努力去弥补与师范生在职业技能方面的差距,那么她就能实现自己的职业理想。

5.3 职业生涯决策原则与案例

5.3.1 科学决策的原则

原则是方法与内容的抽象。大学阶段只是职业生涯的准备期,大学生进行职业生涯规划的主要目的是为踏入职场做好各种准备,其主要原则有以下几个。

1. 目标导向原则

什么是目标呢?在一定的时间内达到具有一定规模的期望值就叫目标。人们也经常给目标下另一个定义:即梦想的日期化和数字化。对人生而言,需求产生目的,目的具体化就是目标,目标是前进的动力,是行动的灯塔。

以目标为导向是大学生进行职业生涯发展规划的首要原则,目标引领未来,目标促进行动。成功的人和不成功的人或许就差一点点:成功的人可以无数次修改方法,但决不轻易放弃目标;不成功的人总是变换目标,却从不改变方法。在职业生涯发展的道路上,只要不放弃目标,每一次挫折、每一次失败都是有价值的!

2. 可操作性原则

职业生涯规划各阶段的路线划分与安排,必须具体清晰,力所能及;实现职业生涯目标的途径很多,在作规划时必须要考虑自己的特质、社会环境、组织环境以及其他相关的因素,选择切实可行的途径;职业生涯发展目标、措施是否清晰、明确?实现目标的步骤是否直截了当?规划的设计应有明确的时间限制或标准,以便评估、检查与衡量,使自己随时掌握执行状况,并为规划的修正提供参考依据。

以下摘抄了某大学生的职业生涯规划书。

——大学期间的总目标为争取公费读研。

——终极目标为未来在某领域成为极有影响力的领导者,创办"士心"集团(有绝对实力才能实现)。

——目标分解如下。

大学一年级 扩大交际面,增强影响力;自学 C 语言,9 月份能过二级;学会五笔打字,学期结束时打字完全用五笔;学会使用基本办公软件(Word、Excel、PowerPoint);期末考试英语过 80 分,大二上学期有考四级的机会。

大学二年级 上学期 9 月份考计算机二级;自学计算机三级(数据库);争取过英语四级并为下学期的英语六级做准备;下学期过英语六级,并开始选修工商管理专业作为第二学位。

大学三年级 确定专业发展方向,大量阅读相关专业知识书籍,提高管理能力,进入大公司实习,积累实习经验,为将来就业增加筹码。

大学四年级 融合所学知识,对自己专业某一领域做到能有自己独到的见解;整理个人资料，精心写好简历；寻求求职机会，学习面试技巧，进入意向公司。

工作后：边工作边准备考研，工作兢兢业业，最终从技术岗位走向管理岗位，并成为极有影响力的领导者！

大学发展规划的实施步骤(四年不变的)如下。

(1) 周一到周五春夏秋每天 6 点起床，6:40—7:40 读英语(相关考试要记的内容从中抽出一定时间或补充时间，但读英语的时间不得少于 30 分钟)，天晴在操场上，雨天在教学楼。冬天 6:30 起床(天亮得晚)，7:00—7:40 读英语。

(2) 身体是革命的本钱，所以必须坚持锻炼身体。每周打两次篮球，每次 1.5 小时，一为锻炼身体，二为将兴趣发展为特长，并认真上好每节体育课。

(3) 坚持每周从双休日中抽出一天时间梳理本周所学内容，多去图书馆。

(4) 搜集好的学习网站并坚持利用互联网学习。

(5) 有意识地培养创新思维，不断提高自己的创新思维能力。

(6) 坚持学习制作网页，并在大学期间建好个人主页。

年级不同，实施也有相应变化(不变的内容下面不再赘述)。

大学一年级　课程相对较少，课余时间较多，竞选班长(现状：任班长)。进入学生会(现状：竞选失败，现为自强社负责人)。课余时间自学 C 语言，不懂的问题虚心请教师哥师姐，到 C 语言的专业去听课(现状：已学 6 章，每周五第一、第二节课在通信专业班上课，并得到学长们的帮助与指导)，参加勤工助学，缓解经济压力。利用课余时间多接触计算机，经常使用办公软件，并接触并了解一些其他软件。在九楼机房免费练习五笔，在平时上机时尽量用五笔，在大一结束时要完全用五笔(现状：基本学会，不熟练)。多参加课外活动，适当地展示自己，广交贤良(现状：参加阳光义卖、植树、义捐图书、演讲大赛、IT 书法大赛、征文竞赛)。暑期：边打工边做计算机二级的试题，做好考计算机二级的充分准备。扩大生词量，认真学英语，准备英语四级考试。

大学二年级　上学期：任务太重，班上不再任职。用打工挣的钱买一台二手电脑，但并不联网，只用 U 盘下载一些软件(如 CAD、Mathematic、3ds Max)安装上，学习使用。9 月份考计算机二级，之后精心准备英语四级考试，并通过四级。学习计算机三级数据库。下学期：大量练习计算机三级考试试题，精心准备，考过三级。参加全国英语六级考试。暑期：最好找到能充分利用所学知识、技能的工作，以便进一步提高自己的知识技能。

大学三年级　到了大三，一些社团的职务一般都退了，再继续参与班级管理。并结合第二专业所学知识，理论联系实际，尝试运用一些创新管理模式。通过两年的学习和老师的帮助与指导，找准自己的专业发展方向。利用图书馆和网络大量获取相关专业知识，尽量做到了解本专业知识在哪些领域发挥着重大作用，受哪些较大型公司的看好和青睐。并了解目前与本专业联系紧密的有哪些重大新成果，有哪些小发明，有哪些新设想，有哪些新难题，该领域内有哪些行家和泰斗。参加大型招聘会，感受会场气氛，了解招聘流程。提高处事和应变能力。暑期：争取到有相当规模的公司去实习，了解公司的管理模式。

大学四年级　经过大三一年对专业知识的学习，做到对自己专业的某一领域有自己独特的见解，有自己的想法。并把自己的想法与同学讨论，与老师交流、探讨。并积极主动撰写专业学术论文，争取写出至少一篇较有影响力的论文。整理个人资料，包括大学三年多来在学习、工作、生活上获得的各种资料，精心写好简历，并寻求老师以及师兄师姐的指导。学习求职技巧，阅读相关书籍，搜集理想公司的详细资料，包括规模、经营情况、高层领导、管理模式、用人原则和用人倾向等。

3. 符合自身兴趣原则

职业生涯决策必须考虑决策者自身的职业兴趣。只有从事自己喜爱的工作，才会使自己对职业充满激情和动力，在工作中发挥自己的才华、能力和素质，把工作当成创造性劳动，竭尽全力做好工作，也会更容易干出成绩。

4. 统一性原则

在社会主义社会，个人利益和社会整体利益是一致的，是可以统一的。坚持这个就业原则，就是要求大学生在就业时自觉地响应国家的号召，到社会最需要的地方去建功立业，到人民最需要的岗位上施展才华。当然，强调服从社会需要绝不意味着要扼杀大学生职业个性的发挥。事实上，随着我国人事制度的改革，大学生择业的自主性和宽松性日趋明显，这种新变化不仅有助于人才资源的合理配置，而且有助于择业者按照自己的兴趣和爱好自主地选择就业岗位，也有助于用人单位根据各自需要择优录用人才。在选择职业和工作岗位时，充分认识自己、评价自己，从自身的素质、兴趣的实际出发是非常必要的。在满足社会需要的大前提下，适合自己的职业就是好职业，最适合自己的职业就是最能发挥自己才能的职业。

5. 多元相结合原则

为了追求目标，需要综合考虑多个方面，实现多元有效结合。

(1) 全程与阶段相结合。职业生涯规划是整个职业生涯的全程规划，要考虑几十年的职业生涯怎样度过，在这一过程中怎样发展，追求怎样的最终目标等。但这种"全程"不能脱离阶段，全程必须由各个阶段组成，只有将全程和阶段有机结合，才能抓大不放小，既有远见卓识，又有阶段努力方向。

(2) 抽象与具体相结合。在进行职业生涯规划的过程中，有些地方要抽象一些、模糊一些，有些地方则要具体些、清晰些。比如最终目标可以抽象一些、模糊些，具体目标则必须清晰一些。战略目标可以抽象一些，具体措施则必须清晰。远大目标的抽象可以避免频繁变化，措施具体才能落到实处。

(3) 确定性与非确定性相结合。在职业生涯规划过程中，有些东西要确定，而有些东西则不能确定。一般来讲，职业生涯的大方向是确定的，而实现最终目标的具体方式、途径、手段则是相对灵活的。有了明确的大方向，咬定青山不放松，坚持数年，才能有所回报。而具体的方式、途径和手段则可以参考个人努力、环境变化等因素，具体问题具体分析，灵活掌握和应用。

(4) 质化与量化相结合。在职业生涯规划过程中，一些问题要有质的规划性，而另一些问题则要在质化的基础上实行量化。如职业方向、最终目标等应注重其质的规划性，以保持注意力的始终如一。而具体目标的标准、实现的具体时间等，则必须量化，以便随时了解实践状况，进行修正或强化。

(5) 实力与挑战性相结合。设立职业生涯的目标必须建立在自己实力的基础上，没有实力做基础，设计一个不切实际的目标，只能是一座空中楼阁，实现无望。但作为一个大学生追求的目标，又必须具有一定的挑战性，即职业生涯的目标要高于本人的实力，当然，这里的高是以实力为基础的，是实力加努力，是有限的高，这样才能最大限度地发掘自己的潜能，取得更大的成功。

(6) 自己主见与他人意见相结合。自己的职业生涯规划有自己的主见当然重要，离开自己的主见，无论是在动力性、实践性，还是在主动性、积极性方面，都不可避免地会出现问题。但大学生的世界观、人生观、价值观还都没有完全形成，单凭自己能力来完成职业生涯设计还有困难，还必须倾听他人的意见，多了解各方面的信息，综合平衡之后，才可能做出正确的决定。

6. 有利于发挥优势的原则

在服从社会需要的大前提下选择职业和就业，还要从自己的实际出发，选择那些最能发挥自己特长的岗位就业，这样既有利于个人的创业和发展，又有利于人才的优化组合和人才资源的合理配置。如果个人根据自己的优势和特质，选择了某种职业，就会保持一种良好的职业心理状态。个人优势与职业要求相匹配，是人与职业的一种科学合理的呼应关系，不仅有助于求职者自尊心的建立和自信心的增强，而且有助于从业者尽快适应工作岗位，为成功打下基础。否则，人的自尊和自信心都会受到影响，同时也会影响个人情绪和工作状态。所以，坚持根据自己的素质优势选择职业的原则，既体现了人尽其才、才尽其用，也体现了求职者对社会负责、对自己负责的精神。

扬长避短，根据自己的素质优势选择职业，最重要的是了解自己的长处和短处。科学地、实事求是地进行自我认识和自我评价是非常重要的。如果把自己的短处误认为是优势，或者把自己的优势误认为是短处，那就会适得其反。爱因斯坦在选择职业的时候，就客观地认识到自己的思维方式偏向直觉，所以他毅然放弃了自己喜爱的数学而选择了更需要直觉的理论物理作为自己职业生涯的主攻方向。后来的实践证明了他的选择的客观性和正确性。在自我认识的同时，还应该了解不同行业、不同职业对人才素质特征的不同要求。社会上的职业、行业很多，不同职业、不同行业对人才的素质要求是不尽相同的。在思想道德素质达到基本要求的基础上，有些职业要求口才、有些职业要求外语能力、有些职业要求公关能力、有些职业要求理性思维能力、有些职业要求想象能力等。只有这样的特殊要求与自己的素质特长相匹配，才能构成最佳选择。

7. 有利于发展、成才的原则

成才是人生的渴望，是大学生学习和就业的根本目的。影响成才的因素，从主观方面看，有自身的基本素质、思想观念、价值取向等；从客观方面看，社会生活环境与成才有着密切的关系，这是毋庸置疑的。坚持有利于成才的就业原则，最重要的是树立正确的成长观和择业观。可以说，个人成才的过程与其职业发展的过程密切相关，每个人的情况不同，成才的过程与路径也不尽相同。但对一般人来说，能否成才取决于主、客观条件的共同作用。

5.3.2 典型案例

回眸间，大学过去了一个学年，我已长成怀抱理想、拼搏奋斗的青年。曾经迷茫过，曾经痛苦过，但现在仍然对未来充满希望，我要积极努力，不断追求进步，持续完善自我，在实现梦想的道路上勇敢前进。

1. 自我分析

我积极向上，真诚正直，踏实认真，内敛细致，愿意为公众服务。口头表达能力和书面表达能力较强，善于交际，容易搭建和谐的人际关系；身体健康，精力旺盛，可以承担比较重的任务；吃苦耐劳，积极乐观，能以良好的心态解决生活、学习及事业中出现的问题，不抱怨生活，能够在经历中吸取经验和教训；性情坚韧，百折不挠，有失败了再从头来的勇气和意志，能够从长远规划中，看到事情发展的态势，并及时调整自己的策略及计划；生性善良，同情弱小，对于社会上的弱势群体愿意尽力提供帮助，希望能通过自己的努力改变一些不太完善的现象；洞察力强，有很强的责任心，对工作比较热情，秉着"一旦开始，我就要努力做到最好"的理念做任何事；具有领导能力，在一个群体中，能深刻了解每个人的优缺点，并能广泛听取大家的建议和意见，带领大家团结合作，完成既定的目标和任务；热爱自己的祖国，政治立场分明，平时努力了解国家大事及政策走向，并能与现实的日常生活与学习紧密结合，紧紧把握住时代的脉搏，能在政策的辅助下，安排自己的事业。我认为"不想当将军的士兵不是好士兵"。在自己的工作中，如果在不考虑工资收入的前提下，我要考虑在这份工作中能否连续创新，不断取得成功，不断得到领导和同事的肯定，同时也会考虑这份工作能否实现自己的目标和理想，最后也会考虑我的能力是否胜任等相关问题。

2. 职业选择

首选是公务员。我做事有很强的原则性，尊重约定，维护传统。工作时严谨而有条理，愿意承担责任，依据明晰的逻辑和搜集的信息来做决定，具有客观的判断力和敏锐的洞察力，因此较为适合公务员的工作。

其次是事业编。事业编和公务员相同之处在于都是体制内的工作，相对来讲比较稳定，需要的个人能力与公务员大致相同，因此可以同时备考，提升上岸的概率。

3. 决策理由

现在结合本人的具体情况，包括本人的毕业院校、学历、专业、学业、个人特长、获奖情况、社会工作经验和职位意向来进行 SWOT 分析。

(1) Strength(优势)。我的专业是工商管理，大学所学的专业知识和公务员的工作性质有一定的关联，同时在校期间我积极参加校级、院级的各项活动，担任校级学生会干部、班级团支书，我认为这些学生工作经历都使我具备了公务员基本的执行能力和沟通能力等。

(2) Weakness(劣势)。缺乏社会实践和工作经验。对于未来缺乏自信心，心态未摆正。领导和组织能力不够，做工作时存在考虑不够全面周到的问题，处理问题时不够沉着冷静。

(3) Opportunity(机会)。目前国家向社会公开招收公务员,就是给普通人提供一些公平竞争的机会,而作为大学毕业生,在理论道德修养上,以及知识水平上都有一定的优势。另外我学习的这个专业有助于我以后能够快速地适应公务员的工作内容。

(4) Threat(风险)。目前社会上出现了"公务员热",许多人都去报考公务员,尤其是许多大学毕业生,将报考公务员作为毕业后就业的出路,因而岗位的竞争较为激烈。同时公务员考试的难度也比较大,要求有较长的一段准备时间。

综合上面的分析来看,现在我应该扬长避短,发挥个人优势,弥补个人劣势,抓住外部机遇,回避外部威胁,迎接挑战,以便更好地完善自我、发展自我。

4. 能力素质要求

以我对公务员的初步了解,它所需要的几个基本能力如下。

(1) 表达能力。公务员首先必须具备表达能力,能够将自己的思想、意图,或通过口头或通过书面或通过电脑准确地传递给对方,这既是信息沟通的手段,也是情感联络的媒介。

(2) 人际协调能力。由于知识、素质、爱好、志趣、经历背景等不同行为习惯,对问题的看法、处世原则等差别很大。现实工作中公务员必须能够协调各种人际关系,减少内耗,形成合力。

(3) 时间安排能力。政府公务工作烦琐而杂乱,要求公务员必须合理掌握时间。合理安排时间的能力,首先表现为要珍惜时间,不浪费一分一秒。其次,要在最佳时间段完成最重要的工作任务,第三要有计划分配自己可用的时间,把时间的分配和工作计划结合起来。

(4) 学习能力。当今时代是一个变革的时代,社会生活日新月异,政府管理随之不断变化,公务员要紧跟形势发展,不断学习新知识、培养新观念、开拓新野;不仅学习书本知识和他人经验,还要具备独立思考、推陈出新的能力。

(5) 办公现代化和外语能力。公务员还必须具备所从事岗位的专业能力以及必要的组织、决断能力等。

公务员能力是公务员综合素质的客观反映,是公务员履行工作职能和胜任本职工作的基本要求。

5. 行动计划

(1) 短期计划。大学三年级,进一步学习专业课,开始储备公务员所需要的知识、能力,积累进入社会的经验,当然前者是重点。大学四年级,积极备考公务员,并且做好实习工作,出色完成毕业论文。

(2) 中期计划。毕业后争取到税务局工作,成为税务局里一名优秀的工作人员。以下是前四年的分期目标。毕业后第一年要找到工作并努力适应工作环境;第二年对常见的工作达到非常熟练的程度,积累经验,建立良好的人际关系,进一步提高自己的人际关系能力;第三年开始独立处理一些常见的工作任务和突发情况。三年的时间,工作稳定,处世风格和原则也基本成型,社交圈基本完善,这时重点转移到自身水平的提高。准备考取研究生,争取用一年的时间考取研究生,为以后的自我岗位提升做好铺垫;第四年要开始尝试一些有难度的工作任务,并做出一些较为突出的业绩。

(3) 长期目标。在工作中不断地学习体会，积累各方面的实践经验，掌握工作要领，利用适当的机会进行深造；严格管理、提升自我，凭借自身能力获取升职机会，在学习中提升自己。

6. 总结

作为一名大学生，在缺乏理论知识和社会实践的情况下，自己的理想和现实差距还较远。结合自身的实际情况做好职业生涯规划对职业发展和自我价值实现起着十分重要的作用。清晰的规划是走向人生的第一步，但塑造自我却不仅限于规划目标，要真正塑造自我并实现目标，必须实际行动，用行动去证明一切。在以后的学习与工作中，要学会扬长避短，尽量发挥自己的优势，克服种种困难，抓住一切有利的机会，实现自己的理想与目标。

我立志成为一名基层公务员，忠诚于党的事业，全心全意为人民服务。在基层埋头苦干，开拓自己的事业，打拼出一番新天地，在公务员的岗位上，以自己的实际行动和努力实现人生理想和价值！

第 6 章

求职与就业

6.1 求职准备

6.1.1 资料准备

1. 职业信息

职业信息管理对求职、就业十分重要，主要包含职业信息搜集、处理与利用。

1) 职业信息的搜集

职业信息是指通过各种媒介传递的有关就业方面的消息和情况，如就业政策与形势、供需情况、招聘活动及用人信息等。在现代社会中，就业成功与否不仅取决于毕业生的知识、能力、综合素质等因素，还取决于个人搜集、处理、利用就业信息的能力。对面临求职择业的毕业生来说，最关心的是能及时得到更多的就业信息。从某种意义上来讲，谁拥有更多、更有效的就业信息，谁就能赢得择业的主动权，毕业生可通过第 4 章介绍的职业信息获取途径，搜集有关的职业信息。

2) 就业信息的处理

毕业生在求职择业过程中获取的信息数量很大，这就要求毕业生根据自己的实际需要对搜集到的信息进行处理，去伪存真、去粗取精，提高就业信息的针对性和时效性，以便更好地为自己的求职择业服务。一般来讲，处理就业信息时，应注意以下问题。

(1) 科学地掌握就业信息。毕业生在择业过程中需要掌握的就业信息很多，但要分清主次。对于那些重要的就业信息，毕业生应通过正规的渠道来获取，如就业政策就应从政府机构和学校就业主管部门获取，并且应时刻关注最新动态；就业方法与技巧就应从优秀教材、就业指导课、权威专家处获取，并且注意活学活用；综合信息就应通过对比、测验、咨询等方式获取，并且应根据具体情况适时加以调整，这几类信息的变化幅度比较小，因而应有相对深刻的记忆和随时调用的意识。

(2) 准确地理解就业信息。毕业生获取就业信息的渠道多种多样、真伪难辨，尤其是就业政策中的特殊规定、社会需求信息中的特定要求、用人单位信息中的工资福利待遇及进修培训部分，这些应特别注意并准确地理解，否则会使你作出错误的选择或使你的合法权益受到损害。

(3) 有针对性地筛选就业信息。在处理就业信息时，应舍去不适合自己的信息，及时地、有针对性地保留或寻找适合自己的社会需求信息，以节省时间和精力。一般来说，一则较好的就业信息应该包含以下要素。

① 工作单位的全称、单位性质、上级主管部门等。

② 工作单位的发展前景和现阶段的发展实力，以及在整个行业中的排名或者在整个社会经济结构中所处的地位。

③ 对从业者政治、思想、道德、品质、工作态度、学历、学业成绩、职业兴趣、职业能力、职业气质、职业技能等方面的要求。

④ 对工作单位的地点、环境、工作时间、个人待遇、福利等方面的明确规定。

很多用人单位在进行宣传的时候，通常只提自己的优势而掩饰自己的劣势，因此，毕业生在进行情况分析时要做到充分了解，心中有数，不要被表象所迷惑。

3) 就业信息的科学利用

无论是搜集信息还是处理信息，最终都是为了利用这些职业信息得到自己理想的工作。在经过了认真而全面的筛选之后，可将就业信息用于以下途径。

(1) 尽快与用人单位取得联系，以免在自己犹豫不决时错失良机。因为信息是具有时效性的，错过了这个时机就等于错过了这个机会。

(2) 根据就业信息的要求及时调整自己的知识、技能结构，提高自己的工作能力，弥补自身的不足。如发现自己哪方面的课程、知识不足，就要主动去学习，或发现自己哪方面的技能欠缺，就赶快参加必要的训练，主动学习和掌握相应的技能，以便以后走上工作岗位后能够更快地适应工作环境。

(3) 及时输出对他人有用的信息。有些信息对自己不一定有用，可是对他人却十分有用，遇到这种情况，千万不要抓住这些信息不放手。推迟不输出对他人有效的信息，这是一种极大的浪费。其实，主动输出对他人有用的信息，不仅是对他人的帮助，而且还会增加与他人交流信息、增进友谊的机会。

2. 求职简历

在求职前需要对自身求职意向以及取得成绩等进行系统的梳理，从而形成规范的求职简历。

1) 简历基础知识

对于即将毕业的大学生来说，一份完整的简历至少应包括以下内容。

(1) 个人情况。个人基本情况主要包括姓名、性别、民族、出生年月、户口或籍贯、政治面貌、身高体重等。个人基本情况不一定要写全，应根据具体情况进行选择。

(2) 求职意向。求职意向主要是表明自己对哪些岗位、哪些行业感兴趣及是否符号相关要求，是个人的自我认可和自我定位，也是用人单位考虑是否录用的依据之一。

(3) 教育背景。教育背景包括学历、学校、毕业时间等内容。

① 学历：要简洁明了，注明是研究生、本科生还是专科生。

② 学校：要写全称，例如避免将"中国人民大学"缩写成"人大"。

③ 毕业时间：要写全年、月、日。

④ 课程成绩：只需写与应聘职业相关的课程。

(4) 工作经验。许多用人单位非常看重工作经验，因此，上学期间的相关工作经历、实习经历、兼职经历、社会实践经历一定要注明。在说明工作经历时，需要注明工作或实习的单位名称、地址、时间、岗位职责、所获成绩、单位评语等。

(5) 获奖情况。在大学里，如果获得奖学金，可以注明这样可以彰显理论知识扎实、专业素养较强。同时，还可以注明自己参加过的比赛，比如演讲比赛、唱歌比赛、篮球比赛、辩论赛等，以及在比赛中所获得的成绩。

(6) 社会工作。社会工作主要是指在学校担任学生干部或者参加社会实践中的活动。如果担任过学生干部，应注明职务和工作职责，并写明在任职期间组织过的重要活动、取得的重大成绩、所获得的能力提升。如果在校期间没有担任过学生干部，可以注明参加过的与岗位匹配的社会活动。

(7) 重要技能和资历证书。如果通过了四、六级考试，请务必在简历上向用人单位作出说明，如果还有其他的外语水平资质证书，如果托福、GRE 等考试成绩，也尽量写上。如果通过了国家级或是省级计算机考试，或是通过了相关认证取得了计算机技能证书，也请注明。

(8) 特长。"特长"是自己擅长的，而"爱好"仅仅表示自己喜欢。如果没有"特长"只有"爱好"，那么这一项就不必填写；如果确实有过人之处，则可以单独说明，会有意想不到的效果。

(9) 联系方式。简历中留下的联系方式要全面、完整和准确，而且要放在简历中的显眼位置。其中，手机号码和 E-mail 是最重要的，应尽量突出。

为了能够更加有效地展示个人简历的内容、撰写风格等，以下给出 4 种典型的个人简历模板，如图 6-1～6-4 所示。

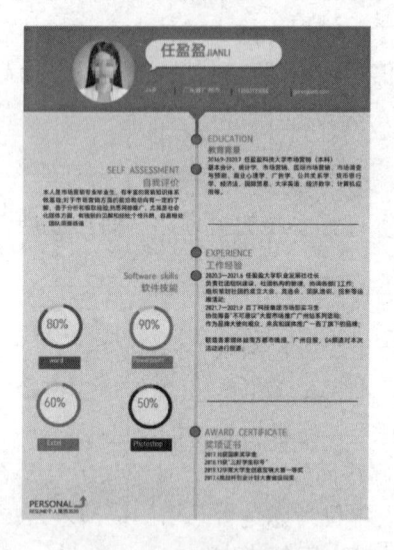

图 6-1　个人简历模板一

图 6-2　个人简历模板二

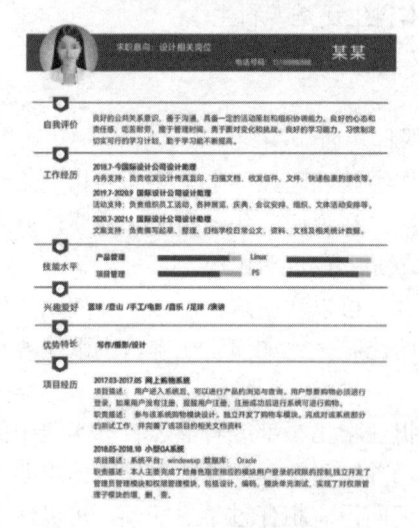

图 6-3　个人简历模板三

图 6-4　个人简历模板四

3. 学习简历制作的渠道

为了更好地求职，学生可通过学习，掌握制作技巧，制作出规范的个人简历，以下为学生学习制作简历提供三种渠道。

(1) 知乎。知乎是一个中文互联网高质量问答社区和创作者聚集的原创内容平台，于 2011 年 1 月正式上线，以"让人们更好地分享知识、经验和见解，找到自己的解答"为品牌使命。知乎凭借认真、专业、友善的社区氛围、独特的产品机制以及结构化和易获得的优质内容，聚集了中文互联网科技、商业、影视、时尚、文化领域最具创造力的人群，已成为综合性、全品类、在诸多领域具有关键影响力的知识分享社区和创作者聚集的原创内容平台。

(2) B 站。哔哩哔哩简称 B 站，现为中国年轻一代广泛聚集的文化社区和视频平台，该网站于 2009 年 6 月 26 日创建。B 站早期是一个 ACG(动画、漫画、游戏)内容的创作与分享的视频网站。经过十余年的发展，围绕用户、创作者和内容，构建了一个源源不断产生优质内容的生态系统，B 站已经涵盖 7000 多个兴趣圈层的多元文化社区。

(3) 微博。微博是基于用户关系的社交媒体平台，用户可以通过计算机、手机等多种终端接入，以文字、图片、视频等多媒体形式，实现信息的即时分享、传播互动。基于公开平台架构，微博提供简单、前所未有的方式使用户能够公开实时发表内容，通过裂变式传播，让用户与他人互动并与世界紧密相连。作为继门户、搜索之后的互联网新入口，微博改变了信息传播的方式，实现了信息的即时分享。

三种渠道都可以获得求职过程中有关个人简历制作的教程，可为学生制作精良的个人简历，提供参考与指导。

6.1.2 心理准备

大学生就业心理问题是指大学生在就业过程中表现出的一系列心理特征。随着我国改革开放的深入，大学生就业问题日益成为社会关注的焦点。大学生的就业模式由统包统分向自主择业、双向选择、供需见面的模式转变。这种新的模式在为大学生施展自己的才华、实现自己的抱负提供更为广阔的平台。与此同时，就业制度的改革也对大学生的心理素质提出了新的挑战，特别是近年来就业矛盾日益突出，就业难度日趋增大，给广大毕业生带来了巨大的心理压力。

1. 大学生就业心理

大学生群体是个体由青年期到成年期成长过程中一个特殊的群体。集合多种特殊性，具有"第二次心理断乳期""边缘人""心理延缓偿付期"所具有的多重价值观、人格再构成等心理因素，使得大学生的心理健康水平比个体一生中的其他阶段及处于这一时期的其他群体明显要低。

1) 大学生就业认知、情感和行为特点

大学生就业心理主要表现在认知、情感和行为三方面，而认知和情感反应多通过具体的择业行为表现出来。

(1) 认知特点。大学毕业生择业认知心理是指他们在择业过程中对自己、对职业及其周围社会环境等的认识、了解和择业中对事物的推理与判断。就业形势的现状直接影响着毕业生的认知程度。

自我认知不准确,一是产生自负心理,表现为择业期望值过高,把待遇是否优厚、交通是否便利等作为选择标准,不愿承担艰苦的工作,不愿到经济欠发达地区和基层单位去工作,给用人单位留下"眼高手低、浮躁虚夸"的不良印象;二是容易产生自卑心理,主要表现为对自身的素质和就业竞争能力评价过低,不敢主动向用人单位推销自己,不敢主动参与就业竞争,陷入不战自败的困境之中。

对外围环境认知不确切,对环境估计不足会出现"坐等心理"。具有理想化趋向的大学生在就业过程中便会出现决策犹豫心理,从而错过许多良好的就业机会。

(2) 情感特点。大学生择业时主要表现出以下几个情感特点。①悲观情绪心理,主要出现在就业去向是回生源所在地企事业单位工作的大学生中,或一些在学校受处分的学生身上。②不满心理。不满的对象可以是其周围的任何事物或人群,如对所在学校、地区不满(包括就业管理政策、户籍限制等)、对家庭成员的不满(包含对他们的指导、干涉,对家庭的经济条件限制等)、对周围同学不满(如嫉妒)等。这些情感特点视具体的个人关注点及实际情况而不同。③焦虑心理。面对纷繁复杂的社会,面对严峻的就业形势以及日趋激烈的就业竞争,面临着种种剧烈的心理冲突,该如何作出正确的抉择,使这些缺乏社会经验的大学生们深感困惑,出现焦虑不安的心理。

(3) 行为特点。主要表现为两个方面。一是盲目屈从。全球金融危机带来工作岗位减少,大量员工失业,应届毕业生数量屡创新高,就业竞争激烈的程度可想而知。于是大部分的毕业生采纳了学校的建议——先就业,再择业,降低了就业心理预期,却走入了另一个极端,即不管自己的客观情况如何,无论适合不适合,只要有企业录用,他们就进去,走向自己并不喜欢也不适合的工作岗位。二是问题行为。毕业前一些学生因某些主体需要不能满足或有强度较大的挫折感,加之平日缺乏应有的品德与个性修养,可能发生各种各样的问题行为,常见的有逃课、损坏物品、对抗、报复、过度消费、嗜烟、嗜酒等。

2) 大学生择业就业常见的心理误区

在择业、就业过程中,大学生常常出现以下心理误区。

(1) 矛盾心理。大学毕业生对未来社会往往充满好奇、希望和憧憬,在择业过程中单方面考虑自己的择业观,既希望单位地理位置优越,工资待遇丰厚,又要求专业对口,有发展前途,希望鱼与熊掌兼得。当两者不可兼得时,就会造成毕业生个人理想与社会现实发生冲突、产生矛盾,最终导致不少学生与适合自己的用人单位失之交臂。

(2) 攀比心理。在热热闹闹、熙熙攘攘的各种招聘会现场,部分应届大学毕业生在选择就业单位时,往往是拿自己身边同学的就业、择业标准,来定位自己的就业、择业标准,从而导致不同程度的攀比心理大量存在。在此心理下,即使某单位非常适合自身发展,但因某个方面与自己的同学选择的就业单位相比存在一定差距,就彷徨放弃,事后却又后悔不已,这种心理实际上是一种求名心理。大学毕业生在选择单位时,不考虑自己的主客观条件,不深入了解单位发展情况,而是盲目地与身边同学攀比,一心想找比别的同学更好的工作。近年来的调查发现,由于此种心理的作用,毕业生要么先与一家单位签约,然后再找更好的单位,"骑马找马",当有了更好的单位再换;要么因能力有限而不能适应新的工作岗位,导致违约现象不断增加。

(3) 盲目从众心理。在大学毕业生的求职过程中，从众心理是较普遍的，如校内举行招聘会，毕业生认为只要单位给的报酬多，地理环境优越，条件好就行。特别是看到应聘的人多，就跟着去应聘或签协议，表现得非常盲目。在此心理影响下，毕业生择业时没有很好地对自己的兴趣、爱好、特长进行分析，自己是否适合这样的工作岗位，是否有利于自己的发展也不管。其结果是盲目地从众，随大流找一个单位，到后来要么毁约，要么就业的压力变为从业的压力。

(4) 不平衡心理。或因自身综合素质综合能力的不足，或因自身社会背景缺乏，或因为机遇时机把握不准，部分大学生找不到理想的工作单位。但这些大学生往往不正确归因，怨天尤人，从而产生不平衡心理。这种不平衡心理往往导致少数大学毕业生对社会对人生产生偏颇看法，应注意加强对其进行及时有效的引导。

(5) 自卑心理。在竞争激烈的求职场上，部分大学生或因所学专业不景气，或因自己专业知识、专业技能及综合素质不如其他同学，或因求职屡次受挫，往往产生强烈的自卑感，并进而转化为自卑心理。有这种心理的大学生往往没有信心和勇气面对求贤若渴的用人单位，且无法适当地向用人单位展示自身所长，甚至把自身的长处也变成了短处，从而严重影响了就业与择业。

(6) 自负心理。与自卑心理相反，部分应届大学毕业生或因所学专业紧俏，或因就读学校为名牌学府，或因自己是学校评选的优秀应届大学毕业生，或因自己无论专业学习还是综合素质都高人一筹，或因自身其他较优秀的条件，为不少用人单位所垂青，而在内心深处油然而生一种目空天下、高人一等的极端自负心理。在这种心理支配下，往往是"这山看着那山高"，以至于多好的就业机会都错过去了。对有自负心理的优秀大学毕业生，要引导他们正确定位自己，认识到自身的不足，不要总是"挑肥拣瘦"，从而在瞬息万变的求职竞争中迷失方向，丧失正确的理智与冷静。

(7) 依赖心理。有部分应届大学毕业生，虽然接受了几年的高等教育，但在很多事情上还是缺乏应有的分析和解决问题的决策能力。表现在就业择业中对一个单位是否适合自己，往往不是凭自身思考来决断，而是过分倚重父母师长之意、师兄师姐之言，进行取舍，表现出较强的依赖心理。当然，对就业择业这样的大事，适当地征询师长的意见，是无可厚非的。对有依赖心理的应届大学毕业生，应培养他们根据具体情况具体分析，并进而作出取舍的能力，教给他们进行判断决策的方式方法，使他们尽快成熟起来。

(8) 一步到位心理。持这种心理的人较多，这受一次就业定终生思想的影响，认为第一次就业是人生中的关键，只要能找个稳定的职业，就能安安心心过一生。其实，主观来说，稳定因素在很大程度上取决于自己的事业心和责任感；客观来说，我国现正在进行的人事制度改革，所谓稳定的职业实际上也是不稳定的，期盼一份又轻松又挣钱又稳定的职业过一辈子的想法是不现实的，也是脱离实际的。

3) 心理误区分析

为什么大学生在求职过程中，会产生以上心理误区呢？主要原因如下。

(1) 从社会环境看。一方面，随着招生规模的扩大，大学毕业生人数在短期内急剧增加；另一方面，由于我国经济体制正处在由计划经济向市场经济的过渡时期，产业结构调整、企事业单位减员、政府机构缩编、部队裁员，在短期内为大学生提供的就业岗位增速有限。加上现在就业市场尚未规范，社会上还存在着不正之风，对就业工作和毕业生的就业心理产生了巨大的冲击，严重干扰了就业工作的顺利进行，从而造成了一些大学生心态失衡。

(2) 从学生自身因素看。首先，大学生是一个承载社会、家长高期望值的特殊群体，自我定位比较高，成才期望非常强；同时伴随着经济和社会的发展，社会对人才素质和能力提出了更高的要求，大学生适应市场的压力普遍加大。其次，大学生自我认知不完整。由于大学生社会经历比较浅，心理发展尚不成熟、稳定，还不善于认识问题和分析问题，不能正确认识自我、全面了解社会，理想极易脱离现实，不顾实际条件，择业时往往带有很大的盲目性。最后，角度转换不充分。面对初次就业，缺乏足够的思想准备，心理承受能力差，不能在就业压力面前及时调整自己的就业心态，一旦遇到困难和挫折，就容易出现心理失衡，进而导致心理障碍的发生。这就需要抛开浪漫、抛开幻想、认识自己所处的真实地位和"严酷"的社会现实，实事求是地面对就业这样一个现实。要想正确地选择职业，就必须转变角色，而大学生往往把学校、家庭、亲友及同学所给予的关心、呵护、尊重当成社会的最终认可，不能摆正自己的位置，不能客观、冷静地进入求职状态，这给自己的就业带来了较大的心理影响。

2. 大学生就业心理

择业是人生三大重要选择(求学、择业、择偶)之一，就业是每个大学生都要面临的重大问题，是人生道路上一次至关重要的选择，对大学生心理素质提出了严峻的挑战。一部分大学生因此产生了巨大的心理障碍，需要针对心理障碍及时调适。

1) 就业心理障碍

大学生在择业过程中经常出现以下心理障碍。

(1) 焦虑。焦虑是一种紧张不安并带有恐惧体验的情绪状态，多半是由于不能实现目标或不能避免某些威胁而引起的。毕业前，绝大多数大学生心理问题表现为过度焦虑。面对理想与现实、就业与失业、就业与考研等矛盾，他们常常难以取舍、忧心忡忡、无所适从，表现出焦虑情绪。这种焦虑，使大学生毕业时精神上负担沉重、紧张烦躁、心神不宁、萎靡不振，学习上得过且过、穷于应付、反应迟钝，生活中意志消沉、长吁短叹、食不甘味、卧不安席。

(2) 恐惧。恐惧往往是由于缺乏准备，不能处理、不能驾驭某种可怕情境时所表现出的情绪。有些学生由于在平时没有认真学习和积累经验，求职的知识、能力、心理准备不充分，在求职屡遭挫折后产生了恐惧感，一提到择业就心理紧张，甚至产生绝望的心理。

(3) 自卑。自卑是一种缺乏自尊心、自信心的表现。一些大学生过低地估计了自己，总是感到自卑。在求职择业的过程中，他们往往缺乏自信心，缺乏勇气，不敢竞争。这种现象多见于自我意识发展不健全以及性格内向或有生理缺陷的大学生。在屡遭挫折之后，一些大学生容易产生强烈的自卑心理，胆小、畏缩，觉得自己事事不如人。过度自卑，会使学生产生精神不振、消极厌世、沮丧、失望、脆弱等心理现象，久而久之还可能导致自卑型问题人格产生。

(4) 孤傲。孤傲心理是缺乏客观的自我分析和自我评价的表现。一部分学生对自己估计过高，非常傲气。如认为自己知识丰富、各方面条件不错等，在择业过程中，期望值过高，好高骛远，盲目攀比。倘若未能如愿，则情绪一落千丈，从而产生孤独、失落、烦躁、抑郁等心理现象。

(5) 情感淡漠。情感淡漠是遇到挫折后的一种消极的心理反应，是逃避现实、缺乏斗志的表现。当一些大学生因在择业中受到挫折而感到无能为力、失去信心时，会出现不思进取、情绪低落、情感淡漠、意志麻木等反应。这类人往往难以与他人建立正常的人际关系，难以适应社会生活。这种心理难以适应就业的竞争机制。

(6) 急躁。急躁是一种不良心境，和冷静是对立的，其主要特征是情绪高涨或低落。大学生在职业未最终确定以前，普遍都有急躁心理。他们希望谈判桌前就一锤定音，一部分学生在不了解用人单位的情况下就草草签约，一旦发现未能如愿，又后悔莫及。这种急躁的心理，常使他们烦躁不安，缺乏自制力。

(7) 抑郁。随着"双向选择"就业制度的确立，择业竞争的加剧，大学生承受的外在压力也就相应地增多、增强，择业过程中所遭受的挫折也必然比以前更大。有的学生在就业中受挫后不能正确调整心态，表现出不思进取，情绪低落等心理现象，有的甚至放弃一切积极的求职努力，听天由命，严重时甚至对外界的环境漠然置之，不与外界交往，对一切都无所谓，导致抑郁情绪发生。

(8) 偏执。在就业过程中，学生的偏执心理主要表现为追求公平的偏执、高择业标准的偏执和对专业对口的偏执。大学生在面对一些不良社会风气时，有的学生不能正确对待，将自己就业的一切问题归结于就业市场不公平。在就业过程中，有的学生不能及时调整就业目标，降低就业期望值，甚至宁愿不就业也不改变，有的学生不顾社会需要，无视专业的适应性，只要不能从事本专业就不签约，这样的偏执心理必然会减少自身就业的机会。

这些不良的心理因素常常会引起异常的生理反应，出现头痛、头昏、消化紊乱、心慌、睡眠障碍等躯体化障碍，有时还会导致问题行为的发生，常见的有逃课、损坏物品、报复、迁怒于人、嗜烟、嗜酒等。这些心理障碍不仅会危及学生的身心健康，影响学生顺利就业，严重的还可能导致违纪违法。

2) 择业心理问题的自我调适

要让大学生形成健康的就业心理，就需要社会、学校、家庭各方面的努力。但是，内因是关键，大学生必须从自我实际情况出发，积极调适自己的就业心理，主动自觉地适应环境，与环境保持协调，客观地分析自我与现实，有效地排除心理问题，从而保持一种稳定而积极的心态，达到合理择业、顺利就业和健康成长的目的。具体来说，可以从以下几个方面去努力。

(1) 客观冷静地认识社会和评价自己。正确认识社会和评价自我是进行自我调适的基础。大学生作为社会的个体，不可能脱离社会而存在，在求职择业前，首先应认清就业形势，了解职业对择业者的要求，同时正确地认识和评价自我，既要充分挖掘自身优势，也要理性看待自我的不足。从而正确定位，科学地进行"人职"匹配，并为理想的职业做好择业的知识、能力、心理准备。

(2) 积极调适自己的职业意向与职业抱负。部分大学生在求职过程中带有一定的自负心理。在求职过程中，大学生应当使自己的心理定位与就业目标相一致，做好最坏的打算，尽自己最大的努力。另外，应从长远目标着手，积极谋划自己的未来职业规划。当获得理想的职业的时机还不成熟时，应学会调整自己的目标，先就业，再择业，在工作中不断积累工作经验,增长阅历,为今后的职业生涯做更充分的准备。转变择业"一次到位"的思想,对于大学生顺利就业来说,是十分重要的。

(3) 克服盲从心理、增强自信心。自信与否,会在很大程度上决定一个人能否成功。在就业形势日益严峻的今天,大学生在择业过程中要不断增强自主择业的意识,对自己充满信心,主动出击,学会展示自我、推销自我。在择业过程中,要坚定自己的立场,不能随波逐流,要根据自己所学的专业,尤其是自身的特点去选择。即使暂时失败了,也不能悲观气馁,要迅速找到自己失败的原因,并积极调整自身定位,对自我作出客观的分析。这样一来,择业的信心也不会因为暂时的失败而消失。

(4) 培养广泛的兴趣爱好,自我转化不良情绪。兴趣是人认识和从事活动的巨大动力。广泛的兴趣爱好可以使人增加知识、开阔眼界,把生活内容变得丰富多彩。大学生可以从广泛的兴趣爱好中得到多方面的启发,从而把自己的兴趣与社会生活、与未来的前途联系起来。当不良情绪不易控制时,可以采取转移情感和精力到其他活动中的办法,使自己没有时间和精力沉浸在不良情绪中,以求心理平衡。

(5) 学会自我欣赏与自我接纳,提高耐挫伤的能力。在求职择业过程中遭受挫折在所难免。大学生要正确对待挫折和失败,要学会自我欣赏与自我接纳,对自己的本来面目抱认可、肯定的态度,敢于竞争,不怕失败。如求职失败时,可运用理性情绪法宽慰自己,借"失败是成功之母""天生我材必有用"等理由减轻或消除所受的挫伤;也可通过列举别人失败或不如自己等事实,说明自己虽败犹荣,从而提高耐挫伤的能力,保持内心的安宁。

(6) 建立良好的人际关系,维护和增强心理健康。因挫折造成不良情绪时,消除其最简单的方法是适度宣泄。良好的人际关系有利于师生之间、同学之间、朋友之间倾诉衷肠,分忧愁,解苦闷,使人情绪开朗,返回理性的自我,维护和增强心理健康。

总之,当代大学生要正视现实社会的严峻性和挑战性,强化竞争意识和开放意识,不断完善自己的心理素质,树立起正确的择业、就业观念,在求职就业过程中找准自己的职业目标并为之努力奋斗,为国家作出贡献,最终真正实现自己的人生价值。

3) 几种常见心理的调适

除了整体上的心理调适外,还可以针对心理障碍,进行针对性的心理调适。

(1) 择业自卑感及其心理调适。在择业问题上,自卑感强的同学最主要的问题是,对自己的能力缺乏了解,缺乏自信心。这是大学生很容易产生的消极心理。面对人才市场的激烈竞争,涉世未深的大学生产生自卑心理是正常的,也是比较普遍的。比如,在择业中总是自己拿不定主意,过分退缩,对自己能胜任的工作,也不敢说"行",总是说"试试看",显得很没自信等。产生自卑感的原因很多,有生理的、环境的、家庭的,也有社会的,但主要不是心理因素造成的。

怎样消除自卑感呢?首先要相信自己,因为自卑主要产生于缺乏自信心。车尔尼雪夫斯基有句名言"假如一个人总想着我办不到,那他必然会办不到"。一个人的自信心并非与生俱来,而是在不断战胜困难中逐步培养起来的。克服自卑感的最好办法是行动,在实际行动中逐步加强一种信念——我干什么都行。

自卑心理是大学生在进行职业选择时必须克服的心理障碍,市场经济需要开拓精神和自信心,这正是有自卑心理的人所缺乏的。自信心是求职过程中必不可少的心理素质,求职时畏首畏尾会给人以无能的印象，使求职不易成功。如何克服自卑心理呢？首先，正确评价自己对有自卑感的人来说是至关重要的。正确评价自己的办法就是要纠正过低的自我评价，多找自己的长处。人各有所长，利用自己的优势以长补短，寻求成功的经验，增强自信，可以有效克服自卑感。其次，要经常对自己进行积极的心理暗示，比如"别人能干好，我一定也能干好""我行，我一定能干好"等。最后，克服惧怕心理。不要怕失败，因为失败并不代表你不如别人，失败更不代表你一事无成。让自己充满自信心，是成功的前提。

(2) 择业焦虑及其调适。毕业分配制度的改革，使大学生求职呈现出多元化的趋势，拓宽了大学生职业选择面。职业选择自由度越大，职业选择行为的责任越重，择业心理压力便越大。事实也是如此，毕业分配制度未改革，大学生们呼唤新的毕业分配政策的出台，想冲破旧制度的束缚；然而一旦把求职的自主权送到他们手中，他们面对风云变幻的市场经济、竞争的风险及各种信息的刺激，反而感到无所适从、不知所措，产生了危机感、迷茫感，甚至是恐惧感。例如，实施双向选择、自主择业政策以来，总有一部分人一时没找到工作，这本来是正常现象，要找到本人求职愿望与市场需求的结合点需要时间过程，甚至是机遇，但不少同学怕自己走入这个行列而忧心忡忡。有的同学面对用人单位严格的录用程序(笔试、口试、面试、心理测试)感到胆战心惊。面对自己向往的职位，由于参加竞争的人越多，录用条件越严格，有的同学因此就越丧失被录用的信心。当然还有的因自己是女生而怕求职困难，有的因自己学习成绩不佳而烦恼，有的因自己能力低而紧张。这些都是择业心理焦虑现象的表现。

刚走出校门，没有社会经验的大学生对选择职业这一人生大课题产生择业的焦虑心理是正常现象。一般来说，适度的焦虑使学生产生压力，这种压力是对自身惰性的进攻，它可增强人的进取心，人只有面对压力才会迫使自己积极行动起来，产生求胜的心理和行动。这样战胜压力取得成功的事例不胜枚举。但是，如果心理上过度地焦躁、沮丧、不安，自己又不能在一定时间内化解这些情绪，这些情绪就会成为心理障碍或心理疾病。它会严重影响学生本人主观能动性的发挥，影响择业的发挥，给就业带来不必要的困难，影响择业的进程，甚至造成择业失败。

要克服焦虑的心理，主要是更新观念，打破事事求稳、求顺的思想，树立市场竞争的新观念。市场经济就是竞争经济，生活在市场经济中，竞争恐怕要伴随你一生。大学生的求职过程就是竞争过程，即使你得到了比较理想的工作，如果没有竞争意识，不继续努力，也有可能丢掉这个工作。有竞争必定会有风险和失败，确立了竞争意识，不怕风险和挫折，焦虑的心理必定得到缓解或克服。当然还应克服择业心切、急于求成的思想。这样做容易使择业失败，失败的体验又会强化沮丧、忧虑的情感。客观地分析自己，合理地设计求职目标，尽量减少挫折感，增强求职成功的信心，也会减轻心理焦虑的程度。

6.1.3　求职渠道

随着互联网技术的发展，用人单位也从传统的线下招聘，转为线下和线上招聘结合的模式，常见的求职平台如下。

(1) 国聘网(www.iguopin.com)。"国聘行动"是由中央广播电视总台携手教育部、科技部、人力资源和社会保障部、国资委、共青团中央共同发起,由央视频、国投人力共同主办的融媒体招聘活动。

(2) 前程无忧网(www.51job.com)。"前程无忧"是国内一个集多种媒介资源优势的专业人力资源服务机构。它集合了传统媒体、网络媒体的优势,加上一支经验丰富的专业顾问队伍,提供包括招聘猎头、培训测评和人事外包在内的全方位专业人力资源服务,在全国 25 个城市设有服务机构。

(3) 中华英才网(www.chinahr.com)。中华英才网成立于 1997 年,是国内最早、最专业的人才招聘网站之一,其品牌和服务已被个人求职者和企业人力资源部门普遍认可。中华英才网总部位于北京,在全国共有 22 家分公司,拥有 1000 余名高素质、专业化人才的人力资源服务团队。主要产品与服务有:网络招聘、英才招聘宝、英才 SSS、校园招聘、猎头服务等。

(4) 智联招聘网(www.zhaopin.com)。智联招聘创建于 1994 年,拥有 2.3 亿职场人用户,累计合作企业数达 616 万家。2017 年 7 月,智联招聘推出"企业智赢计划",依托强大的数据实力,颠覆传统招聘模式,建设开放职岗的生态系统,重塑人力资源市场招聘服务标准。智联招聘凭借大数据和 AI 技术打造开放的人力资本生态,让人才和机会更精准高效地建立连接。

(5) 应届生求职网(www.yingjiesheng.com)。该网站成立于 2005 年,为大学生提供全方位的求职服务,提供最全、最新、最准确的校园宣讲、全职招聘、兼职实习、知名企业校园招聘、现场招聘会等信息,并且为大学生提供针对性的求职就业指导。该网站本着公益性的原则,为学生服务的定位,凭借信息搜集筛选的特色,迅速成为最受大学生欢迎的求职网站。

(6) 猎聘网(www.liepin.com)。猎聘于 2011 年 6 月上线,作为实现企业、猎头和求职者三方互动的职业发展平台,猎聘全面颠覆传统网络招聘以信息展示为核心的广告发布形式,专注于打造以用户体验为核心的职业发展服务。猎聘网始终以"帮助职场人更成功"为使命,致力于构建高科技人力资源供应链平台。

(7) 58 同城(hrb.58.com)。58 同城作为中国最大的分类信息网站,本地化、自主且免费、真实高效是 58 同城的三大特色。其服务覆盖生活的各个领域,提供房屋租售、餐饮娱乐、招聘求职、二手买卖、汽车租售、宠物票务、旅游交友等多种生活信息,覆盖中国所有大中城市。

(8) 赶集网(hrb.ganji.com)。赶集网成立于 2005 年,是专业的分类信息网,为用户提供房屋租售、二手物品买卖、招聘求职、车辆买卖、宠物票务、教育培训、同城活动和交友、团购等众多本地生活及商务服务类信息。

(9) 拉勾网(www.lagou.com)。拉勾网,北京拉勾网络技术有限公司旗下品牌,是互联网人的职业成长平台。专门为互联网人才提供求职机会、提高职业能力,同时为各行业培养和输送互联网人才。活跃着百度、阿里、腾讯、字节跳动等多家优秀互联网公司,每年都有上百万程序员、产品经理、运营、设计师等互联网专业人才通过拉勾入职企业。拉勾还提供猎头服务,专门解决晋升高端岗位的职业需求,建立人才职业成长上升通道。

(10) BOSS 直聘(www.zhipin.com)。"BOSS 直聘"是在全球范围内首创互联网"直聘"模式的在线招聘产品, 2014 年 7 月上线,隶属于看准科技集团,集团旗下运营看准网、BOSS 直聘、店长直聘三个品牌，总服务用户数超过 1 亿，致力于用科技解决职业领域问题。

6.2 笔试与面试

6.2.1 笔试

1. 笔试的内容

求职过程中通过简历筛选后，通常进入笔试环节，笔试根据内容主要可以划分为以下两类。

1) 技术性笔试

技术性笔试主要针对研发型和技术类职位的应聘，这类职位的特点是，对于相关专业知识的掌握要求比较高，题目特点是主要涉及工作需要的技术性问题，专业性比较强。这类考试的结果，和同学们的大学四年的学习密不可分。所以要成功应对这类的考试，就需要坚实的专业基础。

一般大型公司，如 IBM、Microsoft、Oracle 等在招聘 R&D(研发)职位都会进行这样的笔试，例如微软工程院在 2020 年安排的笔试，都是关于 C、C++语言的题目，对应聘者的编程经验要求非常高。最后经过笔试筛选，淘汰了 90% 的候选者，由此可见笔试对技术性职位的重要性。

对于这类技术性岗位，大公司和小公司的笔试内容的侧重点有很大区别。一般小公司注重实用性，考得比较细，目的就是拿来就用。大公司则强调基础和潜力，所以考得比较泛，多数都是智力测验、情感测验，还有性格倾向测验。对于大公司的笔试，建议可以看看公务员考试的教材，其中有很多逻辑题，也有很多综合性问题，这类问题对大公司的笔试是很有帮助的。

2) 非技术性笔试

非技术性笔试一般来说更常见，对于应试者的专业背景的要求也相对宽松。非技术性笔试的考查内容相当广泛，除了常见的英文阅读和写作能力、逻辑思维能力、数理分析能力外，有些时候还会涉及时事政治、生活常识、情景演绎，甚至智商测试等。上述两类笔试内容都是最常见的笔试类型，出现的概率也最多。在现实的招聘中，大部分的外企都是采用这样的笔试题型的。除此以外，还有一些笔试的类型，出现的频率不高，但是也具备一定的代表性。如简单的数理分析能力的考查；知识域的考查；语言理解和表达能力的测试；逻辑推理能力的考查。

2. 笔试的目的与作用

笔试是用人单位采取书面形式对应试者所掌握的基本知识、专业知识、文化素养和心理健康等综合素质进行考查与评估的一种测试方法。对于应试者来说，笔试是相对公平的一种测试方法，因而被越来越多的用人单位所采用。通常用于一些专业技术能力强、对录用人员素质要求高的大型企事业单位，如高等院校、涉外机构、专业公司及国家机关等。

1) 笔试的目的

一般来说，用人单位采用笔试方法进行测试，主要是为了达到以下目的。
(1) 测试应聘者的智商和反应能力。
(2) 检查应聘者掌握专业知识的程度。
(3) 了解应聘者的文字功底和书写水平。
(4) 考查应聘者理解问题和分析问题的能力。
(5) 根据考试的成绩来决定是否录用应聘者或进入下一轮的面试，以此体现竞争的公平。

2) 笔试的作用

笔试是用人单位对求职者的专业知识、文字表达能力和书写态度等综合能力的一次有据可查的测试。可以防止任人唯亲等不正之风，也可以作为求职者的文字记录。笔试的结果是根据一定答案标准评定出来的，它有利于克服面试时根据个人爱好、感情用事评分的缺陷。笔试得出的分数往往可靠、真实，且排名简易。对求职者们来说是一次公平的竞争，对用人单位是检查和核实求职者真才实学的办法。因此，笔试是用人单位测试求职者的重要方法。

3. 笔试的种类

根据笔试的目的与测度的内容等，可将笔试划分为不同种类，具体内容如下所述。

1) 智商和心理测试

这是一些著名的大公司所采用的笔试方法。在他们看来，专业能力可以通过公司的培训来获得，而毕业生是否具有不断接受新知识的能力是至关重要的。智商测试通常运用的一种是图形识别，比如一组有四种图形，让应试者指出其相似点和不同点；另一种是算术题，主要测试应试者对数字的敏感程度以及基本的计算能力，比如给定一组资料，让应试者根据不同的要求求出平均值。心理测试就是用事先编制好的标准化量表或问卷要求应试者在一定时间内完成，根据完成的数量和质量来判定其心理水平或个性差异。一些特殊的用人单位常常以此来测试求职者的态度、兴趣、动机、智力、个性等心理素质。

2) 专业考试和专业技术能力考试

这种考试主要是检验应聘者是否具备担任某一职务所要求的专业知识水平和相关的实际能力。一般用人单位在招收毕业生时，看学校提供的推荐表、成绩单及自荐材料就可以了解其基本的知识、能力等情况。但也有一些特殊的用人单位，需要通过笔试的方式对求职者进行文化专业知识的再考核。而这种考试方式已被愈来愈多的"热门"单位所采用。

专业技术能力考试主要是测试应试者处理问题的速度和效果，检验应试者对知识运用的程度和能力。如要求文科学生运用某一原理或某一历史知识分析某一问题；要求理科学生运用某一专业知识解决某一实际问题。通常的测试方式是：阅读材料写读后感，根据材料要求写请示或者会议纪要，或者根据材料和问题写一些议论性的文章等。

3) 作文(论文)笔试

作文(论文)笔试是考查应试者文字表达能力，分析问题、解决问题能力和逻辑思维能力的方法，是检验应试者分析、综合、比较、归纳、推理等综合能力的一种较高层次的有效测试方法。其形式采用论述题或自由应答型试题。该笔试最大的长处是有利于考查应试者的思考能力，从而能够检查其思想认识的深刻程度。这种测试往往有种种不同的答案，因此易于发现人才，远比简单的测试题等更能判断一个人的能力和水平。

4. 笔试的准备

笔试的准备包含身心准备、知识准备，同时还需要掌握有效的笔试复习方法。

1) 身心准备

要保持良好的身心状态，适当减轻思想负担，不可给自己过大的压力，否则适得其反。笔试的前一天要注意休息，保证充足的睡眠，避免考试时精神不振，影响正常思维。另外，可适当参加一些文体活动，从而使高度紧张的大脑得到充分休息，以充沛的精力和良好的竞技状态去参加考试。

2) 知识准备

首先要学以致用，做到理论联系实际。现在的求职考试越来越强调用学过的知识来解决实际问题，具有很强的应用性。从考试准备角度讲，知识分为两大类：一类是主要靠记忆掌握的知识；另一类是必须通过不断运用来掌握的知识。实际上，现在的应聘考试主要是考核应聘者对知识的运用能力。因此，在复习过程中必须始终突出一个"用"字，通过各种实践，把学到的知识运用到工作实际中，去解决各种具体的问题。另外，不同类型的笔试都有个大体的范围，考试前可围绕这个范围翻阅有关的图书资料，复习已掌握的知识，加强记忆。复习准备时，应考虑到单位、岗位的特点，从而进行相应的准备。其次要提纲挈领，做到系统掌握，全面领会。在知识与能力这两者中，知识无疑是基础，没有扎实的基础知识，能力的培养和提高也就无从谈起。掌握知识的一个有效方法就是把零散的知识系统化，但笔试往往范围大、内容广，求职者往往在复习时无从下手，存在着一定的随意性、盲目性。因此，在着手应聘复习时，应先打破各学科的界限，认真梳理各科目要点，将其整理成一个条理化、具体化的知识系统总纲目，然后按照这个总纲目有计划、有步骤地进行复习。

一般来说，凡是与求职有关的一些知识，如文史知识、科技知识、经济知识、法律知识和一般的计算机知识均要系统地复习一遍。国外一位著名教育家说过："获得的知识，如果没有一个完整的结构把它们联系在一起，那将是一种多半会被遗忘的知识。"复习的方法可用"单元复习法"，即把教材中某些具有相似点的知识放在一起组成单元，然后通过分析、比较、归纳，找出其共性和特性，使自己能对这一单元的知识有一个比较完整、具体地了解，以逐渐提高分析、鉴赏和写作各类文章的能力。按照控制论的观点，实现控制的一个重要条件就是被控制对象的系统化。故复习时绝不要照搬参考资料，也不要机械记忆，而是要把所学知识作为实践的例子，精心设计，深入分析，积极思考，举一反三，使自己在学习中有所悟、有所得。另外还要多读多练，不断提高阅读答题能力。提高阅读能力，对扩展知识面和回答应聘考试的各类问题很有益处。要提高阅读能力，就必须坚持进行阅读实践。知识的获得主要依靠传授，能力的提高则必须通过实践。因为许多知识学过了但不一定就会用，还必须经过一定的练习，才能真正地理解消化。复习时经常做些阅读训练有助于阅读能力的提高。在做阅读训练时，一定要做到"眼到""手到""心到"。即对每个问题都仔细揣摩，认真思考，分析比较，综合归纳，多问几个为什么，这样才不至于白练。切不可为求数量而盲目追赶进度，也不能光对答案，不求其所以然。只有肯动脑子才能有悟有得、长本事。否则练得再多也提高不了自己的阅读能力。为了适应招聘考试中的题量，还应该尽快培养自己快速阅读、快速思维和快速答题的能力。因为现代阅读观念不只着眼于信息的获取，而且还特别重视速度，故在准备笔试的时候一定要提高做题速度。

3) 笔试的复习方法

有效的笔试复习方法，是确保笔试取得良好成绩的关键。因此大学生应当掌握有效的笔试复习方法。

(1) 计划周全。对考前复习的情况进行具体分析，包括需要复习的内容、自己掌握知识和能力的情况、哪些内容是自己掌握得不好或没有把握的、有多少复习时间、如何分配等。

(2) 妥善安排复习时间和内容。要计划出每科复习大致需要的时间，每一阶段要复习什么内容，达到什么目标。不仅要有总的复习目标，还应有阶段性的目标。复习计划中的复习活动要多样化，各科复习要交替进行。

(3) 严格执行复习计划。要以顽强的意志控制自己的复习进度，按计划一步一步地实施。要增强战胜困难的信心，可采用限时量化的复习方法，加快复习速度，提高复习效率。

(4) 掌握适当的复习方法。常用的复习方法包含以下四类方法，不同方法的功能与作用存在一定差异。

① 归纳提炼法。将大量的知识归纳提炼为几条基本的线索，用一个简明的表格或提纲或几句精练的语言准确地表达出来。把个别的概念、公式、定律、定理放到知识的体系中贯穿思考，弄清相互联系和衔接，列出它们的相似点和不同点；或者抓住概念、公式、定律、定理等基础知识，对于容易混淆的概念或法则用对比的方法进行辨析，弄清相互间的联系和区别。这是加深理解、强化记忆的有效方法。

② 系统排列法。对归纳提炼出来的知识点进行聚同去异，使之成为系统的排列过程。在系统排列时，以某种相同的或相似的特征为基础，不断地把较小的组或类联合为较大的组或类。也可采用相反的方式，依据对象的某些特征或排列组成一定的顺序，从而找出各部分之间的联系和关系，以便更好地认识其特征。

③ 厚书变薄法。把章节或单元的学习按一定的科学系统自编提纲，进行高度概括，把"厚书变薄"。变"薄"的原则是具有科学性，把大量看起来是单一的或逐个理解的知识内容有意识地归并到某个知识体系中，从横向、纵向上形成有机联系，组成一条知识链。在概括学习内容时，抓住关键的知识点，前后联系，纵横结合，起到提纲挈领的作用。

④ 联建构法。在系统复习的基础上，对章节与章节、单元与单元进行各种串联，作更高层次的理解。对已掌握的知识进行整理、归纳、分类、列表，以形成自己的知识体系，建立起良好的认知结构。在复习每个具体内容时，先冷静地想一想，再看书。逐个章节复习，找出难点、重点。在全面复习后，把整个知识点在脑子里过一次"电影"。这种方法可以改变一味死记硬背的做法，从整体上掌握知识。

在运用上述几种方法复习时，必须动员各种器官参与复习活动，手脑并用，学思结合。同时，把反复感知与尝试回忆相结合，这样就会收到良好的复习效果。

5. 笔试的答题方法与技巧

笔试成绩的高低与答题的方法、技巧有很大关系。要提高答题技巧，就要有良好的考试心理状态，要了解考试的特点，了解各类考试题目的特点和解答各类题目的方法，以充分反映自己已掌握的知识，充分发挥自己的真实水平。考试的心理要做到适度紧张和适度放松相结合。没有一点紧张情绪，抱着无所谓或松弛的心态，不利于考场发挥。过于紧张，情绪慌乱，也不利于考场发挥。只有适度紧张，情绪稳定，认真审题，努力回忆学过的知识，先易后难，迅速答题，才能考出最佳成绩。

1) 先易后难，先简单后烦琐

拿到试卷后，应首先通览一遍，以便掌握答题的深度和速度，了解题目类型、数量、难易程度，并根据答题要求，合理安排答题时间。

2) 精心审题，字迹清楚

在具体答题时，必须认真审题，切实弄清题目要求，逐字逐句分析题意，按要求进行回答。书写时，力求做到字迹清楚，卷面整洁，格式、标点正确，不写错别字，特别注意不要漏题和漏项。

3) 积极思考，回忆联想

有些试题的设计从理论和实践两方面检查考生的基础知识和技能，并以综合运用为主，来检验考生的基础知识和技能、实际水平和学习灵活性。因此，有的试题是具有一定难度的，应试者在考试时要积极思考，努力回忆学过的知识并进行联想，将已学过的有关内容相互联系起来比较分析，积极思考后写出正确答案。

4) 掌握题型，答题精细

要了解各科考题的特点，熟悉每种题型的答题方法，防止出现不必要的差错。常用的题型有填充题、问答题、选择题、判断题、再生题、应用题、作文题等。

(1) 填充题。这是一般试卷中不可缺少的基本题型，用以检查考生对基础知识的掌握情况。答题时必须看清题目要求，是填词还是填句，是填词语还是填符号，是填写一个词、短语或句子还是填写几个。

(2) 问答题。要求考生对试题提出的问题作出回答，较多的是要求用简单的语句回答简单的问题。答题时要对准中心，抓住重点，开门见山，简明扼要。落笔前先理顺思路，再按要求进行作答。

(3) 选择题。这是在试题给出的几个备选答案中，选择一个正确、恰当的答案。要答好这种题型，可用经验法，凭所掌握的知识作经验性填写；也可用假设法，假设某个选择答案正确，代入验证，以获取正确答案；还可用排除法，将题目中的选择项，采取逐一排除的方法，最后确定正确的答案；有的也可用计算法，通过计算来确定正确答案。

(4) 判断题。要求对所给的命题做出明确的是或非的回答。一般判断题只有一个错误点，较多出现在基本知识中易混淆、易误解的常识性知识部分，必须把解题注意力集中在这些部分上。

(5) 再生题。这是指听写、默写、记录等一类用以检验考生对某些知识的掌握和应用能力的题。答题时要明确这类题目的内容是所学课程的重点、难点和精华，解答的基础在于平时对字、词、句、段、篇的理解和记忆。下笔前，应迅速在脑中默念一遍，写完后必须再读一遍，检查是否有漏字、错字。

(6) 应用题。要求考生运用所学的知识解决实际问题。应根据题目的要求，选择适当的方法予以解决。解题时先找出关键词，理解题意，再认真仔细地做，从而确保正确无误。

(7) 作文题。要求在规定的时间内写好，审题要果断正确，能够迅速地抓住作文题目的关键词，确定写作中心。写作提纲应简略。不要太费时间，只要能反映文章的基本思路、段落层次即可。行文时要正确计时，合理分配时间，对需要修改加工的词句可先跳过去，留待最后解决。写好后注意检查，理顺句段，检查标点符号及是否有错别字等。

6.2.2 面试

面试是通过当面交谈、问答对应试者进行考核的一种方式，不仅能考核一个人的专业水平，还可以面对面观察应试者的体态、仪表、气质、口才和应变能力。与笔试相比，面试具有更大的灵活性与综合性，是用人单位常用的一种招聘方法。

如何顺利地通过面试，是大学毕业生在求职择业过程中非常关心的问题，也是大学生能否成功就业的重要因素。以下就大学生关心的面试前的准备、面试的内容和技巧、应试的策略和面试礼仪等问题进行较为详细的阐述。

1. 面试的种类

面试可分为程序结构式、自由交谈式与综合式等不同类型，具体如下。

1) 程序结构式

程序结构式是指由主试者根据事先准备好的询问题目和有关细节，逐一发问，目的是为获得有关应试者的全面、真实的材料，观察应试者的仪表、谈吐和行为。

2) 自由交谈式

自由交谈式是指主试者海阔天空地与应试者交谈，让应试者自由发表议论，主试者原则上不进行中途干扰，在闲聊中观察应试者的能力、知识、谈吐和风度。

3) 综合式

综合式是招聘单位常用的一种面试方式，即自由谈与事先定题相互结合的方式。面试中，主试者时常会用外语同应试者会话，以考查外语水平；让应试者写文章以考查书法和文笔；请应试者讲故事，以考查演讲能力；也许还会要求应试者现场表演节目或操作计算机等，考察应试者的特长和实践能力。根据用人单位的要求，在面试的同时会采用笔试或动手能力测试，以达到了解应试者的理论知识和思维、反应以及动作的协调、灵活程度。在实际面试过程中，主试者可能采取一种面试方式，也可能同时采用几种面试方式，从而达到全面考查的目的。

2. 面试的内容

面试中，招聘者通过观察、提问、交谈，测试了解、判断求职者的修养、形象、气质、知识水平、表达能力、应变能力、心理素质、敬业精神等。其目的是加深对应聘者的考查，看是否适合他们的需要。常见的面试内容包括以下几个方面。

1) 背景

背景主要考查毕业生的个人情况，如民族、性别、身高、视力等自然状况；家庭主要成员及社会关系；文化程度、毕业学校、所学专业、接受过哪些培训、从事过哪些工作、参加过哪些社会活动；等等。

2) 智商

智商主要考查毕业生的知识层次、所学专业课程、学习成绩、外语和计算机水平等。业务能力包括毕业论文、毕业设计、科研成果、专著以及实践能力、操作能力、组织领导能力、口才、文笔等。

3) 情商

情商是考查毕业生的人生观、价值观、敬业精神、人际关系、适应能力、处理压力的能力和自我激励能力等。

4) 形象

形象是指毕业生的相貌、言谈和仪表等。

3. 面试前的准备

"机遇只垂青于有准备的人",作为一名求职者,求职面试时应做好以下准备工作。

1) 资料准备

毕业生在面试时大多与用人单位是初次接触,彼此了解较少,况且在求职前尚未拿到毕业证书,这就需要毕业生通过具体的材料推荐自己,并向用人单位展示自己在校内外学习阶段的情况及其他情况。因此,在面试前要做好自荐材料的准备工作。自荐材料一般包括以下几个方面的内容。

(1) 学习成绩材料,包括学习成绩单、英语和计算机等级证书等。

(2) 荣誉证书。例如,三好学生、优秀学生干部、优秀团干部、优秀毕业生等证书,以及各种社会实践活动、各种竞赛活动的证书。

(3) 成果证明材料。例如,获得的发明专利证书和正在申请的专利材料,在报纸、杂志上发表的文章、论文,出版的专著和有一定价值的科研成果报告等。

(4) 证明自己具备某方面素质或能力的其他材料。例如,汽车驾照、技能鉴定证书、大赛获奖证书等。

(5) 个人简历、求职信、推荐书等。求职信是最重要的自荐材料,概括了求职者的全面情况,在一定程度上直接表现了求职者的个人素质,如文字的表达能力、书写水平等。

在做好自荐材料之后,必须将个人的有关情况,如个人简历、性格、能力、爱好、特长等反复阅读,以使自己在面对主试者时胸有成竹、信心十足。在准备好个人资料的同时,还要掌握用人单位的有关资料。例如,单位性质、主要职能、人员结构、知识层次、规模和效益;用人单位对应聘人员的专业、能力、个性等专门要求。根据掌握的这些资料,结合自身的条件,有的放矢地采取策略,做好准备,选择就会提高面试的成功率。

2) 对面试可能谈论问题的准备

面试问题的准备,主要是对面试中可能提出的问题如何回答进行准备。不少大学生在面试前怯场、紧张,主要原因就是不知道面试中会提什么问题、怎样回答,心中难免会感到恐惧。因此,要在面试中轻松回答,就必须在面试前做适当的准备。尽管不同的用人单位和主试者,所提的问题不同,但是其大体上是有一定规律可循的。

(1) 教育培训类的问题。例如,你从哪所学校毕业,什么系,你的专业是什么?你最喜欢的功课是什么?你的毕业论文或毕业设计是关于哪方面的?你的学习成绩怎样?在班上第几名?等等。

(2) 求职动机类问题。例如,为什么来本单位应聘?你对应聘职位有哪些期望?你在工作中追求什么？等等。

(3) 相关经历类问题。例如，你参加过哪些社会活动？你在哪个单位实习，时间多长，承担什么工作？你在工作中曾经遇到过什么困难？等等。

(4) 计划和目标类问题。例如，如果你被录用，准备怎样开展工作，有什么想法，你怎样看待其他的工作机会，你打算沿着这条职业道路走下去吗？你是否确定在我们单位的奋斗目标？等等。

(5) 面试时要提出的问题。在准备时一定要注意，把问题限制在询问应聘单位职位的范围内；回避敏感性的问题，如工资、福利等个人要求；不要问简单或复杂的问题。

(6) 准备的方式。对可能提及的问题要先进行认真思考，考虑怎样回答和什么时机提出，然后将其要点写下来，反复说几遍，并模拟正式面试的情景，自问自答进行演练，甚至可以与同学、朋友、家庭成员试谈一下。

3) 形象准备

在准备面谈时，要事先整理思路，多花一些时间去思考如何包装自己，努力在面谈中从穿着打扮和精神面貌两方面入手，给对方留下良好的第一印象。作为大学毕业生，千万不可在面试时大大咧咧、疏于准备、自以为是、不修边幅。面试中个人举手投足、一颦一笑，文雅、得体的行为和谈吐，都可能直接影响面试的结果。

4. 面试的技巧

掌握面试的技巧，可以提升大学生的面试表现，从而获得面试官(主试者)的更高评价。

1) 倾听的技巧

听是一种重要的交流信息的技巧。面试的实质就是主试者与应试者进行信息交流从而获得全面评价的过程，形式上充分体现在"说"和"听"上。应试者认真倾听，是对主试者的尊重，而且这样才能抓住问题的实质，否则就可能不得要领、答非所问。

因此，在面试中目光要专注，要有礼貌地注视主试者，并且要不时地与主试者进行眼神交流，视线范围大致在对方鼻以下、胸口以上，千万不要东张西望。要尽量保持微笑，适时爽朗的笑声可令气氛活跃，但绝不可开怀大笑。可以用点头对主试者的谈话作出反应，并适时说些简短的话语表示对方的肯定，如对、可以、是的、不错等。身体要稍稍向前倾斜，手脚不要有太多的姿势，如果漫不经心、表情木然，则必然会伤害主试者的自尊心。

在面试中，应试者除了注意倾听主试者的提问，同时要注意察言观色，做到有针对性地应对。要细心、敏锐，能捕捉到有价值的信息，能解读和"破译"这些体态语的真实含义。

2) 察言观色

要密切注意主试者的面部表情。例如，对方听了你的介绍，双眉上扬，双目上张，则是惊奇、惊讶的表情，可能表明你就是他们理想的人选。如果对方听了你的介绍后皱眉，则表示不高兴或遇到麻烦无能为力等；也可能表明你不是他们的"意中人"，而你则可以采取其他途径进一步展示自己。

3) 语言表达技巧

准确、灵活、恰当的口语表达，是面试的关键环节。语言表达技巧有两个方面的要求，一是要做到表达清楚准确、通俗易懂；二是要做到动听，富有美感和吸引力。

面试中的交谈，受时间和内容的限制，不同于平时闲聊，绝不可漫无边际地"侃"。说话简明扼要，用最简短的话语传递尽可能多的信息，要注意紧扣提问回答、克服啰唆重复的语病、戒掉口头禅。

通俗朴实是对应试者的语言风格的要求，即指应试者的语言要通俗易懂，朴实无华。因此，应试者说话一定要注意突出口语的特点，努力做到上口入耳。在语言表达时，要通俗化、口语化，多用通俗词语，避免使用些文绉绉、酸溜溜或过于书面化的语言，既不亲切，又很难懂，往往事与愿违。同时也要质朴无华，如果片面追求语言的新奇华丽、过分雕琢，就会给人以炫耀之嫌，进而引起面试官的反感。用形象和幽默风趣的语言有助于增强语言的吸引力，融洽和活跃谈话气氛。在面试交谈中，应试者要注意避免使用枯燥、干瘪呆板的语言，尽量使语言生动、形象，富有情趣，增强主试者对你的好感和信任。

面试时谈话的节奏快慢，会影响语言表达的质量和效果。在面试中，语速最好是不快不慢。一般来说，面试中的问答是平铺直叙的，如介绍自己的一些基本情况，谈谈对公司前景的看法等。所以，在语速上不必像朗诵诗歌般抑扬顿挫，按照你平时回答教师提问时的语速说话即可。口齿要清楚，说话时注意句与句之间的间隔，使人感到你思路清晰，沉着冷静。

另外，在面谈时还应注意语气要平和，语调要恰当，音量要适中。语气是指说话的口气。语调则是指一句话的腔调，也就是语音的高低轻重配合。打招呼、问候时宜用上升语调，加重语气并带拖音，以引起对方注意。音量的大小要根据面试现场情况而定。两人面谈且距离较近时声音不宜过大，集体面试而且场地开阔时声音不宜过小，以每个招聘者都能听清你的讲话为原则。

4) 问答技巧

问答技巧包括应答技巧和提问技巧两个方面。面试中应试者主要是以回答主试者的提问来接受测评的，同时也应主动提出一些问题，来显示应试者的整体素质。

(1) 应答技巧。回答主试者提出问题过程中，应当注意以下应答技巧。

① 先说论点后说论据。应试者在回答问题时，要考虑自己所说内容的结构，用较短的时间组织好说话的顺序。一般来说，回答一个问题，首先提出你对问题的基本观点，然后再逐一用资料等论证、解释。既有利于应试者组织材料，又可以给主试者一个思路清晰的好印象。

② 扬长避短，显示潜力。如何在有限的时间内使你的优势充分体现，扬长避短，显示潜力，是一种艺术。既不是瞒天过海，更不是弄虚作假，而是一种灵活性与掩饰性技巧的体现。例如，性格内向的人容易给人留下深沉有余、积极开放不足的印象。因此，性格内向的人在面试时衣着宜穿得明快些，发言时主动、大胆、热情，以弥补自己性格的不足。

③ 遇到不便回答的问题可以拒绝回答。一般情况下，主试者在面试时不应提出有关应试者隐私或其他不便回答的问题。但是，有的主试者出于对某些工作的要求，或是出于其他原因，可能会对应试者提出一些棘手的问题。对于这样的问题，有过这种经历的应试者都不愿回答。即使回答，往往也是支支吾吾、含糊其词，给主试者留下不好的印象。与其这样，不如直截了当地说："对不起，这个问题我不方便回答。"如果已经使用犹豫不

决的态度说话，把气氛弄得很尴尬，就要及时警觉起来。此时，你也没有必要特别用心来缓和谈话的气氛，只要你对以后的问题，用明朗的态度表明就行了。主试者知道你能坚持自己的意见，一般就不会再问了，坦然处之，反而会留下好的印象。

(2) 提问技巧。在面试的过程中，可能会有应聘者提问的环节，应当把握以下提问技巧。

① 提出的问题要根据主试者的身份而定。不要不管主试者是什么人，什么问题都问，让主试者无法回答，引起主试者的反感。如果你想了解求职单位共有多少人、职称结构、主要业务方面的问题，就不要向一般工作人员提问，而是向单位负责人提问。

② 一般情况下，应试者可向主试者提出以下几个方面的问题：一是单位性质、上级部门、组织结构、人员结构、成立时间、产品和经营状况等；二是单位在同行业中的地位、发展前景、所需人员的专业及文化层次和素质要求；三是单位的用工方式、内部分配制度、管理状况、经济效益和社会效益等。

③ 要注意提问的时间。要把不同的问题安排在谈话过程的不同阶段提出。有的问题可以在谈话一开始提出，有的可以在谈话过程中提出，有的则要放在谈话快结束时再提。不要毫无目的地乱提，更不可颠三倒四、反反复复提出同样的几个问题。因此，在谈话之前，要将所要提的问题一一列出，按照谈话进程编出序号，以便在谈话时头脑清醒，知道提问的顺序。

④ 要注意提问的方式、语气。有些问题，可以直截了当地提出来，如贵单位人员结构、岗位设置等。有些问题，要婉转、含蓄一点。例如，了解求职单位制度、职工收入等问题时，应该婉转地问："贵单位有什么奖惩条例、规定""贵单位实行什么样的分配制度"等。另外，在询问时，一定要注意语气，要给人一种诚挚谦逊的感觉。千万不可用质问的语气向对方提问，这样会引起反感。

⑤ 不提模棱两可、似是而非的问题。例如提与职业、专业有关的问题，一定要确切，不要不懂装懂，提出幼稚可笑的问题，因为面试官从提问中便可以看出提问者的知识水平、思维方式、个人价值观等。

由于谈话的对象、时间、地点、目的不同，提问题应注意的事项不可能一一列举。总之，应试者要重视提问技巧的学习和运用，这对职业选择有很大影响。

(3) 摆脱面试困境的技巧。应试者在面试时，由于过度的紧张、长时间的沉默或一时讲错话使自己陷入困境。遇到这种情况，若不能镇静应对，便会影响自己整个面试的表现。因此，面试时应掌握以下几个方面的技巧。

① 克服紧张的技巧。求职者产生紧张情绪是正常的，适度紧张可以帮助求职者集中注意力，但若过分紧张，不仅会给主试者留下不良印象，还会使你无法正常地回答问题，使面试陷入困境。面试时要克服紧张的技巧，应以平静的心态参加面试，否则压力越大越紧张；面试前进行充分准备，不把一次面试的得失看得过重；深呼吸是减少紧张的有效办法；不要急于回答提问者的问题，并且回答问题时注意讲话的速度；如果的确非常紧张，最好的办法是坦白告诉主试者："对不起，刚才有点紧张，让我冷静一下，再回答您的问题。"通常如果你讲了出来，便会觉得舒服多了，紧张程度也会大大减轻。

② 打破沉默的技巧。有时主试者长时间保持沉默，故意来考验应聘者的反应。遇到这种情况，许多应聘者因没有思想准备，会不知所措，陷入困境。应付这种局面最好的办

法，是预先准备一些合适的话题或问题，乘机提出来，或是顺着先前谈话的内容，继续谈下去，来打破僵局，走出困境。

③ 讲错话的应对技巧。人在紧张的场合最容易说错话，如在称呼时把别人的职务甚至姓名张冠李戴。经验不足的应聘者碰到这种情形，往往会懊悔万分、心慌意乱，越发紧张。最好的应对办法是保持冷静。若说错的话无关紧要，也没有得罪人，可以若无其事，专心继续面试交谈，切勿懊悔不已。通常主试者不会因为求职者一次小的失误，而放过合适的人才。若说错的话比较严重，为防止误会，在合适的时间更正道歉。例如，"对不起，刚才我紧张了点，好像讲错了，我的意思是……请原谅"。出错之后，坦诚地纠正自己的错误，还有希望被录取。

④ 遇到不会回答问题时的应对技巧。在面试中，往往会出现紧张或是预料不到的情况，如有些问题不会回答等，这时请不要掩盖，应当坦诚说："这个问题我确实不懂"，千万不要支支吾吾、不懂装懂。不会就是不会，只要坦然地予以回答，反而能给人留下诚实、坦率的好印象。

当遇到一时不易回答的问题，可设法延缓时间，边想边回答。或者直截了当地提出："我想想，再回答您"，然后在短时间内，很快考虑怎么说、说什么，说不定会获得构思敏捷、思路清晰、能抓住要害等好评。

⑤ 做好碰壁的心理准备。对于涉世之初的大学毕业生，在面试时出现这样那样的失误不足为奇。关键是在你处于尴尬境地时应当如何摆脱。其实，对于自己在面试中出现的小过失，不必太在意，结果不一定会那么糟。主试者不会因为一些小过失而不录用你，特别是内向的人，绝不能因自己说错话，就低头不语。最好的办法是不要把它放在心上，集中精力回答好后面的问题。假如为一开始出现的一点错误患得患失，把你的整个思路打乱，面试就很难成功。尤其是当主试者提问触及你的弱点时，不要因此影响应试情绪，更不要出现愤怒或气馁的情况。只要保持良好心态，树立坚定的信心，就能顺利通过面试。

5) 应对主试者的技巧

面试是一项专业性很强的工作，主试者同样受这种职业的限制，他必须评价应试者，而且要做到含而不露。主试者在面试内容上大同小异，目的性也十分明确，但由于每个主试者的性格各异，兴趣不同，对问题的看法也不尽一致，这会使我们面对的问题格外复杂。因此，在面试时要根据不同类型的主试者采用相应的策略。

(1) 文明礼貌，不卑不亢。在面试时，应懂得起码的社交礼仪，无论面对何种类型的主试者，都应注意礼貌，但也不能过分殷勤。任何单位都愿意挑选一些有作为，能为单位发展作出贡献的人，谁也不愿接收只会溜须拍马、阿谀奉承的人。

有些毕业生尽管毕业于名牌大学，成绩优秀，自身条件优越，笔试成绩良好，但在面试中却屡遭失败。究其主要原因是自恃条件优越、趾高气扬、盛气凌人，或者是自命清高、表情冷漠、缺乏热情。这一切都会引起用人单位的反感。虚荣心太强，也会导致你的面试失败。当自己被考官发现了短处，自知找不到理由来解释，却强词夺理、牵强附会、拼命狡辩，会给人一种不虚心、不诚实之感。

(2) 因人而异，区别对待。主试者的身份不同，用人观念和价值标准也不同。因此，面对不同的主试者，要采用不同方法。如果主试者是技术干部，就可能注重专业知识和技能；如果主试者是人事干部，就会注重应试者的社会意识和处世能力；如果主试者是领导干部，则注重应试者的合作精神、办事能力和应变能力。为取得面试成功，求职者可事先了解主试者的身份，再采取相应措施。若在面试前未能了解到他们的情况，可向面试完的同学咨询。

5. 面试后的跟踪

面试结束并不意味着一次求职过程的结束，需要做好面试后的跟踪工作。

1) 总结经验，以利"再战"

面试结束，应试者不能认为万事大吉。要积极采取行动，设法让用人单位记住你，抓住时机，趁热打铁，真正把握成功的机会。面试结束后，适时总结面试表现。或向同去的同学询问，或向有经验的师长求教，例如你在面试中给对方留下的印象如何，回答提问时存在什么问题，有些重要的情况是否遗漏或未说清楚。回忆一下有哪些失误，找出弥补的办法，尽快争取主动。

2) 保持联系，建立感情

面试结束后，求职者不能坐享其成，静候佳音，一定要积极主动地与用人单位保持联系，建立感情。即使这次不录取，下次可以给你机会。联系的方法很多，可通过写邮件、打电话，来表示感谢、询问情况或加深印象。

3) 加深印象，强化优势

设法让自己"引人注目"，让对方在难以取舍时能关注你，重视你，记住你，如把面试时准备到的信息、资料、个人情况加以补充说明，向对方反复强调你的敬业精神，你对单位所具有价值的认识，要明确向对方表示，若你得到这份工作，会加倍珍惜，努力干好工作。

4) 实地考察，争取试用

要利用多种渠道，想办法参观现场，调查研究，参加岗位实习。在实习中展示自我，不仅是了解用人单位，熟悉工作岗位的有利机会，而且有利于用人单位进一步了解你。

总之，在你参加完第一次面试后，不管成败，都可能有第二次面试的机会，一试定乾坤的用人单位很少。请保持自信，有更适合的面试机会在等你，通过面试发现问题，自我评估并不断改进，下次面试你一定会胸有成竹，令人刮目相看。

6. 面试经典问题解析

面试是用人单位安排的对求职者的当面考核，在很大程度上决定求职者能否被录用，是人才求职过程中的一个重要环节。随着人才市场竞争的日趋激烈，越来越多的用人单位摒弃了仅凭求职资料就录用的方式，而是更多地采用当面考核来选拔人才。

为了帮助求职者做好面试准备，将面试中经常涉及的问题设计成测评量表，每一题设计五种答案供选择。在测评中，求职者按照自己准备怎样回答或习惯方式去选择答案，然后再参考对五种答案的评价来测试自己的面试水平，以便充分做好面试准备。

(1) 如何进行自我介绍。

问题：请简要进行一个自我介绍，好吗？

A. 针对所聘职位要求，重点突出，简要介绍自己。

B. 过于炫耀自己的学历、能力或业绩。

C. 欠准备，不全面或重点不突出，缺乏针对性。

D. 过分谦虚，甚至自我贬低。

E. 如果时间允许，我想详细介绍一下。

解析：A 符合考官的提问。因为面试时间通常很紧，抓紧时间突出重点，有针对地简要介绍非常必要。E 如果得到考官的同意也未尝不可，但应注意掌握时间的长度；B、C 缺乏对自我的辩证认识，往往得不到考官的认同；D 的求职者可能缺乏诚恳、强烈的求职意愿，没有提前认真准备。

(2) 你的报考动机。

问题：你为何报考我单位？

A. 贵单位在某一方面存在问题，我愿意帮助解决。

B. 我还没有认真思考过，请问下一个问题好吗？

C. 本人家境贫寒，贵单位收入较高；或本人性格内向，贵单位工作相对稳定。

D. 从该职位的社会功能，本人的专业特长，特别是对该项工作的兴趣和热情等方面回答。

E. 因为看到贵单位的招聘启事，且贵单位离我家很近，或专业比较对口等。

解析：你为什么到我单位应聘，这是很多单位必问的一个问题，应聘者应认真做好充分准备。D 的回答容易得到考官的认同，因为你既有专业特长，又有工作兴趣和热情；A 的回答好像一副"救世主"的样子；B 回避问题不可取；C、E 的回答仅仅收入高，或工作稳定，或离家近，或专业对口等，理由不够充分，缺乏对应聘职位的兴趣和热情。

(3) 你是否了解应聘单位。

问题：你对我单位有何了解？

A. 我做过一些调查，较详细地了解了贵单位的发展战略、奋斗目标、工作成就及工作作风等，例如……

B. 没有多少了解，但我相信工作一段时间后就加强认识。

C. 我了解到贵单位工作条件和效果都很好，自己来了以后可以充分发挥特长。

D. 有一些了解，但不全面，例如贵单位的主要产品是……贵单位的广告是……

E. 贵单位有住房，还有出国进修的机会，有利于实现自己的远大理想。

解析：这个问题的实质是问"你是否懂得我的心"。A 间接地表现为对所聘职位的渴求，容易引起考官的关注和好感；C、E 容易给人"单向索取"的不良印象，但不排除确有真才实学的人才对自我价值的肯定和实现职业理想安心工作的意愿；D 表现为准备不足；B 则显得求职诚意不足。你了解我们单位吗？这是在考核你的诚意。

(4) 你有什么特长？

问题：欢迎你应聘会计职位，你有何优点和特长吗？

A. 本人的优点是好静、稳重、办事认真，特长是计算机操作能力较强。

B. 我是会计专业毕业生，专业课成绩较好。

C. 我的特长是英语口语较好，优点是热情开朗，喜欢和人打交道，喜欢旅游和运动。

D. 特长谈不上，优点是心直口快，待人热情。

E. 我比较注重专业能力的培养和提高，无论在实习期间还是在日常工作中都在不断钻研业务。

解析：A 符合会计工作的性格要求，而且较强的计算机操作能力是作为会计工作的潜

157

在实力；E 强调自己的专业能力强，表现为从事会计工作的长远打算，A、E 都容易引起雇主的关注和好感；B 强调自己专业对口，成绩较好，是典型的"学生腔调"，但也具有会计工作的发展潜力；C、D 则是所答非所问，甚至与会计工作的内在要求相违背，热情开朗、心直口快可能引起用人单位的疑虑和担心。

(5) 你的理想职位是什么？

问题：如果公司录用你，你希望到哪个岗位工作？

A. 如果有可能，我愿意谋求总经理助理一职。

B. 没有打算，愿意服从分配。

C. 我是刚毕业的大学生，缺乏实践经验，愿意从基层做起，从最艰苦、最需要的岗位上做起。

D. 我愿意担任某部门经理一职，因为我有这方面的经验。

E. 没有考虑过，不过如果可能的话，我愿意从事某项工作，我相信我能比别人干得更好。

解析：A 和 C 是有备而来，但不同的是 A 显得有些自负，难以得到考官的认同，C 显得谦虚、实际，愿意到基层去锻炼，容易受用人单位的欢迎；E 虽自称没有考虑过，但也属有备而来，D 也是如此，自信心较强；B 的回答可能令考官失望，服从分配的态度很好，但专业人才要求专业对口并不过分，然后再表示愿意服从分配则更容易被人接纳。

(6) 你对薪资的期望是怎样的？

问题：如果公司录用你，你希望多少工资？

A. 我是某某专业毕业生，因此每月薪资应在 4000 以上。

B. 公司无论开多少薪资，我都能接受。

C. 希望公司按国家有关规定或公司的惯例发工资。

D. 至少不能低于 3000 元。

E. 具体薪资多少我不在意，只是希望公司以后能按工作成绩或工作效率合理发放工资。

解析：求职者的薪金待遇是"双向选择"中一个必不可少的话题。C、E 显然有所考虑，比较理智地回答了这一"难以启齿"的问题，其中 E 的回答更具挑战性，既表现了干好这一工作的自信心，也表现出维护自身权益的意识；相比之下，A、B、D 则显得有些欠考虑甚至轻率。

(7) 如何面对失误？

问题：如果你的工作出现失误，给本公司造成经济损失，你认为该怎么办？

A. 如果是我的责任，我甘愿受罚。

B. 我本意是为公司努力工作，如果造成经济损失，我无能力负责，希望公司帮助解决。

C. 我办事一向谨慎、认真，我想不会出现失误吧。

D. 我想首先的问题是分清责任，各负其责。

E. 我认为首要的问题是想方设法去弥补或挽回经济损失，缩小损失程度，其次才是责任问题。

解析：这是一个挑战性的问题。A 坦诚接受处罚；B 企图逃避责任；但是如果损失重大，A 这样回答承担得住吗？B 这样回答逃脱得了吗？C 认为自己不会出现这种情况，是一种不切实际的回避。D 理智地提出分清责任，各负其责。E 的态度较可取，先尽力挽回损失，表现出较强的责任心。

(8) 你有过求职的经历吗？

问题：在此之前你去过什么单位求职，结果如何？

A. 我这是第一次求职，结果还不知道。

B. 来此之前我报考过国家公务员和申请过留校工作，公务员录用工作还没开始，留校任教需要硕士以上学历，所以我到贵单位求职。

C. 我去过两家单位求职，一家是×，一家是×，都认为我不错，准备录用我。

D. 我去过一些单位求职，都没成功，原因是双向的，但主要是我不愿意去。

E. 我曾在某公司实习过，担任过某职位，干得也不错，他们也想让我留下，但我觉得贵单位更能发挥我的特长，所以我没答应他们。

解析：这是一个在较深入的面试过程中涉及的问题，用以了解求职者在人才市场中的经历。E 表示了"人往高处走"的愿望；B 则是"脚踏两只船"；C 极易引起用人单位的反感；D 坦诚告知自己在人才市场的境遇，可能工作更安心些，但表明"自己不愿去"有些画蛇添足。

(9) 你该如何面对专业不对口的问题？

问题：你的专业与求职岗位并不符合，为什么选择这个工作呢？

A. 是这样。但是我所在的学校近几年不断深化改革，为了完善大学生的知识结构，开设了许多选修课，例如……

B. 此事说来话长，长话短说吧，我从小就喜欢绘画、摄影等，而且在大学期间注意这方面能力的提高。

C. 因为对此项工作有很浓厚的兴趣，因此我注意在实践中不断提高自己，这是几张照片，照片上面有我画的水粉画、油画和黑板报，也有我发表的一些"豆腐块"文章，而且照片是我自己冲洗的。

D. 我知道自己的专业与应聘的职位不太相符，我就是想试一试。

E. 我认为实践出真知，我有很强的自学能力，我能够边干边学。

解析：A、B 从知识结构和实际能力方面强调自身的实力，有一定的说服力；C 用精心准备的"实物"来展示自己的能力，可谓用心良苦；D、E 的回答相比之下，缺乏说服力。

7. 求职面试的试题库

典型面试题毕竟有限，为更好提升面试能力，可通过面试题库的相关学习，改善面试表现。以下给出可供大学生面试学习的有关网址。

(1) 学习啦网站(www.xuexila.com)。

(2) 个人图书馆(www.360doc.com)。

(3) 58 同城(hrb.58.com)。

(4) 百度文库(wenku.baidu.com)。

(5) 上学吧(ks.shangxueba.com)。

(6) 职友集(www.jobui.com)。

(7) 360 文库(wenku.so.com)。

(8) 豆丁网(www.docin.com)。

(9) 应届生求职网(www.yingjiesheng.com)。

6.3 模拟面试

　　模拟情境主要是根据专业学习要求，模拟一个社会场景，在这些场景中具有与实际相同的功能及工作过程，只是活动是模拟的。通过这种方式能够让学生在一个现实的社会环境氛围中对自己未来的职业岗位有一个比较具体的、综合性的全面理解，使一些属于行业特有的规范得到深化和强化，有利于学生职业素质的全面提高。

　　在模拟面试情景法的具体实施中，可创设一定的求职面试场景。在这个场景中，学生扮演面试官和应聘者，通过亲身感受面试和求职的场景，积累面试与求职经验，从而为顺利就业打下基础。模拟面试实际上就是一种情景模拟和角色模拟的过程，即由学生扮演各种角色，使参与者和观赏者产生身临其境的内心感受，引导其思考，以促进其对课程内容的理解，提升学生的面试能力。

　　模拟面试情景的设定需要灵活且贴近实际。模拟面试情景生动形象，吸引力大，没有专业界限，适用于不同学科，无论是哪个专业学生，还是不同的年级学生都非常喜欢。模拟面试可以引导学生有效参与职业生涯课程教学，增加课程的趣味性和吸引力。学生可以在模拟面试故事中发现自身的问题，在以后的学习中注意改进和提高。模拟面试的特点主要有以下几个。

　　(1) 参与性强。模拟面试要求每个学生以双重身份来参与招聘活动，既要作为"应聘者"体验应聘时的压力和紧张，又要作为"招聘考官"体验"识人"的难处和技巧，学生参与的积极性非常高。为了进一步增加学生的竞争意识和参与的积极性，还可以把面试时的表现记入平时成绩。

　　(2) 创造性强。招聘小组在限定时间内，可以根据自己掌握的知识和技能选择多种面试手段，教师不加以干涉，这样，既可以发挥学生的积极性和创造性，又可以锻炼他们的计划、组织、协调和决策能力。面试小组通过对各种类型问题的剖析，运用创造性思维，将大量的感性体验升华到理性认识，既能认识到理论的指导价值，又能体验到实践经验的重要性。

　　(3) 主动性强。在模拟面试中，学生始终是活动的主体，教师只起组织和指导的作用，从职位分析、招聘需求的确认、招聘广告发布、筛选简历、面试，到最后的录用，每一个环节都要求学生充分挖掘自己及同伴的各种潜力才有可能做好。为了招聘到合适的人员，他们需要认真观察、仔细分析和详细论证，通过相互的沟通和协作，最终解决各自所遇到的问题。

　　(4) 理论与实践相结合。模拟面试为学生提供了一个仿真实践平台，让学生在亲身体验中自觉地将招聘录用理论知识与实际操作技能结合起来，从而培养学生的综合能力。模拟面试一般在把招聘和录用基础知识和理论讲授完毕后进行，在组织实施过程中，既可以复习巩固前面所学的知识，同时还会发现更多的问题并加以解决。所以，通过模拟面试，学生可以把所学理论与实践结合起来，在模拟面试过程中也会有更多感悟。

　　因此模拟面试可以达到三种目的：一是使学生初步掌握招聘与录用的基础知识和基本理论，对招聘与录用知识有比较感性的认识；二是可以切身体验应聘和招聘活动所需要的知识及技能；三是探索组织在招聘过程中的决策流程及其规律。

6.3.1　角色分工

确定模拟面试的各方角色，模拟面试的面试考官与应聘者均由学生扮演。以大学班级为例，面试官占班级学生总数的 15%，选择方法采用自荐、同学推选与老师指定相结合，其余学生均以应聘者的身份参与到模拟面试中。无论是面试官还是应聘者，都必须做足功课，以便在模拟面试中尽快进入角色，达到学习效果。如对于面试官的要求是需要熟知自己所代表单位的组织架构、主营业务、生产经营状况，需求岗位、需求数量、岗位要求、应聘条件等；而对于应聘者则需要提前了解好各单位招聘的基本情况和条件，并制作好简历与求职信。此外，无论是面试官还是应聘者，都必须提前了解和掌握一定的面试技巧与礼仪。

6.3.2　面试设计

收集招聘单位与需求岗位信息，根据该专业往年就业方向以及来校招聘单位的情况，由老师给出一定范围的招聘单位，这些单位涉及国有企业、民营企业、事业单位等。

招聘的岗位涵盖设计、技术服务、施工管理、储备干部、操作员、市场业务员、行政人员等岗位。由选出的担任面试官的学生在老师给定的招聘单位名单里面选择自己希望代表的单位，由 2~3 个面试官组成一个面试小组代表一个单位。面试官需要通过不同渠道搜集该单位更多的信息、深入挖掘该单位的生产经营状况、分析人力资源需求状况，对岗位进行描述。并且需要将招聘相关信息制作成海报或者 PPT 在模拟面试中进行展示。

设计面试形式及评判标准，在明确岗位特点和需求的基础上，由面试小组与指导老师商量确定面试采用的形式。

模拟招聘中面试采用的类型主要有以下几种：以面试的标准化程度，可分为结构化面试、半结构化面试、非结构化面试；以面试实施方式，可分为单独面试和小组面试。当然，小组面试中可以采用结构化的面试，也可以采取非结构化的非领导小组讨论的方式。每种面试形式各具特点，采用何种面试方式，需要面试官在了解每种面试类型特点的基础上，根据岗位要求和应聘者人数综合考虑来确定。面试官需在模拟面试之前准备好不同类型的面试问题，如结构化面试问哪些问题，无领导小组的方式讨论什么话题等。

对于模拟面试的评判标准，一般包括几项内容：一是求职资料准备，如简历制作是否规范、求职目标是否清晰、应聘岗位是否了解等等；二是面试着装与礼仪，如是否衣着服饰是否整洁、得体，坐姿、站姿是否端正，见面与结束时候举止是否大方等等；三是语言组织与表达能力，如自我介绍与回答问题时是否思路清晰、重点突出、语言流畅、条理清楚；四是心理素质与应变能力，如心态是否良好、表现自信，能否巧妙回答考官提问等。

6.3.3　模拟面试过程

1) 招聘宣传

在正式进行模拟面试前，每个招聘单位有 3~5 分钟的宣讲时间，由面试考官进行宣讲，宣讲的重点主要是介绍单位概况、招聘岗位、应聘条件以及其他相关信息。应聘者在听宣讲的过程中进一步了解招聘单位的情况，以便作出应聘决策。

2) 正式面试

模拟面试正式开始后，应聘者可以自由选择应聘单位，可以应聘多家单位。整个模拟面试活动受时间限制。在限定时间内，应聘者一般只能选自己最偏好的一到两家单位进行应聘；而面试官也需要根据应聘该单位的人数灵活调整面试方式。限定时间的压力面试，要求应聘者需争取在最短时间内获得面试官的认可，也要求面试官利用最快的时间尽可能地全面了解面试者。

3) 宣布结果

由面试官代表上台对该单位的招聘情况作出总结，公布通过面试名单，选出应聘该单位表现最佳的面试者，并需要说明理由。接着，由参加了两家以上单位招聘的应聘者投票选出表现最为专业的面试官。这样做的目的在于，促使面试官和应聘者都认真对待模拟招聘。面试官必须认真组织招聘，提高自身专业程度，对照招聘条件仔细考察每一位应聘者的素质和表现；同时招聘者也要做好充足准备，从而提高应聘成功率。

6.3.4 效果评价

在模拟面试结束后，由指导老师来对模拟面试的总体情况作出评价与总结，尤其要针对模拟面试中出现的问题进行评讲，提示学生正确的做法并启发大家对实战面试中类似的问题做深入思考。由于模拟面试涉及课程中介绍，如就业信息搜集、简历制作、求职礼仪、面试技巧、心理调适等诸多知识。在总结的过程中，特别需要对模拟面试中涉及的知识做一个系统性的回顾与总结，让学生在体验模拟实战的同时，加深对就业知识的理解和掌握，更好地将理论与实践相结合。

6.4 录用与入职相关事项

6.4.1 大学生就业权益与保障

近年来随着高等教育的快速发展，大学毕业生的数量逐年递增，同时由于与大学生就业相关的法律规定与劳动法、地方劳动法规相比，还有一定的缺欠性和不完整性，与劳动法也存在一定的脱节问题，因此，大学生在就业中往往会产生一些纠纷。对于纠纷，用人单位与毕业生往往都是各有各的苦衷。那么，用什么方式可以预防纠纷的发生呢？通过什么样的方式可以平衡双方的权利义务呢？作为大学生，应该学习和了解毕业生就业规定和劳动法律法规，通过自己的行为切实维护自己的合法权益，促进良好的就业秩序，这不仅仅能使自己在就业阶段受益，更能在以后的工作中运用劳动法律及时地维护自己的合法权利。

1. 毕业生的权利和义务

毕业生需要了解自身在就业过程中的权利与义务，以维护自身的权益。

1) 毕业生在就业过程中享有的权利

毕业生作为就业中一个重要主体，要做到顺利就业，必须明确自己所享有的权利。根据目前就业规范的有关规定，毕业生主要享有以下几方面的权利。

(1) 获取信息权。就业信息是毕业生择业成功的前提，学校和有关就业指导部门应如实、无保留地向毕业生及时提供就业信息。

(2) 接受就业指导权。毕业生有权从学校接受就业指导。学校应及时向毕业生传达有关就业方针、政策、法规，并对学生进行择业观念、择业技巧等方面的指导，以利于毕业生正确定位自身、合理择业。

(3) 被推荐权。学校推荐往往会在较大程度上影响用人单位对毕业生的取舍，毕业生在就业中有权得到学校的如实推荐。

(4) 择业自主权。实行招生并轨后的毕业生要在国家就业方针政策指导下自主择业，只要符合国家的就业方针、政策，毕业生有权自主地选择用人单位，任何强令毕业生到某单位就业的行为都是侵犯毕业生自主权的行为。

(5) 公平待遇权。用人单位在录用毕业生的过程中，应坚持公开、公正、公平的原则，任何靠关系、走后门以及性别歧视，都属于对毕业生公平待遇权的一种侵犯。

(6) 违约和违约求偿权。违约也是毕业生的一项权利，毕业生在和用人单位签订就业协议后，因特殊原因不能到单位工作或不能完全履行协议，可以提出违约，但必须与用人单位协商并征得用人单位的理解和同意。毕业生、用人单位、学校三方签订就业协议后，任何一方不得擅自违约，如用人一方违约，毕业生有权要求用人单位承担违约责任，并支付违约补偿。

2) 毕业生在毕业过程中应履行的义务

在享有权力的同时，毕业生也需要清晰自身应当承担的义务，具体内容如下所述。

(1) 认真学习、正确理解并执行国家就业方针、政策，根据需要为国家服务。
(2) 接受学校毕业教育和就业指导。
(3) 服从校系就业工作的安排和管理、完成校系布置的与就业工作有关的任务或事项。
(4) 如实向用人单位反映情况。
(5) 遵守择业道德和校系就业工作纪律。
(6) 履行就业协议。
(7) 及时如实地向学校汇报单位落实情况。
(8) 按时办理离校手续，文明离校。

2. 用人单位的权利和义务

用人单位在毕业生就业过程中，也享有一定的权力，当然也需要根据要求履行自身的义务，具体内容如下所述。

1) 全面了解毕业生信息的权利

用人单位有权要求学校或毕业生本人提供思想表现、学习成绩、能力特长等方面的材料，有权调阅学生档案资料。用人单位在行使这一权利时，有义务保守毕业生个人的家庭秘密，并尽量不涉及个人隐私问题。

2) 组织考核毕业生的权利

用人单位有权决定考核毕业生的时间、地点和形式，有权制定考核程序与标准。但考核标准中不能含有歧视性和侮辱性的内容。

3) 自主录用毕业生的权利

在国家有关大学生就业政策规定的范围内，用人单位有权要求高校及毕业生按协议条款承担相应的赔偿责任。

4) 要求违约赔偿的权利

如果高等学校毕业生出现违反就业协议书的情况，用人单位则有权要求高校及毕业生按协议条款承担相应的赔偿责任。

5) 实事求是宣传本单位的义务

用人单位在招聘毕业生时，有实事求是向毕业生介绍单位实际情况的义务，不得虚假宣传，不得夸大宣传，更不能采取欺骗方式诱导毕业生。介绍单位情况时，要具体而全面，不能只讲好的方面，不讲弱的方面，以免影响毕业生的择业决策。

6) 承担违约责任的义务

用人单位违约，将给毕业生就业带来严重的不良影响，不仅给毕业生新择业造成了困难，也对其心理造成了一定伤害。因此，用人单位若因特殊原因不得不提出违约时，应主动承担违约责任，给予毕业生适当的经济赔偿，并向毕业生和所在学校的表示歉意。

7) 做好毕业生接收工作的义务

当毕业生根据就业协议，通过有关手续，持相关证件到用人单位报到时，用人单位有义务做好各项接收工作，办理好相关手续，并主动关心毕业生生活，安排好毕业生的工作岗位。

3. 高等学校的权利和义务

高校在毕业生就业过程中，同样享受权利，也需承担对应义务，具体内容如下所述。

1) 管理毕业生就业工作的权利

大学毕业生就业工作是一项服务性很强的工作，但由于实际工作的需要，高等学校对就业工作仍承担了一定的管理责任，高校为加强毕业生就业日常管理，规范毕业生就业行为，有权制定相关管理规定，以确保毕业生就业工作的正常运行和有序开展。

2) 了解用人单位真实情况的权利

对拟招聘本校毕业生的用人单位，高等学校有权了解其地址、单位性质、工作内容、生产生活条件等基本情况，有权了解用人单位的招聘方法、考核与录用过程、毕业生安排意向等，也有权审核用人单位的营业执照等资料。只有通过对用人单位真实情况的全面了解，高等学校方可向毕业生宣传推荐用人单位，指导毕业生择业。

3) 审核就业协议书的权利

高等学校既是就业协议书签订的主体之一，也是受教育主管部门委托的就业协议管理者，有权审核用人单位与毕业生签订的就业协议是否符合国家有关就业政策，是否公平、公正，是否符合就业协议书签订的工作程序等。

4) 维护学校社会声誉的权利

一方面，高等学校有权通过文件或管理规定要求毕业生规范自身就业行为，增强职业道德修养，自觉维护学校形象。另一方面，高等学校有权要求有关单位或媒体撤销带有歧视学校、损害学校社会形象的规定或宣传，并要求他们公开道歉，清除影响，维护学校的社会声誉。

5) 确保毕业生信息真实性的义务

当用人单位要求高等学校提供相关毕业生在校表现、学业成绩等相关信息时，高等学校有义务提供准确的毕业生信息，经高等学校审核的毕业生就业推荐材料必须真实可靠，要设法杜绝毕业生推荐材料弄虚作假现象。

6) 推荐毕业生的义务

根据用人单位的招聘要求，有针对性地推荐用人单位需要的毕业生是高等学校的一项基本义务。学校必须在公正、公平、公开的前提下，坚持择优推荐的原则，认真履行这项义务。

7) 按规定办理有关就业手续的义务

这里所说的就业手续的义务包括：为毕业生就业出具有关材料，与用人单位及毕业生签订就业协议，为毕业生办理就业报到证，整理、发送毕业生档案，办理毕业户口迁移证等。在符合国家相关政策规定的前提下，高等学校有义务及时地为毕业生和用人单位办理上述手续。

8) 承担和追究违约责任的义务

一方面，如果就业协议书经高等学校签章生效后，无论何种理由，只要是因为校方原因提出违约的，高等学校就要主动承担违约责任。另一方面，若用人单位或毕业生违约，高等学校则有义务协助用人单位追究毕业生违约责任。

6.4.2 就业协议书

就业协议书是由毕业生、用人单位、学校三方签订的明确三方在就业择业过程中的权利义务关系的书面协议。它是用人单位确认毕业生相关信息真实可靠并接收毕业生的重要凭据，也是高校进行毕业生就业管理、编制就业方案及毕业生办理就业落户手续等有关事项的重要依据。就业协议书一般由中华人民共和国教育部或各省、自治区、直辖市就业主管部门统一制表。

1. 就业协议书的主要内容

就业协议书主要包括以下基本内容。

(1) 高校毕业生的基本情况，具体包括：姓名、性别、身份证号、专业、学制、毕业时间、学历、联系方式等。

(2) 用人单位的基本情况，具体包括：单位名称、组织机构代码、单位性质、联系人及联系方式、档案接收地等。

(3) 高校毕业生和用人单位约定的有关内容，具体包括：工作地点及工作岗位，户口迁入地，违约责任，协议自动失效条款、协议终止条款，双方约定的其他事宜。

(4) 双方应严格履行协议，任何一方若违反协议，应承担违约责任。

(5) 其他补充协议。

随着毕业生就业制度改革的不断深化，毕业生就业协议书的内容也在进一步规范化和法制化。目前，一些用人单位或学校在就业协议书上已经附加了有关劳动合同的内容，主要包括：服务期限、工作岗位和工作内容、劳动保护和工作条件、工资报酬和福利待遇、劳动纪律、协议终止的条件、违反协议的责任等，以此来保证毕业生的权益，进一步明确用人单位和毕业生的权利与义务。

2. 签订就业协议书的原则

就业对绝大多数的应届毕业生来说，是人生道路上的第一次职业抉择，为了更好地维护自己的合法权益，在与用人单位签订就业协议书时，一定要按照原则办事。当事人在签订就业协议书时必须遵循以下几项原则。

1) 平等协商原则

签订就业协议书的三方具有平等的法律地位，任何一方都不能将自己的意志强加给另一方。学校不能采用行政手段要求毕业生到自己指定的单位就业(不包括有特殊情况的毕业生)，用人单位不能在签订就业协议书时要求毕业生交纳过高数额的风险金、保证金等。毕业生、用人单位、学校三方的权利与义务一致。除了协议书规定的内容以外，三方如果有其他需要约定的事项，可以在协议的"备注"一栏内补充说明。

2) 主体合法的原则

签订就业协议书的当事人必须具备合法的主体资格。对毕业生来说，是指必须取得毕业资格，如果学生在派遣的时候还没有取得毕业资格，用人单位可以不予接收且不需要承担任何法律责任；对用人单位来说，是指必须具备从事各项经营或管理活动的能力，应该有录用毕业生计划和录用自主权，否则毕业生有权解除协议，并且无须承担违约责任；对高校来说，是指根据用人单位的要求如实地介绍毕业生的在校表现，并如实地将自己所掌握的用人单位的信息发布给毕业生。

3. 签订就业协议书的程序

就业协议书的签订是毕业生和用人单位在供需见面、双向选择后达成一致意见的结果，就业协议书的签订一般要经过以下几个程序。

(1) 毕业生本人在协议书上以文字的形式签署自己同意到选定的单位工作的意见，同时签署本人的姓名。

(2) 用人单位在协议书上签署同意接收该毕业生的文字意见，并签名盖章，同时在协议书上注明可以接收毕业生档案的名称和地址。如果用人单位没有人事决定权，则需要报上级主管部门批准盖章。

(3) 用人单位或毕业生将协议书送到学校毕业生就业工作部门。

(4) 毕业生所在院校(系)和学校毕业生就业部门对就业协议书签署意见并签字盖章，然后再及时将协议书反馈给双方当事人。

4. 签订就业协议书时应注意的问题

就业协议书明确了当事人在就业过程中的权利和义务，并且涉及毕业生的切身利益，因此具有法律约束力。毕业生在签订就业协议书时应该特别注意以下几个问题。

(1) 确认用人单位的主体资格。签订就业协议书的当事人是否具有合法的主体资格是协议书是否具有法律效力的前提。用人单位不管是机关、事业单位还是企业，都必须要具备录用毕业生的自主权。如果其本身不具备录用的自主权，就必须经过具有录用权力的上级主管部门批准同意。因此，毕业生签约前，一定要先审查用人单位的主体资格。

(2) 注意与劳动合同的衔接。现行的毕业生就业协议书属于"格式合同"。但"备注"部分允许三方根据实际情况约定相应的权利和义务。因此，毕业生可以充分利用"备注"的合法空间及相关规定来进行自我保护。

由于就业协议书签订在先，因此为了避免到就业单位签订劳动合同的时候发生争议，毕业生应该提前与用人单位协商服务期限、试用期、工作岗位和工作内容、劳动保护和工作条件、工作报酬、福利待遇等，在就业协议书的备注中写明，并约定就业时签署的劳动合同应同时包括这些内容，以此来保证毕业生就业前签订的就业协议书与就业时签订的劳动合同相衔接。

(3) 事先约定解除就业协议书的条件。毕业生就业协议书一旦经过订立以后，就对当事人产生了约束力，任何一方不得随意解除，否则应该承担违约责任。如果毕业生因为专升本、出国等情况而不能够履行协议，可以与用人单位在就业协议书中就解约的条件作出约定。约定条件一旦成立，毕业生就可以依照约定解除协议，而且无须承担违约责任，从而避免产生经济损失或者其他争议。

(4) 明确违约责任。违约责任是指协议当事人因过错而不履行或不完全履行协议规定的义务时所应该承担的法律责任，它是保证协议履行的有效手段。在协议内容中，应该详细表述当事人双方的违约情形及违约后应当承担的责任，与此同时，还应该写明当事人违约后通过哪种方式、途径来承担责任。只有这样，才能更有利于当事人双方履行协议，也有利于以后违约时解决纠纷。

(5) 认真审查协议书的内容。首先，毕业生要审查协议书的内容是否合法，是否符合国家相关法律和政策的规定；其次，要审查双方的权利和义务是否合理；最后，要审查清楚除了主协议外是否还有附件(需要补充的协议)，并且还要审查附件内容。

如果对协议书上必要的条款进行变更或者增减，毕业生可以同用人单位进行协商，就原协议书中未能体现的具体权利和义务通过补充协议的形式表达出来，并在协议书的"备注"栏中加以说明，但所涉及的内容一定要具体、明确，不能产生歧义。在此必须指出的是，补充协议和主协议书具有同等的法律效力。

(6) 就业协议书的签约形式要合法，要注意完整地履行手续。首先，毕业生要签名并写清楚签字的时间；其次，用人单位及其上级主管部门必须加盖单位公章并注明时间，个人签字无效；最后，把就业协议书交给学校毕业生就业工作部门签字盖章，列入毕业生就业档案。

按照规定的程序签约，有利于保护毕业生和用人单位的合法权益，避免因为一方在另一方不知情的情况下添加有损对方利益的其他条款和内容。

5. 就业协议的解除

就业协议书的解除分为单方解除和三方解除两种，具体内容如下所述。

(1) 单方解除：包括单方擅自解除和单方依法或者依协议解除。其中，前者属于违约行为，解约方应该对另两方承担违约责任；后者是指一方解除就业协议书有法律上或协议上的依据，不属于违约行为。

(2) 三方解除：是指毕业生、用人单位、学校三方经过协商一致同意废除已签订的协议，使协议失去法律效力，此类解除三方当事人一致表示同意，任何一方均不承担法律责任。三方解除应该在就业计划上报主管部门之前进行,如果就业派遣计划已经下达,还应经过主管部门的批准办理调整改派手续。

6. 违约责任及违约的后果

就业协议书一旦经过毕业生、用人单位、学校签署即具有法律效力,任何一方都不能够擅自解除,否则违约方应该向权利受损方支付协议条款中所规定的违约金。

(1) 毕业生违约。毕业生违约除了本人应该承担违约责任,支付违约金外,往往还会造成其他很多不良的后果。

第一,对用人单位来说,其往往为了录用一名毕业生做了大量的工作,有的甚至对毕业生将要从事的具体工作也已经做了安排。而且毕业生就业的时间相对比较集中,一旦毕业生因为某种原因违约,用人单位就需要再另选其他毕业生,而这也在时间上不被允许,因此会给用人单位造成被动的局面。

第二,对学校来说,用人单位往往因为学生的违约而对学校的推荐工作产生怀疑,从而影响到学校和用人单位之间的长期合作关系。一旦某所学校的毕业生出现违约情况,该用人单位可能在未来的几年之内都不会再接收该校的学生,这样势必会影响到学校今后的毕业生就业工作,同时也将影响到学校就业计划方案的制定和上报,并且还会影响到学校的正常派遣工作。

第三,对其他毕业生来说,用人单位来学校挑选毕业生,一旦与某学生签订就业协议书,就不可能再录用其他的毕业生。如果毕业生违约,往往也会使当初希望去该单位的毕业生也错过了到该单位的机会,造成了就业资源的浪费,影响其他毕业生的就业。

(2) 用人单位违约。用人单位违约除了应该按照协议规定承担违约责任、支付违约金之外,还会给毕业生和学校带来不良的影响。一般用人单位违约之后,毕业生已经错过了选择其他理想单位的机会,另一方面在时间上也非常紧张,许多毕业生因此而出现慌不择路的情况,对其今后的发展产生很大的不良影响。此外,用人单位违约对学校的就业计划方案的制定和上报也会造成一定的影响。

(3) 学校违约。学校在就业协议的履行中主要行使的是监督审核权,可以对不规范的协议行为进行制止。但由于学校并不是双向选择中的意向方,因此出现由学校直接违约的可能性非常小。

办理违约要经过这样严格的手续和程序,体现了就业协议的严肃性和国家就业计划的严肃性。因此,我们不得不慎之又慎。同时,特别提醒毕业生同学:请慎重选择就业单位、慎重签订就业协议、慎重考虑违约事宜。虽然我们可以提出违约,但是它毕竟带给各方不少的麻烦,承担违约责任时还会给父母带来一定的经济负担,自己也要承受巨大的心理压力。

6.4.3 劳动合同

根据《中华人民共和国劳动合同法》规定,劳动合同是指劳动者与用人单位确立劳动关系、明确双方权利和义务的协议。签订劳动合同是为了能够在法律上确立劳动者与用人单位之间的劳动关系,将双方的有关权利、义务通过书面合同的形式确立下来,并使之特定化、具体化,从而更好地维护劳动者和用人单位的合法权益。

1. 劳动合同的基本内容

劳动合同的内容是指在合同中需要明确规定的当事人双方的权利义务及合同必须明确的其他问题。劳动合同的内容是劳动关系的实质，也是劳动合同成立和发生法律效力的核心。如果一份劳动合同没有实质性的权利义务条款，或者权利义务条款不清、模棱两可，这份劳动合同就没有意义。

劳动合同的内容分为法定条款和协定条款两部分，前者是指由法律、法规直接规定的劳动合同必须具备的内容；后者是指不需由法律、法规直接规定，而是由双方当事人自愿协商确定的合同内容。根据《中华人民共和国劳动合同法》规定，劳动合同的法定条款包括以下七项。

(1) 劳动合同期限。劳动合同期限是指劳动合同的有效时间，是双方当事人所签订的劳动合同的起始和终止时间，也是劳动关系具有法律效力的时间。它是签订劳动合同所必须明确的内容，分为有固定期限、无固定期限和以完成一定的工作为期限三种合同期限。采取哪一种类型主要由双方当事人商定。如果是有固定期限的劳动合同，则应约定期限是一年或几年应届毕业生所遇到的劳动合同绝大多数是有固定期限的劳动合同，所以大家一定要注意劳动合同中对期限的约定，以及关于期限的违约责任的约定。

(2) 工作内容。工作内容是针对劳动者而言的，是对劳动者设立的义务条款。它包括劳动者从事劳动的工种、岗位，以及在生产或工作上，应当达到的数量和质量或应当完成的任务。

(3) 劳动保护和劳动条件。劳动保护和劳动条件是针对用人单位而言的，是对用人单位设定的义务条款。劳动保护和劳动条件包括劳动安全和劳动卫生方面的设施、设备和防护措施等，这些条款的表述应当具体明确，符合国家有关规定。如工作时间和休息休假，以及对女职工等的特殊劳动保护等。

(4) 劳动报酬。劳动报酬是劳动者劳动的成果返还和履行劳动义务后必须享受的劳动权利，包括工资、奖金、津贴等。支付劳动报酬是用人单位的义务。劳动合同中规定的劳动报酬必须符合国家法律、法规和政策的规定。比如，工资不得低于国家规定的最低工资标准，工资支付形式和支付期限不得违反法律、法规。

(5) 劳动纪律。劳动纪律是指劳动者在用人单位必须遵守的工作秩序和劳动规则。劳动纪律是用人单位组织生产经营活动、完成工作任务的保证条件，是规范劳动行为的一项重要内容，是劳动者必须履行的一项义务。劳动纪律包括上下班纪律、工作时间纪律、安全技术、生产卫生规程、设备保养纪律、保密纪律、防火、避免发生其他事故的日常纪律等。

(6) 劳动合同终止的条件。劳动合同中约定的合同终止的条件是指除法律、法规规定的条件外，当事人自己协商确定的在什么情况下可以终止合同效力的内容。《中华人民共和国劳动合同法》第二十三条规定："劳动合同期满或者双方约定的劳动合同终止条件出现，劳动合同即行终止"，这里所说的就是双方约定的合同终止的条件。合同终止的条件还应包括合同终止时，双方应履行的义务或承担的责任。

(7) 违反劳动合同的责任。违反劳动合同的责任是指当事人一方或双方由于自己的过错造成劳动合同不能履行或不能完全履行，按照法律、法规和劳动合同的规定而承担的行政、经济责任或司法制裁。劳动合同规定这一内容的目的是促使当事人双方切实履行劳动合同,加强责任心,维护当事人的合法权益。违反劳动合同的责任可以根据劳动合同法律、规定来确定,法律、法规没有规定的,当事人双方可以协商确定。

2. 签订劳动合同的原则

为保证劳动合同签订的有效性,在合同签订的过程中需要遵循以下原则。

(1) 平等自愿、协商一致的原则。平等自愿原则是劳动合同订立的核心原则。劳动合同当事人双方在签订劳动合同时是平等的民事主体,具有平等的法律地位,应以平等的身份签订合同。具体表现在:第一,劳动者和用人单位均以劳动力市场主体资格出现,互不隶属;第二,劳动者和用人单位依照法律规定享受平等权利;第三,劳动合同内容根据法律规定由双方协商,任何一方都不能把自己的意志强加给另一方或采用欺诈手段订立劳动合同。协商一致原则即双方在订立合同时,劳动者与用人单位在平等自愿的基础上,充分表达自己的意愿,经协商就合同的内容、条款等达成一致意见之后,劳动合同才能成立。

(2) 合法的原则。合法原则是当事人双方订立劳动合同时必须遵守的最基本、最重要的原则。具体体现如下。

第一,订立劳动合同的主体必须合法。劳动者必须具有劳动行为能力和劳动权利能力,即必须是达到法定劳动年龄并具有劳动能力的劳动者;用人单位必须具有法人资格,私营企业必须符合法定条件。

第二,劳动合同的内容必须合法。双方签订的劳动合同内容(权利与义务)必须符合法律、法规和劳动政策,不得从事非法工作。劳动合同内容必须真实体现当事人的意愿,同时语言表达要清楚、明白,避免歧义。

第三,签订劳动合同的程序、形式必须合法。劳动合同必须依照劳动法律、法规规定的程序签订,必须采用书面形式,且必须具备合同的法定条款。

违反上述原则订立的劳动合同视为无效的劳动合同,无效劳动合同从订立之日起就没有法律约束力。确认劳动合同部分无效的,如果不影响其余部分的效力,其余部分仍然有效,如有的劳动合同规定的工作岗位、工资、保险福利、争议处理等条款均符合国家法律法规的规定,仅工作时间条款规定超过了国家法定工作时间,这种劳动合同属于部分无效劳动合同,可按《中华人民共和国劳动合同法》规定,对工作时间条款进行修改,其他条款仍可继续执行,劳动合同的无效由劳动争议仲裁委员会或人民法院认定。其中,经仲裁未引起诉讼的,由劳动争议仲裁委员会认定;经仲裁引起诉讼的,由人民法院认定。

3. 签订劳动合同时应注意的问题

签订劳动合同的过程中,需要注意以下几个方面的问题,以便切实维护自己在劳动过程中的合法权益。

(1) 要签订书面合同。无论是什么原因,不签订劳动合同就是对劳动者不负责任的行为。劳动者有权要求用人单位与之签订书面合同,并且自己保留一份合同,只有这样,才能够在发生劳动纠纷、争议的时候,找到事实依据。

(2) 在试用前要与用人单位签订劳动合同。劳动合同约定的试用期是包括在劳动合同的期限之内的,并且最长不能超过 6 个月。那种先试用后签订劳动合同或者单独约定试用期的劳动合同都是违反《中华人民共和国劳动合同法》规定的。

(3) 抵制各种不正当收费。在签订劳动合同的同时交纳抵押金、风险金等做法都是不合法的行为，并且任何形式的收费都是不合法的。已经交纳过的，可随时要求用人单位返还。

(4) 完整理解格式合同的内容。为了提高签约效率和节省签约劳动量，实践中较为常见的是用人单位事先拟订好劳动合同，由劳动者作出是否签约的决定，劳动合同的内容不允许修改，这就是常说的签订格式合同。劳动者在签订格式合同时要注意完全理解格式合同的条款内容，并对其中的不合理部分提出异议。

(5) 英文合同要慎签。《中华人民共和国劳动合同法》规定，劳动合同应以书面形式订立，发生劳动争议时既便于当事人举证，又便于有关部门处理。然而《中华人民共和国劳动合同法》和《外商投资企业劳动管理规定》中对外资企业与中方雇员签订的书面合同应该采用何种文字都没有明文规定。但是，我国宪法赋予了公民使用本民族语言文字的自由。基于以上原则，要求签订中文文本合同完全是正当合理的要求，公司不但不应驳回，更不能以此为由辞退员工。

在签订劳动合同时还应当注意：工作内容可以规定劳动者从事某一项或几项具体的工作，也可以是某一类或者几类工作，但都要求明确而具体。用人单位不得将劳动合同的法定解除条件列为经济补偿义务。如果劳动者家庭驻地离工作单位特别远，在合同中还应有食宿的解决方案。同时，用人单位必须依法为劳动者购买社会保险，这并不是合同所能约定和双方所能协商解决的，但双方可以就医疗、养老和人身意外伤害等补充商业保险进行协商约定。

4. 劳动合同的解除

劳动合同的解除是指劳动合同当事人在劳动合同期限届满之前，终止劳动合同关系的法律行为，可分为协商解除和法定解除。依法解除劳动合同对维护劳动者的自由择业权和用人单位的用人自主权，以及促进劳动者之间、用人单位之间在平等条件下的自由竞争具有积极意义。

1) 协商解除

协商解除是指劳动合同订立后，双方当事人因某种原因，在完全自愿的基础上解除劳动合同，提前终止劳动合同的效力。协商解除劳动合同也可以分为两种情况：用人单位提出解除和劳动者提出解除。协商解除劳动合同应当是自愿的，不论是哪一方先提出，都应该体现双方的真实意思，自愿、平等、协商一致。这是签订劳动合同的基本原则，也是协商解除劳动合同的基本原则。

(1) 用人单位单方解除劳动合同的法律规定。

第一，用人单位在劳动者有下列情形之一时，有权解除劳动合同：在试用期间被证明不符合录用条件的；严重违反劳动纪律或者用人单位规章制度的；严重失职，营私舞弊，对用人单位利益造成重大损害的；被依法追究刑事责任的。例如，一个外资企业的人事经理这样对新来的员工说："你正处在试用期，跟正式工不一样，所以我劝你好好干，别惹老板生气，不然的话，老板会在试用期随时解除你的劳动合同。"现实中，许多企业老板是这么说的，也是这么做的，但这是一种错误的认识和做法。《中华人民共和国劳动合同法》规定，劳动者在试用期内被证明不符合录用条件的，用人单位可以解除劳动合同。而企业对试用期内的员工采取"老板想让你走，你就得马上走"的做法，是滥用《中华人民共和国劳动合同法》给予企业的试用期内单方解除劳动合同权的行为。

第二，用人单位在劳动者有下列情形之一时，有权解除劳动合同，但应当提前 30 日以书面形式通知劳动者本人：劳动者患病或者非因工负伤，医疗期满后不能从事原工作也不能从事由用人单位另行安排的工作的；劳动者不能胜任工作，经过培训或者调整工作岗位，仍不能胜任工作的；劳动合同订立时所依据的客观情况发生重大变化，致使原劳动合同无法履行，经当事人协商不能就变更劳动合同达成协议的。

第三，用人单位因法定情况，须裁减人员而引起劳动合同的解除：濒临破产进行法定整顿期间；生产经营状况发生严重困难。

在以上第二、三类情形下解除劳动合同的，用人单位应该依照国家有关规定对劳动者给予经济补偿。

《中华人民共和国劳动合同法》还规定了用人单位不得解除劳动合同的情况，劳动者有下列情形之一的，用人单位不得解除劳动合同：患职业病或者因工负伤被确认丧失或者部分丧失劳动能力的；患病或者负伤，在规定的医疗期内的；女职工在孕期、产期、哺乳期内的；法律、行政法规规定的其他情形。

(2) 劳动者单方解除劳动合同的法律规定。《中华人民共和国劳动合同法》规定，劳动者解除劳动合同，应提前 30 日以书面形式通知用人单位。但有下列情形之一的，劳动者可以随时通知用人单位解除劳动合同：在试用期内；用人单位以暴力、威胁或者非法限制人身自由的手段强迫劳动的；用人单位未按照劳动合同约定支付劳动报酬或者提供劳动条件的。

2) 法定解除

法定解除是指出现国家法律、法规或合同规定的可以解除劳动合同的情况时，不需要双方当事人一致同意，合同效力可以自然或单方提前终止。

6.5　职业角色转变

6.5.1　职业角色

角色是指一定社会身份所要求的一般行为方式及其相应的内在心理状态。社会对于一个人的期望与对待，直接决定了他在社会结构中所处的位置和所担负的社会角色。角色义务、角色权利和角色规范，构成了社会角色的三大要素。人们总是同时担任着各种不同的角色，在一个人的角色丛中又有主次之分。职业角色是指社会和职业规范对从事相应职业活动的人所形成的一种期望行为模式。职业角色是一种社会角色，因为职业的不同，赋予了与此职业相应的社会地位、身份相一致的一整套权利和义务的范围与行为模式，它是人们对具有特定身份的人的行为期望。

职业角色包含两层意思：首先，任何一种职业角色都与一系列行为模式相关，一定的角色必有相应的权利义务。如医生既有救死扶伤的义务，也有获取休息、保健、治疗的权利；教师既有教育学生的权利，也有保护学生的义务。其次，职业角色是人们对处于一定社会职位人的行为期待，社会职业化程度的提高，往往要求每个人按自己的角色行事，对特定的场合下采取什么样的行为有一定的预期。如一提到教师，人们就会想到教书育人、诲人不倦等行为特征。

人的社会任务或职业生涯不断变化，角色也随之变化，从一个角色进入另一个角色，这个过程被称为角色转换。角色转换的变化从根本上说是社会权利和义务的变化。大学生就业后面临着由学生角色向职业角色的转换，这个转换不是瞬间发生和完成的，而是要有一个过程。

(1) 学生角色与职业角色的不同。学生角色主要是接受教育，掌握本领，接受经济供给和资助，逐步完善自己的过程。职业角色主要是用自己掌握的本领，通过具体工作独立为社会作出贡献，具有一定的权利和义务，以自己的行为承担责任的过程。在环境氛围上，学校里气氛融洽，是"熟人型"环境，人际关系简单，压力主要来自学业；职场中注重工作关系而非私人感情，是"陌生型"环境，人际关系复杂，会有竞争带来的生存压力。在存在基础上，学生间、师生间无直接利益关系，是互助互利的短期合作；职场则是以利益往来和利益交换为存在基础，共同实现组织目标。在工作要求上，学生以个体学习为主从而取得良好的个人成绩，允许出错，可以在错误中总结教训获得知识；而职场由于任务复杂，因而重视团队协作，要求个人提供有价值的产品或服务使得工作单位获利，要避免出错，因为错误会导致利益损失。

(2) 学生角色需向职业角色转变。学生角色向职业角色的转换往往是一个艰苦而漫长的过程，对此毕业生要有充分的心理准备。在行动上需要摆正心态，善于观察、勤于思考，重视自己的工作，学会尊重与沟通，展现自己的能力、工作态度和品质，以积极的态度、坚持不懈的努力，来实现职业角色的适应。建立和谐的人际关系，积极适应新的社会环境，树立新的角色意识，对大学毕业生顺利度过适应期和以后的迅速成长具有重要意义。

6.5.2 职业思维培养

1. 职业思维

职业思维是指作为职业人士，在从事工作和做职业选择与职业转型时，表现出与职业相关的思维和行为方式，是一个人职业素养的体现。

职业思维不是一个浅显的概念，它需要人们在工作中从思想和行动去践行它。在思想层面上，要求有实事求是的思想，除了深刻认同自己的职业身份，还要从工作形式、职责、内容等上去思考，从职业的角度去思考分析问题。在行动层面上，要求人们有求真务实的态度，不只有解决问题的思维，还要求有选择性和针对性地解决问题。职业思维包括直接性地体现与间接性地体现。职业思维具体可表现为两个方面。

(1) 职业意识是指职业人士具有的意识，表现为工作上的积极认真、有责任感和基本的职业道德，这是职业思维的直接性体现。职业意识既影响个人就业，也影响个人的择业方向和动机。职业意识包括就业意识和择业意识。就业意识指主体对自己意愿从事的工作和任职角色的看法；择业意识指主体对自己希望从事的职业和角色定位。

职业意识表现为求职者对从事职业的认识、意向及认同感、价值观等。它表现在求职者的求职过程中，也表现在具体工作中。职业意识体现的职业思维，要求人们从自己的岗位出发去思考，体现内在的职业素质。职业意识在职业思维中表现职业倾向和价值取向，以及主体在社会工作中的角色定位。

(2) 专业角度是指职业人士用专业的眼光去看待自己的工作,另一方面是对于自己职业的发展进行专业知识的准备,包括专业学习与积累。这是职业思维的间接性体现。

2. 职业思维培养途径

除了知识、技能的训练,进入职场后更要注重培养职业思维的形成,从本质上学会如何面对工作中层出不穷的问题,如何从源头上去思考解决问题的办法,从而由内而外地改变行为模式,提高解决问题的能力,进而提高工作绩效。

(1) 独立的思考。只有通过独立思考,才能获得锻炼;也只有在独立思考的过程中,自己的思维能力才能迅速地发展起来。作为职场新人要做到不盲从、不依赖、不轻信,凡事都要问个为什么,思考明白之后,再批判性地接受。在进入职场之初,可以把别人已经解决了的问题拿来重新思考,看看自己是不是能以新的方法去解决,虽然没有什么直接意义,但这本身却孕育着创造性思维。创造性思维的特点是新颖性和独创性,这种创造思维能力的发展,有可能导致真正发明创造的到来。独立思考开始要费气力、花时间,但在这过程中所发展起来的能力,将会给以后的工作带来极大的好处。

(2) 全面的分析。在分析问题时不遗漏关键因素,努力发现隐含线索。资深的职场人能够从更多样的角度去思考问题,从而找到更多的影响因素与因素间的关联。在一些职业和领域中,全面分析问题的能力是基本的从业素质。例如:交互设计师必须周全考虑用户可能遇到的所有交互场景(包括一些比较少见和极端的场景),并为这些场景进行针对性的人性化设计,同时又能保证体验的一致性;一个高明的股票投资者通常会分析影响某只股票走势的所有宏观、微观的因素,确定每种因素对股价形成的正面或负面的影响,最后得出综合性的判断。

(3) 严密的判断。善于运用逻辑思维建立复杂的逻辑链,能避免常见的认知谬误和逻辑陷阱,谨慎进行因果判断等。人的大脑是一个不完备的经验系统,远非优质的逻辑思绪机器,因而经常会产生一些逻辑偏差。严密的思考意味着一味追求快速的决断是不可取的,快速的决断往往产生于既有经验形成的思维惯性和似是而非的预设观点,但是既有的经验和观点未必在新形势下仍旧适用。对于一个好的思考者,有时候静下心来慢慢地审视思考的素材以及推理的过程是十分必要的。

(4) 开放的视角。封闭是智慧的死敌,而好的思考者会持续吸收和接纳新的知识、论据和思想,甚至包容与自己观念相反的事实和观点,并不断地自省和自我修正。做到开放和自省并不容易,在面对批评时要理性,找到批判的合理之处,绝不能为了面子而不认错。

刚毕业的大学生要想顺利完成学生角色向职业角色的转变,就要做好心理上和知识上的准备,大学生的职业适应和角色转化期需要一段较长的时间,毕业后的一两年,可能是一生中变化最大、对人生的认识、体会和感悟最多的时期。

第 7 章

职 业 适 应

7.1 职业选择与职业进入

7.1.1 职业选择

1. 职业选择原则

在职业选择中，每个人的价值理念和背景不同，因此，往往会作出不同的决策。一个明智的职业决策应该遵循以下几个基本原则。

1) 实事求是原则

在市场经济中，职业选择的双向性，要求择业者必须实事求是地选择职业，更要实事求是地看待自己的工作能力。只有实事求是地选择职业，才能实现自己的能力与岗位的有机结合，从而对自己和职业单位都产生最好的经济效益。

2) 满足客观动态需要原则

随着社会生产力和科学技术的不断发展，不同的时间、地点，社会对职业的需要是不同的，所以，选择职业时一定要坚持满足客观动态需要原则。这就是说，在选择职业时，不能只考虑自己喜欢什么职业、自己有什么样的职业素质、自己愿意从事什么职业劳动，还要看客观条件需要什么样的就业者。这种需要是动态的，只有按客观动态需要来选择职业，才能产生最好的择业效益。

3) 扬长避短原则

选择职业是为了劳动，是为了给社会提供文化物质财富和劳务，在劳动中获得报酬。报酬的多少与提供的劳动效益是成正比的。而劳动效益，在客观物质基础及经营水平一定的条件下，取决于劳动者的劳动能力和水平。不同职业需要不同性质的劳动能力。这就要求我们按自己的长处选择职业，不要拿自己的不足和别人的长处作比较，而要尽量发挥自己的长处。

4) 综合评价职业条件原则

人们往往说某某职业好、某某职业不好，实际上是说职业的劳动条件、劳动环境不同。不同的职业条件对就业者的身心健康、人格修养、生活规律、劳动报酬都有不同的影响，所以，在选择职业时，不能只看某一条件对自己有什么影响，一定要综合评价职业条件，看看自己究竟适应不适应所选择的职业，如职业的劳动时间、劳动强度、职业岗位与择业者居住地的距离远近、卫生条件、职业岗位的生态环境等。不能只看其中一两项条件对自己的影响，而是要综合评价这些条件。

2. 职业选择的影响因素

职业选择不是一件轻而易举的事，影响个人职业选择的因素有很多，主要包括个人因素、社会因素，这些因素对不同的人有着不同程度的影响作用，因此，大学毕业生在职业选择时应给予充分考虑。

1) 个人因素

个人因素是个体内部产生的、与自我意识密切关联的影响因素，包括个性、能力、价值取向等，这些往往是左右大学生进行职业选择的主要因素。

(1) 个性。性格、气质是个性当中的稳定因素，它们对大学生的职业选择乃至职业成功发挥着持续重要的作用。因此大学生在进行职业选择时，必须要充分了解自己的个性和职业兴趣，并在此基础上作出准确的判断和选择。

(2) 能力。能力是指完成一定活动的本领，包括完成一定活动的具体方式以及所必需的心理特征。能力常与知识相提并论，任何一种职业的完成都需要能力和知识的参与和配合。以自身能力强弱作为职业选择的考虑因素，是当今大学生中普遍存在的现象，大学生应当尽量在自己能力允许的职业群中寻找合适方位，这样职业成功的可能性才会大大加强。

(3) 价值取向。价值取向是一个人意识系统的核心部分，而且在根本上制约着主体因素的其他方面。它是隐藏极深的稳定因素，不易被观察和感觉到，但这丝毫不妨碍价值取向因素成为影响大学生职业选择的根本因素。

2) 社会因素

(1) 社会评价。职业的社会评价对大学生职业选择的影响是潜移默化的，它已经进入了大学生的社会认知领域，成为不自觉的考虑因素，尤其是他们对某种职业缺乏深入了解与切身感受时，社会评价作用会格外突出。大学生的社会评价内容也会发生变迁，观念的更新、思想的冲击、价值取向的调整都会改变其原有的内容，以至重新排列、组合理想职业的序列。不过，不管怎样变迁，社会评价对大学生职业选择的影响是始终存在的，问题仅在于影响的大小。

(2) 经济利益。经济利益在当今大学生职业选择中扮演着愈加重要的角色。发展中的商品经济必然会导致金钱意识的抬升，这是一件好事，又不仅是一件好事，这中间存在着极大的转换性和可能性。

3. 职业选择的策略

人们在谋求出路、寻求工作、选择职业时，虽然受到多种实际问题的限制，但是不会被动地等待社会的挑选，或是坐等"天上掉馅饼"，而是可以想方设法，主动采取各种策略，实现自己的需要和愿望。不同的人选择职业的策略有着不同的特点、不同的针对性：有的人考虑名，有的人看重利；有的人考虑工作的刺激性，有的人看重人际的融洽性；有的人考虑稳定，有的人强调多变；有的人考虑施展才能，有的人强调保证地位；有的人喜欢制订短期计划，有的人则倾向于作长远打算。概括起来，择业策略大致可以分为探索性策略、以专业为重点的策略、以工作单位为重点的策略和稳定性策略，具体内容如下所述。

1) 探索性策略

当人们刚涉足职业领域时，往往对自己所选择的新的生活模式不能完全把握，这时就可以运用探索性策略。也就是用试验的方法，把自己生活的一部分转向新的生活模式，通过一段时间的实践，来观察这种新的生活模式是否适合自己，然后决定自己未来的职业方向。

探索性策略只是帮助人们在多种职业中选择一份较为理想的工作，是试探。试探与真正的开始不同，它是暂时性的。如利用业余空闲时间去打工或兼职，或在某一段时间里临时从事某项工作，这些都可以作为试探。通过尝试，人们可以在特定的时间里观察自己在某一领域或某一方面所能取得的成绩，然后根据自己的体验和成绩，作出更有远见、更确实可靠的决定：你是接受这种职业生活，还是去寻找更为有效的工作途径。在试探性择业的过程中，人们不仅可以通过更深入地接触职业，了解其性质，感受其滋味，作出取舍、去留的决定，还可以通过具体实践，扩展眼界和知识面，积累某些方面的经验，为进一步适应工作提供基础和开辟路径。起码可以在实践中有所收获，成为对平常生活的一种补充和调剂。

2) 以专业为重点的策略

这是指在进行职业选择时，将"专业对口"作为考虑的中心，即求职者具有的知识、技能、经验与所要从事的工作、职业有直接的联系。这是以工作本身的内容、性质为中心的择业策略。对于学习过一定的专业知识和接受过一定的职业训练的人来说，专业内容是他们曾经定向并为之准备而具有相对较高熟悉度的东西。在接受教育培训前或在学习掌握之中，他们对所学的专业大多都具有一定的兴趣和了解，或者逐渐形成一种偏好和经验，这些会一直延续到人们选择职业时的考虑范围和定向对象，甚至影响到以后工作中的积极性和效率。

采取以专业为重点的择业策略的人们，大多数是追求学以致用和才能的施展，更看重工作本身所能给予他们的需要的满足，以及从中所能获得的满意感、实现感及有利于个体发展的长远机会。他们在选择专业之初其实就已经基本上确定了今后的发展方向和前进道路，并且在选择职业时有明确的目标、足够的兴趣、信心以及必要的知识和心理准备。

3) 以工作单位为重点的策略

从事一定的职业，一般都是要依托一定的单位。不同的单位，由于其所处的地理位置、文化氛围和社会历史背景等的不同，因而逐渐形成了独特的风格和传统。不同的单位，由于其生产基础、后备力量、管理方式和运行机制的差别，故而导致不同的状况和形象，决定了不同的经济效益和社会效益，预示着不同的生存机会和发展前途。不同的单位，由于其规模形式、人员结构、环境条件等的区别，也呈现出各自不同的优势和不足，比如，大单位有大单位的优点——名声响、人际交往广、眼界宽、机会多，而小单位也有小单位的优点——信息较密集、人际感受较深、易出头露面等。就是相同的工作或在同一性质的不同单位，也会有不同的条件、不同的环境、不同的气氛、不同的交际、不同的待遇、不同的发展机会和不同的成就可能。正是基于这一认识，有些人将"工作单位"作为择业策略的重点。不同的人，正是看到了工作单位所代表和蕴藏的不同内涵和不同前景，而在职业选择时把工作单位作为首要的考虑，进而作出决定。当然，这不仅基于工作单位的实际利弊，还基于社会上人们约定俗成的一些观念以及个人对它的评价等。在其他几种策略中，其实也存在类似的情况。

4) 稳定性策略

"求稳拒变"是中国人的传统性格之一。虽然时代发展至今，开放而变革的世界，使人们的观念发生了许多更新，但是"安居乐业"仍不失为一些人追求的生活模式。相应地，在职业选择中，便产生了"稳定性择业策略"。

随着近年来就业难题的不断加深，拥有一份稳定的工作成了很多人的愿望。据调查，如果有一个单位收入很高，但无劳动合同福利待遇等，绝大部分人都表示不会应聘这样的单位，他们认为没有劳动合同就意味着个人收入和权益没有保障，在这样的单位工作就得做好随时失业的准备，所以他们不会尝试。足见职业稳定是大家所在乎的事。

对于企业而言，员工如果能在自己从事的岗位上兢兢业业，对于企业的发展是相对有利的。因为员工稳定，就能保证企业的输出量和相关岗位工作的正常运行为企业带来利益。如果员工不稳定，也就是说时不时有人离职，对于企业而言，这是相当不好的，即使能及时找到新员工，但是新人一般对于工作都没什么经验，所以企业可能还要花时间精力资源去培养，增加开支。

而对于员工而言，稳定的工作能支撑起一个家庭的基本开销，让家人和自己都有稳定的生活，不至于食不果腹，辗转奔波劳累。所以，很多人都希望有一份稳定的工作，并渴望在这相对稳定的工作基础上寻求发展。

7.1.2 职业进入

1. 职业角色转换

路易斯(Louis)把职业转换定义为：个体改变工作角色或者改变原来工作角色导向的过程。一般而言，会经历以下过程。

1) 从学校到职场

大学生完成学业之后，开始步入社会，选择适合自己的职业，这无疑是一个新的人生阶段的开始，也是人生过程中最重要的转折。一个学生从学校进入社会，期间必然要经历一个角色转变的过程。大学毕业生如何顺利完成从学生角色到职业角色的转换，并尽可能地缩短这个转变的过程，是适应职业环境的一个关键。每一个即将就业的大学生，都应该对这种社会角色和环境的转变有一个清楚的认识，积极适应职业角色和社会环境，尽快适应社会。

2) 社会角色认识

社会角色是指由人们所处的特定社会地位和身份所决定的一整套规范和行为模式，是人们对具有特定地位的人的行为的一种期望，是社会群体的基础。社会角色的本质是社会赋予人的社会权利与社会义务的统一体，它反映了每个人在社会和人际关系中的地位，是个人身份的显示。人们通常把社会比作舞台，在舞台上，每个人都在扮演着自己的角色，客观地承担着社会角色，其言行举止都受角色要求的规定或制约。一个人在自己的职业生涯中要经历不同的角色：学生、求职者、职员及退休人员。每一种角色都有中心任务、主要活动以及独特的心理特征。

马克思在《青年选择职业时的考虑》一文中说："人们只有为同时代人的完美，为他们的幸福而工作，才能使自己也达到完美"。大学毕业生在职业活动中，必须树立正确的角色认知。初入职业行列的当代青年，最易发生的是角色偏差和角色错位，甚至是角色混同和角色冲突，这是由于对职业角色的认知和理解不深。角色认知是指个体对自己在社会生活中所扮演的角色的意识，以便使自己的行为符合社会对该角色的要求。大学生对自己角色的认知很大程度上影响着其相应的社会角色的扮演。例如，在就业前，青年人的主要社会角色常常是学生，因此社会常以对学生的要求来衡量和评价其行为，十几年的学生生涯也使得大学生对其承担的这一角色十分熟悉，但他们对社会职业人员的角色要求却相对比较陌生。大学生只有熟悉和掌握职业角色的规范和行为模式，才能尽快地进入职业角色，并适应职业生活。

3) 学生和职业人的区别

学生和职业人的区别有以下几点。

(1) 活动方式不同。学生以学习书本知识为主要活动。作为受教育者，其认识社会的途径主要是间接的，认识的内容主要是理论性的、理想主义的，同时，由于学生在上学期间多接受来自家庭和社会的供给和资助，其学习生活是一种集体生活，学校在学生生活的管理上对学生提出统一的行为规范，这样长期以来，学生角色使得学生处在一种接受外界给予的方式下。

社会职业角色则要求运用自己已掌握的知识和能力，通过具体的工作向外界提供自己的劳动。同时，在遵守法律法规、社会公德和单位规章制度的前提下，从业人员在生活上有较大的自由度。在紧张的职场上，职业人面临的是快速的生活节奏：紧张的工作和加班；没有了寒暑假，自由支配的时间少；还要承受不同地域的生活环境和习惯；由于缺乏实际工作经验，开始工作时往往不能得心应手；感觉工作压力显著增加，给心理造成很大的负担。因此，从学生角色转换为社会职业角色，就是一个从接受到运用、从输入到输出的重大的活动方式的改变。

(2) 社会责任不同。社会角色的义务就是指角色的社会责任。学生角色的主要责任是学习科学文化知识，掌握社会生活的基本技能，逐步完善自己，以便将来为社会服务、实现自己的人生价值。职业角色的责任是用自己所掌握的知识，通过具体的工作为社会作出贡献，以自己行为来承担责任的过程。两种不同角色分别承担着两种不同的责任。学生角色责任的履行主要关系到学生本人掌握知识和培养能力的程度，职业角色责任履行的影响则非常大。职业工作是整个社会分工体系的一部分。社会的正常运转和良好发展需要每一个人都很好地做到"各司其职"。职业人在工作过程中必须要承担起社会责任，工作质量的高低不是一个人的私人范畴，它不仅影响着个人价值的实现，还会影响到单位、行业的声誉。因此，社会责任感对于职业人来说是非常重要的。成为一个职业人以后，应尽快地适应社会，认真履行自己的职责，这样不仅能为所扮演的职业角色树立风范，而且要为所在的单位乃至整个行业带来声誉，反之，如果由于疏漏导致问题出现，人们就会从职业道德的角度加以责备，甚至追究其法律责任，这样既影响到个人，也会影响单位或整个行业的形象。由此可见，从学生到职业人员的角色转变，角色所担任的社会责任增强，社会对职业人员的责任心有着更高的要求。

(3) 社会权利不同。学生角色的权利是依法接受教育，并取得家庭或社会的经济资助。而职业角色的权利则是在开展工作的过程中依法行使职权，并在履行义务的同时取得报酬及其他相应的社会福利待遇。

(4) 社会规范不同。学生角色是从教育和培养的角度出发规范学生的行为，如通过制定学籍管理条例、学生生活管理条例等规章制度，对学生的学习和生活提出相应的要求，目的是引导学生健康成长为社会主义合格的建设者和接班人。社会职业角色对从业者行为模式的规范则因为职业的不同而相应地非常具体，而且要求严格执行，一旦违背就必须承担责任，甚至追究法律责任。

(5) 全面独立的要求。从学生到职业人员的角色转换，对其独立性要求也相应有了提高。在学生时代，学生在经济上主要是依靠家庭的资助，生活上依赖家长的关心和照顾，学业上习惯了老师的指导，总是处在一种被人扶助的环境之中。作为一个职业人，从事某一职业、开始正式工作是我们真正成人的标志。所谓"成人",就是成为一个独立的社会人。这意味着从此就要依靠自身力量,加强自我管理,为自己工作和生活全面负责。进入职场,全面独立的要求主要表现在:首先要做到经济独立,然后才是社会行为、情感心理等全方位的独立。有了工作报酬,经济上应该逐步成为独立者;工作上要求能够独当一面;学习上要会自我安排,在自己日常的工作生活中通过自身的体验来了解和认识社会;生活上要会自己照顾自己。这种全面独立的新课题,对青年提出了依靠自身力量、加强自我管理的要求,也为青年的发展和自身完善提供了更广阔的空间和自由度。

(6) 人际关系复杂。大学生在学校环境中学习、生活内容简单,基本处于教室、课堂、餐厅、图书馆四点一线的状态,因此人际关系简单。同学之间、同学与老师之间形成和谐、单纯的人际关系。进入职场,所面对的社会环境、职业环境要复杂得多。因此,处理好人际关系是每一个大学毕业生走上社会后必须学会的课题。

2. 职业角色适应

就业使得青年学生走进一个新的人生阶段。一个人从出生到从事社会职业活动前的漫长时期,都是处在接受社会的教育培养之中,是在为其踏入社会做准备,以期在从事职业工作时,能更好地服务社会、开创美好职业生涯。因此,走向职业岗位是青年人的一个转折点。

1) 职业角色适应的原则

角色适应是一个艰苦而长期的过程,需要坚持不懈地努力。在角色适应过程中需要注意以下几条原则。

(1) 入职匹配。在就业之前,对自己的心理品质、个性特点有所明确,对社会提供的职业特性、职业信息有所掌握,经过必要的咨询指导,加上有合适而恰当的机遇,就容易使个体带着积极的态度和良好的心态走上工作岗位。由于对该职业的情况原本就有一定的了解,因此,在从事该项活动时也就更容易适应。

(2) 爱岗敬业。热爱本职工作,安心工作是学生角色向职业角色转换的基础。爱岗敬业是对一项工作、一个岗位、一种职业的热爱和全身心的投入和执着,是对工作尽职尽责、踏实勤恳、兢兢业业的态度。刚刚走上工作岗位的求职者,应当尽快地从学生学习生活的模式中脱离出来,全身心投入到工作岗位中去。要珍惜第一份工作,干一行、爱一行、精一行。工作的价值很大程度上取决于对待工作的态度,良好的工作态度会使工作成为有意义、有兴趣的工作;反之,如果认为工作是乏味的,那么厌恶的心理会导致工作的失败。甘于吃苦是角色转换的重要条件。只有甘于吃苦,才能实事求是地分析和对待角色转换中遇到的种种困难,并自觉地加以克服。

(3) 乐于奉献。勇挑重担、乐于奉献是完成角色转换的重要标志。大学毕业生走上工作岗位以后,应当从一开始就严格要求自己,树立主人翁意识,增强社会责任感,培养无私奉献的精神,任劳任怨,不计较个人得失,努力承担岗位责任,主动适应工作环境,促使自己更好、更快地完成角色转换。

(4) 虚心学习。虚心学习知识,提高工作能力是角色转换的重要手段。一个人在校期间学习到的东西毕竟是有限的,而且科学技术日新月异飞速发展,新的知识和技能不断地出现,很多知识和能力需要在工作实践中去学习、锻炼和提高。大学生在校期间虽然学到了不少知识和技能，但面对全新的职业，还需要从头学起，虚心向有经验的技术人员、领导、师傅和同事学习，学习他们观察问题、分析问题和解决问题的方法，不断丰富自己的专业知识，提高自己的专业技能，最终达到自我完善的目的。

2) 职业角色适应方法

角色转换过程就是一个适应期，它通常包括角色领悟、角色认知、角色实现三个方面内容。学生角色向社会角色转换的实现虽然表面上只是名词的不同，却是一个艰苦的适应过程，需要青年不懈地努力。要想顺利安稳地度过这个适应期，就应该注意以下几点。

(1) 建立良好的人际关系。一个人生活在人类社会，就免不了要同形形色色的人打交道。在学校时，人们相处的主要人群是老师和同学；到了职业岗位上，人们相处的主要对象就变成了上司、同事以及与工作相关的职场中人。一个人如果不能学会与他人相处，就很难在需要的时候得到他人的帮助，新的职员如果不能尽快与上司和同事融洽相处，也很难度过最困难的职业适应期，甚至会影响到未来职业生涯的晋升和发展。

(2) 观察同事处理工作的程序和方法。每个用人单位都有自己管理的方式和方法，注重观察，不仅可以尽快熟悉工作的程序和方法，而且还会发现程序中的不足之处，以后自己工作时就可以避免它。除此之外，可以通过与资深的同事谈话、聊天来熟悉工作情况。每一个人都经过从学生角色向职业角色转变的过程，在这个转变过程中，他们应该有许多值得借鉴和学习的地方。而资深的同事对这种情况和工作的情况有更深的心得和体会，通过虚心的交谈和学习，可以加快职业角色的转变。

(3) 提高自身素质，增强职业选择的弹性。培养广泛的兴趣，能使人摆脱狭隘的职业观念，拓宽职业视野，在人们面临职业或专业转向时，有更大的选择余地并作为必要的心理动力，从情感上给予肯定和支持，利于人的职业适应。而一定的文化知识、职业知识或专业知识，是一切职业活动的必要基础，是人们能按照客观规律从事职业活动的必要保证。广博的知识可以使人们在不同职业中拥有更多的迁移可能，以及更大的变通性。这也可增强人们的职业适应能力。如上所述，真正掌握广泛深厚的职业技术固然很好，但人们只要具有一定广度和深度的基础知识，并在此基础上结合需要，能够较为迅速、及时地掌握从事某种工作所必需的知识，人们就能够做好工作，达成职业目标，进而取得一定的成就，获得工作满意感。

(4) 用工作成就强化职业适应。工作成就与职业适应之间是相辅相成的关系。首先，人在工作中都有做好本职、有所成就的需要，这种需要的满足会激励人去积极地参加职业活动，同时也会激励人们勇于克服困难并排除干扰，从而提高自身的适应能力。再者，人的工作成就是职业适应性的外部标志。人在职业中，良好的适应会排除掉许多不必要的内损外耗，更易取得工作中的较高绩效。另外，人们在取得了一定的工作成就后，能够认识到自身的进步，会从来自社会和外部群体的反馈信息中得到赞许。享受成功的快乐，也为职业适应性的提高和增强提供了保障。随着职业成就水平的提高，其职业水平也会不断地提高。

3. 职业进入的策略

为什么有的大学生毕业之后在职场当中如鱼得水，而有的毕业生却在职场中倍感压力呢？这就需要相应的职场适应策略。

(1) 转变学生时代的心态和行为。心态非常重要,在学校的时候想做什么就做什么,想说什么就说什么,还有行为懒散、晚上神采奕奕、白天无精打采、上课迟到等一系列不良习惯,如果不能尽快转变就可能在短时间内被职场淘汰。

(2) 明确自己的奋斗目标。当我们满怀希望斗志昂扬地参加工作时,总是对未来有一个憧憬,这个目标激励着我们前进,当有绊脚石出现时,我们不应该被它所打倒,我们应该寻找原因、克服困难、重新踏上征程。只有有着明确的奋斗目标,知道自己想要的是什么,我们才能在职场之路上满怀信心。

(3) 遵守公司的规定。一个公司之所以能够不断地发展下去就是因为有各种各样的规定,俗话说没有规矩不成方圆。不要尝试着去踏破那些看着对自己没有明显利益的规定,迟到、早退虽然看起来不起眼可是反映的是一个人的基本素质与素养。

(4) 利用业余时间充分地发展自己。学校中所学的知识毕竟是有限的,当我们踏入社会时就会发现自己不懂的太多了,那就要利用业余时间去充实自己。

7.2 职业素质与道德

7.2.1 职业素质

1. 职业素质概述

职业素质(professional quality)是劳动者对社会职业了解与适应能力的一种综合体现,其主要表现在职业兴趣、职业能力、职业个性及职业情况等方面。

1) 职业素质的含义

这里将从以下三个方面进行阐述。

(1) 良好的职业道德,文明的行为习惯。以培养具有社会公德、家庭美德、职业道德为核心,促进文明行为习惯的养成,强化道德实践活动和日常引导,注重职业道德意识和行为养成。

(2) 踏实的敬业精神,科学的创新理念。培养工作中的敬业精神和创新精神,注重学生踏实仔细的工作态度、吃苦耐劳的工作精神、认真负责的责任意识和严于自律的纪律观念教育,强化创新、创业教育,促进学生自我学习能力的提高和创新理念的形成。

(3) 真诚的协作意识,灵活的沟通艺术。培养学生的团队协作精神和良好的沟通技巧,以"大局意识、合作精神、谦虚谨慎、语言表达"为教育内容,促进学生与企业、与同事的融合能力。

2) 职业素质的特征

职业素质特征包括以下五个方面。

(1) 职业性。职业性又称职业特质,是指人与职业行为有关的差异性、内在的个人特点。职业素质是一个人从事职业活动的基础,而职业性和个体所要从事的职业紧密相连。不同的职业,对职业素质的要求不同。对于教师、医生、服务人员、公务员来说,不同的职业都有对应于职业本身对职业素质的要求,因此职业性是和其所从事的职业密不可分的,职业性体现了职业素质的内在要求。当一个人的职业特质与职业方向相符合时,就会对职业产生更大的兴趣,从而更加全身心地投入、更持久、更能坚持职业选择,因而职业性表现得越明显。

(2) 稳定性。职业素质的养成非一朝一夕，正所谓"冰冻三尺，非一日之寒"，良好的职业素质的形成需要内外兼修，经过个人的努力学习、外在环境的熏陶、专门的培训，再通过个体的感悟、实践的锻炼中获得的，就会形成较为稳定的特质，因此，职业素质一旦形成，就具有一定的稳定性，从而显露出较为一致的职业素质，这种稳定性是个体做好工作的基本条件和保障。例如，一位医生，经过工作中的锻炼和学习，就逐渐形成了自己特有的工作方式，怎样与病人沟通、手术前准备、制定手术方案、做手术，会形成自己特有的、稳定的风格，这就是职业的稳定性。在以后的工作中，还会不断地补充、提高、感悟，以形成更高层次的职业稳定性。

(3) 内在性。职业素质的内在性是一种较为稳定的心理品质，体现着个体对职业素质的理解，进而通过个体的行为方式表现出来。这种内在性的获得是个体在长期的实践学习感悟理解升华的基础上形成的，是一种较为稳定的心理品质。职业素质的内在性不易用一定的指标度量，无法直观可见，因此，需要在一定的实践中通过社会表现而显现出来。

(4) 整体性。人的职业素质是结构完整的统一体，即具有整体性，个体职业素质会从多侧面、多层次的角度反映出来，个体的职业素质和整体性是密不可分的，是各种素质的综合表现。任何某个方面存在欠缺，都不能说某人职业素质好，某一个侧面的不足就会影响了整体的展示，从而破坏了职业素质的整体性，反之，个体在各个方面都能展现出良好的素质，则表示该个体整体素质较好，所以整体性是职业素质一个很重要的特点。

(5) 发展性。人类社会是不断发展的，而人的认知也是随着社会的发展不断提高的。职业素质的发展离不开社会环境而独立存在，也是个体在社会中通过教育、实践和社会进步逐步形成的，但是当今社会和科技的发展飞速向前，对个体的职业素质也就提出了更高的要求，个体也必须不断适应社会发展要求，提高职业素质，不断用发展的观点指导自己的工作和生活。

2. 职业素质与能力

职业素质在人的职业活动和职业行为中发挥着重要作用，职业素质主要包含以下几个方面。

(1) 思想政治素质。思想政治素质是指从业者在政治立场、政治态度、理想信念、价值观念等方面的素质。思想政治素质是职业素质的灵魂。

(2) 职业道德素质。职业道德素质是指从业者在职业活动中表现出来的遵守职业道德规范的状况和水平，包括道德认识、道德情感、道德意志、道德行为、道德修养、组织纪律观念等方面的素质。道德素质是职业素质的根本。

(3) 科学文化素质。科学文化素质是指从业者对自然、社会和思维科学知识掌握的状况和水平。科学文化素质要求从业者要有广博精深的知识储备。现代社会对从业人员的文化素质、知识结构的要求越来越高，对知识技能共性的要求越来越多，从业人员不仅需要具备宽厚扎实的基础知识，还需要具备广博精深的专业知识和大容量的实用的新知识。

(4) 专业技能素质。专业技能素质是指从业者的专业知识、专业技能以及必要的组织管理能力等。大学生面临就业，能否找到一份好的工作，专业技能素质很重要。

(5) 身心素质。身心素质是一个人成长、成才的基础素质，其内涵包括健康的身体素质和健康的心理素质。身体素质指体质和健康(主要指生理)方面的素质。心理素质是指认知、感知、记忆、想象、情感、意志、态度、个性特征(兴趣、能力、气质、性格、习惯)等方面的素质。身体健康、精力旺盛、坚忍不拔、乐观向上是职业对从业人员身心素质的基本要求。

(6) 审美素质。审美素质是指从业者所具备的审美经验、审美情趣、审美能力、审美理想等各种因素的总和。审美素质既体现为对美的接受和欣赏的能力，又体现为对美的鉴别能力和创造能力。

(7) 社会交往和适应素质。社会交往和适应素质主要是语言表达能力、社交活动能力、社会适应能力等。社会交往和适应素质是后天培养的个人能力。

(8) 学习和创新方面的素质。学习和创新方面的素质主要指学习能力、信息能力、创新意识、创新精神、创新能力等。学习和创新是个人价值的另一种形式，能体现个人的发展潜力以及对企业的价值。学习方面的素质要求有更新知识的能力，即持续学习、终身学习。

3. 职业素质的培养

职业素质的培养可以从以下四个方面着手。

(1) 强化自我培养。作为职业素质培养的主体，学生本身应该树立职业素质意识，并且通过自我了解分析个人的性格特征与个性倾向，了解自己的优势和不足，做到知己知彼，才能在未来的职场中做到百战百胜。根据社会和企业对选拔人员的标准，结合外部环境，不断修正自己的目标，有意识地规划自己的学习内容，加强职业素质的培养。同时，也必须树立职业意识。由于职业意识是对职业活动的认识、评价、情感和态度等心理成分的综合，所以学生实际上处于求职准备期，拥有学生和职业者的双重身份，对未来将从事的职业的认识会存在一定的差异性，对所选专业和未来从事的职业岗位之间未必有较全面的了解，具有一定的盲目性。所以，加强职业素质培养的同时要树立职业意识。要正确认识专业的性质、特点、工作的内容及方法以及应注意事项等，使自己的学习有的放矢，才能很快融入角色，与岗位零距离接触，步入正轨。

(2) 养成良好的职业习惯。知识靠学习，能力靠培养，素质靠养成，而养成教育是效果最不明显的，也是耗时最长的，需要日积月累的沉淀。人的职业素质是在日常的工作中和学习中自然表现出来的，体现在一个人工作和生活中的方方面面，成为一个人的形象符号和固有特征。有了正确的职业意识，并不等于有了良好的职业习惯，所以，必须从小处着眼，注重细节，从点滴做起，培养自己的职业习惯。要把职业素养渗透到每一件事物中去，并且贯穿始终，才能培养出自我良好的职业习惯。

(3) 发扬团队精神。在职场中，越来越多的企业更加注重团队精神、合作能力，即善于协调关系，协同他人工作，富有集体荣誉感，能主动地融入团队中，这是越来越多的企业所看重的能力。试想一个与周围人格格不入的员工，如何能做好工作？怎样与他人配合？因此，良好的工作氛围要在集体中形成，在与人交往中养成。因此，集体荣誉感和团队精神，以及互助合作的能力，是未来职场发展的关键环节。

(4) 利用社会资源加强职业实践活动。职业实践活动是职业素质培养的关键。在校内期间多多从事实践活动，在实践中学习和运用已有的知识，把握实践性原则，在专业老师的指导下，在模拟工作环境中，运用理论知识，解决实际问题，培养职业能力。也可以利用假期去参加社会实践，无论是否从事与专业相关的工作，这些活动都是培养职业素质良好机会，认真做好每一件事，在所从事的每项工作中历练培养，也能从实践中改进自己以前的职业素质理念，使自己的职业素质得到不断的提高和升华。

7.2.2 职业道德

1. 职业道德的概述

职业道德是指人们的职业活动紧密联系的并具有自身职业特征的道德准则和道德规范的总和，是行业范围内的特殊道德要求。

职业道德包括两层意思：其一，职业道德有着突出的职业特征。人们在从事特定职业中，由于有共同的活动方式、共同的职业环境、共同的职业实践，并经受着共同的职业训练，形成了共同的兴趣、习惯和心理传统，产生了"应当"或"不应当"的特殊职业责任感，从而出现了调整本行业内外部关系的特殊道德要求和行为规范，即职业道德。其二，它是社会道德在职业生活中的具体表现。职业道德一般是道德要求和道德规范的职业化。职业道德并不是独立存在的道德类型，而是一般社会道德在职业生活中的具体表现。社会道德会通过职业道德的具体形式表现出来，职业道德体现着社会道德的要求，并受到社会道德的影响和制约。

《公民道德建设实施纲要》第十六条指出："职业道德是所有从业人员在职业活动中应该遵循的基本行为准则，涵盖了从业人员与服务对象、职业与职工、职业与职业之间的关系。"

2. 职业道德的主要内容

职业道德就是从事一定职业的人们在职业活动中所形成并发展起来的道德规范、道德意识以及道德活动的总和。人类在共同生活中有各种各样的社会关系，从事不同职业时，也会因职业的要求而与其他人发生职业上的关系，如买卖关系、师生关系、上下级关系。为了保证职业活动和社会生活的正常进行，任何一种职业都会有自己特定的道德，也就是要求人们在从事一定的职业活动时，必须遵守一定的道德规范，如商人要诚实守信、不欺诈等道德规范，教师要为人师表，教书育人等职业道德。如果说道德是因人们在社会中总要结成一定关系而形成的话，那么职业道德便是人们由于社会分工的不同而形成的，是职业关系的产物。

职业道德既包括对本行业从业人员的行为要求，也有从业人员对社会承担的责任和义务。它从道义上要求人们以一定的思想、感情、态度、作风和行为去为人处世，完成本职工作，是人内在思想感情在外部行为上的表现，是内化于心、外化于行的具体体现。

3. 职业道德的特点

职业道德具有以下三个特点。

(1) 社会主义职业道德领域具有广泛性。社会主义职业道德是社会主义道德体系的组成部分。社会主义社会的道德要求是一个复杂的、多层次的、交叉的规范结构。从纵的方向看，其包括社会主义集体主义道德原则，包括以"爱祖国、爱人民、爱劳动、爱科学、爱社会主义"和"社会主义人道主义"为基本内容的道德规范，包括具有全人类性的社会公共生活规则，包括"义务""良心""荣誉""幸福""正义""价值""善恶"等道德范畴，还包括最高层次的共产主义道德的某些要求。这里，社会主义的道德原则、道德规范和道德范畴是三个不同的层次。其中，道德原则是其他一切道德规范和范畴的根本，而其他一切道德规范和范畴都是它的具体化和补充，它决定着整个社会主义社会道德要求的性质和方向，从根本上指导如何处理人与人之间、个人和社会之间的关系。从横的领域看，在社会主义制度下，人们的社会生活可以分为三大领域：家庭生活、职业生活和公共生活。与此相对应，用于指导和调整个人与社会之间的关系的社会主义道德规范也分成三大部分：婚姻家庭道德、职业道德和公共生活规则。

(2) 社会主义职业道德的内容具有人民性。社会主义社会的职业道德，是建立在社会主义制度基础上的。社会主义社会消除了人与人之间剥削与被剥削的关系，摒弃了"人人为自己，上帝为大家"的利己主义原则，在根本上使职业利益同整个社会的利益一致，各种职业都是整个社会主义事业的一个有机组成部分。因此，各行各业可以形成共同的道德要求，其根本要求就是为人民服务。在社会主义社会里，对于从事各种职业的人来说，不论是热爱本职或者是忠于职守，都应该把为人民服务作为职业工作的出发点，并以努力满足人民的需要作为自己所从事工作的目的。例如，社会主义商业道德，强调商业工作人员要诚信无欺，对顾客主动、热情、耐心、周到等。所有这一切，绝不只是为了狭隘的职业利益或个人的荣誉，而是要为人民服务；社会主义社会的文艺工作者，对自己的技艺精益求精，既不应该是为了名利，也不应该是为了艺术而艺术，而是要力求满足人民的精神和文化的需要。简而言之，社会主义职业道德把从事各种职业的人的利益同广大人民群众的利益有机地统一起来，使职业道德服从于人民的利益，构成了它区别于以往各种职业道德的本质特征，也使之能够在调整人与人之间的关系上，发挥前所未有的重要作用。

(3) 社会主义职业道德的形成和发展具有时代性。社会主义社会的职业道德，是在以公有制经济为主体的社会主义经济基础上建立的职业道德。因此，它的主体内容应是在马克思主义的理论指导下，通过社会主义社会中有觉悟的成员的努力而建立起来的。在社会主义社会中，人们从事不同的职业，在工资待遇、劳动条件等方面，还不可避免地存在着某些差别，但他们都是建设社会主义的劳动者。从事各种职业的人们，只有分工的不同，并无高低贵贱之分。各行各业都是社会主义建设事业的一部分，都是与祖国的前途、人民的利益和现代化建设密切相关的。个人只要把自己的理想、志愿和聪明才智，同为人民服务、为社会主义现代化建设作贡献的职业实践结合起来，就能使自己的生活变得丰富、充实和高尚。

4. 职业道德的社会作用

职业道德是社会道德体系的重要组成部分，它一方面具有社会道德的一般作用，另一方面又具有自身的特殊作用，具体表现在以下几个方面。

(1) 职业道德具有调节职业交往中社会关系的作用。职业道德的基本职能是调节职能。它可以调节从业人员内部以及从业人员与服务对象的关系。一方面，它可以调节从业人员内部的关系，即运用职业道德规范约束职业内部人员的行为，促进职业内部人员的团结与合作。如职业道德规范要求各行各业从业人员，都要团结、互助、爱岗、敬业、齐心协力地为发展本行业、本职业服务。另一方面，职业道德又可以调节从业人员和服务对象之间的关系，如职业道德规定了对用户负责，对顾客负责，教师对学生负责等。

(2) 职业道德具有维护行业信誉的作用。一个行业、一个企业的信誉，事关形象、信用和声誉在公众中的信任程度。提高企业信誉的一个重要因素，就是提高该企业从业人员职业道德水平。若从业人员的职业道德水平不高，则很难提供优质的服务，给企业带来更好的信誉。一个企业的员工通过自身优质的服务，展示自身的良好素质，对于企业的发展具有不可估量的作用，可以助力企业的发展。员工素质主要包含知识、能力、责任心等方面，其中责任心是最重要的。职业道德水平高的从业人员其责任心是极强的，因此，职业道德能促进本行业的发展。

(3) 职业道德具有提高全社会的道德水平的作用。职业道德是整个社会道德的一部分。职业道德一方面涉及每个从业者如何对待职业的态度，同时也是一个从业人员的生活态度、价值观念的表现。如果每个行业、每个职业集体都具备优良的职业道德，那么就会对整个社会的道德水平起到促进作用。

5. 职业道德的培养

职业道德修养是一个由内而外的提升和升华的过程，是从业人员不断地进行自我改造、自我完善的过程，同时也是提高职业道德品质的关键，只有具备了良好的职业道德，才能抵制诱惑，坚定自己的职业道德理念。因此我们要在职业活动中时刻提醒自己提高职业道德，不断地陶冶自己的道德情操，从而形成坚定的意志，最终形成良好的职业道德习惯。

作为一名从业人员，修炼自己的职业道德是终身学习的内容，这种学习本身就是一种自律行为，不断地学习，加强自我锻炼和自我改造，从而达到自我提升的目的。任何一个从业人员，其职业道德素质，都在接受社会和他人监督，也就是他律，同时，也要不断加强自律，不断提高自我修养。二者相辅相成，缺一不可，而且自律显得尤为重要。对提高职业道德的途径和方法了然于胸，可以更好地提升我们的职业道德水平。

(1) 学习有关职业道德的知识。职业道德知识是指对具体的职业中遇到的专业知识，以及在从业中应该恪守的行动准则及其执行意义的认识。此外，还包括文化专业知识和相关的业务技能。职业道德知识在职业道德认识的形成中意义重大。只有先知，才能后做，在做的过程中受到职业道德的约束，进而产生相应的道德行为。因此，学习文化专业知识和业务技能，可以增长知识，还可以提高履行职业道德义务能力。

(2) 理论与实践结合，做到知行合一。单纯的理论无法真正掌握职业道德，只有在实践中磨炼，才能真正使其铭记于心，所以职业道德要日臻提高，不能脱离实践的运用。只有积极参加职业活动实践，才能在此过程中知行合一。在提高认识的同时，进一步将其转化为自己的信念和行为的动机，做到言行一致，身体力行。

(3) 经常进行自我检查、自我反思。"一日三省吾身"，即我们在不断地提高自己的过程中，需要经常审视反思自己，通过多次的自我反省，看自己是否违背了道德规范，找出不足，改正错误，修正自己的道德行为，从而提高自己的职业道德修养。

(4) 提高精神境界，努力做到慎独。慎独是中国自古以来倡导的道德修养方法。慎独是指个人在独处时，也不会做出有违基本规范的行为。它是考验一个人职业道德觉悟、自制能力的一种修养方法，同时，我们在自己的职业生涯中，如果能够试着做到这一点，也就给了自己更多锻炼道德意志的机会。总之，职业道德修养是知识、情感、行动的统一，它们相互衔接，相辅相成。职业道德行为受诸多因素影响，需要我们在实际的工作和生活中，不断修正自己的思想和行为，巩固和发展职业道德行为从而成为一名具有较高职业素质的人！

6. 职业道德与人生发展

随着我国经济水平的不断提高，经济的全球化、知识化、信息化使得市场竞争日趋激烈，整个社会对从业人员的职业道德、职业态度、职业技能、职业纪律和职业作风的要求也越来越高。在知识经济的时代背景下，越发强调人与人的合作，讲究合作精神。可以说，职业道德修养已不仅是个人在实现自我价值时应当具备的"个体素养"，而且也成为整个社会对从业人员的要求。

职业道德修养除了影响个体的职业发展之外，还会影响个人的一生发展。人的一生是不断学习和不断提升自身修养的过程，因此个体的道德修养也是一个长期培养、自觉修身、自我完善的过程，而职业道德修养更是人在自我完善过程中的重要组成部分。人的一生有三分之一的时间是在职场中度过，因此人们的道德品质在一定程度上是通过职业道德体现出来的，而人的道德品质也有相当一部分要在职业生涯中形成和完善。因此，我们往往可以根据一个从业者的道德行为习惯，看出其道德人格，职业道德也会造成从事不同职业的人们在道德品貌上的差异，如我们常说，某人具有"军人作风""干部派头""学究气味""商人习气"等。因此，职业道德修养对一个人自身的生存状态、人格特质来说影响是巨大的。

从更高的层面而言，培养职业道德也是国家与民族复兴的需要。邓小平同志指出，我们培养的人才是有理想、有道德、有文化、有纪律的"四有新人"。江泽民同志也曾对全国大学生提出"希望你们成为德才兼备、全面发展的人"的要求。2020 年《中国青年报》刊发《习近平与大学生朋友们》系列专题报道，进一步强调和贯彻落实习近平总书记寄语希望工程精神，坚守助学育人、为党育人的初心使命，助力培养大学生成为德智体美劳全面发展的社会主义建设者和接班人。这里的"德"也包括了职业道德。由此可见，对大学生进行职业道德教育是我国教育方针的要求，也是大学生成为合格人才的需要。当今社会进入信息社会、知识经济时代，大学生作为高科技和信息的掌握者，是社会政治、经济、文化发展的生力军。可以毫不夸张地说，大学生职业道德水平的高低，紧密关系着两个文明的建设和中华民族的复兴。

7.3 职业态度与心理

7.3.1 职业态度

1. 态度的定义

态度是人们在自身道德观和价值观基础上对事物的评价和行为倾向。态度表现于对外界事物的内在感受(道德观和价值观)、情感(即"喜欢—厌恶""爱—恨"等)和意向(谋略、企图等)三方面的构成要素。态度中的内在感受是指人们对事物存在的价值或必要性的认识，它包括道德观和价值观，价值观以得不偿失为条件来影响人们的行为，而道德观则能使人们愿意付出一定代价来达到一些目标目的。态度中的情感是和人的社会性需要相联系的一种较复杂而又稳定的评价和体验，它包括道德感和价值感两个方面。意向是指人们对待或处理客观事物的活动，是人们的欲望、愿望、希望、意图等行为的反应倾向。

态度来源于人们基本的欲望、需求与信念，基于从认知过程来说也就是道德观与价值观；基于行为过程来讲，从低到高可将其分为个体利益心理、群体归属心理和荣誉心理三个层次。

态度是社会心理学中定义最多的一个概念，不同的学者有不同的定义。但是有代表性的概念包括以下三种。

奥尔波特(Allport)受行为主义影响，认为态度是一种心理和神经的准备状态，它通过经验组织起来，影响着个人对情境的反应。他的定义强调经验在态度形成中的作用。

克瑞奇(Krech)则认为态度是个体对自己所生活世界中某些现象的动机过程、情感过程、知觉过程的持久组织。他的定义忽略过去经验，强调现在的主观经验，把人当成会思考并主动将事物加以建构的个体，反映了认知派的理论主张。

弗里德曼(Freedman)认为态度是个体对某一特定事物、观念或他人稳固的，由认知、情感和行为倾向三个成分组成的心理倾向。它的定义强调了态度的组成及特性，是目前被大家公认的较好的解释。

为什么人们产生某种态度而不产生另一种态度，可能在于它是为一定的心理功能服务的。心理学家认为，态度具有如下功能。

(1) 工具性功能。也叫适应功能，这种功能使得人们寻求酬赏与他人的赞许，形成那些与他人要求一致并与奖励联系在一起的态度，而避免那些与惩罚相联系的态度。

(2) 自我防御功能。态度除了有助于人们获得奖励和知识外，也有助于人们应对情绪冲突和保护自尊，这种观念来自精神分析的原则。比如某个人工作能力低，但他却经常抱怨同事和领导，实际上他的这种负性态度让他可以掩盖真正的原因，即他的能力问题。

(3) 价值表现功能。态度还有助于人们表达自我概念中的核心价值，比如一个青年人对志愿者的工作持有积极的态度，那是因为这些活动可以使他表达自己的社会责任感，而这种责任感恰恰是他自我概念的核心，表达这种态度能使他获得内在的满足。

2. 职业态度内涵

人们常说，态度决定高度，眼界决定境界，境界决定未来。职业人对待职业的态度，最终会决定个体在职场中是否会有发展的空间。职业态度是指个人对所从事职业的看法及在行为举止方面反应的倾向。一般情况下，态度的选择与确立，与个人对职业的价值认识，即职业观与情感维系程度有关。易受主观方面因素如心境、健康状况，以及客观环境因素如工作条件、人际关系、管理措施等直接影响而发生变化。肯定的、积极的职业态度，促进人们去钻研技术，掌握技能，提高职业活动的忍耐力和工作效率。其形成与发展是人们对有关职业知识的吸收、职业需要的满足、所属群体对自己的期待，以及职业实践获得的体验等因素综合的结果。

个人的职业态度，对职业选择的行为有所影响，观念正确、心态健全的人，对职业的选择较积极、慎重，作出正确选择的机会较大，相反地，观念不正确、心态不健全的人，对职业的选择具有推诿搪塞、轻忽草率及宿命论的倾向。

3. 职业态度的影响因素

职业态度的影响因素主要包括以下四个方面。

(1) 自我因素。自我因素包括个人的兴趣、能力、抱负、价值观、自我期望等。兴趣是职业生涯选择的重要依据，可以提高工作效率，充分发挥才能，是保证职业稳定性和工作满意度的重要因素。能力是指劳动的能力，即运营各种资源从事生产、研究、经营活动的能力。

职业态度的自我因素与职业发展过程有相当密切的关系，因为个人因素的形成多与其成长背景相关，个人价值观是在成长过程中一点一滴慢慢养成的。个人若能对自我的各项因素有深入的了解，就能了解何种职业比较适合自己，从而作出明确的职业选择。个人在选择职业时所表现出来的态度，也是个人兴趣、能力、抱负、价值观、自我期望的一种反应的表现。但若只是依照自我因素来选择职业，有时难免会产生与社会格格不入的感觉，因此，在选择职业时仍必须考虑其他相关因素。

(2) 职业因素。职业因素包括职业市场的需求、职业的薪水待遇、工作环境、发展机会等。就理想而言，兴趣、期望、抱负，应该是个人选择职业的主要依据，但是，事实上，却必须同时兼顾自我能力，以及外在的社会环境、职业市场动态等。对职业世界有越深的认识，就越能够掌握准确的职业讯息，也可以获得比较切合实际的职业选择。相反地，对职业认知有限的人，甚至连何处有适合自己需求的工作机会都不清楚，更何况要作出明确的职业选择。因此，个人对职业的认知会影响到个人的职业态度。

(3) 家庭因素。家庭因素包括家庭的社会地位，父母期望、家庭背景等因素。由国内外研究看来，家庭教育对个人发展影响的数据并不明显，但是，不论父母的学历高低、社会地位如何，大多数的父母都希望自己的子女能拥有比自己高的学历，从事比自己有发展的工作。因此，在做职业选择时，家人的意见通常会影响到个人的职业态度。

(4) 社会因素。社会因素包括社会地位、社会期望等因素。在职业发展的过程中，个人的最终目标是在其职业上能有所表现，大部分人希望自己能成为社会中有身份、有地位的人。以目前的社会现象为例，一般人认为医生、律师、艺术家具有较高的社会地位，虽然这并不是正确的观念，但或多或少影响了个人的职业态度。

4. 职场态度的构建

正确的职业态度是积极、乐观、对生活充满希望的，热爱自己的职业。有了这样的工作态度以后，就会在工作时充满激情。

作为初入职场的大学生，在面对新工作新的职场环境的时候，应该怎样迅速地融入一个新的职场中呢？这就要看一个人适应新环境的能力了。但并不是说能力越高的人适应新环境的能力就越强，很多时候能不能适应一个新的环境很大程度上是由个人的心态决定的。工作中除了自己要有实力以外，工作态度更重要，正确的工作态度主要包括以下几项。

(1) 忠诚。员工的忠诚包括了三层含义，即对企业这个组织忠诚；对所从事职业的信念或信仰的忠诚；对管理者的忠诚。忠诚代表着诚信、守信和服从。

(2) 协作。无论对于个人还是企业，忽视了协作的价值，缺乏协作的精神，这无异于断了生存的根本。一个有协作精神的员工，才能真正承担起自己的工作责任，真正做好工作。只有善于协作的人，才会真正的成功；只有懂得团结协作的人，才会成为真正的赢家。善于与人协作，既是一种可贵的品质，也是一种实际的能力。同级之间、上下级之间都要强调协作。上下级之间的协作，既体现在上级对下级的关心与尊重，也体现在下级对上级的配合与负责。作为员工，要在工作中发挥主动性，不能事不关己，更不能相互推诿。现代社会正处于知识经济时代，团队精神在竞争中越来越重要，很多工作需要团队协作才能完成。只有能与他人协作的人，才能获得空间；只有善于协作的人，才能赢得发展。

　　(3) 热情。有了工作热情，才会有丰富的工作成果，才能体现工作能力；没有工作热情，只会日渐消沉。热情不但对于工作十分重要，对于生活也十分重要。

　　(4) 踏实。踏实是职场中一种优秀的品质，是职场人士基本的职业态度。踏实是指切实、不浮躁、内心安定的意思。社会的发展瞬息万变，各种竞争非常激烈，作为一名职场人，要想在职场中取得一定的发展空间，就必须学会踏实。

　　(5) 认真。做任何事情，从事任何工作，都要认真，战略上轻视它，战术上重视它。如果不用心去做，对工作不认真，不会把工作做好，这不仅是一个工作态度问题，也是谋生的支撑点。在工作中不要急于求成，不要轻视，更不要放松自己的责任心。

7.3.2　职业心理

1. 职业心理概述

　　职业心理是人们在职业活动中表现出的认识、情感、意志等相对稳定的心理倾向或个性特征。同人一样，职业也有拟人化的心理和性格，不同的职业具有不同的性格特质。在职业心理中，性格影响着一个人对职业的适应性，一定性格的人适于从事一定性格特质的职业；同时，不同的职业对人也有不同的性格要求。在求职的路上，搞清楚自己所选择的职业性格对于自己的职业发展来说是非常关键的。

　　职业活动伴随有共同的心理过程。我们在职业活动中要经历选择职业、谋求职业、获得职业或者失业、再就业的过程。在这些过程中必然伴随着认知、情感、意志等共同的心理过程。如对选择的职业进行认识和深入的了解，通过思维想象发生情感过程。当选择的职业符合个人的需要和客观现实时，就会让人产生兴奋、愉快，甚至兴高采烈、欣喜若狂，反之则会让人情绪低落、闷闷不乐，甚至悲观失望、垂头丧气。

　　职业活动中反映出个性不同和差异。不同个性心理特征的个人，适合不同的社会职业，在选择职业时又有不同的心理表现，在认识、情感、意志等方面表现出不同的特点。有的人反应敏捷、全面，有的人则迟钝、片面；有的人达观、豁朗，有的人则忧虑、退缩；有的人果断坚决，积极克服困难去实现目标，有的人则朝三暮四、犹豫彷徨、知难而退。

　　不同职业阶段有不同的职业心理。职业活动中的心理现象千奇百怪，纷繁复杂，依据职业活动经历的过程，职业心理可分为择业心理、求职心理、就业心理、失业心理、再就业心理等。不同阶段的职业心理对职业会产生不同的影响。

　　不同的职业心理特点影响着我们的生活。择业、求职、就业、失业、再就业等不同阶段的人的心理特点，时刻影响着我们的生活态度、生活方式、价值取向。职业心理对大学生的职业选择起着很重要的作用。"知己知彼，百战不殆"，这句话正道出了在职业选择过程中一个很重要的原则，认识自己，了解自己，熟知自己的个性心理特征和心理过程，把个人的职业意愿和自身素质相联系，根据社会的需要和社会职业岗位需求的可能性，来评价个人职业意向的可行性，以积极的态度去选择职业。

2. 职业心理的标准

健康职业心理是人们在职业活动中表现出的认识、情感、意志等心理倾向或个性心理特征，而健康职业心理是在职场环境熏陶下个体对工作的不同看法，态度和意见经过长期的修养逐步内化的一种心理结果，是职业心理的最佳状态。工作压力、环境影响、企业文化等都会对员工的心理健康问题产生影响。职业心理健康的标准如下。

(1) 智力正常。智力正常是人正常生活最基本的心理条件，是心理健康的重要标准，是人的观察力、注意力、记忆力、想象力、思维力、创造力及实践活动等能力的综合，包括在经验中学习或理解的能力，获得和保持知识的能力、迅速而成功地对新情境作出反应的能力、运用推理有效地解决问题的能力等。

(2) 管理情绪。其标志是情绪稳定和心情愉快。主要包括：愉快情绪多于负性情绪、乐观开朗、富有朝气，对生活充满希望；情绪较稳定，善于管理自己的情绪，既能克制又能合理宣泄自己的情绪，情绪的表达既符合社会的要求，又符合自身的需要，在不同的时间和场合有恰如其分的情绪表达；情绪反应与环境相适应，反应的强度与引起这种情境相符合。

(3) 意志健全。意志是人在完成一种有目的的活动时进行的选择、决定与执行的心理过程。意志健全者在行动的自觉性、果断性、顽强性和自制力等方面都能表现出较高的水平。

(4) 人格完整和谐。人格是个体比较稳定的心理特征的总和。人格完善就是指有健全统一的人格，个人的所想、所说、所做都是协调一致的。人格完善包括人格作为人的整体的精神面貌能够完整、协调、和谐地表现出来；具有正确的自我意识，不产生自我同一性混乱，以积极进取的人生观作为人格的核心，并以此为中心把自己的需要、目标和行动统一起来；思考问题的方式是适中与合理的，待人接物常常采取恰当灵活的态度，对外界刺激不会产生偏颇的情绪和行为反应；能够与社会的步调合拍，也能和集体融为一体。

(5) 自我评价正确。正确的自我评价是心理健康的重要条件。自我观察、自我认定、自我判断和自我评价能使自己恰如其分地认识自己，摆正自己的位置，既不以自己在某些方面高于别人而自傲，也不以某些方面低于别人而自卑；对自己不会提出苛刻的、非分的期望与要求；对自己的生活目标和理想也能定的切合实际；面对挫折与困境，能够自我悦纳，喜欢自己，接受自己，自尊、自强、自制、自爱适度，正视现实，积极进取。

(6) 人际关系和谐。良好而深厚的人际关系，是事业成功与生活幸福的前提。其表现为：乐于与人交往，既有广泛而深厚的人际关系，又有知心朋友；在交往中保持独立而完整的人格，不卑不亢；能客观评价别人和自己，善取人之长补己之短，宽以待人，乐于助人，积极的交往态度多于消极态度，交往动机端正。

(7) 适应正常。个体应与客观现实环境保持良好秩序，既要进行客观观察以取得正确认识，以有效的办法应对环境中的各种困难，不退缩；又要根据环境的特点和自我意识的情况努力进行协调，或改变环境适应个体需要，改造自我适应环境。

3. 职业心理的种类

这里将职业心理分为择业心理、就业心理和失业心理三个种类，具体内容如下所述。

(1) 择业心理。选择职业的心理感受，情绪变化。择业是大学生人生道路上的一次重大选择，将会遇到比以往任何时候都重要的选择，复杂的矛盾和深深的困惑，使每个人的心理素质都接受考验。因此，大学生应该了解与心理素质有关的知识，进而培养自己良好的择业心态，才能在激烈的求职竞争中沉着冷静，应对自如，在职业发展中大展宏图，实现自己的社会价值。心理素质是决定就业能否取得成功的关键因素，在大学生就业过程中有着极其重要的作用和影响。

（2）就业心理。大学生的就业心理是指大学生在毕业选择职业时所表现出来各种心理状态和心理特征的总和。正处于职业生涯探索期和建立期的转换阶段，对于初次就业的大学生来说将会遇到比以往任何时候都更深层的困惑和更严肃的课题。大学生在就业过程中既表现出稳定、自信的心理状态，又表现出波动、复杂的情绪，主要包含如下特点。①就业选择的主体性。大学生重视自我发展，敢于通过个人能力的发挥，获得事业的成功和自我价值的实现，大都具有实现个人抱负的愿望和积极向上的精神。②就业心理素质的稳定性。大学生在经过大学四年的学习，心理素质也趋于稳定，能够对自己的个性特点、兴趣爱好和能力发挥等有一个全面而正确的认识。③就业心理倾向的波动性。大学生主要处于青年中期，从生理发展来看已经成熟，心理素质也趋于稳定。大学生的就业心理矛盾，如理想与现实的心理矛盾、就业与择业的心理矛盾、享乐与创业的心理矛盾、观望与竞争的心理矛盾、自恃与自卑的心理矛盾等。

（3）失业心理。失业后会经历酸、甜、苦、辣各种不同滋味，心理会产生不同变化。满怀就业激情、好高骛远，不肯低就的高校毕业生不在少数。他们都憧憬着有一份适合自己的工作在等待自己。部分高校毕业生毕业即失业，主要还是就业观念没有转变，在就业市场中定位不准。

4. 职业心理的培养

职业心理的培养主要包括以下三个方面。

（1）时间管理。时间管理是指通过事先规划并运用一定的技巧、方法与工具实现对时间的灵活以及有效运用，从而实现个人或组织的既定目标。时间管理是一个概念，更是一种方法，每一个人都需要对自己进行时间管理，但是如果所有的员工都没有时间管理的概念，那么对于公司来说将会造成巨大的损失。有关时间管理的研究已有相当历史，就像人类社会从农业革命演进到工业革命，再到资讯革命，时间管理理论也可分为四个阶段。第一阶段的理论着重利用便条与备忘录，在忙碌中调配时间与精力。第二阶段强调行事历与日程表，反映出时间管理已注意到规划未来的重要。第三阶段是目前正流行、讲求优先顺序的观念。接着又有第四阶段的理论出现，与以往截然不同之处在于，它根本否定"时间管理"这个名词，主张关键不在于时间管理，而在于个人管理。

时间管理的精髓不是在有效的时间里做更多的事情，而是在有效的时间内，如何把最应该做的事情做得更好。时间管理不佳的表现：一直很忙、效率不高、身心疲惫、没有业余生活。最糟糕的时间管理方法是：花很多的时间去将毫无意义的事情做得很圆满。优秀的时间管理者会使自己和其他人迅速适应工作上的任何重大变革，并重新确定工作的优先次序。他们可能把个人的安排看做他们时间管理工具中的首要工具。他们较容易觉察对于考虑正在进行的工作量的波动以及变革最后期限的需要，并且可能重新组织工作以达到最好的效果。而时间管理能力不足的人会很少或不花时间在他们的工作任务上，他们倾向于处理邻近的但是缺乏规划和远见的任务。他们通常会亲自着手接踵而来的工作或者看起来是最紧急的工作，而不善于组织其他人去完成。时间管理不足者需要认识到：为了达到适当的结果，人员、资源、目标、最后期限、可利用的时间应该被组合起来。不足者需要利用他们个人的优先权并且认识到在处理一系列未来的任务时总会有最佳次序。

时间管理的十条金律：和自己的价值观相吻合；设立明确的目标；改变固有想法；安排"不被打扰"时间；严格规定完成期限；做好时间日志；理解时间大于金钱；学会列清单；同一类的事情最好一次把它做完；每1分钟每1秒做最有效率的事情。

(2) 情绪管理。情绪管理是指通过研究个体和群体对自身情绪和他人情绪的认识、协调、引导、互动和控制，充分挖掘和培植个体和群体的情绪智商、培养驾驭情绪的能力，从而确保个体和群体保持良好的情绪状态，并由此产生良好的管理效果。情绪管理是指用心理科学的方法有意识地调适、缓解、激发情绪，以保持适当的情绪体验与行为反应，避免或缓解不当情绪与行为反应的实践活动，包括认知调适、合理宣泄、积极防御、理智控制、及时求助等方式。

情绪管理的基本形式有四种：拒绝、压抑、替代和升华。①拒绝，拒绝接受某些事实的存在。拒绝不是说不记得了，而是坚持某些事不是真实的，尽管所有证据表明是真实的。拒绝是一种极端的情绪防御形式。②压抑，压抑是一种积极的努力，自我通过这种努力，把那些威胁的东西排除在意识之外，或使这些东西不能接近意识，和拒绝不同，压抑是一种强压，势必带来一些副作用。当然，也许只有人这种最高级的动物才有能力去压抑。压抑是人在情绪管理中经常运用的。③替代，将冲动导入一个没有威胁性的目标物，建立一种良性的替代形式既可以使情绪得到有效管理，又不伤及无辜。④升华，是唯一真正成功的情绪管理机制，升华是可怕的无意识冲动转化为社会接受行为的渠道。

自我情绪管理方法如下。

① 心理暗示法。从心理学角度讲，就是个人通过语言、形象、想象等方式，对自身施加影响的心理过程。这个概念最初由法国医师库埃于1920年提出，他的名言是"我每天在各方面都变得越来越好"。自我暗示分消极自我暗示与积极自我暗示。积极自我暗示，在不知不觉之中对自己的意志、心理以至生理状态产生影响，积极的自我暗示可以保持好的心情、乐观的情绪、自信心，从而调动人的内在因素，发挥主观能动性。心理学上所讲的"皮格马利翁效应"也称期望效应，即积极的自我暗示。而消极的自我暗示会强化个性中的弱点，唤醒潜藏在心灵深处的自卑、怯懦、嫉妒等，从而影响情绪。而此时，则可以利用语言的指导和暗示作用，来调适和放松心理的紧张状态，使不良情绪得到缓解的方法。言语活动既能唤起人们愉快的体验，也能唤起不愉快的体验；既能引起某种情绪反应，也能抑制某种情绪反应。因此，在生活中遇到情绪问题时，可以充分利用语言的作用，用内部语言或书面语言对自身进行暗示，缓解不良情绪，保持心理平衡。

② 注意力转移法。把注意力从引起不良情绪反应的刺激情境，转移到其他事物上去或从事其他活动的自我调节方法。当出现情绪不佳的情况时，要把注意力转移到使自己感兴趣的事上去，如：外出散步，看看电影、电视、读读书、打打球、下盘棋，找朋友聊天，换换环境等，有助于使情绪平静下来，在活动中寻找到新的快乐。这种方法，一方面中止了不良刺激源的作用，防止不良情绪的泛化、蔓延；另一方面，通过参与新的活动特别是自己感兴趣的活动能够达到增进积极的情绪体验的目的。

③ 情绪升华法。升华是改变不为社会所接受的动机和欲望，而使之符合社会规范和时代要求，是对消极情绪的一种高水平的宣泄，是将消极情感引导到对人、对己、对社会都有利的方向去。

(3) 人际关系管理。人际关系是职业生涯中非常重要的一个课题，良好的人际关系是舒心工作安心生活的必要条件。良好的人际关系是工作和生活的润滑剂，它能使人保持饱满的工作热情和生活激情，使自己的人生更具有目的性和趣味性，人际关系是手段而非目的。建立良好的人际关系，既能够为个人提供一个有助于施展自己才干的舞台，也是修身养性、完善自我的需要。

7.4 职业适应策略

职业适应也称工作适应，是指个人的知识、能力、兴趣和性格体征与其正从事或将选择的工作相互适应的一种状态，其中包括个体对工作环境、工作任务、工作活动的适应，以及对自身行为和新工作需要的适应。具体来说，就是人在工作生活环境中根据职业工作的性质和外在要求，对自身的身心系统进行评价，对职业行为进行自我调适，学习工作必备的知识和技能并应用于实际，并努力达到自我与经验相互一致的心理过程。职业适应是在先天因素和后天环境相互作用的基础上形成和发展起来的。职业适应度高，表明个人的知识、技能和态度，所受的教育与训练，能对工作及其环境所产生的种种刺激作出协调的反应，同时也能反映职业性质、类型和工作条件与个人需要、价值目标等相融合，能引起个体心理上的满足。因此，在进行职业生涯规划的过程中，相应的职业适应策略尤为重要。

7.4.1 思维适应策略

1. 接纳并迎接改变

在初入职场以及工作一段时间后，公司可能会发生一系列的变更与改变，这时候就需要进行职场中的思维适应，接纳并迎接一系列的改变。

(1) 从学生向职场人的转变。首先，二者的社会责任不同。作为学生，主要责任是在学习和探索知识的同时，努力提升自己各方面的能力，学校鼓励学生积极探索创新，不怕失败与走弯路。而作为职场人，主要责任是服从企业的安排，通过自己的劳动为企业创造劳动价值，并获取一定的报酬，职场人在岗位上的行为后果都需自己承担。其次，生活管理方式不同。校园里的大学生在生活上有学校和院系的监督管理，在学业上有老师计划好的学习任务和大纲，而职场人的生活中，只有工作时间内要遵守用人单位的相关要求和规定，工作时间外全由自己自由安排，即职场人在业余生活中不会受到过多约束，这就对职场人在生活中的自我管理提出了更高要求。最后，认识世界的方式不同。大学生作为学校里的受教育者，对世界的主要认识方式以理论学习为主、时间为辅。大学生对世界的了解大多来自书本、课堂和网络，认识的内容基本都是间接的、理论性的。因此大学生对这个世界与自己的未来往往有着浪漫主义的期待。而职场人认识世界的方式则以亲身实践为主、理论学习为辅。通过工作当中的实际操作、生活中的琐事来加深对世界的认识与了解，这些认识的内容通常是直接与具体的，因而带有鲜明的现实主义色彩。

(2) 业务模式可能发生的改变。业务模式的改变通常是比较大的改变，对一个公司来说可能是伤筋动骨的事情，这就需要公司上下一起以创业的心态去开拓。如过去是以集成为主，而现在要改成以产品及服务为主。这些改变对员工适应能力是一个很大的挑战。在自身的特点、知识储备、业务经验等方面都会提出新的要求。但作为年轻人来说，也可以看作是一次创业，增加自己的业务宽度。

(3) 工作环境产生的变更。当代中国，改革的步伐越来越快，改革已经影响到社会与个人生活的各个方面，同时竞争机制的全面引入，越来越多的社会成员都有紧迫感、危机感和压力感。经过大学的锤炼，大学生的需要结构与价值观既有实际的一面，也有其过于理想化的一面，过分理想化的追求，加上自身现实生活阅历的不足，往往使大学生在遇到与理想不符的情况时容易产生强烈的逆反情绪。因此，当工作环境发生变化时，大学生应主动努力使自己具备一种对自己、对他人、对整个世界的接受和认可的能力，将环境的好坏都视为自然现象，作为既成事实坦然接受。在一时无法改变现状的时候，积极的适应并接纳新的改变。事实上，每个个体都处于自我和外界权威规范的双重制约下，两者之间还常常相互矛盾，真正成熟的个体能够在两者之间进行权衡，最终不但使自我既符合外界的要求，同时还保持了自我的独立性。

2. 多角度思考问题

进入职场之后，需要初入职场的大学生们学会多角度思考问题。

多维思维指的是从多角度思考和看待问题的方式。多维思维既是人们理解世界的方式，也是解决问题的工具，更是有效竞争的利器。每个人都有属于自己的思维模式、自己人生的价值观以及对每件事物的根本看法。由于我们所处的社会地位不同，生长环境不同，同样观察问题的角度自然也不同，因此，不同的人对同样的一个问题必然会有不同的看法。特别是在职场中，每个人都会有自己的立场，而一旦对方的观点与自己观念不相容，人们就会立刻批判对方是错的来证明自己是对的，或者人们习惯性的用自己的思维来揣摩对方而判定对方就是这样的人，但是我们却忽视了对方为什么与自己的立场不同。如果人们愿意放下自己主观带有的偏见的思维，再用客观的思维来分析对方的观点，这样就可以透过对方的观点更清楚地了解到自己的缺点，取他人之长补己之短从而不断地完善自己。在职场中人们需要清楚地知道，所有的事物都存在多面性，除了对立面，还有正反面，上下面，然而如果一件事只单方面的去思考，那样只会只观其表，得出来的结论并不是客观的，还可能产生错误，所以需要学会多角度看待问题，并且把各方面综合起来，全面分析事物的整体，这样才可以认清楚事物的真面目。

7.4.2 道德适应策略

1. 坚守社会主义先进道德

道德与法律是调节社会关系和人民行为，建立社会正常秩序的两种重要规范或方式，它们都属于上层建筑的范畴，是一种特殊的社会意识形态。在中国思想史上，人们对道德的定义、内涵、功能等进行了深入的探讨。按照社会生活和社会活动来划分，道德可以划分为社会公德、职业道德和家庭美德三个基本层面。在当前时代环境下，道德是指由经济基础决定的上层建筑中的一种社会意识形态,是以善恶为评价标准,依靠人们的内心信念、传统习惯和社会舆论来维系的,调整人们利益关系的心理意识、原则规范和行为活动的总和。

道德作为一种社会意识形态,归根到底是由经济基础决定的,是社会经济关系的反映。社会经济关系的性质决定着各种道德体系的性质,社会经济关系所表现出的利益决定着各种道德体系的基本原则和主要规范。在阶级社会里,社会及经济关系主要表现为阶级关系,道德被打上深深的阶级烙印。社会经济基础决定道德的性质,但道德对社会经济关系的反映却并不是消极被动的,而是具有积极能动的反作用。与社会发展规律相一致的先进道德,对经济基础的形成、巩固和发展有巨大的推动作用。反之,落后的道德对社会经济基础和社会发展具有阻碍作用,因此,在职场适应中,坚守社会主义先进道德行为进行道德适应已经成为一种全民义务。

2. 挖掘道德内在品格力量

道德适应中的内在道德品格力量不仅存在于日常生活中,更广泛存在于职场中。特别是近年来习近平总书记在多次会议中强调的发扬工匠精神就是道德的内在品格力量在职场中的有力表现。以"执着专注、精益求精、一丝不苟、追求卓越"为内涵的工匠精神,包括价值目标、思想理念、行为实践三个维度。精益求精、追求卓越的价值目标是工匠精神的内核;一丝不苟是爱岗敬业思想理念的职业态度外显,爱岗敬业的思想理念实质上是精益求精、追求卓越价值目标的延伸;执着专注的行为实践是价值目标、思想理念的外化表现,以持续执着专注、有效执着专注、创新执着专注为主特征,在执着专注的前提下,强调执着专注的持续性、有效性、创新性,从而揭示了工匠精神支撑完美产品得以持续、高光呈现的行为秘诀、实践秘籍。精益求精、追求卓越是工匠精神的职业价值核心取向,体现了工匠精神自身道德内在的品格力量的主要内在意蕴。

3. 职业道德适应策略的基本要求

职业道德适应策略具有以下三个基本要求。

1) 爱岗敬业,奉献社会

爱岗敬业是社会对职业人才的基本要求,在社会分工体系下,每个职业岗位都是社会分工的一部分。一个人无论在什么样的工作岗位上,只有对自己的工作满腔热情,尽职尽责,才有可能施展自己的才能,实现自身的价值,同时获得社会的肯定。爱岗敬业是社会对职业人才的基本道德要求,而奉献社会就是积极自觉地为社会做贡献。爱岗敬业是奉献社会的前提和基础,奉献社会是爱岗敬业的最终目的。奉献社会是社会主义职业道德的本质特征。爱岗敬业指的是忠于职守的事业精神,这是职业道德的基础。爱岗就是热爱自己的工作岗位,热爱本职工作,敬业就是要用一种恭敬严肃的态度对待自己的工作。一份职业,一个工作岗位,都是一个人赖以生存和发展的基础保障。同时,一个工作岗位的存在,往往也是人类社会存在和发展的需要。所以,爱岗敬业不仅是个人生存和发展的道德需要,也是社会存在和发展的道德需要。

2) 诚实守信,求真务实

在商业买卖中,自古就有"诚信待客,童叟无欺"的说法,一个社会如果缺乏起码的诚实守信,经济就无法得到健康发展。因此,职业从业人员也应树立信誉观念,遵从诚实守信的道德规范。除此之外，在市场经济条件下，诚实守信作为职业道德规范，具有特别的重大意义。一个企业、一个单位的整体形象取决于该企业、该单位从业人员普遍的诚实和信用程度，可以说，诚实守信是职业群体和个人树立良好形象的必备条件。

3) 廉洁奉公，遵纪守法

廉洁奉公就是要做到公私分明，清清白白，不假公济私，不利用职权谋取私利。公私分明要求必须把公和私严格分清，这是一项严格的职业道德要求。在职业生涯中，每个人都应当严格要求自己，养成良好的职业习惯。遵纪守法是起码的社会公德和职业道德规范，对于职业从业人员来说更是最基本的行为道德规范。

7.4.3 态度适应策略

1. 树立正确的工作价值观

在职场中工作首先是一个态度问题，工作需要热情和行动、努力和勤奋，需要一种积极主动的精神，只有以这样的态度对待工作，才可能获得工作所给予的更多奖赏。工作价值观，是要在工作中通过树立正确的，可以改善员工的心态，提高员工的工作积极性。

(1) 树立核心工作价值观。对于基层员工而言，树立太高尚的工作价值观，太远大的理想并不切实际，每个人的生活环境、教育背景、社会阅历及各项技能水平等都不相同，人与人之间也无法比较，因此不提倡盲目攀比，但可以与自己的昨天比较，人总要不断进步，而"做更优秀的自己"的价值观念正是以此为出发点。从员工个人发展的角度提出，让员工努力从各个方面不断提高个人素质，利于员工接受。具体包括：专业技能、人际技能、社会经验、良好的个人品行、积极向上的价值观等。并在实际工作中，通过培训及引导有意识的帮助员工从各个具体方面不断进步。

(2) 树立辅助核心工作价值观。把"快乐地工作"作为辅助工作价值观，目的在于与"做更优秀的自己"相辅相成，把引导的方向转移到工作上来，最终是为了让员工积极、努力地工作。鼓励和帮助员工不断进步，引导员工去追求并发现自己的进步，改变员工"工作只是为了工资"等追求物质的想法。通过树立积极的工作价值观，从精神上激励员工积极、努力地工作。快乐与辛苦并不矛盾，工作是比较辛苦，尤其对于基层员工，都是些简单而重复的工作，有些工作还比较劳累，有的时间上班时间很长，环境可能也不好。但快乐与辛苦并不矛盾，仍然会有一些因素让员工在工作的同时感到快乐，如融洽的员工关系、互助互爱的班风、争优的氛围、良好的班组成绩带来的成就感、被尊重和重视、参与管理与决策(自我实现)、受到表现、很少受到过严的责备或处分等等。显然，这些靠员工自发争取是很难争取到的，管理者应在引导的同时，切实践行自己树立的工作价值观，减少不快乐的因素，为班组创造快乐的工作氛围。

(3) 树立全面的工作价值观。核心及辅助工作价值观不足以全方面引导员工所有的行为及具体的工作，日常管理工作中，管理者要在社会主义核心价值观指导下不断地总结并(有意识地)遵守统一的处理原则，如对错误的处理(给员工改过的机会，鼓励其进步等等)，激励员工做更优秀的自己。通过不断地坚持以自己的价值观为指导的处理原则，明示好的标准(可以是标准也可以是标杆)和不好的表现，让员工向上看齐，鼓励员工进步，并努力为员工创造快乐的工作氛围，让员工追求个人素质的全面提高，做更优秀的自己，从而消除只为工资而工作的心态,提高员工工作的积极性。树立全面的价值观体系,引导集体工作价值观,引导班集体的行为方式,为班组营造一种积极、上进的工作氛围。

2. 提升责任意识

责任就是承担应当承担的任务,完成应当完成的使命,做好应当做好的工作。责任无处不在,存在于每一个角色。父母养儿育女,老师教书育人,医生救死扶伤,工人铺路建桥,军人保家卫国……人在社会中生存,就必然要对自己、对家庭、对企业甚至对祖国承担并履行一定的责任。责任有不同的范畴,家庭责任、职业责任、社会责任、领导责任等。这些不同范畴的责任,有普遍性的要求,也有特殊性的要求。责任只有轻重之分,而无有无之别。所谓职业化的责任意识就是主动地承担更多的工作,不抱怨、不责备,及时兑现承诺。有责任意识,再危险的工作也能减少风险;没有责任意识,再安全的岗位也可能出现险情。责任意识强,再大的困难也可以克服。

对于初入职场的大学生,无论是自己创业,还是为组织工作,无论被安排在哪个位置上都不要轻视自己的工作,都要担负起工作的责任,职业责任是职业生涯规划的保障。在平凡的岗位上做出不平凡的业绩,让自己在实践中锻炼出来的能力为大家所认同,具备了承担更重要工作的能力,从而一步一步走向成功,职业责任是职业生涯的助推器。而从狭义的角度来看,大学阶段属于职业生涯规划的准备期,主要目的在于为未来的就业和事业发展做好准备。从操作层面来讲,树立意识最为重要,大学生应当明白,职业责任是职业规划的保障,整个职业生涯都需要职业责任来承载。

7.4.4 人际关系适应策略

1. 人际关系概念

人际关系指人们在人际交往过程中结成的心理关系、心理上的距离。交往双方在个性、态度、情感等方面的融洽或不融洽、相互吸引或相互排斥,必然会导致双方人际关系的亲密或疏远。人际关系包括三种成分:认识成分(指相互认识、相互了解)、动作成分(指交往的动作)和情感成分(指积极情绪或消极情绪、爱或恨、满意或不满意)。其中情感成分是核心成分。人际关系反映了交往双方需要的满足程度。若交往双方能互相满足对方的需要时,就容易结成亲密的人际关系;反之,则容易造成人际排斥。人际关系归根结底受客观社会关系的制约,反过来又深刻地影响着社会关系各方相互作用的形式。人际关系的好坏反映人们在相互交往中的心理满足状态,以及人与人之间在心理上的距离。人们所结成的大部分社会关系,可以分成使人的物质、精神需要得到满足的酬赏性关系和破坏这种满足的处罚性关系。因满足与不满足程度的差异、人们愉快或不愉快的情绪体验可以形成一个连续分布的区间,制约着人际关系的亲疏情感。

良好的职场人际关系是一种生产力,因为它具有信息功能,通过信息沟通、思想沟通和情感沟通,使职场人士在交往中获得发展;可以给企业带来商机、打开商品销路;营造和睦的工作氛围,极大地影响员工的创造力和工作效率。作为最大的社会资本,人际关系通过基体效应和头脑风暴,能够产生经济效益和社会促进的双重作用。对于初入职场者,大学中学到的知识本身并不能保证其在职场中脱颖而出,而将知识转化为相应的能力才有可能成功。每个人在基本能力、任何和生活境遇方面存在着很大差异，因此，应根据具体情况学习人际关系的知识和技能，人际关系适应是进行职场适应的重要策略之一。

2. 职场人际交往原则

职场人际交往的原则是指我们在建立、维持以及发展人际关系过程中所遵循的基本的职业行为规范。职业行为规范是社会群体或个人在参与社会工作中所遵循的规则、准则的总称，是被人们接受的具有一般约束力的行为标准。在职场人际交往中，正确的遵循这些职业行为规范，可以帮助我们构建起健康的人际关系。如果不按照行为规范开展人际交往，不仅无法构建高效人际，还会打破已有的人际关系。

(1) 职场人际交往中要懂得自尊与相互尊重。汉代大学者杨雄在《法言•修身》中说："上交不谄，下交不骄，则可以有为矣。"遇到显贵的人，无需奉承巴结；遇到寒微的人，不要傲慢自大，这样平等待人的心态，才会更有作为。同时，交往者要尊重对方，把对方摆在与自身同样的位置，建立将心比心的同理心思维，不以金钱地位看待人、不以权势压迫人、不摆架子、不论资格、不伤害对方的利益与尊严等。只有相互尊重才能深化与发展人际关系，如果在人际交往中，总是自我良好、表现优越、高高在上、得意忘形、评头论足、随意贬低他人，一定会失去他人的信任，同时也会失去发展人际的机会。

(2) 待人以诚是职场人际交往的基石。诚实是为人处世要实事求是、坦坦荡荡，不弄虚作假；守信是与人交往要言而有信、恪守诺言，不出尔反尔。诚信是人类的高尚美德，也是建设良好人际关系的重要法宝。人是否遵从诚信原则，对于建设与发展其自身的人际关系影响重大。心理学家诺尔曼•安德森研究过诚信对职场人际关系的影响，结果表明，职场中评价最高的个性品质就是诚信，而评价最低的是说谎和虚伪。待人真诚、言而有信的性格品质促进人际吸引，有助于建设与发展良好人际关系；而虚伪狡诈、言而无信的性格品质阻碍人际吸引，不利于人际关系的建立与成功。

(3) 宽容谦让是职场人际关系的助力。谦卑礼让是化解人际矛盾与冲突的良方。现在，很多城市都在推行车辆礼让行人这一交通规则，其实就是社会文明的一种进步。宽容，是能够适当原谅别人的缺点、错误或对自己的伤害，不去计较个人的付出与得失，"得饶人处且饶人"，可以在心理上容纳各种性格的人。在职场中要严于律己、宽以待人，将心比心、换位思考，多站在对方的角度考虑问题，"己所不欲，勿施于人"。

(4) 互利互惠、发展共赢是职场人际关系的动力。思想交流、工作关系、业务合作、朋友引荐等互动往来形成了职场人际关系。物以类聚、人以群居，人们建立职场人际关系，就是希望在正常的交往中互通有无与相互促进。职场人际关系的本质是社会交换，这种社会交换，不是指等价交换或者物质相互给予，而是指在交往中的思想上互相交流、工作中互相提携、生活中互相帮扶等行为。恰当的人际关系行为既有物质上的相互支持，更要有思想感情层面的相互慰藉。

7.4.5 沟通适应策略

1. 沟通与共鸣

在职场中，无论处在何种岗位何种职能，实质上每天都会与相同的群体沟通交流，如在企业内对上级工作汇报请示、对下级辅导与布置工作、对同事协调沟通；在企业外部和客户或供应商进行商务谈判等。除了群体相同之外，每日为了达成工作目标，运用的手段也是相同的——都是通过或说或写的方式推进着工作。职场中的沟通特点为：需要具备一种能在短时间内将大量复杂的信息清晰表达的能力——在职场工作中，往往需要具备解决复杂问题的能力，并通过简明扼要的语言进行呈现。因此，职场中的沟通，不单单是内容的排列组合，更重要的是能够抽丝剥茧，抓住重点，层次清晰地呈现出来。

职场沟通需要技巧，而寻找共鸣是职场沟通的切入点。寻找共鸣是沟通的艺术之一，也就是寻找共同点的艺术。一般来说，共同点包括共同的利益、共同的认识、共同的兴趣、共同的心情以及共同的感受等。这些共同点寻找得越多，双方的沟通与表达越充分，效果也就越好。在一个群体中，要使每个人能够在一个共同目标下协调一致地努力工作，就绝对离不开有效沟通。总体来说，有效表达的关键是寻找和建立共同点，以便发展一种能够指导重大联合行动的认同感。一般来说，共同点找得越多，沟通的可行性就越大。各种共同点综合起来，沟通双方在思想、认识、感情、心理上产生的共鸣感、共振感就越强。这种共鸣感在沟通的过程中发挥着极为重要的作用。在共鸣共振的同时，领导者与员工，与沟通对象之间的心理、感情、认识、观念距离也会越来越近。认同经由同步而来，沟通关系通常都是从同步开始的。并且，认同的目的几乎都是达到"同步"，这就形成了一个奇妙的进程：同步→认同→同步。

寻找共鸣的艺术要注意以下四点：①沟通者要真诚，沟通的双方要相互尊重、相互理解、相互认同；②沟通双方要敏感，找准兴奋点、关注点，否则无论怎样沟通，都很难共鸣得起来；③沟通要围绕具体的事、具体的观点、具体的人进行，泛泛沟通是共鸣不起来的；④明白沟通不是瞬间能够完成的，要不停地"听"，不停地"说"，不停地"接受影响"，不停地"施加影响"，不停地鼓励对方，不停地强化沟通效果。所谓共鸣共振，它一定是由一连串的沟通行为引起的。

寻找到共鸣的捷径，就是谈论他关心的话题。在与别人会谈之前，最好可以准备别人关心的话题的资料，一方面可以扩充自己的知识面，同时也容易找到共鸣。同时，从感情与理性两方面来说，强迫性的做法会使对方在感情上产生不悦，而脱离要点会使对方在理性上无法理解。所以，在与人交谈中，要寻找共鸣作为沟通的切入点。就一般规律而言，寻求共同点越多，得到的共鸣感也就越强；得到的共鸣感越强，双方的认同感也就越强。

沟通的过程是一个由外到内不断深化、不断强化的过程。先是寻求共同点，这是浅层次的沟通，外在的沟通是一般的沟通；然后是造成共鸣感，这是深层次的沟通，是内在双向的沟通；最后是实质性的沟通，即追求并强化认同感的沟通。

因此，在职场中，若想成功地与人沟通，秘诀就是寻找共鸣。和对方产生了共鸣，就会很容易地进入到融洽的谈话气氛中，从而迅速拉近彼此之间的距离，沟通的目的也就能轻松实现。

2. 倾听的艺术

职场沟通是为了解决问题而发起的沟通、既然如此，听懂对方的意图就是沟通的基础。职场沟通的起点是听，而不是说。所以如何达到结构化倾听，这在职场沟通中非常重要。作为一个合格的职场倾听者，需要做到以下两点。

(1) 心胸开阔。与人交谈时要抛弃先入为主的观念，否则沟通会按照个人的主观愿望来听取对方的谈话，这样做的结果就是听到的信息会变形后反映到个体，导致接收的信息不准确，从而造成选择上的失误。因此，对于初入职场的大学生来说，需要心胸开阔，正确理解对方谈话的信息，把握对方谈话的重点。

(2) 适度表达。在倾听的交谈过程中，80%的时间由对方说话，受众者说话的时间占20%，在倾听的过程中也要适度表达，但内容不要过多，主要以倾听为主，表达的方式可以通过眼神、动作和陈述的方式来进行。

3. 提问的艺术

职场表达中学会提问也至关重要。职场提问有以下提问的原则和技巧。

1) 提问的原则

提问具有以下三个原则。

(1) 目标性原则。目标性原则是指提问的目的要明确，意图要清晰。提问者就某个内容提出的问题都是为了达到某个目标，实现某个意图。

(2) 明确性原则。明确性原则指提问的明确性，一是指问题的内容指向明确，即提问者的心中要明确问题的答案以及通过此问题的回答要达到的目的，二是指问题的语言表述准确，即提问题这为了使对方正确理解提问的意图，达到提问的预期目的。

(3) 适宜性原则。适宜性原则包括适量、适度和适时三方面，适量是指所提问题的内容量以及提出问题的数量要适当；适度是指问题的难度或深浅度要适当，职场中提问需紧紧围绕相关工作的主题，若提出的问题与工作职业等无关，领导可能会对提问者产生不好的印象或某种误解，对双方的沟通和人际关系也会有负面影响；而适时则是指提问的时机要恰当。

2) 提问的技巧

提问具有以下三个技巧。

(1) 尽可能地进行开放性提问。封闭型问题有利于询问一些被询问者往往不愿说出自己的看法的敏感问题，这时沟通对象会感到很被动，在职场中这种提问方式得到的信息极其有限。而开放式提问最大的优点是灵活性大、适应性强，令沟通对象感到自然，能够畅所欲言。

(2) 问题切中实质。员工应该根据实际情况针对最根本的沟通目标进行逐步分解，然后根据分解之后的小目标考虑好具体的提问方式，这样可以循序渐进地实现各级目标，快速了解职场法则。

(3) 提问的速度要适度。提问的速度也会影响沟通的效果，若速度过快，对方很可能听不清问题，来不及对问题及时作出反应，还会营造一种紧张的氛围。若速度过慢，沟通对象则可能会失去沟通的兴趣和信心。因此，在职场中提问的速度需要既能保证让对方听清问题，还要依据沟通的场所和特定的情境及提问的对象来确定提问速度的快慢。

第 8 章

职业调整

8.1 职业生涯评价

8.1.1 职业生涯评价设计

1. 确定评估的目的和任务

无论我们做什么事,在开始着手之前都要考虑一下为什么要做这件事,即我们的目的是什么。所以,我们在做职业生涯规划的评估工作时要首先确定评估的目的以及主要内容。

2. 进行自我评价

事实上,最了解自己的人就是自己。因此,在职业生涯规划评估中都要首先进行自我评价。自我评价包括两方面的内容:一是按完成时间评估;二是按完成性质评估。

做好一份职业生涯规划,按照时间来确定阶段性任务。所以,自我评价首先就要看是不是准时完成了计划中的任务。如果在规定的时间内完成了所定目标,说明计划比较合理,目标和策略设定得比较得当,可以继续实施下一目标。如果在规定的时间内无法完成所定目标,那就应该进行反思,找出出现这种情况的原因及对策。

任务不仅要按时完成,而且要保证质量,如果我们按时完成了目标,但是感到完成起来非常困难,或者感到效率很低,完成的质量不高,这时就要考虑:是定的职业目标太高,还是没有紧迫感,没有抓紧时间。若目标定得太高,可以考虑降低目标的难度;若完成计划时未抓紧时间,那就应该加强紧迫感。还有一种情况就是,完成了既定目标,但完成得过于轻松,那就意味定的目标过低,这时可以考虑适当地提高目标。

综上所述,在自我评价的过程中不要单纯地考虑按时完成,还要保证质量,这样才能更好地实现目标。

3. 评价反馈信息

评价反馈信息是指对事先搜集的反馈信息的准确性和可用性进行评价。在搜集信息的过程中,由于客观原因会存在信息与实际不符的问题,如有些人碍于"面子"不肯讲出自己心里的真实想法,从而提供了一些无用的信息;有些人怕说出实话而得罪人,不进行客观评价,一味恭维。因此,在搜集好信息以后,要仔细地进行甄别和筛选,保留对自己有用的信息,丢掉那些无用的和不真实的信息,这样结论才会客观。

4. 评估结论

运用科学的评估方法,在对反馈信息进行分析后,会得出最终结论。一般来说,只要每个步骤都参依据客观事实来执行,得出的结论就比较正确,评估工作也就顺利完成了。

8.1.2 职业生涯评价方法

1. PDCA 法

PDCA 质量管理理论是由美国管理学家戴明提出来的,是全面质量管理体系中的一个理论,其实它的应用范围很广。

1) PDCA 法的步骤

在职业生涯管理活动中，同样可以遵循 PDCA 循环体系，即整个过程可以分为计划、执行、检查与行动四个步骤。不同的步骤间紧密相连，形成封闭的循环链条。当一个 PDCA 循环完成时，下一个 PDCA 循环又会开始，从而为职业生涯管理提供一个长期的、持续的支持与反馈活动。它是一个往复循环逐步提高的过程，由量变到质变的一种行动模式。职业生涯规划的实施与评估离不开 PDCA 的循环。

(1) 计划(Plan)。一个职业生涯成功的人，在其每个职业生涯阶段中应该都有明确的目标，从低阶职位迈向高阶职位。刚毕业的大学生对第一份工作往往抱有憧憬，但一个看似好的计划其结果并不一定成功。计划的制定必须符合实际情况，不能太高也不能太低，太高了打击士气，太低了起不了激励作用，不利于自己进一步成长。要制订一个好的计划，就要做到全面正确认识自己。

(2) 执行(Do)。好的计划关键在于执行。对于行，"言行一致""讷于言而敏于行"，说的就是行的重要性。行动贵在坚持，许多人都懂得这一点，但能持之以恒坚持下来的人很少。对此我们认为，不能坚持执行很大的原因在于当初制定的计划不切实际，比如自己本身的长处在于销售，但偏偏希望在技术方面有所发展，这会让自己非常痛苦，在追求技术的道路上也不能走得更远。在职业生涯的某一阶段，我们所制定达成目标的行动必须是让我们感觉到快乐的，有兴趣的，同时也是比较合理的，这样我们才能坚持到底。另外，执行这一步对于刚刚就业的社会新人来说不是问题，却是处于事业、职业徘徊期的人很难迈出的一步。有无数人每天会产生无数的想法要改变自己的生活状态，羡慕别人的成功，又不停地对自己说"要是我在那个位置上也会怎样"。需要指出的是，只有规划，没有行动是永远达不到彼岸的。不惧风险、排除风险、立即行动才能使你拥有理想中的工作和生活。

(3) 检验(Check)。检验计划实施的结果与目标是否一致。对于检查，需要确定时间点和标准两个因数。通常某阶段生涯规划的大目标下可能分好几个子阶段，其每一个子阶段都可以作为一个检查点。检查以当初设定的计划为标准，如果完成了计划，那么执行是成功的，相反就是不成功的。每个有志于掌握自己命运的人，在工作了一个阶段过后，都会拿现在的自己和过去的自己、拿自己和别人、拿现状和理想作比较，都会反省一下自己今天所做到的与自己的理想还有多远，也可以了解一下自己的选择和努力是否让自己满意。通过不断地"自检"及时发现问题、解决问题，是走向进步不可缺少的过程。

(4) 行动(Action)。就是在对以往行动的结果进行检验的基础上，纠正错误，调整方向。对于检查不成功的目标进行判断，是计划有问题还是执行有问题。如果计划有问题，就应当调整计划进入一个新的 PDCA 循环；如果执行有问题，应该分析自己在时间、精力、金钱上的投入是否不足，方法上有没有问题。比如子计划中的学习计划没有成功，就得分析花在学习上的时间是否足够、参加专业的培训是否必要、资料是否充足、学习方法是否合理等。深入挖掘导致执行不成功的因素，找到原因后针对问题加以改进，进入下一个 PDCA 循环。周而复始直到职业生涯有一个更好的发展。

2) PDCA 法应该注意的问题

在使用 PDCA 循环来评估我们的职业生涯规划时应注意以下几点问题。

(1) PDCA 循环四个阶段一个也不能少。计划—执行—检查—行动(改进)，这是使职业生涯规划将输入转化为输出的活动或一组活动的一个过程。需要注意的是，必须形成闭环管理，四个阶段缺一不可。

(2) 大环套小环。大环套小环，一环扣一环，小环保大环，推动大循环，即 PDCA 循环四个阶段中，每个阶段都可能有它本身的 PDCA 循环。应当指出，PDCA 循环中的 A(行动：采取措施，以持续改进过程)是 PDCA 循环中的关键环节，没有此环节，已取得的成果将无法巩固(防止问题再发生)；没有此环节人们的问题意识可能不会有明显的提高；没有此环节，提不出"遗留问题"或新的问题，循环将就此搁浅，无法持续下去。所以要特别关注"A"阶段。

(3) 循环前进，阶梯上升。按 PDCA 循环前进，就能达到一个新的水平，在新的水平上再进行 PDCA 循环就可以达到一个更高的水平，从而实现持续改进。

在职业生涯规划体系中，PDCA 循环是一个动态的循环。它可以在职业生涯规划体系的每一个过程中展开，也可以在整个过程的系统中展开。

2. 360 度评价法

职业生涯规划反馈时，通常是实施全方位反馈。全方位反馈也称 360 度反馈，由知名企业英特尔首先提出并加以实施。在 360 度评价法中，评价者不仅包括被评价者的上级主管，还包括其他与之密切接触的人员(如同事、下属、客户等)，同时也包括自评。可以说，这是一种基于上级、同事、下级和客户等搜集信息、评价绩效并提供反馈的方法。

大学生职业生涯规划全方位反馈评价应包含学校领导、老师、学生和被评价者自身等。实施大学生职业生涯规划全方位评价，要重点做好以下工作。

(1) 做好同学间评议。同学间评价可以借助同学们的智慧与经验，让被评价的学生更清醒地认识到自身的优势和不足，明确努力的方向。

(2) 做深自我评价。自我评价便于大学生进行自我反思，由被动接受评价转变为主动反省和总结学习工作的得失，从而使大学生自我评级成为自我认识、自我改进、自我管理、自我完善的有效途径，以及大学生专业发展的"助推器"。

(3) 做实评价反馈。大学生全方位反馈评价最后能否改善职业生涯规划状况，在很大程度上取决于评价结果的反馈，因此，应通过选择合适的时间、地点和反馈途径，把各方面的评估信息进行综合分析并反馈给自己，从而帮助评价和调整职业生涯规划的发展和行动计划，进而增强反馈的效能。

大学期间主要以同学、教师和关系密切朋友的评价为主要对象。具体方法如下。

① 计划开始前与和自己接触、愿意说真话的同学、朋友、老师谈谈自己的计划，并请他们提出改善意见。

② 开始行动后，重点请他们关注自己的表现，发现问题并及时主动地提出。

③ 针对大家的建议，进一步评估自己的近期表现并作出相应的调整。

该方法切实有效，但难点在于找到合适的伙伴或教师，并且要求他们对自己的职业规划有所了解。

3. PPDF 法

PPDF 法主要用来组织对员工的职业生涯管理，我们可以将其运用到个人的职业生涯管理中。每个人对自己的一生都有良好的理想设计，这些设想有的可以实现，有的可能就不会实现。当一个人在一个单位工作时，如果这个单位的管理者能够为他去进行设计，他就会拥有一种追求感受。管理者给员工进行具体的设计时，要使他们的职业生涯计划建立在现实的、合理的基础上，并且通过必要的培训、职务设计及有计划的晋升或职务调整，为他个人的职业生涯发展创造有利条件。PPDF法的主要内容如下。

1) 个人情况

(1) 个人简历：个人的生日、出生地、部门、职务、现住地址等。

(2) 文化教育：初中以上的校名、地点、入学时间、主修专题、课题等，所修课程是否拿到学历，在校负责过何种社会活动等。

(3) 学历情况：填入所有的学历、取得的时间、考试时间、课题以及分数等。

(4) 曾接受过的培训：曾受过何种与工作有关的培训(如在校、业余还是在职培训)、课题、形式、开始时间等。

(5) 工作经历：按顺序填写你以前工作过的单位名称、工种、工作地点等。

(6) 有成果的工作经历：写上你认为以前的有成绩的工作是哪些，不要写现在的。

(7) 以前的行为管理论述：写出你对工作进行的评价，以及关于行为管理的事情。

(8) 评估小结：对档案里所列的情况进行自我评估。

2) 当前状况

(1) 当前工作情况：应该填写你现在的工作岗位、岗位职责等。

(2) 当前行为管理文档：写上你现在的行为管理文档记录，可以在这里加一些注释。

(3) 当前目标行为计划：设计一个目标，同时列出和此目标有关的专业、经历等，这个目标是有时限的，要考虑到成本、时间、质量和数量的记录。

3) 未来的发展

(1) 目标：在今后的3～5年里，你准备达到什么目标，做到什么位置。

(2) 所需要的能力、知识：为了达到你的目标，你认为应该拥有哪些新的技术、技巧、能力和经验等。

(3) 发展行动计划：为了获得这些能力、知识等，你准备采用哪些实际行动，其中哪一种是最好、最有效的，谁对执行这些行动负责，什么时间能完成。

(4) 发展行动日志：此处填写发展行动计划的具体活动安排，所选用的培训方法，如听课、自学、所需日期、开始时间、取得的成果等。

4. 关键事件法

关键事件法是指通过员工的关键行为和行为结果对其绩效水平进行绩效考核的一种方法。一般主管人员会记录下属员工在工作中表现出来的非常优秀的行为事件或非常糟糕的行为事件，然后在考核时间点(每季度或每半年)与员工进行面试，并根据记录进行讨论。操作流程如下。

1) 获取关键事件

一个正确的关键事件编写应该具备以下四个特征：特定而明确的；集中描述工作所展现出来的可观察的行为；简单描述行为发生的背景；能够说明行为的结果。获取关键事件所采用的方法主要有关键事件讨论会议、非工作会议形式(包括观察、会议、非工作会议)。这两种方法的目的在于帮助工作人员整理能体现工作绩效与行为的范例。

2) 编辑关键事件

在关键事件收集好了之后，必须对其进行编辑加工，为下一步应用关键事件做好准备。除了纠正一些拼写和语法错误之外，首先按照上文所述的要求，检查每个范例是否内容完整，前后格式是否统一。其次要考虑范例的长度，范例必须要有合适的长度才能保证能够提供必需的信息，太长则会给阅读者带来困难，要在这两者之间找到平衡点。最后要考虑读者的认同感，技术语言、职业行话、俗语应该被保留，其中的差别能使他的使用者感同身受。

5. 反馈法

准备一个记录本，记录一段时间内学习、思考的心得体会，以及参加的各项活动及其感想，然后检查并修订自己的职业生涯规划，看看哪些事情没做好，哪些学习和工作方法需要改进，哪些能力急需提升，这就是反馈法。

反馈评价一般采用问卷法。问卷的形式分为两种：一种是给评价者提供 5 分等级，或者 7 分等级的量表(称之为等级量表)，让评价者选择相应的分值；另一种是让评价者写出自己的评价意见(称之为开放式问题)，二者也可以综合采用。从问卷的内容来看，可以是与被评价者的工作情景密切相关的行为，也可以是比较共性的行为，或者二者的综合。

目前，市场上常见的反馈评价问卷都采用等级量表的形式，有的同时包括开放式问题，问卷的内容一般都是比较共性的行为。采用这种问卷进行反馈评价有两个优点：第一，成本比较低；第二，实施起来比较容易。采用现有的反馈评价问卷，学校所需要做的事情就是购买问卷，发放问卷，然后将问卷交给供应商统计处理，或者按照供应商提供的方法进行统计处理。但是，这种方法也有其不足，最主要的一点就是问卷内容都是共性的行为，与学校的战略目标、公司文化、具体职位的工作情景结合并不是很紧密，加大了结果解释和运用的难度，会降低反馈评价的效果。

因此，一些学校开始编制自己的反馈评价问卷。采用这种方法要求人力资源工作者能分析拟评价职位的工作，抽取出典型的工作行为，编制评价问卷，对评价结果进行统计处理，并向被评价者和评价者提供反馈。采用这种方法所编制的问卷，能确保所评价的内容与学校的战略目标、学校文化以及具体职位的工作情景密切相关，使得评价结果能更好地为学校服务。但是，这种方法对人力资源部门的技能要求比较高，同时其成本也要比购买成熟的问卷高。

在实际工作中，越来越多的学校开始采用折中的方案。即先从外部购买成熟的问卷，然后由评价者、被评价者和人力资源工作者共同组成专家小组，判断问卷中所包括的行为与拟评价职位的关联程度，保留关联程度比较高的行为；然后，再根据对职位的分析，增加一些必要的与工作情景密切相关的行为。采用这种方式，既能降低成本，同时也能保证问卷所包括的行为与拟评价职位具有较高的关联性。

6. 对比法

对比法是指将自己的职业生涯规划及其执行情况与他人进行对比，找出自己的问题与差距，据此改进自己的职业生涯规划及其执行方法。采用对比法不是单纯地模仿，而是创造性地借鉴。为了更好地开展对比法，应当建立有关的数据库，并不断更新。对比法的优缺点分别如下。

优点：因为是通过两两比较而得出的次序，得到的评估更可靠和有效。

缺点和适用范围：与直接排序法相似，仅适合人数较少的情况，且操作比较麻烦。

7. 交流法

交流法是指就自己的职业生涯规划及执行情况与同学、老师进行交流，听取他们的建议和忠告，然后据此改进自己的职业生涯规划及其执行方法。

交流法是一种综合性、实践性很强的教学方法，它极大地调动了学生学习的主观能动性，培养了学生独立思考、独立分析和解决问题的能力和相互合作意识，所以交流法已经成为教师普遍使用的方法，并逐步演变为一种帮助学生自主学习和合作学习的方法。

8.2 职业压力管理

8.2.1 职业压力概述

1. 压力的含义

压力(stress)这一概念源于物理学。在物理学中，压力是指当物体受到试图扭曲它的外力作用时，在其内部产生的相应的力。20世纪中期，加拿大内分泌学家汉斯·薛利(Hans Selye)最早提出"压力"的概念，他认为："压力是身体对任何作用于它的需求的非特殊反应"。他提出了压力可导致生理反应的观点，并对压力源和压力反应作出了区分。他认为，不论是正面的还是负面的压力，都有可能产生有益或有害的反应。自从汉斯·薛利提出压力概念以后，压力这个问题就引起了人们的广泛关注。

一个完整的压力概念应该包含以下因素。

(1) 压力源：即引起压力的事件。

(2) 压力应对：即个体在面对压力情境时所采取的应对策略。

(3) 应对资源：即影响个体对压力应对的个人资源、环境资源。

(4) 压力反应：即个体在面对压力情境时所产生的生理心理和行为变化。

(5) 压力结果：即压力对个体产生的持久性影响。

2. 职业压力的含义

职业压力是从压力定义衍生而来，也叫作工作压力。不同的研究者从不同角度来看待职业压力，例如，拉扎罗斯(Lazarus)对工作压力的定义强调压力的来源，他们认为"压力是需要或超出正常适应反应的任何状况"，而奎克(Quick)对压力的定义则强调压力的后果，他们把压力反应定义为"在面对压力源时对机体自然能力资源的普遍的、有规律的、无意识的调动"。有些研究者对工作压力给以操作性的定义，将某些工作特点定义为工作压力，如工作负荷、工作复杂性、角色冲突、角色模糊等。本书将工作压力定义为：在工作情景中，由于与工作相关的因素而使个人感到需要未获满足或受到威胁而产生的生理心理反应。

因此，职业压力的含义包括三个方面：存在于环境中的压力源、对压力源做出的生理和心理反应的个性差异、形成压力的内在作用机制三个要素。而且，职业压力是一个复杂的概念，压力源涉及社会、组织、个人诸因素，不同文化、国家、职业的压力源是不同的，同时，职业压力是压力源与个体特点交互作用的结果。

3. 职业压力层次结构

在工作环境中存在着基本需求，马斯洛将其概括为生理的需要、安全的需要、归属的需要、尊重的需要以及自我实现的需要，而这些基本需要存在着相应的表现形式，当基本需要得不到满足时就会产生基本职业压力，基本压力是分层次的，较低层次的压力容易成为当前的主要压力，当它得到一定程度的缓解后，较高层次的压力会成为主要压力。

根据马斯洛需求层次理论，可将这些职业压力从低到高分为五个层次：生存的压力、疲劳的压力、人际关系的压力、尊重的压力、自我实现的压力。它们是人在工作中承受的基本压力，许多压力源形成的压力可以看作是基本压力的复合压力。

4. 职业压力的基本理论

有关压力的经典理论可以分为传统理论和交互理论两种。首先，传统理论注重对工作压力或个体压力感的评价，而交互理论则认为对压力的测量应该包括压力源评价、应对资源以及压力症状。其次，传统理论以静态、独立的视角考察压力，希望找到大多数人都能感受到的压力的特点，而交互理论则注重个体与环境之间的相互影响作用将压力和应对看作是一个变化的过程，因此，个体对压力的感受会存在个体差异，而同一个体也会随着时间经历等的变化而发生对同一压力的感受的变化。目前，更多的研究都以交互理论为基础，认为压力过程是个体与环境之间的一种交互影响。总之，基于不同的压力理论，学者们提出了不同的压力研究模型。

1) 传统理论

该理论从较广泛的组织水平对各个独立的与压力有关的概念进行确认和测量，同时考虑对个体及组织的影响作用。拉扎罗斯(Lazarus)把传统方法引起的压力的环境条件和个性特征看作是分离的、静态的。亨德里克斯(Hendrix)等人的研究模式中，研究者们将引起压力的因素分为三类：组织内部因素、组织外部因素和个性特征。萨默斯(Summers)等人在此基础上提出了四因素模式：个性特点、组织结构特点、组织过程特点、角色特点。在传统工作压力理论研究中，所有的因素都是静态的、独立的。

2) 个体—环境匹配理论

个体—环境匹配理论是弗伦奇(French)和科普兰(Caplan)在 1972 年提出的，这一理论是工作压力研究领域中运用最多、得到最多接受的理论之一。弗伦奇(French)等认为引起压力的因素不是单独的环境因素或个人因素，而是个人和环境相联系的结果。工作的压力是由于个体能力与工作要求不匹配，只有当个性特征与工作环境相匹配时，才会出现较好的适应。

在个体—环境匹配理论的指导下，很多研究调查了不同职业的压力原因。例如在不同职业中角色模糊和角色冲突对工作压力的影响：索特(Sauter)和赫瑞尔(Hurrell)的研究确认了工人的自主和控制在工作中的重要性，他们指出缺乏控制会妨碍学习、降低动机，因而无法克服工作所引起的压力。另外一些研究者考察了工作负荷和人际矛盾对雇员满意感的影响。例如，斯佩克特(Spector)报告了工作高负荷和工作中的人际矛盾、焦虑感、挫折感、工作满意感以及健康程度有显著正相关关系，其他研究还发现工作低负荷与对工作的不满、健康程度、抑郁程度之间存在着正相关关系。个体—环境匹配理论使研究者将工作环境和个体需求结合起来考察，而不是只强调环境或个体一个方面的特点，因此是一个更全面的、更能准确揭示工作压力成因的理论。

3) 工作需求—控制模式

工作需求—控制模式(简称 JDC 模式)也是研究工作与健康之间关系的一个很有影响的理论模式，它还被称为工作压力模式。这一模式由卡拉塞克(Karasek)在 1979 年提出，至今仍受到研究者的关注，并在不断地得到检验。工作需求—控制模式包含工作环境中两个重要的方面：工作需求和工作控制。进入 20 世纪 80 年代后，这一模式中又加入了一个社会维度，即社会支持，从而使这一模式成为工作需求—控制—支持模式(简称 JDCS 模式)。

在 JDCS 模式中，工作需求指工作负荷，主要从时间压力和角色冲突分析。工作控制指个体对工作控制的程度，工作控制有两个成分：技能和决策力量。根据 JDCS 模式，对工作过程有所控制可以减轻员工的压力，提高他们的学习能力，而工作需求既提高学习能力又增加工作压力。因此，高压力的工作是高需求—低控制—低支持的工作，这种工作往往会导致心理压力和生理疾病，与之相对应的是高需求—高控制—高支持的工作，这样的工作将提高学习能力、增强工作动机，而且，高控制和高支持可以抵挡高需求对健康的消极影响。

4) 拉扎罗斯(Lazarus)交互理论

目前在压力和应对研究领域最有影响的研究者之一是美国心理学家拉扎罗斯(Lazarus)，他在 1966 年就提出了交互理论。虽然交互理论在最初并不是针对工作压力研究而提出的理论，但由于这一理论对数据的涵盖性和易检验性，使得它受到很多工作压力研究领域者的重视。交互理论的两个主要原则是：①在面临一个情景时，个体与环境相互影响。②个体与环境的关系超越独立的个体与环境的结合，它们的关系总是在变化着的。如果一个个体—环境的关系是要有压力的，那么首先，个体要认为自己所面临的工作与个人有重要关系；其次，只有当个体作出的外部或内部的要求使用或超出了自己资源的评价时，心理压力才会发生。拉扎罗斯把压力当作一个过程，认为工作压力是人和环境之间的一种特殊关系，个体和环境的关系无论在时间、工作任务还是活动上，都是动态关联的，它们的关系总是在变化的，而不像传统的工作压力理论那样，将两者看作是分离的和静态不变的。

5) 纽斯特罗姆等的工作压力理论模型

斯托姆(Storm)等人将压力源分为两大类：工作因素和非工作的环境，并特别指出工作压力源会造成积极性压力与消极性压力两种压力，并有可能导致组织层面与个体层面两个方面的积极或消极影响。该模型还注意到积极性的压力对组织和个人具有积极影响，相反，消极性的压力对组织和个人有消极影响。这个理论对全面认识压力的作用效能有重要的启示意义。

6) 罗宾斯(Robbins)的压力理论模型

罗宾斯认为压力源由外部环境、所在组织和个体三类因素构成，个体差异决定了压力源能否让个体产生压力感。此模型中有 5 个中介变量，分别是个体差异中的认知、经验、社会支持、控制点和敌意感，而罗宾斯认为个体产生的压力感主要体现在生理、心理和行为三个方面。

上述理论说明有关工作压力的研究是一个包含工作压力源自变量、压力结果因变量和一系列中介调节变量以及各变量之间相互作用的多层次多维度的研究体系。

8.2.2 职业压力的来源

1. 职业压力源的概念

职业压力的来源，简称职业压力源，概括地说它是指导致工作压力的刺激、事件或环境。具体地说，职业压力源是指那些会迫使个体偏离他或她的正常心理或生理功能的工作相关因素，它主要关注的是工作条件对个体健康的负面影响，主要的压力来源包括角色压力(如角色模糊、角色冲突、角色超载等)、工作量过大、缺乏控制感、人际冲突和组织限制性等。

2. 职业压力的影响因素

职业压力的影响因素包括环境因素、组织因素及个人因素三个方面。

1) 环境因素

如今处于变革发展的时代，可以说每天都在发生着变化。从某种意义上来说，变化是压力的诱因，它迫使你需要努力去适应"变化"。环境因素的变化则是员工压力的来源之一，它包括经济、文化思想和技术等的变化。首先，竞争越来越激烈，经济形势也处于变化之中，人们为自己的经济和生存保障而倍感压力。其次，人们的价值观念在不断变化，新思想、新观念不断涌现，如果员工的思想不能与当代社会相适应，则会诱发压力感。最后，技术的高速发展是诱发压力的第三种社会因素，技术更新会使员工的技术和经验在很短的时间内变得落后，从而迫使员工产生工作压力。由此可见，员工周围的环境因素都是可以导致职业压力产生的原因。

2) 组织因素

组织因素可以分为以下几个方面。

(1) 工作本身所存在的问题。首先，如果工作超负荷或负荷不足，会使员工身体感到疲惫，从而产生一定的压力。其次，工作的复杂性及技术更新等也会使得员工不知所措，从而产生压力。再则，对紧急工作的决策以及需要担负的责任，遇到紧急或突发事件的状态，还有工作所带的物理危险等都会给员工带来一定的压力。

(2) 企业组织结构及管理的问题。组织结构是组织在职、责、权方面的动态结构体系，是组织的全体成员为实现组织目标，在管理工作中进行分工协作，在职务范围、责任、权利方面所形成的结构体系，其本质是为实现组织战略目标而采取的一种分工协作体系。组织结构必须随着组织的重大战略调整而调整，但如果不能正确进行计划调整，没有搞好分工协作，没有弄清楚职权关系，违反统一指挥与程序，那么，这些因素就会成为影响员工工作绩效的压力源。

如今管理者管理方式的正确与否也能够对员工产生很大的影响。管理者所运用权力的方式会影响到员工对工作的压力，如那些认为自己拥有权力，随意命令他人的管理者常常会对员工和组织带来许多负面的影响。管理者的奖惩方式不当也会让员工产生职业压力，如管理者不运用积极强化的奖励方式，而是过多采用惩罚的方式。惩罚是强化的一种，在管理中有一定的效果，但它也会有一些负面的效应，有时候会导致一些不想要的情绪反应。总之，如果企业管理者对员工的各方面管理不当，都会带来负面效应。

（3）人际关系的问题。在员工之间良好的人际关系被视为个人和组织健康的一个重要因素，良好的人际关系为员工提供了一个很好的工作氛围，也可以帮助员工达到个人的目标，支持性的人际关系对于员工克服压力也是非常重要的。相反，缺乏支持性的人际关系，或者与同事、伙伴和上级的关系非常差，是产生工作压力的根源之一。

3) 个人因素

个人因素可以分为以下几个方面。

（1）角色压力源。角色是指个人在社会关系体系中处于特定社会地位，并符合社会期望的一套个人行为模式。在组织设置中，角色对于协调个体成员的行为有重要作用，员工在组织中可以通过多种正式或非正式的渠道得到角色相关的信息。角色压力是工作压力的重要来源之一，包括三种来源：角色模糊、角色冲突及角色超载。角色模糊是指角色拥有者所接收信息与充分执行角色绩效所需信息之间的不一致性，包括任务模糊性和社会情绪模糊性两种类型。角色冲突反映了当角色集合中的成员对自己有不一致的角色期望时的个人感知，可分为角色内冲突和角色间冲突。角色超载反映了个体因拥有的职责过多或角色要求超出其能力而产生的压力，它可以体现在个体感觉是否有时间去完成任务、要完成的任务是否太多和工作的绩效标准是否太高等三个方面。

（2）工作—家庭冲突。如上所述，我们在社会上扮演着不同的角色，人们可以将工作和家庭领域进行大致的区分。在家庭领域，个体角色包括子女、配偶或父母等；在工作领域，个体角色包括雇员、经理、实习生或工会代表等。工作和家庭间的互动、交叉、重叠关系是非常复杂的，工作—家庭冲突是某种形式的角色间冲突，在其中所起作用的压力源主要是工作和家庭领域互不相容的部分。工作—家庭冲突是双向的：工作干扰到家庭和家庭干扰到工作。

（3）人际冲突。人际冲突是指一方感觉到另一方已做出或将要做出不符合自身利益行为的一个过程。人际冲突的强度范围可以从轻微的分歧到激烈的争论，人际冲突会给员工带来一定的压力，在极端的情况下，甚至可能导致暴力行为。

（4）缺乏工作自主性。缺乏工作自主性是指个体在安排工作，并确定用何种程序执行工作时的自由、独立和决断的程度。它已被确定为一个员工心理和生理压力的潜在来源。理论上已经有充分依据证明了低工作自主性与苦恼之间是具有相关性的。

8.2.3 职业压力的影响

1. 正面影响

适度的压力使员工产生积极的而非苦恼的感觉，在这种状态下，员工觉得工作比较理想，因而会精神饱满地投入工作。总之，理想的压力能够提高员工的绩效和健康水平，对组织也极为有利。

（1）压力产生动力。当员工感觉到压力时，会有意识地调整自己，以适应这种变化，无形中这种压力变成了发展的动力。例如现代企业对于员工的工作往往是严要求的，这种严要求在给员工带来压力的同时，如果正确地运用，也会使这种压力变成激励员工把工作做得更好的动力。

（2）压力给人以兴奋感。在日常工作中，一个人如果有了压力，那么在完成工作的过程中，他就会产生一种兴奋的感觉，这种感觉会指导他去迎接挑战，精力充沛地去完成任务。

（3）压力可以使人成长。有了压力，人就要思考如何应对变化，这是一个过程。良性的压力还有一种引导作用，可以使人关注细节，把事情做得准确。

2. 负面影响

职业压力来源于多个方面，如不及时调节必然会带来诸多影响，严重者甚至会带来生命威胁。

（1）工作效率降低。企业职工压力问题会直接导致企业职工的工作效率的降低。毋庸置疑，一个充满活力，激情四射的职工势必会高效率工作，为企业带来更多的效益，而一个压力很大，疲惫不堪的职工工作过程中则会出现精力不佳，困乏等状态，进而导致工作效率降低、工作质量不佳，直接影响职工所在部门的工作业绩，最终对企业的整体业绩带来不良影响。

（2）人际关系紧张。企业职工压力问题会首先影响职工自身的身体，压力过大会直接导致企业职工身心疲惫，人体免疫能力降低，进而表现出健康问题，同时，压力过大也会使人烦躁、暴躁、脾气大，难以沟通等，进而导致人际关系紧张。

（3）身体机能下降，生命健康遭受威胁。压力过大会直接损害企业职工的人体免疫系统，进而导致没有食欲、没有精神、身体疲惫、睡眠不佳等。企业职工压力长期得不到环境，会使身体机能遭受损害，不仅健康状况不佳，精神方面也容易罹患疾病，比如抑郁症、狂躁症等。

8.2.4 职业压力测评

1. 职业压力诊断

在采取任何措施消除压力的负面影响之前，组织必须正确地诊断出员工压力的根源和程度。组织诊断可以专门用于评估组织的压力环境、员工感受到压力的程度或因压力问题而困扰的员工特性。组织只有通过诊断，才能了解每个受到压力困扰的员工产生心理压力的原因，进而采取有效措施。

诊断的内容主要有以下三个方面。

（1）对组织环境的评估。这种评估是为了澄清组织环境对压力影响的程度，进而消除环境施压因素。

①通过对一段时间内统计员工的跳槽率、旷工情况和事故情况进行归纳总结，找出影响员工心理压力的客观指标。

②发放压力诊断调查表、就业质量调查表等问卷，分析测量组织状况。

（2）对员工压力减缓因素的评估。这种评估是针对员工个人而言的，通过和员工沟通交流，判明除组织环境之外的诱发个人压力的因素。了解清楚员工现在的心理压力是个人性格所致还是缺乏应对机制和社会支持而导致，组织只有弄清楚具体的原因才能对症下药。

(3) 员工紧张程度评估。组织提供定时体检,对员工的心率和血压等进行诊断,评估员工身体、心理的紧张程度。

2. 职业压力测评表

表 8-1 是从要求与能力(Demand-ability,DA)、付出与回报(Efforts-rewards,ER)、组织氛围(Organizational Climate,OC)三大维度来描述的职业压力测评表,分别包括 9、8、9 共计 26 个条目,这些事件对每个人所产生的影响时间不同,影响程度轻重也不同,请根据自己的实际情况在最合适的答案上打对号。

表 8-1 职业压力测评表

事件名称	事件发生时间				精神影响程度				影响持续时间			
	未发生	一年前	一年内	长期性	无影响	轻度	中度	重度	极重度	三个月	六个月	一年	一年以上
我的工作经常需要加班,让我感到有压力													
我的工作要求我做事快,让我感到有压力													
我的工作需要努力才能完成,让我感到有压力													
我在完成工作时往往时间不够用,让我感到有压力													
我在工作中会遇到相互冲突的要求,让我感到有压力													
在工作中我因为不清楚工作的重点而感到有压力													
我的工作需要尽量避免出错,让我感到有压力													
我需要对岗位职责外的事情负有责任,让我感到压力													
近年来我的工作职责越来越重,让我感到有压力													
我的收入较低,让我感到不满意													
我在工作中的付出和成绩没有换回应有的收入,让我感到不满意													
就我学历和培训而言,目前工作职位让我感到不满意													
我的工作发展前景较差,让我感到不满意													
我的职业技能在当前工作中难以得到提升,让我感到不满意													
我所在工作单位缺乏晋升的机会,让我感到不满意													
我在工作中的付出和成绩没有换回应有的晋升,让我感到不满意													
我在工作中的付出和成绩没有换回应有的尊重和威望,让我感到不满意													
我与上司的关系不融洽,让我感到烦恼													
我上司在工作中对我支持和帮助不够,让我感到烦恼													

续表

事件名称	事件发生时间			精神影响程度					影响持续时间			
	未发生	一年前	一年内	长期性	无影响	轻度	中度	重度	极重度	三个月	六个月	一年	一年以上
我的上司领导力不足，让我感到烦恼													
我的同事对我态度不友好，让我感到烦恼													
我同事在工作中对我支持和配合不够，让我感到烦恼													
我在工作中会与其他部门的同事存在矛盾或冲突，让我感到烦恼													
我团队稳定性较差，不利于工作开展，让我感到烦恼													
我所在工作单位的制度存在不合理性，让我感到烦恼													
我所在工作单位的发展前景不佳，随时有降薪或离职的风险，让我感到烦恼													

说明：①影响程度：无影响—0分、轻度—1分、中度—2分、重度—3分、极重度—4分；②持续时间：三个月—1分、六个月—2分、一年内—3分、一年以上—4分；③总分越高，反映个体所承受的职业压力越大。

8.2.5 职业压力调整

1. 职业压力的预防

预防是针对造成问题的外部压力源本身去处理，即减少或消除不适当的管理和环境因素。2004年，国外学者奎克(Quick)提出预防工作压力的方法。

首先，进行初级预防，即用行动减少或消除压力来源，以及正面提升一个有支持性及健康的环境。如改变人事政策、诊断压力工具、发展有支持性的组织气氛、多沟通，让员工多参与公司决策、参与提升健康生活的活动或课程。其次，进行次级预防，即增加个人关注并掌握减压技巧，从而减轻员工由于压力而造成的抑郁及焦虑感。例如，为员工实施压力教育及开设管理压力课程，使员工掌握简单松弛方法(渐进式肌肉弛法)、健康生活方式、时间管理训练(定下目标、优先次序)、沟通及解决问题等技巧。最后，进行高级预防，即关注曾受压力导致严重病态人士的康复及痊愈。例如，保密的专业辅导服务、24小时热线服务等。

2. 职业压力的应对

应对策略是指在进行充分评估之后，可以决定采用集中处理情绪的应对策略或者集中解决困难的应对技巧。对于职业压力的应对，可以从个人应对和组织应对两方面分析。

1) 个人应对

个人压力应对可以采用以下措施来消除或者更加有效地管理那些不可避免的长期

压力。

(1) 找出压力源并寻求解决办法。通过压力日记对主要的压力及其原因进行分析，判断你能控制和不能控制的事情，然后把事情分开归类，并列出清单。如果是自身无法控制的事件所造成的压力，如社会环境、相关政策、他人等原因造成的，就由它去，不过多考虑，不给自己增添无谓的压力。对可以控制的压力，要积极寻求解决办法，至少列出三种不同处理方法，必要时可与亲朋好友、领导长辈或心理医生等专业人士协商解决。

(2) 进行宣泄减压。给亲朋好友写信或对他们诉说，或以互联网为媒介，将压力、烦恼一吐为快。研究显示，良好的社会支持系统(同事、朋友、亲情)是缓解压力的重要源泉，另外体育运动以及其他适当的娱乐也是宣泄压力的好办法。

(3) 改变工作方式减压。在工作量日益增加，工作要求日益提高的今天，尝试改变以往的工作方式，以适应工作的新变化。具体工作方式包括：把过多的工作进行分摊或是委派，学会同他人合作，同他人分担责任，以减小工作强度；从全局着眼，不拘泥于细部琐碎的小事；勇于决断，错误的决断比不决断、犹豫不决要好，不决断，迟迟犹豫不决，会导致压力持续且逐渐增大；在工作场合进行的人际沟通，要意思明确，少批评，多提议；严格界定工作的场合与时间，不把工作与生活混在一起，不把工作带回家，给自己留一个彻底不受工作困扰的空间和时间。

(4) 改变观念减压。通过改变观念减压，是缓解压力最有效最直接的方法。其主要包括：①正确认识评价压力。不要认为压力只有不良影响，而应转换认知和情绪，多去开发压力的有利影响；②适时进行自我鼓励。有时候要"自我吹嘘""自我赞美"一番，有助于保持自我良好感觉；③不过分拘泥失败或成功。失败是成功之母，有意义、有经验的失败要比简单的成功获益更大；④学会从事物的两方面看问题，多看问题好的一面，以乐观的态度对待工作和生活。

2) 组织应对

组织对压力的应对可以采用以下措施来消除或者更加有效地管理那些不可避免的工作压力。

(1) 及时开展压力评估。评估是消除和控制压力的必要前提。组织绩效水平、工作运行状态、人际关系、组织气氛乃至员工的出勤率和工作态度等都可以成为评估压力的重要信息。组织可以借助绩效考核和问卷调查的方式，从政策与策略、组织结构与设计、工作环境及条件等方面发现问题，例如，某种组织或者工作的因素是否与员工有关、有没有威胁性；个人对威胁或挑战的压力是否有充足的评估、可否应对。充分评估的目的在于可以帮助组织决定处理情绪的应对策略和解决困难的应对技巧。

(2) 制订压力管理计划并推动实施。有效地管理消除或者控制组织层面的压力源可从以下方面实施：完善绩效考核体系和薪酬方案，以体现成就感和公平感；调整政策和策略，实现工作丰富化和扩大化，降低压力；优化组织结构设计，减少冲突；改善工作条件，提高员工工作生活质量。

(3) 提供压力管理咨询。组织中不同的人处于不同的岗位，面临着不同的压力。压力管理咨询实际上是依靠专业人员展开咨询与辅导，是减轻压力的辅助方法。压力咨询服务包括工作压力现状诊断、工作压力管理训练，并根据个人不同的情况提出改进措施等。压力咨询还包括一些特殊的培训活动，如优化压力管理、识别压力源、冥思和肌肉放松；培训良好的人格，如乐观、希望、自我效能和内控；改善组织气氛、沟通技巧、提倡相互支持和团队建设。通过咨询服务，可以降低员工感知的工作压力，使焦虑症状有所减轻。

3. 职业压力的治疗

在组织中，即使实施了压力源的减少、消除与控制等预防措施，员工也掌握了一些压力的自我应对方法，员工仍然可能承受着过度的压力，形成焦虑、抑郁等心理问题，严重影响工作、生活及健康。这就需要采取综合的、多层次的治疗策略对心理问题进行干预，给那些曾经遭受或正在遭受因压力引起心理障碍的人提供一个治愈和恢复的过程。

1) 个人治疗

来自社会心理学的研究发现，人们需要而且会从社会支持中受益，个人作为社会群体的成员，组织和社会关系往往可以给他带来鼓励和安慰。社会网络包括朋友、家人、同事、同学等，可以同他人建立亲近的、相互信任的、值得信赖的关系，这些人会成为良好的倾听者和建议的提供者，他们提供的帮助有助于排解压力，舒缓情绪。因此，扩大自己的社交网络、与他人建立良好的人际关系也是减轻压力的一种有效手段。

同时，要学会适当的放松方式，比如以下几种。

(1) 腹式呼吸法。

吸气：采取仰卧或舒适的坐姿，可以把一只手放在腹部肚脐处，放松全身，先自然呼吸，然后吸气，最大限度地向外扩张腹部，使腹部鼓起，胸部保持不动。

呼气：腹部自然凹进，向内朝脊柱方向收，胸部保持不动。最大限度地向内收缩腹部，把所有废气从肺部呼出去，这样做时，横膈膜会自然而然地升起。循环往复，保持每一次呼吸的节奏一致，细心体会腹部的一起一落。

腹式呼吸的关键是：无论是吸还是呼都要尽量达到"极限"量，即吸到不能再吸，呼到不能再呼为度；同理，腹部也要相应收缩与胀大到极点，如果每口气直达下丹田则更好。

(2) 渐进的肌肉放松。

基本方式如下：分别拉紧身体不同部位的肌肉；让紧张的部位持续约五秒钟；慢慢地放松拉紧的肌肉，同时默默地说："放松，紧张随之而去"；在深吸气中的突出，并默默地说："放松，紧张随之而去"。

2) 组织治疗

除了个人治疗外，还可以通过组织治疗减轻就业压力。

(1) 工作再设计。重新设计工作可以给员工带来更多的责任、更大的自主性、更强的反馈，这样就有助于减轻员工的压力感，因为这些因素可以使员工对工作活动有更强的控制力，并降低员工对他人的依赖性。对于那些成就需要较低的员工，进行工作设计时，应使他们承担较轻的工作责任，同时还应增加具体化的工作，如果员工更乐意做例行性和结构化的工作，那么降低工作技能的多样化要求，就能相应地降低工作中的不确定性和压力水平。

(2) 提高员工参与程度。角色压力存在范围较广，因为员工对于工作目标、工作预期、上级对自己如何评价这类问题可能会有种不确定感。这些方面的决策能够直接影响员工的工作绩效，因此如果管理人员让员工参与部分工作决策，就能够增强员工的控制感，帮助员工减轻角色压力。从这个角度说，管理人员应提高员工参与决策的水平。

(3) 加强组织沟通减少角色冲突。强化与员工的组织沟通，有助于减轻角色的模糊性和角色冲突，从而减少不确定性，营造良好的组织氛围有助于促成员工的归属感和整体感。当员工感到压力时，会更多地寻找组织的管理和支持，在管理中授权于员工并让员工适当参与决策是建立良好组织氛围的重要基础，这也会使组织中沟通变得更顺畅，从而有助于及时缓解工作压力。

8.3　调整职业生涯

8.3.1　职业调整概述

1. 职业调整的内涵

职业调整是指在职业生涯过程中，根据实际情况，通过职场信息反馈，相继调整职业生涯目标，反省策略方案的可行度、契合度和成功概率，使之适应职场现状的要求，并为下一阶段职业生涯规划的实施提供参考与依据的过程。规划目标本身和职业的重新选择、目标实现的时限调整、职业路线的设定，以及目标本身的调整，都属于反馈与调整范畴。

2. 职业调整的原因

具体的职业调整原因是多种多样的，归纳起来，来自两个方面：个人原因和社会原因，具体内容如下所述。

1）　个人原因

职业调整很多层面是源于个人原因，主要包括以下几种。

(1)　职业兴趣转移。一个人长期从事一项职业，经常进行重复性劳动，难免会产生厌倦情绪。很多人当初对这项职业是感兴趣的，当厌倦情绪取代了职业情绪的时候，就感到这个工作没意思，从而产生新的职业意向，向往新的职业及职业生活，也就是职业兴趣已经转移到其他职业上。这样，一有机会他就会主动转换职业，要求变换职业环境。现在职业调整中，兴趣因素所占的比重有日益增大的趋势。

(2)　职业声望导向。这是"人往高处走，水往低处流"社会心理在职业调整中的具体反映。有相当一部分职业调整者，是受其他职业社会地位、工资收入、福利待遇等职业声望的诱导而进行转换的。例如，有些人辞官去当商人，是受经商挣钱的诱导；有些个体户腰缠百万，却应招考工、考干，宁可每月少拿千元、万元，这是社会承认其社会地位的诱导等类似原因的职业调整，这些都是职业声望导向对个人的影响。

(3)　职业素质变化。很多职业调整是因为自身素质发生了一定变化而引起的，职业素质变化会导致职业调整，其变化类型有三种：一是强化，人们通过长期劳动，积累丰富的经验且技能进一步熟练，从而使职业能力大大加强。二是弱化，分为相对弱化和绝对弱化两种。相对弱化即人的能力不变，但由于设备更新、技术进步，使职业能力相对下降；绝对弱化即人们自身条件变化导致职能力下降，主要原因为老年体衰、身患疾病、职业伤害。三是转化，即职业能力方向发生转移。这种转移经常是以原有职业能力为基础，转移到其相关联的职业方面。

(4)　职业待遇不理想。薪酬待遇不理想，现在工作的企业缺乏有效激励机制，业绩得不到公正评价，付出与获得不匹配，或者该职业整体薪酬过低，福利、生活、工作条件差，致使个人缺乏安全感与归属感。或者在单位感受压抑，无法发挥个人自身的优势，不被重视，得不到晋升，没有发展空间。因此，导致从业者看不到企业的发展前景，或者不能专一、安心地从事本职工作，无法从工作中获得满足感。

(5) 对职业生活环境不满。个人的职业活动不是孤立进行的，始终与职业生活的自然环境和社会环境处在对立统一的矛盾之中。当劳动者认同、适应、同化于职业环境时，他会安心工作；当对职业劳动工具、资料、职业群体气氛等职业生活环境不满时，就会想到换一个工作环境，改变职业生活现状。不少职业调整都是因为对职业生活环境的不满发生的。

(6) 受公共生活、家庭生活的影响。有些人流动是因为原来的职业或夜班多、或离家远、或住房小、生活消费高等，而要求流动到便利家庭生活的职业环境。这说明公共生活、家庭生活的影响，也是职业调整的一个重要因素。

2) 社会原因

(1) 社会经济发展促进职业增加。新增的职业是吸纳劳动力的市场，不可避免地要吸引一部分原有职业的人走进这个市场，为愿意流动的人创造了条件。

(2) 社会职业结构变化。这也与经济结构的变化有关。随着生产力的发展，以农业为主的第一产业、以加工业为主的第二产业、以服务业为主的第三产业、以信息业为主的第四产业之间的结构发生了很大变化，相应的社会职业结构也跟着调整变化，一些原有的职业规模缩小，还有一些职业规模在扩大，如服务业、信息业猛增。

(3) 社会政策的调控。职业调整是受现实的社会政策，特别是劳动人事政策制约的。在统分统配的计划用工及其管理制度下，人员流动不是普遍现象，加之强调专业对口，使职业调整难上加难。这几年随着劳动人事制度改革的不断深入，特别是劳务市场、职业市场等调节机制的建立和健全，以及住房制度等社会配套政策的改革完善，职业调整出现了较为活跃的局面。这表明社会政策的调控功能在职业调整方面发挥着重要作用，它为劳动者的职业调整指明了方向和途径。

(4) 社会竞争机制的推动。在改革开放中，社会竞争机制逐步建立和完善起来，优胜劣汰规则在职业生活中体现得尤其明显。在职业竞争中，表现突出的会得到晋升，反之则会降职，甚至被解雇，其结果都会产生职业调整。一个生产经营单位也是这样，搞不好就要倒闭或转产，职业调整也会随之发生。应该说，社会竞争机制是职业调整的巨大推动力。

(5) 社会组织的调动。社会组织调动主要是指社会组织根据需要，对劳动者的职业作适当调整。例如，工程技术人员可以安排做党务工作者，教师可以调上来当秘书，一名普通工人可以提拔为企业主管等。这种由组织调动造成的职业调整，现实生活中是很多的，只是没有引起人们的关注。

总之，职业调整是社会化大生产的必然产物，流动不以任何个人的意志为转移，也不是一种暂时的或偶然的社会现象，它是随着社会大生产的产生和发展而出现的必然产物。

3. 职业调整的必要性

影响职业生涯规划的因素很多，有的变化因素是可以预测的、可控的，有的变化因素则是难以预测、不可控的。要使职业生涯规划行之有效，就需要不断地对职业生涯规划进行评估、调整，调整的内容包括发展目标、发展阶段、发展路径，调整的依据是对已经实施计划情况进行评估和内外环境变化的情况。成功的职业生涯设计需要时时审视内外环境的变化，并且调整自己的前进步伐。目标的存在只是为了前进指示一个方向，而制定者是目标的创造者，可以在不同时间、不同环境下更改它，使之更符合自己的理想。不断调整自己的目标，才能使自己立于不败之地。

制定规划是为了发展，调整规划也是为了发展。职业生涯规划是依据当时的主客观条件来制定的，随着时过境迁，主客观条件都发生了变化，在审视一下规划目标，如果原有的目标定得低了，就需要调高目标，不然目标不能够起到激励的作用，满足于一个已经实现的目标，职业发展就有可能停滞不前；如果原有目标因为不可控的因素，导致实现目标的客观环境已经不存在，就需要改变目标。调整规划并非轻易放弃自己的追求，而是让自己的规划更适应社会、更适合自己。万万不可因为外界的变化而丧失信心、怨天尤人、自暴自弃。

(1) 职业生涯规划是一个动态的过程，需要不断根据内外界因素的变化而不断做出调整。职业生涯发展的外部条件变化包括很多方面，除了供需市场的变化之外，还包含以下几个方面的变化：①经济社会、产业结构的调整；②行业结构的变迁，新技术、新工艺的产生；③工作单位的人事变动和环境变化；④用人单位岗位、职务的变化；⑤新职业、新机遇的产生。面对外部环境和个人自身条件的变化，原来制定的职业生涯目标有时会与现实情况有所偏差，这时必须充分结合专业特点和环境优势，及时对职业规划进行调整，从而保证个人职业生涯的顺利发展，做到与时俱进。

(2) 职业生涯的不同阶段会面临不同的机遇和挑战，灵活的调整职业规划可以让特定阶段的目标更现实可行。职业生涯目标是分阶段的，每个阶段都面临着无数不可预测的因素。由于个人的计划或兴趣改变、家庭的突发事件、婚姻状况的改变、孩子的出生、孩子离家读大学、配偶的去世、被解雇、退休等事件都会迫使人们调整对生活的期望。由于自身及外部环境条件的变化，在职工作的几十年间，有时人们会根据一定的期望或新的需要对工作做出调整，这都是很普遍的。成熟的个体能够认识到应该怎么样安排自己的生活和工作，他们会调整自己以求适应这种变化。

(3) 职业生涯规划的调整有利于实现自我价值最大化。做规划的最终目的是希望自己的能力得到最大限度的发挥，实现自我价值。在人的一生中，职业兴趣、能力、价值观和职业目标是随着年龄的增长、阅历的增加而不断发生变化的。具体说来，一个20岁的人定的目标，在20岁的时候也许是有一定的挑战性，但是在10年、20年之后再来看这个目标，可能会感到不满意，因为随着知识、能力、经验、资历和自信心的增长，个人对自己的期望也越来越高，就对自己的职业生涯提出更高的要求。更高的期望和要求就意味着更多的挑战，意味着新的机遇和目标，有利于自我实现和自我价值最大化。

4. 职业调整的类型

基于不同方面，职业调整的类型也具有不同分类形式。

根据流动方向，分为横向流动和纵向流动，横向流动是一种职业向另一种职业的流动，即不同职业间的流动；纵向流动是指同一职业领域内地位高低不同的流动。一般地看，向上流动是人们所愿望并努力追求的；向下流动是被迫的，出于无奈的。

根据流动形式，分为结构性流动和个别性流动。结构性流动是指由于科学技术进步、生产力的变革，以及产业结构调整等而引起的职业结构的变化；个别性流动是指由劳动者个人自身因素引起的，不影响社会职业结构变化的流动。

根据流动原因，分为自愿流动和非自愿流动。自愿流动是个人根据自己的兴趣、爱好、志愿主动要求职业调整，这在职业调整中占多数比重；非自愿职业调整是指个人没有流动意愿，而是被动服从职业调整的职业调整。

根据流动效果，分为合理流动和不合理流动。合理流动是兼顾了社会和个人需要的职业调整；只考虑一方利益，而忽视另一方利益，当前情况下只考虑满足个人的需要，而不顾社会组织整体利益的流动，这些都是不合理的职业调整。

根据流动时间，分为高频流动、中频流动和低频流动。高频流动是指职业调整时间间隔较短的流动，一般流动间隔不超过一年的都视为高频流动；中频流动是指职业调整频率趋中，两次流动的间隔时间既不过长，也不太短，一般流动间隔在 3~5 年；低频流动是指职业调整频率低，间隔时间长，一般超过 3 年时间才有一次职业变换的都算作低频流动。

8.3.2 职业调整的内容、时机及方法

1. 职业调整的内容

在职业生涯实施过程中，调整是伴随其全过程的。反馈与调整内容如下。

(1) 重新评估自己，即在实践的基础上，重新认识自己、分析自己，找到自己的优势与不足。

(2) 重新评估职业机会，即结合现实的组织环境和社会、经济环境，分析自己未来发展的空间及可能性。

(3) 调整职业目标和方向，即根据实际情况，重新思考与确定自己的人生与职业发展目标，使其更加适合自己的情况，更加有利于自己的发展。

(4) 重新确定职业发展路线，即根据新的情况和目标，重新制定和调整职业生涯发展策略，强化自己的优势，弥补自己的不足。

(5) 实施措施与计划的变更，积极落实新的职业生涯规划方案，进入一个新的规划、实施、调整与反馈期。

2. 职业调整的时机

如果遇到下面一些情况，也许就到了需要调整职业生涯的时机。

(1) 找的第一份工作一直做到现在，没有换过工作，发现自己做的工作不是真正喜欢的，现在的工作已经变成了每天的例行公事，毫无乐趣可言。

(2) 感觉自己的知识和能力不够用，但是现在的工作量过于饱满，每天回家时已经筋疲力尽，没有时间学习，希望换一个工作在职进修，然后计划更长远的发展。

(3) 自己的专长一直没有机会在工作中发挥出来，感到很遗憾。

(4) 觉得领导低估了自己的价值，认为凭自己的能力应该能拿到更高的薪水。

(5) 如果继续留在公司，提升空间不大，没有大的发展机会，不想埋没了自己。

(6) 长期以来，已经做好准备，开始期望有自己的公司，自己做老板。

3. 职业调整的方法

在职业生涯规划实施的过程中，通过反馈与调整评判一个人的职业生涯规划是否有效，一般可以从三个方面入手：一是 PDCA 循环法；二是检查落实者是否具有目的意识和问题意识，即对目标及风险的意识和管理；三是目标管理法(MBO)。

1) PDCA 循环法

PDCA 循环又叫戴明循环，它最初是全面质量管理遵循的科学程序，但目前已经被引入到许多管理活动领域。对职业生涯进行管理，同样应该遵循 PDCA 的循环体系，即整个过程可以分为规划、实施、检讨与改善四个步骤。不同的步骤间紧密相连，形成封闭的循环链条。当一个 PDCA 循环完成时，下一个 PDCA 循环又会开始，从而为职业生涯管理提供一个长期的、持续的支持与反馈活动。职业生涯规划的实施与评估离不开 PDCA 的循环。PDCA 代表计划(Plan)、实施(Do)、检查(Check)、行动(Action)。具体可参见 8.1.2。

2) 目的意识和问题意识

为保证工作的顺利进行和职业生涯目标的实现，职业工作者还必须具备明确的目的意识、问题意识，这也是评判其工作方法是否有效的重要标准。

目的意识就是行为主体对行动目的的认知。我们经常会看到某些人所做的很多事情与最终目标没有多大关系。这样的人工作可能很卖力，但是在衡量一个雇员的工作业绩时，要看其目标的实现程度与其投入成本的比较，而不是只看他的工作量。

问题意识即风险管理，其核心在于：对现阶段工作可能出现的问题具有心理准备，对可能出现的问题制订相应的防范措施。必须具备问题意识的前提基于以下两个方面的原因：①你搜集的资料不可能完全准确、齐全客观。此外，判断本身就是一个主观行为，有可能存在偏差；②事物总是在发展变化之中，有些突发因素不是出现在你制订计划之前，而是在你实施计划时影响目标的实现。

当前的职场环境也使具备问题意识变得十分必要。职场竞争日益激烈，生涯机会来之不易，而且市场千变万化，如果没有问题意识，可能就要付出沉重的代价。而且事物的发展有其必然性，如果具备问题意识，也许就能够预先发现问题，并预测它的严重性，以便及时调整计划。

3) 目标管理法

目标管理法(MBO)是美国著名管理学大师彼得·德鲁克(Peter F. Druker)于 1954 年提出的。德鲁克认为：每一项工作都必须为达到一定的目标而展开，评价一个雇员或管理者是否称职，就要看其对目标的贡献或实现程度。在职业生涯管理中，同样需要采用目标管理法对人生目标与阶段性目标进行管理，以确保自己的行动朝着目标方向努力并实现目标。通过目标管理，可以最大限度地激发个人实现人生目标所必须的两项基本素质：①自我超越，即永远要有主动达成甚至超越目标的自我要求；②能够创造一个环境，促使自己和身边的人追求卓越并积极寻找解决问题的方法与途径。因此，生涯发展的目标管理能够启发自觉，激发个人的积极性，具有明显的激励作用。

"职业生涯发展目标管理"主要包括以下 4 个方面的内容。

(1) 设定目标(set objective)，目标的内容要兼顾结果与过程。根据个人当前的岗位职责和人生整体目标，设定目标方案。根据组织结构和职责分工，明确目标责任者和协调关系；配置相应的资源，支持目标的实现。编制目标记录卡片，绘制出目标图。

(2) 要自己动手，制订工作计划(business plan)，强调自主、自治和自觉。其中最重要的内容就是设计阶段性目标(milestone)提出达成阶段目标的策略和方法。一个不能对终极目标进行阶段性分解、不能自己选择工作方法的人，是难以有所发展的。

(3) 定期进行进展总结(review progress)。个人要定期对目标实施状况进行检查，分析现状预期与目标的差距，找到弥补差距、完成目标的具体措施。当出现意外、不可预测事件严重影响目标实现时，也可以通过一定方式修改原定的目标方案。

(4) 目标任务终止期进行总体性的生涯发展绩效评估(career performance evaluation)，如果没有达成目标要检讨原因；如果超出预期，或者达成了当初看上去难以完成的目标，则要分析成功的原因，并与别人分享经验。分享成功经验(the best practice sharing)是激励自己和帮助他人的一种有效实践。并在此基础上讨论下一阶段目标，开始新循环。如果目标没有完成，就分析原因、总结教训，切忌指责别人和丧失信心。

8.3.3 职业调整及其应对策略

在知识经济时代，人力资源的开发和利用已经成为一种世界性趋势，越来越多的国家正把资源开发的战略重心由开发物力资源向开发人力资源转移。与此同时，个人也不再满足于"以岗位谋生存"的生存观，而是追求个人价值得以实现的发展观。

人力之所以称之为"资源"，是因为它具有社会资源的共同特征。一是稀缺性，人的生命是有限的，能从事劳动的自然时间被限定在生命周期的中间一段，人的才能如果不及时使用和开发，就会荒废、退化，从这个意义上说，人力资源是一种不可再生资源。二是多用性，人力资源是一种有生命的、活的资源，在人的生命周期内，人类所具有的智慧和创造力可以无限开发和重复利用，从这个意义上说，人力资源又是一种可再生资源。同时，人不同于其他动物，有思想、感情和意识，能自觉调节自身与外部的联系。

这里所涉及的职业调整实质上是指个人在职业生涯发展中为了更好地实现自己的价值，从而离开原有的岗位或领域，寻求新的岗位或领域的过程。分成横向和纵向两类，横向包括平调和跳槽，纵向主要是指晋升。在这个过程中，可以是员工因自身的发展需要而作出决策(如平调、跳槽)，也可以是组织因工作需要对员工重新安排工作(如平调、晋升)。

1. 职业调整的实现方式

关于职业调整的实现方式，这里主要介绍以下几种。

(1) 平调。平调是指组织内的转岗换位，是组织为达到提高组织整体绩效的目的，采用换岗的方法对组织内部人员的岗位进行整合，使合适的人安排到合适的岗位上，这是组织内部经常采用的方法之一。个人可以充分利用换岗换位机会，得到锻炼，积累宝贵经验，最终寻找实现自我价值最大化的岗位。

实行岗位轮换的目的主要是培养复合型人才，挖掘员工潜力，控制经营中个人因素的风险，使员工换位思考后能促进公司的效率。同时，通过轮岗及培训可以加快提升职员的专业素质与技能，拓展职员业务范围，锻炼职员适应能力，挖掘潜能，造就了企业的复合型人才。

职员通过轮岗可以避免长期从事单一的事务性工作而缺乏挑战性产生的枯燥厌倦感，培养自己持久的工作动力，更好地发挥主观能动性，带动和促进团队工作效益的提升。通过轮岗建立和完善集团人力资源的交流体系，努力为职员提供多样化的工作内容，能够帮助职员寻找适合他们工作岗位的空间与机会，使职员获得认识评价自身能力与潜能的客观依据，拓宽职员的职业生涯发展渠道，从而为职员的成长与自我实现创造条件。通过轮岗互动交流可以彻底打破部门单位间的工作壁垒，树立工作大局观和整体意识，最终实现集团整体和谐统一的工作节奏与状态。通过轮岗可以提高集团内部互为客户的服务意识，使各岗位职员能够换位思考、相互理解，达到充分的沟通与协作，使每位职员工作充满激情与活力，不断开拓创新。

(2) 跳槽。跳槽是当今职场中提及频率最高的一个词语之一，是人们对职业流动的一个形象俗称。它主要是指一种个体性的主动工作变动，从一个组织流动到另一个组织，契约关系的终止和重新开始。它可以是跨行业跳槽，也可以是业内跳槽。跳槽者即那些以原有的职业身份资源为依托，以职业流动方式，主动自觉地选择，塑造自我理想职业生活的职业行为者。

跳槽是在职业调整的最主要方式，其产生的效用也是最大的。首先，跳槽是个人职业发展的梯子。职业发展需要不断更新技能、经验及社会关系等，通过合适的时机，采取战略性横向流动，有助于个体建立起成功的职业生涯。其次，跳槽是应变职场的有效工具，职场生存需要极强的应变能力，跳槽无疑是应变职场的一种有效的方法。在职场中，当"山重水复疑无路"的时候，可能跳一跳，就会"柳暗花明又一村"。在职场，员工与老板的关系是"博弈"的关系，老板对员工很好施压，员工则处于弱势地位。跳槽帮助个人自我减压，寻求新的生机和希望。最后，跳槽给跳槽者带来极大的工作促动力。

对于跳槽者来说，动机也就是跳槽的出发点。正确的动机是跳槽顺利进行的必备条件和重要保证，不正确的动机从一开始就输在起跑线上。仅仅因为一些客观的因素，不经谨慎思考而跳槽是不成熟的表现。跳槽的目的在于通过不断学习、自我提升，来加强自己的"核心竞争力"，使自己不被激烈的竞争所淘汰。

(3) 晋升。在著名心理学家马斯洛提出的金字塔式的人的 5 层需求中，第 4 层尊重的需要就包括晋升。尊重是得到他人的认可，即通过社会对自我存在的认可，人会得到满足。

在现代社会中，衡量一个人成功与否的标准往往会被量化，比如月薪、职务。所以，每一个职场中人都急切地渴望晋升与加薪，正如同渴望自己的价值被别人承认一样。同时，对于组织来说，晋升既是一种激励员工的手段，也是根据员工类型向其分配工作的结果。

一个员工要想晋升，除了懂得忠诚、敬业，懂得积极主动、高效做事，懂得与上司、同事和谐相处之外，还要懂得一些晋升之道，例如，让别人知道自己是名勤奋的员工、让上司知道自己想升迁的想法、把同事和朋友当做竞争新职位的对手、技巧地获知新职位的人事信息、处理好与不同部门的上司的关系等，这是保障晋升的基本条件。一个人只要具备了这些基本条件，又懂得在努力晋升的过程中创造晋升机会、把握晋升机遇，就能得到加薪和晋升。

2. 职业调整的策略

事实上，在职业调整过程中，有些人获得了成功，达成了愿望，实现了自我；而有些人虽学富五车、才高八斗，却终生埋没，一无所成。其秘密在于，一次成功的转换不仅仅依靠你出色的工作能力，其实，它还暗含着一些技巧性的东西在里面。不是"名企""高职位""有经验"就一定有利，职业规划讲究实力的"有效积累"，也讲究职业连续性，还讲究搭建合适的桥梁，帮助自己通向向往的地方。

职业调整，首先个体是一个从事于某一社会职业的职业劳动者，只有当一个行为者具有了一定的社会职业身份背景时，才有可能成为具有职业流动意义的职业调整者；其次，是以原有的职业身份资源为基础的；再次，职业调整的转换行为大量地、普遍地是其主动或自觉地选择，即具有较强的主体意识。由此，在职业调整过程中应从以下三个方面来把握。

(1) 做好本职工作。本职是职业调整的土壤，岗位是职业调整的基地。干好本职工作就是要有敬业精神。想建功立业，成为有用之才，就必须扎根本职，坚守岗位，关注科学技术的发展，运用精湛的技能，在个人的基地中摘取一个又一个成功的果实；反之，朝秦暮楚、见异思迁，不但业难创、才难成、职难升，还可能丧失基本的生存条件。社会上公认的成功人物几乎都有一个共同的特征：对自己所从事的工作热爱且执着。

① 干好第一份工作。想要成功进行职业调整，首要的是干好本职工作，对于刚毕业的大学生来说，则是要干好自己的第一份工作。处境的改变、理想的实现、事业的成功，不在于做的是什么工作，而是工作做得怎么样。选择第一份工作可能不是由自己的意志决定的，但怎样看待第一份工作，走好人生奋斗的第一个起点，确实是靠个人努力的。

② 爱岗敬业。一项调查显示，企业评估人才的关键已由"能力"转为"态度"。企业录用员工时考虑的首先是工作态度与敬业精神、团体观念。"现在大学生的专业技术、知识都够，但普遍缺乏的是对本职工作的热爱、敬业精神和团队合作的素质，"一位企业家这样说，"年轻人最好能自我警惕。"不管你从事什么工作，首先要尊重自己职业、热爱自己的职业，尽自己的一切力量把工作做好。

③ 理顺人际关系。在单位中，与同事的关系是十分重要的。初来乍到，一切都是陌生的。多观察、多思考、多做事、少说话是适应新环境的最佳方法。要学会与同事保持一定距离，凡事采取中立态度。公平对待每一位同事，避免建立小圈子。建立和谐的人际关系，要在良好的道德品质和文化素养的基础上，做到以下几方面：尊重他人，不自视清高；平等待人，不厚此薄彼；热心待人，不见利忘义；诚实守信，不贪图虚名；主动随和，不孤陋寡闻；律己宽人，不心胸狭窄；服从领导，不无礼抗上。

(2) 有效积累职业身份资源。第一，准确定位。想要把握时机改变自己现有的生活状态无可厚非，但是一定要避免盲目性，否则必定会遭遇挫折。职业调整前，最好能对自己有一个正确、全面的评估。其中包括：分析自己的性格类型、技能专长、价值取向和兴趣爱好，明确自己适合从事的职业、最有机会发挥潜力的环境或行业；搜索职业信息，定位能将自己需要和技能最大程度匹配的工作机会。同时要对自己的心理承受能力有正确的评估，因为职业调整后很可能会遇到意想不到的困难和阻力，这些都需要坚强的心理支撑。必要的时候，可以借助人才测评结果，更好地认识全面的自己。第二，界定择业要求。界定择业要求就是要：明确在哪个行业发展，应聘什么职位，到什么样的企业中工作。分散的职业背景只能证明你有一定的经验和阅历，但并不能证明你能够做得很优秀，换句话说，只能证明你具备了一定的工作能力，但无法表现出你在同类人才中的核心竞争力。确定自己的职业目标是一个人职业发展的重要起点，是事业成功的前提条件。要合理规划自己的职业生涯，制定短期与长期目标。职业调整只是达到目标的手段，要进行有意识的职业调整，讲究职业的连续性，积累有效的职业经验，这样更有利于逐步形成核心竞争力，实现自身的持续增值。第三，搭建职业发展的"桥梁"。想一步到位，总是按照自己想象的道理去行事，在职业调整上缺乏技巧等，是职业调整中常犯的错误。其实，很多情况下，职业的转换无法一步到位，需要搭建桥梁。可以从熟悉的领域着手，从熟悉的社交圈子着手，确定个人职业生涯发展的路径，并选择一条最佳路线进行逐步的职业调整，最终实现职业目标。

(3) 把握职业调整主动权。一方面，时间选择。国外的猎头公司普遍认为人生有三个转换职业的最佳时期，即所谓"转职适龄期"，如果想要转职就应该尽量选择在这三个时期内。第一阶段：25～30 岁。这个时期正是"自我独立、精力充沛、年轻有为"的阶段，无论哪家公司都需要这样的人才。这个时期可以大胆地到那些没有接触过的行业里去试试。第二阶段：35 岁前后。这个时期可以从事管理职位，但是只能在经验许可的行业内供职。第三阶段：40～50 岁，其中又分为 45 岁以前和 45 岁以后两阶段。45 岁以前是充分显示个人能力的年龄段，而且企业也有多种多样的职务需求，选择的幅度和可能性都很大。如果是对一生只有一次的转职者来说，这是最佳时期。45 岁以后也被称为过渡时期，对有能力者而言，外企的经理、代表等高级职务应为其目标。在这个阶段转职不应与过去的经历有太大的变化。

有关专家总结出最完美的职业生涯应是：28 岁之前全力投身从事的职业，经过五六年的历练，取得一定资历，在 35 岁左右就任中层管理职务。在这个岗位上应充分发挥 10 年左右的作用，同时要确立最终的工作场所及职位。不必一开始就打算 40 岁左右一定转职，但不断寻觅最终的职位却要始终如一。

另一方面，必备心理素质。一是客观公正。对所有的事物判断要客观公正，而非盲目。既不能妄自尊大也不能妄自菲薄，毕竟这是关系到你人生方向的一次转变。二是果敢迅速。在原行业走得越远的人改行的难度也就越大，但只要你认为改变的方向是正确的就不要再犹豫，因为等待、观望的时间越长，付出的代价也就越大。

8.3.4 职业调整的实施

1. 职业调整的实施步骤

职业调整的实施步骤可以遵循以下步骤。

(1) 重新剖析自我。掌握个人条件的变化及其在职业实践中检验的结果，加深对自己的认识，检验自己的职业素质是否适合所从事的职业，弄清楚"我能干什么"，也是对内在条件重新分析。在此基础上选择更适合自己的方向，调整自己的职业生涯规划，从而为自己的长期发展奠定基础。

(2) 重新评估职业生涯机会。职业生涯机会的评估,主要是分析环境因素对自己职业生涯发展的影响。在从业过程中,内外环境会给自己的职业生涯带来的机遇和挑战。对此,自己要认真地进行重新评估,如分析当前经济社会的发展趋势会是什么样子,所从事的职业在目前与未来社会中的地位如何,社会发展对自身发展的影响有多大,自己所在企业所处的内外环境和个人的人际关系怎么样等。通过接触社会,深入了解外在的职业环境,对职业生涯未来的发展机遇和障碍做到心中有数,就会明白什么是自己可以干的,什么是不能干的。

(3) 调整职业生涯目标。它是指调整远期目标或阶段目标。对职业生涯目标的调整,除了自我剖析和环境再分析外,更要侧重于明确目标的价值取向。有了职业目标定位后,再定期根据自己的职业实践进行理性评估,找出差距和不足,根据内外环境的变化,及时调整、修正自己的职业生涯规划,并针对自己的薄弱环节进行弥补和提高,从而选择更适合自己或者更有发展前景的工作来锻炼和培养自己。这样才能使职业生涯规划行之有效,引导职业生涯正确发展,从而为自己的长期发展奠定基础,彻底解决"我为什么干"的问题,是调整职业生涯规划的关键。

(4) 修订实施方案。这是为推动职业生涯规划有效实施创造条件,即制订一个新的自我提升发展计划,进一步明确"我应该怎么干"。每过一段时间,从业者要审视内在和外在环境的变化,并且及时调整自己原定的职业生涯规划及其实施方案。调整并非放弃,而是与时俱进。当一个人的职业生涯并非一帆风顺时,调整的过程往往可以使人的多方面能力得到提高。

(5) 落实调整后的职业生涯规划。职业生涯规划的贯彻、落实和其设计、制定同样重要。回顾自己对原规划中发展措施的落实情况,反思原规划中发展措施的针对性、实效性,这样既有利于新措施的制定,也有利于新措施的落实与执行,从而提高从业者的自我管理能力。没有行动的理想、目标和计划只能是空中楼阁。我们要想获得职业生涯的成功,必须注重培养自己的行动能力,把目标和措施落实到每一天的具体活动中,决不能做"语言的巨人,行动的矮子"。

职业生涯设计能力和调整能力是从业者终身必备的能力,也是从业者终身受益的能力。在整个职业生涯中,不仅需要知道自己想从事什么工作、能从事什么工作,更重要的是需要知道以什么策略、手段实现职业生涯的进步。当今时代一个人在一个单位的一个岗位上从业一辈子的可能性越来越小。人的一生可能要改换多个岗位,甚至改换多种职业。掌握有关职业生涯设计的知识,掌握职业生涯设计及调整的能力,不仅是我们第一次求职时所必需的,而且也是未来整个职业生涯发展不可或缺的。

2. 职业调整时需要考虑的因素

职业调整时需要考虑以下三方面的因素。

(1) 环境因素。环境因素包括社会环境、政治环境、经济环境、科技环境、自然环境、法律环境等。由于外部环境一直处于不断变化中,我们需要从宏观的角度来认识和把握这些变化。外部环境的变化并非个人能力所能改变的,因此我们需要使自己努力适应这些变化。

(2) 组织因素。组织因素包括组织规模、组织结构、组织文化、组织发展状况、人力资源规划、人力资源管理系统类型、晋升政策、人际关系等一切与职业生涯发展有关的组织因素。要改变组织因素非常困难,但个人可以选择到最适合自己发展的组织中工作。

(3) 个人因素。个人因素包括年龄、性别、学历、工作经历、家庭背景、人格等。一方面要正确认识自己,另一方面还要不断完善自己。组织和个人只能使用第一因素,正确认识和分析第二、第三因素,有助于寻求个人发展和组织发展的最佳匹配。

3. 职业调整时需要注意的问题

调整你的职业生涯规划,需要注意以下几点。

(1) 制订一个明确具体的新计划。调整你的职业生涯规划,你需要有一个比较系统的新计划。这个计划必须是明确的、具体的、可行的。比如,你的目标可以描述为"我想做一个数据处理部门的经理",而不单单是"我希望有一份好工作"。对目标的描述最好是可以量化的,比如,"我希望新的工作报酬比现在提高20%"等。

(2) 多问几个问题。你需要在调整规划前多问几个问题,比如:你为什么要离开现在的工作?你的能力是否能够胜任新工作?新工作的工作时间、工作环境、工作强度、薪酬福利是否让我满意?新公司付给你的报酬比现在高 20%,你能否保证自己能为新公司创造更多的利润和价值?你的新工作是否会影响到你的家庭生活?在新的公司,我的职业发展道路和发展空间如何,我需要怎样规划?新公司的文化是否和自己的价值观一致?

(3) 充分利用你的人际关系网。加强与亲朋好友、同学、校友联系,告诉他们你的计划,看看他们有没有合适的就业可以帮你推荐,许多大公司的很多工作岗位都是通过内部推荐来选拔合适人才的。在联系这些人的时候一定要把握分寸,考虑对方的难处。无论这种推荐是否成功,都应该对每个帮助过自己的人心存感激。精心维护的人际关系往往会让你有意想不到的收获。

(4) 总结自己的优势和不足。寻找新工作前要总结自己过去的成就、经验、教训和不足。重新评估自己的优势所在,以便在目标中的新工作中尽可能地发挥自己的优势;同时,从过去的教训和挫折中总结不足,并且考虑如何在以后的工作中弥补不足,考虑如何把自己的不足变为优势。公司在招聘有经验的员工时往往希望这些员工对自己的优缺点有明确的认识,并且明确自己大概的发展方向,明确如何让自己扬长避短。在这一点上,公司对有经验员工的期望与公司对刚毕业学生的期望是完全不同的。

(5) 准备好把自己推销出去。在就业市场上,每个人都是一件需要包装、需要让人了解接受的商品。在总结了自己的优势和不足之后,一定要学会突出自己的优势,让负责招聘的人能在最短的时间内发现自己的优势,包括专业优势、能力特长和实践经验等,让招聘人员感到你完全适合这个职位。

(6) 维护好与原来公司的关系。要调整职业生涯规划,有时会涉及离开原来的公司,这时最重要的是维护好与同事、上级及下属的关系。要知道,他们也会成为你的人际关系网的一部分,也许有一天,他们中的某一位会成为你的新工作的推荐人。一些大公司在招聘员工时,也可能会打电话到你原来工作的公司,了解你的工作情况、人际关系、个性特点等。如果你在离开公司时有些关系处理不好,可能会给新公司领导留下不好的印象。

(7) 调整心态,坦然面对得失。任何一次调整都是要付出一定代价的。你必须考虑每次调整职业生涯规划的得失。因为你的决定不单会影响到自己的职业生涯发展,也有可能影响到你的工作满意度、你的成就感、你的收入、你的家庭关系、你的休闲时间以及你的生活方式、你的培训和进修等诸多方面。在作出调整决定之前，你必须全面考虑调整会带来的正面及负面的可能性，也需要为可能面临的问题提出解决方案，准备好对策。总之，在每次调整职业规划之前，都要做好最坏的打算，同时付出最大的努力。

如果你能顺应时代需要，定期反省自我，及时总结经验，灵活调整职业生涯规划，并且坚持不懈，你就一定会最终实现自己的职业目标。

第 9 章

职业再发展规划

在当今快速变化的职业环境中,职业发展再规划成为越来越多人关注的话题。随着科技创新不断推进和经济形势的周期性变化,大学生在进入职场后同样也要面对职业发展的挑战和困惑。为了更好地适应和应对这些变化,职业生涯咨询、职业能力提升和员工帮助计划、职业再规划与再定位等方面变得尤为重要。

首先,职业生涯咨询是职业发展再规划的第一步,也是很多大学生开始规划职业生涯的起点。无论是刚刚踏入职场,还是已经在其中奋斗多年,职业生涯咨询都有助于更好地了解自己。其次,职业能力的不断提升也是职业发展再规划中不可或缺的一部分。在竞争激烈的职场中,拥有核心职业能力和终身学习能力变得至关重要。学习能力使个人能够不断适应变化,并获取必要的知识和技能;问题解决能力和创新能力帮助个人在面对挑战和机遇时能够做出明智的决策和发现新的解决方法;沟通能力则是在各种场合下与他人有效交流和合作的关键。再次,健康的身体、良好的心理状态等是发挥工作能力的前提,员工帮助计划也将帮助在职业再规划过程中个人重塑职业发展方向,获得更好的职业机会。最后,通过职业生涯规范、职业能力提升等重要环节,个人可以更加明确自己的职业目标职业,并进行职业再定位和制定相应的行动计划。

本章对上述内容进行了详细的阐述,无论是希望重新规划职业,提升职业能力,还是寻找员工帮助计划的方案,本章都将为提供有价值的指导和信息。

9.1 职业生涯咨询

9.1.1 职业生涯咨询概述

1. 职业生涯咨询含义

关于职业生涯咨询发展近些年得到了越来越多的学者关注,也形成不同层面的认知。

(1) 终身生涯发展。近一个世纪以来,伴随着社会经济的发展,无论是社会与经济系统或个体所存在的行业和职业都在不断发生变化。越来越多的人不再喜爱单一、保守、传统的文化,个性化的需求不断涌出并受到全社会的关注,越来越多的女性积极参与生产活动,不少男性也不再坚持传统的社会角色。因此,职业生涯咨询不应是公式产出计算结果抑或流水线产出的工业化产品一成不变,它应该是富有创造力和个性化的动态过程,同时满足个体进步和社会发展需求。职业生涯咨询包括的范畴不仅应有个体不同时期的工作经历的演化,还应包括生活、学习、休闲等各方面的调整,其最终目的是"发展自己的生涯",逐步达到个体的生涯成熟以及实现生涯同一性。因此,职业生涯咨询不仅应当考虑来访者的短期工作情况,更应该考虑来访者的终身职业生涯发展以及来访者的生活、学习、休闲等相关情况,即终身生涯发展。

20 世纪 70 年代,吉斯伯斯和摩尔经过多年深入研究,首次提出了终身生涯发展概念,并做了相关阐释,他们认为终身发展是个体逐步转变并具备自我发展能力的过程,在具备这种能力之前,个体经历了各种角色、环境和事件,并在这些相互作用、相互整合的外力作用下发生自我改变。概念中,一个人整个的一生即"终身",该概念展示了人们各式各样的生活风格。随着时代发展,20 世纪 90 年代,麦克丹尼尔和吉斯伯斯对终身生涯发展的概念作了进一步修正、扩充和完善，使该概念与时俱进，符合现在及未来发展趋势。他们在原来概念基础上增加了性别、出身、宗教及种族等因素，并强调无论是什么年龄或处于何种环境的个体，其生活角色、环境和事件在很大程度上受到这些因素的塑造作用，这些因素还增强了个体对自身终身生涯发展动力的理解，且有助于其获得了更强大的探索终身发展的力量。

(2) 职业生涯咨询定义。美国国家职业发展协会(National Career Development Association, NCDA)将职业生涯咨询定义为一个助人过程，咨询师着眼于生活和职业发展，聚焦个体关于工作角色的概念，以及其工作角色是如何与其他生活角色相互作用的。职业生涯工业财团澳大利亚(Career Industry Consortium Australia)认为职业生涯咨询是职业生涯咨询师以一对一或团体的形式进行咨询。在咨询过程中，强调个体的自我意识与理解，帮助个体发展出一个令人满意的、有意义的生活/工作方向，以此为基础引导个体作出学习、工作及其转换的决策；面对人生中不断变化的工作与学习环境，引导个体管理自己的行为反应。外国学者利普泰克(Liptak)对职业生涯咨询的定义是：职业生涯咨询师以一对一或小团体的方式引导来访者作出有效的职业生涯决策，并帮助执行这一决策，同时还需处理在职业生涯咨询过程中引发的情绪问题。

中国职业规划师协会将职业咨询定义为包括求职、就业咨询、创业指导、人才素质测评、职业生涯规划等一系列相关业务的人力资源开发咨询服务。张萍认为职业咨询是由职业咨询师运用专业知识、心理学、社会学等多学科知识，结合分析各行业市场发展规律及趋势，为来访者提供寻找目标职业及发展过程中遇到的有关问题的信息、建议、帮助和指导。罗婷认为咨询服务系指借助咨询师的辅导技巧及专业知识，在一对一咨询的过程中协助个案厘清问题、认知自我与社会环境，自主完成职业生涯规划，并践行计划使个人按规划中的就业方向迈进。

(3) 职业生涯咨询与心理咨询。上述国内外学者和组织对职业生涯咨询的定义，都明示或暗示了职业生涯咨询不仅是在解决来访者工作问题，也是在解决来访者生活上的问题，这说明了职业生涯咨询和心理咨询是密不可分的关系。何遵认为职业生涯规划与心理咨询各自具有重要的应用价值，两种谈话方式特性迥异，互补性强，易于发挥协同效应。一些学者的观点则更为明确，金树人认为职业生涯咨询就是一种心理咨询，生涯咨询师主要处理与来访者生涯发展有关的认知、情绪、态度和行为；生涯咨询所用的基本方法、策略、技巧奠基于心理咨询与治疗。克莱茨(Crites)认为综合的职业生涯咨询包括心理咨询，又超出了心理咨询。他提出这一观点的前提是：人们对职业生涯咨询的需求比心理咨询多；职业生涯咨询可以是治疗性的；职业生涯咨询应当效仿心理咨询与治疗；职业生涯咨询比心理咨询与治疗更有效；职业生涯咨询比心理咨询与治疗更困难。

总而言之，职业生涯咨询基于其发展现状被普遍认为是心理咨询的一个方向。该专业方向对咨询师提出了更高要求，除了职业生涯咨询相关理论和实践要扎实牢靠之外，其心理咨询理论和实践能力也要过硬，这才是合格的职业生涯咨询师。

2. 职业生涯咨询计划

作为职业生涯咨询师应对来访者的倾诉仔细、积极地聆听，对来访者表达的问题试着去共情。对来访者可能呈现的问题能通过咨询计划清晰地规定出来，并设置相关干预策略以辅助职业生涯咨询是一份优秀职业咨询计划的外在体现。使来访者生活中的问题在咨询计划所设置问题的提示下尽可能呈现是职业生涯咨询计划的根本目的所在。职业生涯咨询计划有6个阶段：初始访谈评估、个案概念化、制定一般目标、创建具体目标、制定干预策略、评价与终止，具体内容如下。

阶段一：初始访谈评估。职业生涯咨询计划的第一阶段是对来访者进行初始访谈评估，一般认为这一阶段发生在正式咨询之前。以下几个目的需要在初始访谈过程汇总尽可能达到：第一，对咨询师服务是否适合来访者进行明确；第二，对来访者处境的紧迫性进行评估，并给予相关反馈；第三，介绍治疗机构和咨询过程，使来访者逐步了解和熟悉；第四，对来访者的咨询态度进行调整，使其积极对待；第五，将来访者信息尽可能收集齐全、丰富。塞利格曼(Seligman)认为初始访谈是为有效咨询计划的开展做准备，因此对来访者的信息应尽可能收集充分。

阶段二：个案概念化。职业生涯咨询计划的第二阶段是对来访者的问题进行个案概念化，以方便之后阶段的进行。陈飞虎指出个案概念化完美地解读了来访者及其问题信息，并在此基础上提出相关理论假设，整个咨询实践过程均离不开这些解释及假设的指导，也是心理咨询师最为核心的综合性能力之一。安芹指出个案概念化就是怎样挖掘来访者问题中的有效信息，并有意义地综合这些对咨询开展有利的信息，在这些信息的基础上作出假设和预测，然后通过后续的判断将咨询计划雏形制订出来的过程，这些过程可以理解为咨询师的一种内心活动。

阶段三：制定一般目标。职业生涯咨询计划的第三阶段是帮助来访者制定一般目标。所谓一般目标指的是能够指导咨询计划的广泛并长久的目标。

阶段四：创建具体目标。职业生涯咨询计划的第四阶段是咨询师同来访者一起帮助来访者创建具体目标。具体目标不同于阶段三的一般目标，它具有更高的可执行性，也更为细致和具体。为了使来访者的一般性目标达成，咨询师和来访者一起对一般目标进行分解使目标细化、具体化，通过一个一个具体目标实现一般目标。在这个过程中应针对每个具体目标制定时间表，并记录和测量结果，从而可以追溯绩效责任。应将多重具体目标融入每个当前问题之中，并根据问题的性质进行调整和改变。同时职业生涯咨询师必须判断每一个具体目标对于来访者是不是最佳选择，是否足够合适。琼斯玛和彼得森(Jongsma and Peterson)指出，每一个具体目标都必须根据达成一般性的治疗目标而设立。他们认为，具体目标可以看作一系列的步骤，如果完成了这些步骤，就会导致长期目标的达成。他们还建议，每一个具体的目标都应包含一个达到该目标的预定日期。如果来访者在治疗中获得了进步，就可增加新的具体目标。如果每一个长期目标中的具体目标都得以完成，就表明来访者达成了所有的长期目标。

阶段五：制定干预策略。职业生涯咨询计划的第五阶段是咨询师依据一般目标和具体目标帮助来访者制定干预策略。通常这些目标的实现采用范围广泛的治疗性方法和干预策略更为有效。职业生涯咨询计划应始终围绕干预策略进行，在这个过程中，运用什么技术以实现既定目标是咨询师必须明确的内容。一般状态下，一项干预策略对应一项具体目标。如果来访者的目标在施加了某种干预策略之后无法起到效果，咨询师应综合来访者需求及可行性帮助办法，将新的干预策略制定出来并加以确定。

阶段六：评价与终止。职业生涯咨询计划的最后一个阶段是评价与终止。咨询师同来访者一起评估干预策略对一般目标和具体目标的影响，判断干预策略对本次职业生涯咨询是否成功，最终决定是否终止本次咨询师同来访者的职业生涯咨询关系。吉斯伯斯(Gysbers)等人对结束咨询关系的理由进行了列举：第一，来访者认为自己的职业生涯咨询达到了自己期望的初始目标，满足了自身需求，不再需要继续咨询，并且咨询师也认同这种结果；第二，来访者很肯定这个时候不应该展开任何职业生涯相关的行动；第三，来访者当初咨询的目的是缓解和消除因职业生涯问题引发的痛苦，而这个目标已经达到，因此不再有咨询动机。

当职业生涯咨询计划正式结束后，对咨询师来说进行及时的文件整理变得尤为重要。一方面文件整理可以帮助咨询师更好地开展之后的其他来访者的职业生涯咨询服务，另一方面文件整理可以帮助咨询师规避不必要的法律风险，特别是在当今诉讼越来越容易发生的情况下。通常情况下，文件整理包括报告写作和档案保存两个方面。

3. 职业生涯咨询工具与技术

职业生涯咨询的工具与技术是完成职业生涯咨询的必备手段，本书所介绍的所有工具与技术大部分脱胎于心理咨询相关工具与技术，所以这些工具与技术往往具有共通性，既适用于职业生涯咨询，也适用于心理咨询。主要的工具与技术有如下几种。

(1) 工作联盟。工作联盟，也称治疗联盟，是在来访者与咨询师相互作用过程中建立起来的一对一的、互动的操作性和建设性的合作关系。这种相互作用是来访者与咨询师之间的真实人格特征的相互作用。在职业生涯咨询中，建立工作联盟对于顺利完成咨询有着不可代替的重要性。一般认为，工作联盟的稳定与否和联结的建立有着密不可分的关系。联结指的是来访者对咨询师的依存，也可以理解为二者之间的信任与关爱。当联结无法顺利建立，整个职业生涯咨询的推进都将变得十分困难。当咨询师想要了解工作联盟的建立状况与进展，可以使用生涯咨询过程报告(Career Counseling Progress Report，CCPR)获得相关情况，它是密苏里-哥伦比亚(Missouri-Columbia)大学生涯中心经常使用的一种问卷。

(2) 终身生涯评估。终身生涯评估(Life Career Assessment，LCA)，是结构式的访谈，它的目标是在职业生涯咨询中收集来访者信息。终身生涯评估对于来访者年龄、文化和种族背景各异，需要对男、女性问题进行处理，还牵涉残疾相关问题的情形非常有效。来访者不同，种族、身份及地位也会不同，文化水平、世界观和所遭遇的环境障碍也会差别很大。从时间因素来看，LCA 弹性范围很大，通常在 20~30 min 之内可以完成整个结构访谈，至于深度访谈，可以结合双方意愿决定是否需要持续几次。

(3) 生涯转换问卷。生涯转换问卷是咨询师帮助来访者评估、了解他们在生涯转换过程中心路历程的工具。这样的工具可以有效地将个人同职业联系起来。生涯转换问卷(CTI：Heppner)是一个包含 40 个题目的李克特类型(Likert-type)的量表，它是为评估来访者在生涯转换时期作为优势和障碍的内在过程变量而设计的。对项目的回答在 1(非常同意)至 6(非常不同意)之间。因素分析显示，该问卷包含五个因素：①生涯动机(准备性)；②自我效能(自信)；③感受到的支持(支持)；④内部/外部(控制感)；⑤自我或关系取向(独立—依赖)。某一因素分数的高低表示这一因素做得不错或来访者在这一因素上存在障碍。

(4) 非言语行为。除了书面及口头语言之外，非语言行为也具有信息传递功能，它整合了身体语言、副语言及空间效应等，人际的信息沟通就是通过这三种信息传递方式完成。咨询师在收集来访者信息和线索时，应关注来访者非言语行为，特别是其情绪情感的外露状态。与此同时，来访者也会受到咨询师的非言语行为的影响。为便于咨询的顺利开展，咨询师应维系和来访者的良好关系，在非言语行为上给予来访者更多的正向鼓励和支持，例如微笑的表情、专注地倾听来访者倾诉，采用正确的眼神接触方式和频率，使来访者感受到关怀和重视等。总而言之，作为咨询师沟通来访者的桥梁之一，应善加利用非言语行为。

（5）倾听技术与影响技术。倾听是咨询师与来访者建立友善关系的最关键技术之一，设身处地地想来访者所想，对来访者所要表达的问题正确理解，对其心理状态充分掌握和共情。对来访者有了全面了解之后，借助影响技术的引导作用，引导来访者了解自己，对自身的问题逐步领悟，进而从旁辅助来访者，使之将领悟的结果落实到行动上，将存在的问题一一解决，从而不断使自己进步和提升。

（6）各阶段的实际应用。职业生涯决策过程包括倾听、理解和行动三个阶段。

① 倾听阶段。咨询师需要营造良好的交谈氛围，通过对来访者故事与需求的专注倾听，使积极、良好的咨询关系在二者间创立起来。在获取来访者信息方面可以多渠道进行，可以对来访者作终身生涯评估、仔细观察和倾听其言语及非言语行为等。此时可以充分运用倾听技术，通过澄清、释义、情感反映和总结等方法，掌握来访者信息及心理状态。

② 理解阶段。来访者需了解自身，同时理解和领悟职场，此时可以运用影响技术，对来访者采用提问、解释、提供信息、即时化、自我暴露及面质等方法，达到从旁辅助引导来访者的作用。影响和倾听技术可以结合使用，尤其是出现一些必要情况，例如有阻抗来自来访者的时候。

③ 行动阶段。来访者在咨询师的帮助下，通过对职场的理解和领悟，形成正确的看法，并在此基础上将未来职业生涯目标进行明确，再分解细化为可执行的行动方案，切实执行。此时宜运用影响技术，采用提供信息、即时化、自我暴露等方法进行引导和帮助，同时也可以结合具体情况，采用其他技术，同步进行。

9.1.2 职业生涯咨询渠道

1. 职业发展协会

各级职业发展协会在职业生涯咨询中占有重要地位，职业发展协会是现有职业生涯咨询发展现状下实现资源优化配置不可或缺的重要环节，是实现国家与国家、企业与企业、企业与高校等之间相互联系的重要枢纽。通常可以将职业发展协会分为政府主导或高校主导。最为典型的政府主导的职业协会为美国国家职业发展协会(NCDA)和欧洲职业培训发展中心(CEDEFOP)，这类协会不仅服务于职业发展专业人士和公众，很多时候也承担着帮助政府制定职业发展政策的任务。高校主导的职业发展协会在我国高等教育体系中占有着重要地位，其与学生会和团委并称为学校三大组织，是由招生就业办公室组织、领导学生自主自办的群众性组织，是学校联系学生与企业的桥梁和纽带。其中典型的代表是中国人民大学苏州校区职业发展协会，该协会致力于协助校方培养一批有能力有志向有担当，无愧于学校优良教育品质，无愧于社会厚望的优秀学生并协助其适应人力资源市场需求。

2. 职业中介机构

职业中介机构，是指由法人、其他组织和公民个人举办，为用人单位招用人员和劳动者求职提供中介服务以及其他相关服务的经营性组织。近些年来，随着经济和社会的发展，职业中介机构的服务也越来越全面和个性化，特别是在传统的职业中介业务外，职业中介机构既会帮助企业完善企业的人才结构，也会帮助求职者规划职业生涯并提升自己。大多数职业中介机构都开始直接或间接提供职业生涯咨询或者职业规划课程培训，诸如智联招聘平台提供一对一的有偿职业生源咨询服务、前程无忧平台的无忧学园模块提供财务人员的职业生涯规划课程等。

3. 高校职业发展指导中心

高校职业发展指导中心是隶属于各高校的职能部门，肩负着高校毕业生就业的相关责任以及建立职业生涯教育的教育服务平台。职业生涯教育的教育服务平台一般包括职业生涯指导网站、职业生涯咨询室和职业生涯指导老师三个方面，这里以清华大学和复旦大学为例。清华大学学生职业发展指导中心是清华大学负责本科生和研究生职业发展教育以及就业指导、服务和管理的职能部门。中心共设有办公室、就业管理部、校园招聘服务部、校地人才合作部、职业辅导部、国际事务部和教研室等部门。中心主要职能为贯彻国家的就业方针、政策及学校的有关要求，制定毕业生就业工作实施方法；搜集并及时发布社会用人单位毕业生需求信息；广泛联系用人单位，组织校园宣讲、招聘活动；开展就业咨询与指导；帮助学生规划职业生涯，进行职业辅导与教育等。复旦大学学生职业发展教育服务中心，是为全校毕业生处理就业工作，为学生提供生涯发展规划教育与指导的职能部门。复旦大学中心本着"服务学生、服务学校、服务社会"的宗旨，以"四全"工作理念和"三化"目标，以"提升学生就业能力、保持较高就业率、提高就业质量"为导向，努力做好高校学生就业工作。中心下设市场信息部和生涯发展服务部，分别负责就业市场开拓、提供就业岗位信息和在校学生的生涯发展规划教育和就业指导服务。

4. 课程教学

课程教学对于高校学生对职业生涯的了解十分重要。2007年，教育部根据《国务院办公厅关于切实做好2007年普通高等学校毕业生就业工作的通知》(国办发〔2007〕26号)"将就业指导课程纳入教学计划"的要求，制定了《大学生职业发展与就业指导课程教学要求》，旨在进一步明确课程的教学目标、内容、方式、管理与评估。教育部希望通过激发大学生职业生涯发展的自主意识，树立正确的就业观，促使大学生理性地规划自身未来的发展，并努力在学习过程中自觉地提高就业能力和生涯管理能力。典型课程代表有清华大学的《大学生职业生涯规划与发展》，上海交通大学的《职业生涯规划与就业指导》，华东师范大学的《就业指导与培训》，延边大学的《职业生涯辅导》，山东英才学院的《大学生职业生涯规划与创业基础》等。

5. 校企合作

校企合作顾名思义，是高校为了提升教育质量，使培养的人才能注重实践，而采取的一种和企业合作，互惠互利，整合校企双方优势资源的合作方式，该方式下，企业可以获得预备人才，而高校的实用性人才培养目标也会得以实现，保障了企业和高校之间的人才供给平衡。大学生接受职业生涯教育的最佳途径莫过于校企合作，而该合作模式目前已运用较为普遍。调查结果显示，学校引进企业和"订单式"合作是目前校企采用的主要合作模式。

9.1.3 职业生涯线上咨询平台

1. 国外职业生涯线上咨询平台

这里列举了以下几个国外的职业生涯线上咨询机构与平台。

(1) 美国国家职业发展协会。美国全国职业指导协会(NVGA)成立于1913年。1985年，NVGA更名为美国国家职业发展协会(NCDA)。美国国家职业发展协会是世界上第一个、运行时间最长的职业发展协会，其愿景是让所有人都能实现充实的职业和生活目标。NCDA广泛与相关认证机构合作，以支持职业顾问和职业发展从业者的准备和认可。同时，NCDA还为职业发展专业制定行业标准，包括在互联网上提供职业服务的指导方针。并且NCDA为职业发展专业人士和参与或对职业发展感兴趣的公众提供计划和服务，包括但不限于专业发展活动、出版物、研究、一般信息、专业标准、宣传以及对成就和服务的认可。NCDA为广大的成员提供发声的机会，他们为各种环境中的不同群体及其客户提供职业服务。NCDA创建了一个为职业发展专业人士和公众服务的包含信息、资源和工具的综合网站。美国国家职业发展协会官方网址为http://www.ncda.org。

(2) 欧洲职业培训发展中心。欧洲职业培训发展中心(CEDEFOP)位于欧洲合作的中心，旨在通过有效的政策制定来改善职业教育和培训(VET)。欧洲职业培训发展中心通过与委员会、成员国和社会伙伴合作，支持、促进、制定和实施欧盟在VET领域的政策以及技能和资格政策。所以，欧洲职业培训发展中心加强和传播知识，为决策提供证据和服务，包括基于研究的结论，并促进联盟和国家行为者之间的知识共享。欧洲职业培训发展中心在其官网提供了丰富的数据库资源和在线工具帮助研究者和公众进行职业生涯相关的研究和了解。特别是该机构提供职业计划相关的培训，可以为个人提供相关技能和知识，以帮助他人规划职业和获得有意义的工作。欧洲职业培训发展中心官方网址为https://www.cedefop.europa.eu/。

(3) 澳大利亚职业产业委员会。澳大利亚职业产业委员会(Career Industry Council of Australia, CICA)是澳大利亚职业生涯行业的国家指定机构。它成立于2000年，是该领域的领导者，是政府和其他有关职业生涯相关者的协调中心，并且促进职业发展服务在澳大利亚的高质量发展。该组织的愿景是通过倡导为所有澳大利亚人提供高质量职业发展的服务以满足个人、社会和经济效益，提高转型和生产力。澳大利亚职业产业委员会的官方网址为https://cica.org.au/。

2. 国内职业生涯线上咨询平台

我国也发展了一些职业生涯线上咨询平台，提供专业的职业咨询服务，具体如下。

(1) 中国职业生涯发展协会。中国职业生涯发展协会(China Career Development Association, CCDA)成立于2013年07月，是经由中华人民共和国香港特区政府依法核准的非营利性专业社团组织。协会是由职业生涯发展行业资深专家、学者、从事职业生涯规划发展专业机构以及具有专业资质的职业生涯规划师自愿结成的行业性协会组织。协会的宗旨是自觉接受政府及行业主管部门指导，全心全意服务于职业生涯发展行业与会员，以推进行业健康快速成长为己任。通过搭建行业沟通平台，加强行业交流，整合国内外职业生涯发展资源，积极发挥桥梁和纽带作用。致力于为会员提供高水平服务，不断为行业注入新的活力，促进行业发展。协会创立了中国首个职业生涯发展在线交流平台——中国职业生涯网(简称：职涯网)。中国职业生涯发展协会官网为 http://www.zhiyeguihua.com。

(2) 智联招聘。智联招聘是中国领先的职业发展平台，为用户的整个职业生涯提供相关职业及发展机会。截至 2022 年，截至目前智联招聘拥有超过 2.6 亿职场人用户，累计合作 776 万企业用户。智联招聘拥有 6000 余名员工，专业的顾问团队通过 37 家分公司提供属地化服务，业务遍及全国 200 多个城市。智联招聘为学生、白领、高端(专业人士或管理人士)，匹配 3 类产品：测评、网络招聘、教育培训，并通过线上、线下、无线三个渠道，为职场人的全面发展打造平台。该平台为解决求职者职业生涯发展困难提供有偿的职业生涯咨询服务。智联招聘官网为 https://www.zhaopin.com/。

(3) 新精英生涯。新精英生涯是由国内知名职业发展专家古典老师于 2007 年在北京创立，全力打造的集职业生涯认证培训、生涯测评、生涯咨询、生涯辅导教练式督导等服务，致力于让每位职场青年人成长更迅速、人生更幸福，帮助企业为员工提供专业化、高品质的企业培训服务，主营业务包括生涯规划师培训、高考志愿规划师培训和职业规划咨询。该公司的职业规划咨询业务由生涯规划师基于专业生涯咨询知识，通过一对一沟通的方式协助来访者解决职业问题，主要有计次式咨询和案例式咨询两种形式，并有专业的顾问提供咨询前、中、后期的服务。

9.2 职业能力

9.2.1 核心职业能力

1. 核心职业能力概述

核心职业能力(core competency)这一名词首先由普拉哈拉德和哈默尔提出。他们将核心能力定义为：组织成员个别的技能与组织所使用的技术之整合，提供顾客特定的效用与价值。它是"一组特殊的技能或科技，使公司能为客户创造利益，可以使公司产生创新的产品与延伸市场占有率，创造竞争优势，同时也塑造出企业文化及价值观，特别在企业转型时，他们能培育学习的环境，影响工作行为及流程，甚至调整经营策略，影响企业迈向成功之途"。

对于一个组织、一家企业来说，在今天这个特别重视创新与研发的时代，它们必须依赖得以确保弹性与知识更新的"职业能力"系统，以职业能力选项与关键行为为核心，强调执行工作所需的知识、技术、能力和特质。因此，当企业检视内部优势时，更需要注意如何发掘组织的核心能力与发展个人(尤其是高层管理者)的能力，以追求更卓越的表现。这是为现代企业带来永续优势的唯一源泉。而今天的职场人士，由于受到全球化与知识经济的冲击及劳动市场急剧变化的影响，不仅必须面对激烈的国际竞争、快速变迁的产业结构，还必须能够持续吸收新知，并适应非终身雇用形态与非线性的职业生涯发展路径。面对这样的时代挑战，每一位职场人士都必须具备能够满足新经济要求的一组核心职业能力，才能成功地在职场发展。

因此核心职业能力是完成工作所必须具备的关键性职业能力，且应为全组织成员所共同拥有，并能够在完成工作之后为组织带来高绩效。它包含跨领域所需要的知识(knowledge)、动机(motivation)及行为(behavior)。一个员工如果没有核心职业能力，就无法胜任他的工作，也难以发展与其工作相关的特定职业能力(specific competencies)。

1) 核心职业能力的分类

从其内涵和特点来看，核心职业能力可分为方法能力和社会能力两大类。

(1) 方法能力是指主要基于个人的，一般有具体和明确的方式、手段、方法的能力。方法能力主要指独立学习、获取新知识技能、处理信息的能力。方法能力是劳动者的基本发展能力，是在职业生涯中不断获取新的技能、知识、信息和掌握新方法的重要手段。职业方法能力包括自我学习、信息处理、数字应用等能力。

(2) 社会能力是经历和构建社会关系、感受和理解他人的奉献与冲突，并负责任地与他人相处的能力。它是指与他人交往、合作、共同生活和工作的能力。社会能力既是基本生存能力，又是基本发展能力，它是劳动者在职业活动中，特别是在一个开放的社会生活中必须具备的基本素质。职业社会能力包括与人交流(包括外语应用)、与人合作、解决问题、革新创新等能力。

2) 核心职业能力开发的意义

核心能力对职业活动的意义，就像生命需要水一样普通、一样重要。对于劳动者、企业和学校，它分别具有以下现实意义。

对劳动者而言，掌握好核心能力，可适应就业需要，帮助劳动者在任何工作中调整自我、处理难题，并很好地与他人相处；同时，它是一个可持续发展的能力，可帮助劳动者在变化了的环境中重新获得新的职业技能和知识。拥有较好的职业核心能力，能帮助劳动者更好地发展自己，适应更高层次职业和岗位的要求。职业核心能力是我们每个人成功的有效能力、基础能力。在现代社会中，其重要性日益显现。

对企业而言，人力资源是第一资源，提升员工的核心能力是增强企业市场竞争力的基础。在激烈的市场竞争条件下，无论在传统行业，还是在高科技行业，核心能力与其他知识和技能一样，都是企业赖以取得成功的基本要素。在市场竞争中，开发员工的"智能"，能提高工作绩效，提高企业效益。事实上，不少的企业在招聘员工时，十分注重应聘者的职业道德和核心能力的素质。在企业的内训中，除提高员工的岗位技能素质外，很多企业越来越重视职业核心能力的培训。

对高等学校而言，培养毕业生的职业技能和职业素质是增强他们就业竞争力的根本。职业道德、职业态度和能力等和核心职业能力构成就业者的基本素质。高等学校应按照职业生涯的基本要求，明确职业核心能力的基本范围和能力点，在就业之前，强化职业核心能力的培训，有效提高学生的核心能力。以利于更好地指导学生明确自己的发展目标，为自己拥有满意工作和幸福的生活奠定基础。

因此，培养、培训核心职业能力就是为就业服务，为企业发展服务，为劳动者终身教育、全面发展服务。核心能力的培养是人一生的课程，每个人都有属于自己的先天基础，不同的人有不同的潜质。事实上，从小开始，每个人都在学习、培养自己的核心能力，学校、家庭、社会都是每个人学习的场所。但不同的生活学习经历、不同的学习方式和历练过程、不同的人对核心能力的认识及所获得的核心职业能力存在着较大的差别。职业核心能力培训的目的就在于着力提升已有一定基础的学习者的核心能力水平，使学习者系统地了解发展自己职业核心能力的方法，全面提高适应职业工作所需要的综合能力。

2. 提高核心职业能力的有效途径

提高核心职业能力可以从教学、实践和社会等方面着手，具体内容如下所述。

(1) 在理论教学过程的互动中培养大学生职业核心能力。①树立现代课程理念。引领大学生职业核心能力培养，各院校应主动适应市场需要，树立现代课程理念引领大学生职业核心能力培养。二是，树立可持续发展理念。在人才培养中，整合自然学科知识和人文学科知识、理论知识和实践知识、道德教育和素质教育，在人才培养的广度与深度下功夫。在传授自然科学知识的同时，重视人文科学知识的传授，重视人文精神的培养，避免职业院校学生成为工具人，让学生真正成为自己的主人，成为知识和技术的主人，为学生注入可持续发展的动力。在课程设置与改革中，从质与量上注意把握理论知识与实践知识的有机结合，引导与鼓励学生既要学好理论知识，又要掌握技能，二者不可偏颇。整合道德教育和素质教育，做到德育与专业教育"两手抓"，提高学生的全面素质。三是，树立以人为本理念。关注学生个性的发展，现代社会，强调个体发展的全面性，受教育者的个性的所有方面都不能被轻视；强调个体发展的自由性、自主性，每个受教育者都能按照自己的愿望、目的去表现自我，自身的各种素质都能获得最充分的挖掘，成为自身的主人；强调个体发展的自觉性，受教育者都能自觉地追求完善的、高尚的品德与人格。职业教育的课程内容应体现针对性与适应性相统一的特点，既针对职业需求培养学生的职业能力，又根据现代社会迅速发展的科学技术和岗位变动的频繁性培养学生的适应性，让学生在竞争激烈的社会中学会生存与适应。

(2) 加强综合实践教学，着力培养职业核心能力。一是，强化实践基地建设，打造学生实践锻炼平台。加强实践基地建设是各院校改善办学条件、彰显办学特色、提高人才质量的关键。各院校与行业、企业紧密联系，与社区、农村挂钩合作建立基地关系，为学生职业核心能力培养提供更加广阔的平台。二是，强化综合毕业实践环节，严控人才质量的出口关。综合毕业实践环节对检验人才培养质量、锻炼和培养学生职业核心能力具有十分重要的作用。各院校应严把人才质量出口关，强化综合毕业实践环节，精心设计毕业论文与毕业设计的指导、撰写、答辩、考核等环节，保证毕业论文与毕业设计环节既可操作又具有规范性。三是，强化校企合作与产学结合培养高素质技能型人才。各院校不断改革人才培养模式，充分体现教学过程的实践性、开放性和职业性，在深入开展产学结合、校企合作、工学结合和社会服务的过程中突出培养学生的职业核心能力。

(3) 在社会实践活动中培养大学生职业核心能力。大学生社会实践是高校育人的重要内容，是学生接触社会、服务社会的主要渠道，是大学生利用专业知识或自身特长并结合自己兴趣爱好进行社会服务的实践活动，是培养大学生职业核心能力的重要途径。从教育办学模式和人才培养目标出发，各院校要创新大学生社会实践活动思路，突出理论联系实际原则、服务地方发展原则、紧扣时代步伐原则、形式丰富多样原则，力求在社会实践中做到与职业核心能力培养相结合，与专业特长发挥和学生就业相结合，与科技创新活动相结合，与服务地方经济社会发展相结合，促使大学生在社会实践中"受教育、长才干、作贡献"。

9.2.2 学习能力

1. 学习能力概论

学习能力的定义有广义与狭义之说，说法虽不尽相同，但可以把学习能力直接定义为个体掌握知识并在实践中应用知识的能力。学习能力包含三个方面的内涵：发现问题和解决问题的能力；搜集、分析以及利用信息资源的能力；分享与合作的能力。其主要表现在意识、动机、获得、分析和利用资源信息，评价和反思以及表达四个方面。学习能力就是学习的方法与技巧，有了这样的方法与技巧，学到知识后，就能形成专业知识；学到执行的方法与技巧，就能形成执行能力。所以说，学习能力是所有能力的基础。另外，学习能力有三点要特别重视，即怎样迅速有效地获取与选择信息，怎样利用信息来解决问题，以及怎样重新组合、推陈出新。在整个职业生涯的发展中，能够胜任工作且能快速掌握新能力是每一个职场人士都应具备的能力。为了谋求生存和发展，每一个人都要不断地去学习，大自然和生命本能没有赋予他们的生存能力，如果停止学习，必然会落后于人，在快节奏的社会中，落后就意味着淘汰。

1) 学习能力包括以下几种能力

(1) 独立学习能力。独立学习能力，简单来讲，就是传统说法中的"自学"能力。"授人以鱼，不如授之以渔"，就是告诉学生学会老师教给的东西是远远不够的，重要的是学会学习的方法，为以后的自学打下良好的基础。毕竟学海无涯，真正的知识获取要靠离开学校之后自己的积累，而这就需要以坚实的自学能力作为强有力的后盾。

(2) 深入学习能力。大学学习是区分不同专业的，也就是说，每个人有了自己需要重点掌握的学科，而大学的传统职能又以研究为主，所以能够在自己的专业领域深入研究成了一门"必修课"。该如何深入下去呢？重点还是要阅读大量的专业著作，吸取前人的成果，补充课堂以外的知识，才能站在巨人的肩膀上，更深入地研究下去。

(3) 全面学习能力。目前，社会需要的人才已经不仅仅是学好自己本身专业的好学生，更多的是全面型人才，这样才可以吸取别的学科的知识，进行更宽思路的创新，所以，全面学习能力又成了对大学生的另一个要求。通识型人才拥有了更强大的竞争力。这就要求现在的大学生在学习本专业的同时，也要横向拓展自己的阅读面，最好可以辅修或者旁听其他学科的课程，努力使自己成为一个"通才"，这样才能适应现代社会对人才需求的变化。同时，这里所指的全面也不仅仅是学科上的全面，更有能力上的全面，也就是表达能力、理解能力、实践能力等，而且，各种技能也是一项重要的指标，如计算机操作能力、外语能力、汽车驾驶能力等。

(4) 与时俱进的学习能力。所谓与时俱进，实际上就是指对信息的掌握，根据社会对人才、对经济要求的不断变化，及时调整自己的学习方向，可以使大学生始终把握时下"热门"专业的趋势，成为社会需要的人才。

2) 培养学习能力的意义

学习能力是决定大学生成败的重要因素之一，相较于过去许多用人单位在招聘时提的

"你会什么，学过什么"的问题，现在的用人单位会问"能否学会我们想让你掌握的知识"。这种问题的转变，是一种明显的信号：学习能力要比知识更为重要。随着知识经济时代的来临，学习的内涵已经发生了大幅度的改变，学习已经没有时间段的差距，没有场所的限制以及人员的限定，学习不再仅仅是青少年在校园里学习书本知识，而是已经逐步变为需要终生努力的事情。一个人想要取得成就，让生活变得更加幸福美满，最大限度地实现自己的人生目标，满足自我实现的高层次需求，就离不开学习。

2. 学习能力的发展阶段

学生的学习能力是逐步发展起来的，大体分为四个阶段：一是，基本上依靠教师指导和学生逐步理解与掌握阶段；二是相对独立进行学习阶段；三是基本上独立进行学习阶段；四是创造性的学习阶段。

第一个阶段：独立性差，学习能力弱。对教师的依赖性强，基本上依靠教师的指导。这个阶段是大学一年级学生学习的主要特点。学生的学习主要依靠教师指导，学生逐步理解与掌握。即学生对教材内容和参考书的理解，对重点、难点的掌握，主要是依靠教师的讲授与启发。因此，听课时，怎样抓重点、作标记、提问题以及怎样预习和复习都是课堂学习能否获得更佳效果的重要条件。

第二个阶段：相对独立，学生具备一定的理解能力，但钻研能力弱，对教师的依赖性较强。这个阶段注意的主要问题是加深记忆和理解。学习的记忆效果与理解有密切的联系。遗忘规律表明：大学生学习一门课程后3个月，几乎遗忘所学知识一半，17个月之后仅能记得这些知识的24%，这就说明理解的重要性。

增强记忆效率的主要方法有以下几点。

一是，记忆要从心平气和开始。大脑在平静状态时能中断与过去的联系，最容易容纳新的信息。所以每当记忆时，首先要使自己"放松"下来，等心平气和后再去记忆，可提高功效。

二是，大脑不能过度疲劳。每当大脑疲惫时，就应该休息片刻，让大脑得到充分休息，才能在记忆时处于最佳工作状态。

三是，必不可少的自信心。日本著名心理学家多湖辉先生和南博先生一致认为，记忆时最重要的是要有"一定记住"这种自信心，否则总觉得自己的记忆力不好，在学习或工作时，精神不振，情绪不高，造成记忆力下降。反之，自信心可以使人精神旺盛，情绪高涨，脑细胞的活动能力大大加强，记忆力相应大大提高。

四是，找出适合自身特点的记忆方法。每个人在不同的时间、环境、动作、方式下记忆效果大不相同，例如有人早晨记忆效果好，有人晚上记忆效果好，有人边走边记效果好，有人在安静环境下记忆效果好。因此，每个人都应该在实践中找出自己记忆的"黄金时间"。

五是，培养对记忆对象的兴趣。记忆力与兴趣密切相关，兴趣是增强脑细胞活动能力的动力，例如球迷在看一场精彩的球赛时，能够毫不费力地记住比赛中的每个精彩场面；而情节生动的小说也会使读者久久无法忘记。所以，兴趣是记忆力的促进剂。

六是，用理解帮助记忆。对记忆对象的充分理解，有助于记忆，特别是在记忆那些较复杂的公式时，只要是理解了公式的含义和推理过程，公式就自然而然地印在了你的大脑中，因为理解使记忆变得容易了。

第三个阶段：基本独立，具备一定的独立学习能力。在这个阶段，学生能独立地阅读教材和参考书，独立地钻研问题，概括地了解课程的主要内容，独立地进行实验。但掌握得还不够巩固，不够熟练，只是基本上进入了独立学习的阶段。大学生独立学习能力的提高，观念上要实现三个转变。

一是，树立正确的学习观念，变依赖性为主动性。中学学习是基础教育，学习目标是高考，教师会不厌其烦地讲授、辅导，学生被动地跟着老师转就行。大学学习就不一样，教师上完课就走，讲课的速度比较快，学生光听课是不够的。必须要主动规划自己的学习过程，制定学习目标和学习计划，安排学习时间和学习内容、主动对自己的学习、生活进行科学的规划。

二是，改变单一的学习方式，使其更具多样性。利用课堂进行有效的学习；利用实验室、实习培养自己的实际操作能力和理论联系实际的能力；利用图书馆培养自主学习能力和提高自己的综合素质，很多学有所成的人都感到图书馆对他们的帮助是非常大的；选听讲座报告，根据自己的需要，有选择性地听一些讲座报告，从而拓宽自己的知识面。

三是，变被动接受知识为主动探索知识。学习与研究相结合，要学会学习观念上的更新，学习思路上的创新，学习方法的创新。

第四个阶段：创造性的学习阶段。这个阶段是在掌握了有关学科的基本概念和方法之后，学生把前后知识联系起来，互相贯通，把"求同"与"求异"统一起来，辩证的对待"同"与"异"，在学习中能发现和提出问题，继而解决问题，有所创新和创造。

3. 提高学习能力的有效途径

提高学习能力可以从以下几个方面进行。

(1) 树立自主性的学习态度。学生到了大学能够找到合理的学习方法尤为重要，特别是应具有自主性的学习能力。工作岗位上自主性学习能力也是快速进入工作状态、职业生涯顺利发展的有力保障。同时，学生要有良好的学习动机，更多地从增加知识储备、完善知识结构、丰富知识内容的角度出发，而不仅为了考试。另外，养成良好的学习习惯，合理控制个人学习行为，也有助于在实际学习中不断使学习能力得到更加全面的锻炼。

(2) 树立全新的学习理念。一是，树立学习者生产发展的理念。彼得·圣吉在《第五项修炼》一书中写道："学习是企业生存发展的源泉，忽视学习，企业就会落败。"作为职场人士，必须充分地认识到这一点，把企业强化成学习型的企业，是创立一流企业的迫切需要。大学生更应该认识到要想抢占生存和发展的制高点，就必须把握学习的先机和主动权。只有不断地进行学习实践，从学习中汲取养分，提高自身的本领，不断地在工作中融入全新的生存理念，才能在激烈的竞争中脱颖而出。二是，树立"学习则强、学习则胜"的理念。学习的进步是其他一切进步的前提，学习的落后则是一切落后的最终原因。学习是实现工作创新的前提和不竭动力，只有不断地学习，才能不停地获得新的知识，增加自身的才干，跟上时代的步伐。离开了学习，工作就没有创新的土壤，尤其是在知识更新换代速度日益加快的当今社会，学习越及时，掌握的知识越丰富，创新的潜力就会越大，自身的发展速度也就越快。职场新人必须做到把学习当作自己进步的台阶，把知识作为自己发展的动力源泉，在培养强烈的求知欲望和浓厚的学习兴趣的时候，也培养自身良好的学习习惯和学习能力，做到时刻关注实际中的变数，胸有成竹，增加胜算。通过学习去塑造自我、完善自我、创新自我。三是，树立工作学习化、学习工作化、学习生活化、学习终身化的理念。毛主席曾说过："学习是工作，而且是更重要的工作。"学习是做好工作的第一需求也是良好履行职责的必要条件。作为用人单位的一个员工，一定要学以致用，把学习消化到工作中，细致化到生活中。只是埋头工作而不重视学习知识的转化，即使拥有敬业精神和想要做好工作的愿望，也必定事倍功半，难有成效。长此下去，必定无法适应新的社会形势，被社会淘汰。只有不断地加强学习，树立终身学习的理念，并把学习当作一种兴趣爱好，才能真正将学习、工作和生活有机地结合起来，并使其相互促进，使自己的生活加美好，工作更加富有朝气和创造力。

(3) 注重实际效果。作为刚刚步入职场的大学生，学习能力的培养必须注重实际效果。这一点可以从以下三个方面入手。

① 学习的方式灵活多样。学习往往是一个枯燥无味的过程、一件苦差事。采用多种多样的灵活方式去学习，才能让学习变得有乐趣，有实际效果。在学习的过程中可以边干边学，把书本知识与实际工作对比学习，也不妨请教同事或前辈，还可以选择去培训学校进行专门的培训等。

② 把用人单位的文化理念贯穿于学习过程中。在学习的过程中，一定要克服为了学习而去学习的错位想法，不要把看书听课当作唯一的学习途径，要在整个学习过程中贯彻实际工作中用人单位的文化理念，把学习融入单位丰富多彩的文化活动中，寓学于乐，让自己的学习紧紧围绕着用人单位的发展前景和自身的职业成长方向。

③ 养成勤于思考的习惯。思考是与学习密不可分、相互联系的一种认知过程。从认识论的角度看，只学习却不思考，认识的过程并没有真正完成。思考是学习的继续环节，也是对照比较、学以致用、把知识融会贯通的一个过程，是理论联系实际的必要环节。只有认真思考才能不断地完善所学，修正自己的知识脉络，丰富自己的知识体系，因此，职场新人一定要在勤奋学习的基础之上，养成勤于思考且善于思考的能力。

9.2.3 问题解决能力

1. 问题解决能力概述

问题是指在目标确定的情况下，却不明确达到目标的途径或手段。问题解决是由一定的情景引起的，按照一定的目标，应用各种认知活动、技能等，经过一系列的思维操作，使问题得以解决的过程。在问题解决的过程中。为了达到特定的目标，人们会运用既有的知识、经验、技能，借助于各种思维活动和行动来处理问题，使问题得以解决。问题解决的过程非常复杂，它包括整个认识过程、情绪和意志过程，其中关键性的便是思维活动。问题解决能力就是一种面对问题的习惯和处理问题的能力。这种能力体现在；一个人在遇到问题时，能够自主地、主动地谋求解决，有规划、有方法、有步骤地处理问题，并适宜地、合理地、有效地解决问题。解决问题的能力的外延应包括发现问题、分析问题和问题解决之后的评估三个方面；内涵包括三个技能要素，即提出解决问题的意见或方案、实施解决问题的方案以及调整与改进解决问题的方案。

随着社会产业结构的不断变化，职场岗位、工种变动日益频繁，知识技术老化的周期逐渐缩短，终身学习的重要性日益增强，终身学习成为人们生存与发展的前提条件。解决问题的实际能力与创新创造的实践能力已成为人们价值实现的重要保障。因此，注重解决问题等核心能力的培养与训练，已经成为现代职业教育和人力资源开发的必然发展趋势。

学会处理问题是一个人立世和成事的根本。善于处理问题是一个人综合素质的集中体现，学会处理问题可以改善个体的社会环境、生存环境，甚至心理环境。在日常生活或工作中，某些环节出现一些问题是难免的，但关键是会不会处理。

2. 解决问题能力的体现

优秀的员工是最擅长解决问题的员工。面对问题的最好办法就是：对问题负责，勇敢地面对问题，开动脑筋解决问题。职业人的主要职责就是解决各种各样的企业问题。只有具备了关键的问题解决能力、职业人才能更加专业。

(1) 目标关注能力。一个能够解决问题的职业人，首先是能够迅速确定解决问题的目标并能够集中精力关注目标的人。有的人一天做很多事情，整天忙得焦头烂额，但效果却极差，这就是因为其目标分散。有的人则只关注工作本身，常常为了做某件事而做某件事，甚至仅仅是为了完成你交给的任务，忘记了这个任务的真正目的。因此，我们在做任何事情的时候，要首先想到做这件事的目标究竟是什么。

(2) 计划管理能力。职业人的工作效率首先来自出色的计划管理能力。计划就像梯子上的横档，既是你的立足之地，也是你前进的目标。计划阶段就是起步阶段，是成功的真正关键阶段。

(3) 观察预见能力。良好的观察预见能力让我们能够在竞争日益激烈的社会大环境下，寻找到很好的生存发展机遇，同样，也可以预防一些未来可能发生的对我们事业有所阻碍的事情。可以说，成功源于拥有一双会观察、会发现的眼睛。

(4) 系统思考能力。中国古代智慧结晶《易经》中的核心思想也是一个系统思考问题，强调了面对任何问题的时候，都要善于从整体上进行考虑，而不是就事论事。

(5) 深度沟通能力。美国著名企业家卡耐基先生曾指出：一个人事业的成功因素。只有15%是由他的专业技术决定的，另外的85%则要靠人际关系。在这个人际关系复杂的社会，要想使自己成功就应该强化自己的沟通能力。企业管理过程中的大量问题也是沟通问题，甚至有的企业家称："企业中99%的问题都是缺乏沟通造成的"可谓"管理即沟通"。具备强大的沟通能力是解决问题的前提。

(6) 适应矛盾的能力。企业经营管理过程中有大量相互矛盾的事情，很难找到十分绝对的问题。很少存在唯一的最佳答案。如果总是用"非此即彼"的思维方式，问题往往难以解决，甚至可能把问题引向死胡同。因此，职业人要善于适应矛盾，避免绝对化地看问题，拥有开阔的思维，不固守成功经验，既能这样又能那样，追求解决问题方案的开放性，不钻牛角尖。

(7) 全神贯注与遗忘的能力。"未来不迎，既过不恋，当时不杂"曾国藩这句话的意思就是，对于那些已经过去的事情，不要过于留恋；现在做的事情要清晰、有条理；那些将来可能发生的事情，还没有到眼前，不要着急处理。职业人要善于选择最重要的事情，然后投入全部精力去解决。有些事情则需要快速遗忘。

(8) 执行到位能力。就个人而言，执行到位能力就是将事情做到位的能力，这是一切职业人的基本能力。如果不能说到做到，或是做了但不能做到位，职业人也就缺少了立身之本，一切设想就会沦为空想，一切问题仍然会是问题。甚至成为更加严重的问题。

具备这 8 种能力，是成功解决问题的前提和基础。我们在平时的工作过程中，应该努力地去培养这些能力。当问题来临的时候，我们要学会泰然处之，灵活地去处理它们。处理问题、求得生存与发展是我们职业人的根本目的。培养能力也是为了解决问题，我们的一切行为都要指向解决问题。

3. 提高问题解决能力的有效途径

提高问题解决能力可以从以下几个方面着手。

(1) 建立合理的思维方式。每个人都有自己固有的思维方式，作为一名员工也不例外。这种思维方式在工作中的应用直接影响到解决问题的效果。员工建立一种合理的思维方式是提高解决问题能力所必需的。

(2) 勤于思考。解决问题的能力比较强的员工都特别善于思考。思考是成长的唯一方法，思考是人类作为高级动物的特征。优秀的员工经常面对问题去思考，在思考中得到成长。在思考中找到工作的方法。在思考中领悟工作的快乐，解决问题的能力也在思考中得到进一步的提升。

(3) 积累基础知识。任何精辟的论断均来自一定知识的积累与沉淀，提高分析、解决问题的能力，需要掌握丰富的知识，尤其是文史哲方面的知识。人们可以通过书籍、传媒、网络等多种渠道获取知识。对于这些知识，需要批判、继承、创新。社会的发展促使我们科学地进行知识的积累。也就是说，在学中用，在用中学，在学用结合中，进行基础知识的积累。古语云：厚积而薄发。一定的基础知识是人们发现问题，并适当解决问题的前提。

(4) 掌握科学的理论思维方法。分析与解决问题，不是人们的随意猜测、盲目决断，而是依据科学的理论思维方法。不同的学科、不同的领域、不同的认知主体所采用的思维方法不尽相同。思维方法从总体上讲可以分为感性思维方法和理性思维方法。一般来说，理性思维方法是分析和解决问题常用的方法。哲学因其超验性、深刻性、科学性等特点，成为分析解决问题最有效的方法之一。它通过准确地反映和把握世界的本来面目为人们提供了科学的世界观和方法论，是分析和解决问题的基本方法。

(5) 努力把理论与实践结合起来。理论是实践经验的总结和升华，它来源于实践，同时，还需要在实践中接受检验并指导实践。一定科学理论分析能力是解决问题的前提，丰富的实践经验是解决问题的重要保障。理论的生命力和科学性来自实践，实践经验的获得需要理论的正确指导。理论与实践应该是具体的、历史的统一。理论不扎根于实践是没有生命力的，理论不运用于人们的生活中是苍白无用的。具有理论与实践相统一的能力，就是科学认知世界和改造世界的保障。

9.2.4 创新能力

1. 创新能力概述

创新能力是从所有职业活动的工作能力中抽象出来，具有普遍适应性和可迁移性的一种核心能力。它是指在工作活动中，为改变事物现状，以创新思维和技法为主要手段，能提出改进或革新的方案，勇于实践并能调整和评估创新方案，以推动事物不断发展的能力。它是从事各种职业特别需要的一种社会的方法能力。

1）创新能力的构成

创新能力包含以下四个方面的内容。

(1) 创新意识。创新意识是指人们根据社会和个体生活发展的需要，产生创造前所未有的事物或观念的动机，并在创造活动中表现出的意向、愿望和设想。它是人类意识活动中的一种积极的、富有成果性的表现形式，是人们进行创造活动的出发点和内在动力，是培养创造性思维、增强创造力的前提。

(2) 创新思维。创新思维是指以新颖独创的方法解决问题的思维，即突破现有的、习惯性的思路，转而以超常规甚至反常规的方法或角度去思考问题，从而得出与众不同的解决方案，得到新颖的、独到的、有社会意义的思维成果。创新思维并非一种单一的思维形式，而是多种思维形式的复合物。逻辑思维、联想思维、发散思维、聚合思维、逆向思维、形象思维和直觉思维等都是创新思维的组成成分，发挥着各自不同作用。创新思维具有全新性、灵活性和可行性特点。

(3) 创新技能。创新技能是指创新主体在进行创新实践时所需要应用的实践技能，包括动手操作技能、信息加工处理技能以及物化创新成果技能等，是创新能力的最直接表现形式。

(4) 创新精神。创新精神是指具有能够综合运用已有的知识、信息、技能和方法，提出新方法、新观点的思维能力和进行发明创造、改革、革新的意志、信心、勇气和智慧，是一个国家和民族发展的不竭动力，也是一个现代人应该具备的素质。

2）培养创新能力的必要性

创新能力是新世纪知识性时代对人才的基本要求之一，因此创新能力可以改变一个人的修养、思想以及命运。创新能力也是一个现代优秀人才的基本素质之一。科技创新往往与良好的专业基础、实验技能密不可分，所以，有良好的专业理论、知识水平为保证，加上善于学习和良好的学习习惯，这些都会为科技创新的成功带来机遇。

市场经济急需创新型人才，因为创新型人才能成为国家机构及企事业单位的工作骨干，在应对千变万化的市场经济活动时，能得到更多的就业机会。很多用人单位非常重视员工的创新能力，也正是这种社会需求大大调动了学生创新、创业的热情，成才的欲望日益强烈，创新的热情也因此高涨。创新也是一个要求团队合作的项目，因此，参与创新也可以树立我们良好的合作意识、集体意识、团队精神和社会责任感，可以培养我们正确的人生观、价值观和世界观。所以创新能力对于个人的发展至关重要，可以提高对社会的适应能力和个人的谋生能力，增强个人信心，使个人拥有更长远的发展。

2. 创新活动过程的构成

创新能力主要是由提出问题、分析问题和解决问题这三种能力构成，并通过创新实践的过程和活动等体现出来。

(1) 提出问题。提出问题又叫形成问题，它是创新者在已有知识、信息和经验的基础上，对客观存在问题的情境、状态、性质等重新发现和认识。而提出问题的类型又包括研究型问题、发现型问题和创造型问题等三种。

(2) 分析问题。分析问题是指创新者对于提出的问题，经过相关资料的寻找搜集、分析处理、尝试解决直至弄清问题的整个过程。

(3) 解决问题。解决问题是指创新者面对提出的问题和分析的结果，在尚无现成办法可用时，将问题从初始状态向目标状态转化直至完成任务的全过程，如图 9-1 所示。

图 9-1 创新活动的构成

可见，创新活动过程是由提出问题阶段、分析问题阶段(包括尝试性解决问题)和解决问题阶段这三步动态的过程所构成，其结果主要是看问题是否得到了正确合理的解决，也就是说，最终只能根据创新的方法和创新的成果等形式表现出来，并获得确认和评价。

3. 创新过程中应注意的问题

思维方式对创新的影响最为直接，在创新过程中要注意以下问题。

1) 思维定式

思维定式是指由实践目的、价值模式和知识储备等因素构成的特定认识框架，是人们所熟悉的思维方向、思维路径、思维方式和思维方法。也可以说它是头脑所习惯使用的一系列程序和工具的总和。流传久远的观念、行为和处世格言之类，也构成我们惯常思维定式的一部分。思维定式有两个特点：①形式化结构，寻常看不见，实际思维过程发生以后，才显示出思维定式的存在；②强大的惯性，表现在两个方面，旧定式的消亡和新定式的建立，一经建立就自动应答，不假思索地支配人的思维过程、心理状态乃至实践行为，具很强的稳固性甚至顽固性。

思维定式的好处在于，在处理日常事务、一般情况、惯例性事务的时候，能够驾轻就熟，得心应手；弊端在于，当我们面临新情况新问题需要开拓创新的时候，它就变成了思维枷锁。法国生物学家贝尔纳说："妨碍人们学习的最大障碍，并不是未知的东西，而是已知的东西。"

2) 偏见思维

偏见思维分为以下两个方面。

(1) 经验偏见。用经验去描述神怪和幻想的事物是人类的天性，但这些都不是事实的真相，只不过想在那些从幻想衍生出来的创造力和事实之间找个平衡点。人们在自己的经验里生活，在自己的经验中思考，很难接受经验以外的事实。

(2) 利益偏见。利益偏见不是指由于你的利益关系会导致你立论的有意识的明显偏颇，而是指一种无意识的偏斜——对公正的微妙偏离。事实上许多公正的裁判和审判，往往需要超然于双方利益之外的意志来裁决，这一方面是杜绝利益的有意识干扰，另一方面也是为了免除利益的无意识介入。

3) 思维封闭

想要思维创新，还要打破思维封闭。300 多年前，英国伦敦的郊区有一个人叫霍布森，他养了很多马。他对来的人说，你们挑我的马，可以选大的、小的、肥的，同时还可以租马。于是人们非常高兴地去选马了，但是整个马圈只有一个很小的门，你选的马再大也出不来。后来诺贝尔奖得主西蒙把这种现象叫作"霍布森选择"。就是说，你的思维你的境界只有那么大，没有打开，思维就是封闭的。我们应该采取多向思维法把思维打开，如顺向思维、反向思维、转向思维、借脑思维等。

4）从众思维

创新需要独立思考，要有自己的主见，否则就难以创新。从众心理在一定程度上会磨灭我们的个性，妨碍我们产生创见，压抑人的独立思考和创新精神。从众心理的外在表现就是随声附和，它是人们屈服于群体压力或环境压力所产生的一种"随大流"的行为。从众是日常生活和工作中常见的社会心理现象。从众心理人皆有之，但以被动为前提的从众，势必使你的独特失去价值。

4. 提高创新能力的有效途径

提高创新能力可以从以下几个方面着手。

(1) 增强大学生的创新意识。创新需要做到真正意义上的超越。现在的应试教育模式完全束缚了学生的思维发展。从小学开始，学生获取知识的主要方式就是教师单向地灌输，学生被动地记忆，没有自己独立思考的空间，即使有疑惑向老师提出问题，也有可能因为不是考试内容而被驳回。学生学习知识扎实与否的判断标准就是考试成绩的高低，这也就意味着学习的目的就是考试。在这样的思维束缚下，大学生很难具备创新意识。创新能力的提升，要以创新意识的培养为前提，要善于发现问题、提出问题，敢于打破条条框框的约束，超越常规，挑战权威。

(2) 挖掘兴趣，善于思考。朱清时院士在总结创新能力提高的技巧时指出，出色的科学家之所以能源源不断地新成就，在于他们有从不枯竭的兴趣，并不断地培养自己的知觉，最后聚精会神地去研究。由此看来，新发明、新发现和发明家的思维习惯、学习精神是分不开的，这要求我们切实发现自己的真正兴趣，并把自己的兴趣推而广之，坚持不懈地沉浸在发现问题和解决问题的思考中。同时，要善于用逆向思维考虑问题的症结，不断地培养自己的直觉，并把思维的灵感火花及时保存，成为研究的新发现。此外，科学的态度很重要，这需要我们在思考问题的时候聚精会神，真正深入一个问题的每个层次中，否则效率的下降只会使瞬间的灵感消失。

(3) 开设专门的创新课程，培养大学生的创新能力。高等学校要根据创新人才培养的需要和学生创新思维与技能提高的需求，开设系列的专门课程。人的创造性思维其实并不神秘，而是有规律可循的。把创造性思维的规律很好地加以总结并有意识地传授给青年学生，可以帮助他们在创造发明的道路上逐渐从"必然王国"走向"自由王国"。在这方面，应有重点地教给学生一些最基本的科研方法，例如，如何选题，如何搜集、分析、整理资料，如何提炼论点(观点)，如何谋篇布局、安排论文结构，如何论证阐述，如何撰写论文等。同时，要有意识地布置一些综合性大作业或小论文题目，对学生进行科研的基本训练，老师加以必要的指导和辅导，使学生初步掌握科研的方法。

(4) 理论与实践相结合的理念。实践是检验真理的唯一标准，是运用学习的理论知识的唯一途径，也是创新的源泉创新能力培养离不开实践，而是在不断地解决实践问题的过程中锻炼培养的。理论与实践相结合的过程，实际是实践到创新、创新到实践的过程。高校必须树立明确的实践意识。

(5) 克服思维定式。思维定式是随着人的知识、经验的积累，形成的固定的思考问题、解决问题的方式。思维定式对解决一般问题、老问题是有效的，但对新的问题而言，往往就成了障碍。突破思维定式的主要途径与方法有以下两点。第一，要有创新意识，创新意识表现为绝不满足于现有的东西哪怕它在目前看来还很完美，而应该对现有的东西不断加以改进探索创造出更新的东西。与那种小胜则喜、故步自封、保守自大的观念截然相反，创新意识是一种强烈进取的意识，积极主动寻求变革，对新事物、新技术、新理论怀有浓厚的兴趣和敏锐的嗅觉，善于吸取并接受最新的技术和方法；第二，立体思维，人类生活在宇宙中的一个星球——地球上，所以正常的思维应有宇宙观、环球观、宏观、中观、微观、渺观。无论大和小，它存在的方式是立体的，而不是以点、线、面这种形式存在的。建立立体思维，并充分发挥我们的空间想象力。

9.2.5 沟通能力

1. 沟通能力概论

沟通能力包含表达能力、争辩能力、倾听能力和设计能力。沟通能力看起来是外在的东西，实际上是个人素质的重要体现，体现了一个人的知识、能力和品德。一般来说，沟通能力指沟通者所具备的能胜任沟通工作的优良主观条件。简而言之，人际沟通的能力指一个人与他人有效地进行沟通信息的能力，包括外在技巧和内在动因。其中，恰如其分和沟通效益是人们判断沟通能力的基本尺度。恰如其分是指沟通行为符合沟通情境和彼此相互关系的标准或期望；沟通效益，则指沟通活动在功能上达到预期的目标，或者满足沟通者的需要。人是社会的动物，社会是人与人相互作用的产物。马克思指出："人是一切社会关系的总和。""一个人的发展取决于和他直接或间接进行交往的其他一切人的发展。"因此，沟通能力是一个人生存与发展的必备能力，也是决定一个人成功的必要条件。在职场中，各行各业都需要沟通能力，因此具备良好的沟通能力，是大学毕业生就业所需的重要能力。

1) 沟通的基本流程

发送者发送一个编码，把信息传出去，排列这个编码要有一个渠道，到渠道的另一边要翻译成另外一种编码，被接受者接收。这样，沟通就形成了一个通路循环(见图 9-2)。这个过程可能会出现干扰因素，但是信息反馈可以抗干扰。

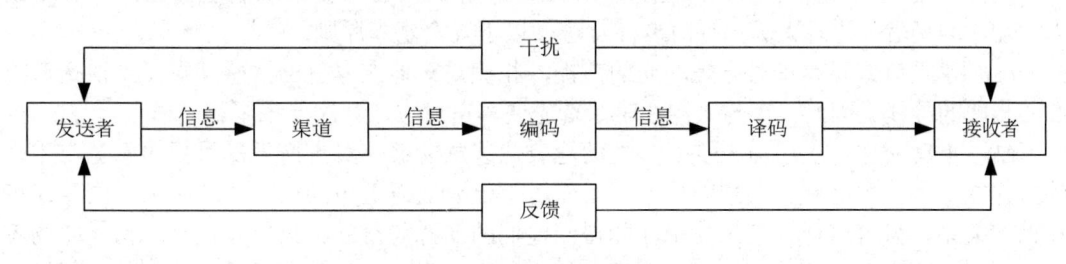

发送者 →信息→ 渠道 →信息→ 编码 →信息→ 译码 → 接收者
（干扰）
（反馈）

图 9-2　沟通的基本流程

2) 培养沟通能力的意义

在工作中，有效沟通的重要性表现在可以及时获取信息和传递信息，增强相互之间的了解，奠定互相帮助的基础，及时发现问题和化解管理矛盾，有助于提升员工工作的协调性，调动下属的工作积极性。

(1) 沟通可以互通信息，有助于提高工作效率和质量。企业高层领导之间、企业上下级之间、部门与部门之间、同事之间需要开展有效的沟通，通过有效沟通传递自己的信息，获取对方的信息，增进相互间的信息交流，有助于团队成员之间快速达成共识，形成统一的思想，有助于推动工作的顺利进展。在实际工作中，信息资料的搜集，需要沟通来实现的。通过交谈、网络、电话等媒介进行有效沟通，可以获取所需要的信息，为工作提供了丰富的信息，对提高工作效率有很大帮助。如果没有内部和外部的沟通交流，会影响工作的正常开展，降低工作效率和质量。

(2) 沟通可以增进了解，有助于化解矛盾和互相帮助。沟通是了解一个人思想认识、工作状态的一种有效手段，有效地沟通可以消除人与人之间的隔膜，缩短心与心之间的距离，增进相互间的理解和信任。沟通可以增进同事之间的了解，建立和巩固相互信任的基础，从而化解各种矛盾，避免工作中出现的各种麻烦。在单位内部的工作中，与领导层有效沟通，有助于迅速准确地领会领导意图；与同事之间有效沟通，可以增多彼此间的交往，增加互相帮助的机会，同时也有利于解决相互之间的矛盾；与平级部门和相关单位有效沟通，可以为相互之间的工作协调配合提供便利，从而促进工作开展。

(3) 沟通可以凝聚合力，有助于正向激励和促进团结。在任何企业中，如果沟通渠道不畅通，大家就无法表达自己的意愿、传递自己的信息，从而造成同事之间信息不通畅、感情不融洽、关系不协调的状况，以及下属得不到领导的激励、领导不了解下属的工作状态，团队内部会极度缺乏凝聚力，对工作正常推进，甚至对企业的正常运转会带来严重影响。

采取有效的沟通方式和畅通沟通渠道，员工有成绩的时候，可以获得领导的肯定与嘉奖，员工遇到困难的时候，领导可以及时发现问题和解决问题，有助于建立良好的人际关系与和谐工作氛围，对员工的激励和鞭策会及时得到传递，从而凝聚团队的合力。

有效沟通还具有心理保健作用，并且能够实现企业内部激励和鞭策作用。同事思想出现波动、情绪发生变化时，有效沟通可以了解和满足同事的感情需求，增进心理健康。管理者通过对员工的了解，根据不同员工的特点，可以有的放矢调动员工的积极性。

2. 职场的沟通原则

人际沟通的关键是要意识到他人的存在，理解他人的感受，既满足自己，又尊重别人。初入职场者在进行人际沟通时要注意遵循以下几个基本原则。

(1) 尊重对方。尊重对方是沟通的前提，礼貌是对他人尊重的情感外露，是谈话双方心心相印的导线。因此，在与人沟通时，首先要尊重对方，其次要多用礼貌语言。

(2) 主动交往。主动与人友好、主动地表达善意能够使对方产生受重视的感觉，主动的人往往令人产生好感。要想做好本职工作，不仅要取得上司的信任，还必须与同事保持和谐的关系，只有这样，在工作中才能得到他们的支持与帮助。只要有机会，初入职场者就要主动与同事多交流、多沟通。同事之间难免会出现一些误会和矛盾，很多初入职场的年轻人一遇到这种情况，就会马上质疑对方的人品，甚至上纲上线，以为对方有什么企图,最后决定以牙还牙。这样,双方的关系很快就会变僵。因此,初入职场,一定要做到宽容、与人为善。与同事出现了误会,首先要反思自身,然后主动想办法化解和消除。只有这样,人际关系才会更加顺畅。

(3) 信息组织。所谓信息组织就是沟通双方在沟通之前应该尽可能地掌握相关的信息,在向对方传递这些信息时,尽可能地简明、清晰、具体。初入职场的年轻人由于以前没有任何工作经验,在与人沟通时很容易给同事或上级一种"异想天开、脱离实际、年轻气盛"的感觉。降低或消除这种感觉最好的办法就是尽可能做好充分的准备,使自己的建议建立在事实基础之上从而具有说服力和可执行性,切不可仅凭借自己的观察和主观判断就提出问题,而且没有针对问题的解决方案。

(4) 找准立场。职场新人要充分意识到自己是团队中的后来者,也是资历最浅的新员工。一般来说领导和同事都是你在职场上的前辈。在这种情况下,新人在表达自己的想法时,应该尽量采用低调、迂回的方式。特别是当你的观点与其他同事有冲突时,要充分考虑到对方的权威性,充分尊重他人的意见,同时,表达自己的观点时也不要过于强调自我,而是应该更多地站在对方的立场考虑问题。

(5) 顺应风格。不同的企业文化、不同的管理制度、不同的业务部门,其沟通风格都会有所不同。如,人力资源部门的沟通方式与工程现场的沟通方式会不同。新人要注意观察团队中同事间的沟通风格,注意留心大家表达观点的方式。假如大家都开诚布公,你也就有话直说;倘若大家都喜欢含蓄委婉,你也要注意说话的方式,总之,要尽量采取大家习惯和认可的方式,避免特立独行,招来非议。

(6) 及时沟通。不管你性格内向还是外向,是否喜欢与他人分享,在工作中,时常注意沟通总比不沟通好许多。虽然不同文化的公司在沟通上的风格可能有所不同,但性格外向、善于与他人交流的员工总是更受欢迎。新人要利用一切机会与领导、同事交流,在合适的时机说出自己的观点和想法。

3. 职场中的沟通技巧

职场中的沟通技巧需要根据沟通对象不同进行差异化培养。

(1) 与上级的沟通技巧。一是,坦诚,主动沟通。初入职场,最为重要的就是要与人坦诚相待,给人留下坦诚的印象。在与上级沟通时,对工作中的事情不要力图保密和隐瞒,要以开放而坦率的态度与之交流,这样才能赢得上级的信赖。在实际工作中,任何人都难免犯错误。犯错误不要紧。重要的是要尽早与上级沟通,得到他们的批评、指正和帮助,同时取得谅解。消极回避,不仅不能取得上级的谅解,反而有可能让他们产生误解。二是,心怀仰慕,把握尺度。只有对上级怀有仰慕的心情,才能实现有效沟通。与领导交谈时,要有一个积极的心态,还要把握尺度。对上级交办的事情要慎重,看问题要有自己的立场和观点,不能一味附和,对领导者个人的事情,作为下属,不要妄加评论。对领导提出的问题发表评论时,应当很好地掌握分寸。三是,尊重权威,委婉交谈。与上级沟通时要采取委婉的语气,切不可意气用事,更不能放任自己的情绪。总之,下属与上级沟通要讲究方法、运用技巧。四是,与各种性格的领导打交道的技巧。由于个人的素质和经历不同,领导会有不同的领导风格。仔细揣摩每一位领导的不同性格,在与他们交往的过程中区别对待,运用不同的沟通技巧,会获得更好的沟通效果。

① 与控制型的领导进行沟通。控制型领导的性格特征是:强硬的态度;充满竞争心

态；要求下属立即服从；讲实际、果决，旨在求胜，对琐事不感兴趣。

沟通技巧：与控制型领导沟通，重在简明扼要，干脆利索，不拖泥带水，不拐弯抹角。面对这一类领导，无关紧要的话少说，直截了当、开门见山地谈即可。此外，他们很重视自己的权威性，不喜欢下级违抗自己的命令，所以应该更加尊重他们的权威，认真对待他们的命令，在称赞他们时也应该称赞他们的成就，而不是他们的个性和人品。

② 与互动型的领导进行沟通。互动型领导的性格特征是：善于交际，喜欢与他人互动交流；喜欢享受他人对他们的赞美，凡事喜欢参与。

沟通技巧：面对互动性领导，赞美的话语一定要出自真心诚意、言之有物，虚情假意的赞美会被他们认为是阿谀奉承，从而影响他们对你的整体看法。他们还喜欢与下级当面沟通，喜欢下级能与自己开诚布公地谈问题，即使对他有意见，也希望能够摆在桌面上交谈。

③ 与实事求是型的领导进行沟通。实事求是型领导的性格特征：讲究逻辑性，不喜欢感情用事；为人处世自有一套标准；喜欢弄清楚事情的来龙去脉；理性思考而缺乏想象力；是方法论的最佳实践者。

沟通技巧：与实事求是型领导沟通时，可以省掉话家常的时间，直接谈他们感兴趣而且实质性的内容。他们同样喜欢直截了当的方式，对他们提出的问题也最好直接作答。同时在进行工作汇报时，多就一些关键性的细节加以说明。

(2) 与下级的沟通技巧。一是，积极授权、传达信任。授权指上级将职权和职责授给某位下属，它是一门管理的艺术，充分合理的授权不仅能使领导者不必亲力亲为，把更多的时间和精力投入组织机构的大政决策上，更重要的是还能够充分表达对下属的信任。它对下属的激励作用是任何其他管理行为难以企及的。可以说授权所传达出的信任为上级与下属沟通打下了坚实的情感基础。二是，聊近距离，平等交流。下属对上级也往往存在各种各样的心态：试探、戒备、恐惧、对立、轻视、佩服、无所谓。作为领导者，要充分了解下属的心理和他们所关心的焦点问题，适时地与之进行有效沟通。交流伊始要重视开场白的作用，可以从日常生活话题开始，聊几句家常，开一点儿小玩笑，这样既可以消除对方的疑虑，又能拉近双方心理上的距离，在此基础上再引入正题，就很容易达到沟通的目标了。上级在围绕相关问题阐述自己的观点时，语气要平和，语调要自然，态度要和蔼，晓之以理。动之以情，多采用商量的口吻。

(3) 与同事的沟通技巧。一是，确立一种以和为贵的观念。与同事相处，难免会有利益上的或其他方面的冲突，处理这些矛盾的时候，首先想到的解决办法应该是和解。能始终与同事和睦相处，往往也极易赢得上司的信赖，因为人际关系的和谐处理不仅仅是一种生存的需要，更是工作上的需要。二是，尊重同事。在人际交往中，自己待人的态度往往决定了别人对自己的态度，因此，若想获取他人的好感与尊重，必须首先尊重他人。每个人都有强烈的友爱和受尊重的欲望。在某方面不如你的人，很可能因为自卑而表现出强烈的自尊，如果你能以平等的姿态与其沟通，对方会觉得受到极大的尊重，从而对你产生好感。因此可以说，没有尊重就没有友谊。三是，坚持一个原则：避免与同事产生矛盾。同事与你在一个单位工作，几乎天天见面，彼此之间免不了会有各种各样鸡毛蒜皮的事情发生，个人的性格、脾气秉性、优点和缺点也暴露得比较明显，尤其每个人的行为上的缺点和性格上的弱点暴露得多了，会引出各种各样的瓜葛、冲突。这种瓜葛和冲突有些是表面的，有些是背后的，有些是公开的，有些是隐藏的，种种不愉快交织在一起，很容易引发各种矛盾。为此，要非常理性地对待他人的缺点、弱点，多一点宽容。四是，与各种类型的同事打交道。每一个人都有自己独特的生活方式与性格。在任何一个组织中，总有些人是不易打交道的。职场人士必须要学会因人而异，采取不同的交往策略。

4. 提高沟通能力的有效途径

提升沟通能力可以从以下几个方面进行。

(1) 学会倾听。对方在说话时，你需要做到认认真真地倾听，并且及时地作出适当的回应，比如赞同地点头、微微地一笑。等对方说完，你再来表达自己对此的看法，让彼此的谈话更加融洽。这样，对方会觉得你很有耐心，也很尊重人，从而也就更愿意与你交流。

(2) 与上级沟通时，要避免过于消极被动。新人虽然初入职场，但对上级说话要以尊重、不卑不亢的态度，如果过分胆小或拘谨，不敢与上级沟通，可能会引起上级的轻视和反感。把握好技巧、把握好时机，及时向上级汇报工作情况，不要因为羞于启齿，发生了问题不敢和上司沟通，要是重要的消息没有第一时间让上级知道，可能会引起麻烦。沟通时要先把内容思路都整理好，整理清楚，在最短的时间里把关键问题向上级说明。

(3) 恰当使用自己的身体语言。自省的目的是我们检验自己以往使用身体语言是否有效，是否自然，是否使人产生过误解。了解了这些，有助于我们随时对自己的身体语言进行调节，使它有效地为我们的交往服务。不善于自省的人，经常会产生问题。在职场中，改变不良的身体语言的意义，是消除无助于沟通反而使沟通效率下降的不良的身体语言习惯。

(4) 选择正确的沟通对象。在职场上遇到困难时，选择沟通对象很重要。工作中的烦恼和教练说，不要和比自己水平低的人说；工作中的建议和上级说，不要和不能做决定的人说；工作中的壮志和贵人说，不要和没有出息的人说。

(5) 不同的场合，采用不同的沟通方式。不同的场合对于沟通的要求是不一样的。例如在公司与领导的沟通，在家里与亲人的沟通等。分清不同的场合与对象，可以让你的沟通更有效率。

(6) 掌握必要的沟通技巧并加以练习。有些人面临的困难是虽然很想与其他人很好地沟通，但总是不得要领。要向他人表达一个意思，始终说不清楚：本想与他人消除误会，但结果可能弄得更糟。沟通技巧是需要学习并加以练习的。日本的保险推销大师原一平刚刚加入保险公司时，业绩很差。后来他听从前辈的建议，从微笑开始训练，苦练沟通技巧。有人说："原一平的 38 种微笑价值百万。"美国著名作家奥格·曼狄诺称他为"世界上最伟大的推销员"。

9.3 员工帮助计划

9.3.1 员工帮助计划的概述

1. EAP 发展历程

员工帮助计划(Employee Assistance Program，EAP)最早起源于 20 世纪二三十年代的美国，当时美国的一些企业注意到员工的酗酒、吸毒和药物滥用等问题影响到员工的健康和企业的绩效，因此许多企业就设立一些专门的项目帮助员工解决这些问题。到了20世纪60年代，美国社会剧烈动荡，工作压力、家庭暴力、离婚、法律纠纷等问题常常困扰员工，影响员工的情绪和工作表现。因此，企业就采用员工帮助计划应对这些问题。现在，员工帮助计划已经发展到关注员工在工作中的心理和行为健康的方方面面问题。员工帮助计划的职能与人力资源管理中的员工关系职能有着密切的关系，因此在许多组织中，员工帮助计划是由人力资源部门牵头实施的，并且是与员工关系管理工作结合进行的。

2. EAP 内涵

EAP 是 20 世纪 70 年代以来在美国企业界所推行的一种福利方案，帮助员工解决社会、心理、经济与健康等相关方面的问题。对于 EAP 的定义，国内外至今尚未形成权威的界定标准，众多专家学者根据各自的理解进行了不同的阐述。综合国内外研究和文献，本书认为员工帮助计划即通过专业人员对企业进行诊断、建议，并对员工及其直属亲人提供的专业指导、培训和咨询，旨在帮助员工及其家庭成员解决各种心理和行为问题，以提高员工的工作绩效以及改善企业气氛和管理，使企业获得很大收益。

3. EAP 目标

国外员工帮助计划项目的相关研究表明，一个成功有效的员工帮助计划项目需要围绕员工个人、组织整体和国家社会三个层面的需求展开，其中个人和组织属于核心层面，并在三个层面分别达成预期目标，如图 9-3 所示。

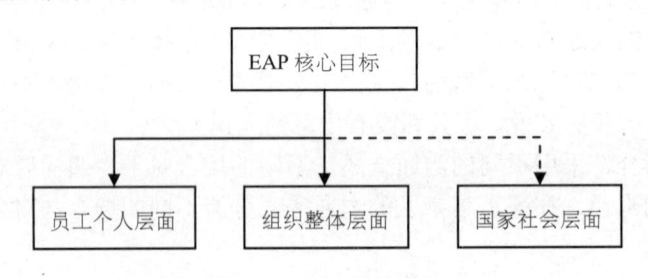

图 9-3 EAP 核心目标

1) 员工个人层面

员工个人层面，主要包含以下几个方面。

(1) 促进员工身心健康，指导其提高生活品质。

(2) 帮助员工解决工作、生活中各种心理困扰。

(3) 帮助员工缓解压力，降低压力对其自身的负向作用。

(4) 推进员工建立良好的人际及工作关系。

(5) 促进员工家庭和睦，改善夫妻和亲子关系。

(6) 促进员工工作与生活的平衡。

(7) 协助员工自我成长，引导生涯发展。

2) 组织整体层面

组织整体层面，主要包含以下几个方面。

(1) 丰富福利制度，满足员工不断变化和提升的需要，特别是心理层面需求。

(2) 优化组织承诺，增强员工在组织中的幸福感受。

(3) 提高员工各项满意度指标，增进员工的向心力和凝聚力。
(4) 改善组织氛围，提高员工士气。
(5) 降低关联管理成本，如离职率、缺勤率、意外事故率所导致的损失等。
(6) 通过对心理变量的干预来改善组织绩效。

3) 国家社会层面

国家社会层面，主要包含以下几个方面。
(1) 改善社会工作氛围，营造和谐的工作场所。
(2) 提高社会劳动生产力，提高整体工作绩效。
(3) 加速 GDP 增长，促进经济增长。
(4) 提高社会稳定性，减少工作场所问题带来的社会不稳定因素。
(5) 提高国民幸福感，带着快乐去上班。

4. EAP 特点

EAP 主要具有以下特点。

(1) 保密性。专业的 EAP 咨询机构恪守职业道德的要求，不得向任何人泄露资料，企业和员工都不必担心自己的隐私被泄露。

(2) EAP 服务对企业和员工双向负责。专业的 EAP 咨询机构为来访者的隐私保密，但是同时参与协调劳资双方的矛盾，有重大情况(如危及他人生命财产安全)和企业方及时沟通。

(3) EAP 服务为来访者建立心理档案，向企业提供整体心理素质反馈报告。

(4) EAP 服务方式多样，时间高度灵活，有面对面咨询，有分层次、分主题的小规模心理培训，有大规模心理讲座。

5. EAP 分类

EAP 根据不同视角可以有不同分类。

(1) 根据实施时间长短来划分，EAP 可分为长期和短期两种。长期的员工帮助计划是作为组织中一种常设的职能或者一个系统项目来实施的。短期的员工帮助计划是组织在某种特定状况下才实施的，比如并购、裁员或高失业率时期，在相对较短的时间内帮助员工解决一些特殊问题，或者帮助组织顺利度过一些特殊阶段。

(2) 根据服务提供者来划分，EAP 可分为内部员工帮助计划和外部员工帮助计划。内部员工帮助计划是建立在组织内部，配置专门的机构或人员，为员工提供服务。比较大型的和管理水平较先进的组织会建立内部员工帮助计划，内部员工帮助计划更贴近和了解组织及员工的情况，因而更能及时有效地发现和解决问题。外部员工帮助计划是由外部的专业机构进行运作的。专业服务机构往往能很好地满足员工的心理敏感和保密需求，容易使员工建立信任，而且这些服务机构在专业技能和经验方面也比较有优势。此外，如果没有实施经验以及专业机构的指导和帮助，组织想马上建立内部员工帮助计划会很困难，所以绝大多数组织都是先实施外部员工帮助计划，最后建立内部的、长期的员工帮助计划。

9.3.2 员工帮助计划的实施步骤

1. EAP 规划

完成任何一项复杂的事务都需要规划，EAP 服务更不例外。对于 EAP 的流程规划，方隆彰等提出了理性思考模型，如图 9-4 所示。该规划假设人是理性的，在规划过程中有很多条件可以被控制。当然，在实际规划时，每一步骤之间会有许多变化的可能，还需要靠经验来灵活处理。

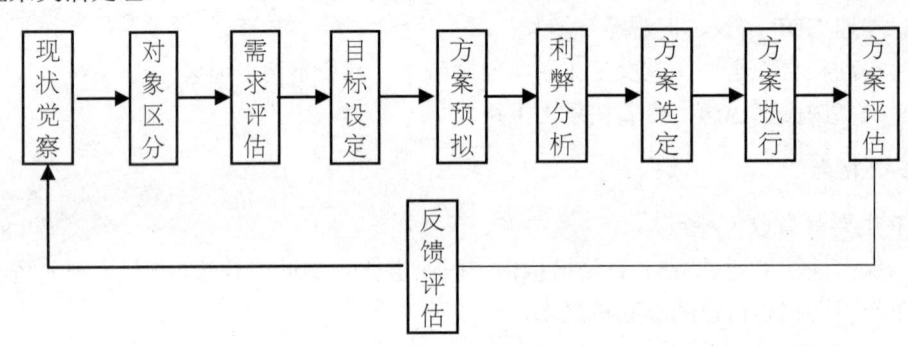

现状觉察 → 对象区分 → 需求评估 → 目标设定 → 方案预拟 → 利弊分析 → 方案选定 → 方案执行 → 方案评估
                                                                                    ↓
                                                           反馈评估

图 9-4　EAP 流程规划

(1) 现状觉察。任何 EAP 项目的产生，都起源于某些对现状的觉察。不论是希望解决问题，还是进一步提升和发展员工的素质，都必须先觉察到现状，对企业各个层面的员工做深入的了解，对已经出现或是可能出现的问题进行准确的诊断或预测。

(2) 对象区分。接着要了解的是当前出现的状况与哪些人有关，即群体间的差异。简单地说，就是要看看哪些员工可能具有这样的特点，以便明确对象的范围，为今后的工作做好准备。

(3) 需求评估。准确地区分对象以后，就应该进一步去了解他们有什么需求或明确问题是什么。调查或访谈是完成这一工作的有效手段。调查或访谈的对象应该涉及相关的重要他人，如部门负责人、同事等。掌握初步情况以后，还应该了解组织内现有的相关服务以及实际成效。另外，对于现有资料，如做过的调查或相关的记录等，也应该加以利用。只有通过多种渠道的深入调查，才能准确了解该组织需要提供的真正服务是什么。

(4) 目标设定。接下来的工作就是根据需求来设定目标。目标是方案执行的方向，也是过程评估与总体评估的标准。一般而言，目标又分为总体目标与阶段目标。总体目标是概括性的结果陈述，是比较理想化的抽象表达。阶段目标也就是子目标，它是对逐步实现最终目标的过程的说明，具有很强的操作性，通常是可测量、可观察的。

(5) 方案预拟。针对阶段目标预拟出各种可能的方案，并进行优化。这表明某一个目标可能需要同时准备几套方案才能完成，或者几套不同的方案皆可达成同一个目标。应该尽可能多地准备几套应对不同情境和突发事件的优化方案，以供比较和选择，同时在最大限度上规避方案实施后的风险。

(6) 利弊分析。接下来需要分析的是预拟的方案实施后可能带来的收益及隐患。没有任何方案可以在实施前就做到万无一失，有百利而无一害，因此，要针对每一个方案做可能的成本、效益的分析和比较。

(7) 方案选定。根据前一个阶段分析的结果决定选择哪些方案，被选定的方案称为行动方案，也就是实际要执行的方案。当然，方案的选定过程也是一个决策的过程，除了EAP方案本身所具有的一些特点之外，通用的决策方法与策略同样应该被应用到该方案的选定中来。

(8) 方案执行。方案选定后就应该开始执行。有时为了慎重起见，有的企业会选择在几个部门试行，经过一定时间的观察以后，对原有方案进行修订、改进，然后再在企业内全面推行。EAP在国内作为一个新兴行业，尚处于探索阶段，对不同性质、行业的企业而言，其项目的实施本身就无成法可循。对IT企业员工适用的EAP服务内容与方式不一定适合于银行员工，同样，适用于外资企业的方案也不一定适合国有企业。因此，在没有太多先例可供参考的前提下，通过局部试行的方式在实践中考验方案的可行性不失为一个好的选择。

(9) 方案评估。方案评估包括过程评估与结果评估。许多企业在实施EAP服务时往往忽略了过程评估的重要性。评估并非一个"结尾"的工作，相反，它应该贯穿于整个项目的始终。对于EAP服务各阶段、各内容的即时评估，可以帮助企业及时调整、修订方案，避免方案偏离目标，保障整个项目的准确、高效运行。在某种程度上，可以说过程评估的重要性甚至超过了结果评估，它是保障整个项目顺利进行并不断改善的基础。

(10) 反馈修订。评估的结果可以产生反馈的效果，作为下次执行类似方案或规划的参考。一般来说，实际达成目标与预定目标会有一定出入，有的是没有达到理想效果，有的是解决了另外一些没有预先规划的问题。因此，结果与目标之间的"差距"，或者说"距离"，就会使企业产生新的需求，需要重新或是继续进行下一步的EAP规划。

2. EAP需求评估

在运作EAP之前，一定要有一个完整而详细的EAP执行方案或计划。这个计划需要周全地考虑到有关EAP执行的各个方面，包括组织可提供的资源、组织内员工的特点等等，并据此为EAP计划确定目标。只有具备了明确的目标，EAP服务机构才能指导工作人员去搜集相关的信息、设计周密的执行方案、协调各部门的关系，并最终按步骤完成整个工作。

(1) 选择需求评估团队。要进行EAP的需求评估，首先需要一个专家团队。一个优秀的EAP需求评估团队应该具备各专业的人才。除此之外，为了配合团队的工作，还应该配备一名专业的EAP咨询顾问，该顾问能够站在一个中立、客观的角度来辅助该团队的工作并努力为其节约时间。最后，在启动该项目之前，还应该有一个资深的项目经理来帮助整个团队设立目标、制定时间表。整个团队明晰了工作方向以后，可以在内部选出一名负责人带领团队开始工作。

(2) 搜集数据。需求评估里应该概括大量的组织信息和数据。在考虑搜集什么类型的信息之前，应该掌握一个基本原则：数据应该从尽可能小的组织进行搜集，如各个部门或各个职级。这么做的原因是实施EAP以后，管理层很希望了解各组织单元产生的具体变化，以此来评价项目的效果。如果信息是从整个组织或较宽泛的范围收集的，就很难通过比较发现不同部门员工前后的变化。

3. EAP 宣传推广

目前在国内实施的 EAP 项目中，宣传发挥了极为重要的作用。作为 20 世纪末才在中国出现的新事物，国人对 EAP 的了解少之又少。即使是很多专业的心理工作者，当被问及何为 EAP 时，也多是一脸茫然。因此要想让他们相信 EAP、使用 EAP，宣传就成为头等大事。只有借助多种形式的推广，让人们更多地了解 EAP 的相关知识，他们才可能主动地使用其提供的服务。由此看来，宣传就有必要成为整体 EAP 项目的核心组成部分，在计划之初就给予充分关注。

(1) 第一阶段。本阶段既是宣传的第一阶段，也是整个 EAP 的开端。因此本阶段宣传的首要任务就是让所有组织人员了解 EAP、接受 EAP，能够主动地使用 EAP 的各项服务。为了达成这个目标，工作人员需要从多方面入手，使用多种宣传媒介全面介绍 EAP 的概念、EAP 的服务内容、EAP 的执行程序及员工如何获得 EAP 的帮助、如何监督 EAP 的执行等。同时，在本阶段也要注意对 EAP 工作人员的培训和教育，这是整体项目顺利执行的强力保证。培训的内容主要包括工作知识和工作制度两个方面，前者是为了工作者掌握必备技能，妥善完成工作，后者是为了规范其工作模式，提高其工作质量，两者缺一不可。

(2) 第二阶段。第二阶段宣传的目的主要是推动。推动整个项目更加顺利地实施，通过接受服务者的反馈，及时调整服务内容和形式，完善各方面工作，使组织人员能够享受到更为周到、贴心的服务。

(3) 第三阶段。本阶段是宣传的最后部分，同时 EAP 整体项目也进入了收尾阶段。这个时期的宣传主要目的有两个：首先是对全年的工作进行总结，发扬优点，找到不足，向组织高层领导汇报项目执行的过程和效果，并展望新一个周期的工作；其次，由于 EAP 这阶段的重点是评估工作，为了要得到员工的支持和配合，利用宣传手段呼吁员工积极参与问卷调查、访谈、反馈等工作，对推动评估的开展能起到很大的作用。

4. EAP 培训

一个完整的 EAP 心理培训体系，既应该涵盖纵向的各层次员工，即从最高管理层到一线员工，也应该包括横向的即各经营管理职能部门员工的培训。培训内容要服务于培训的目的和目标，既要科学系统，又要有适用性，还要考虑超前性。应考虑到不同层次的培训对象在工作和生活各方面的实际需求，并随着组织的发展不断更新培训内容。要使培训达到理想的效果，就必须根据不同组织的特点和不同的员工、不同的主题，来选择适当的培训方法。

(1) 职业心理健康培训。受全球化趋势、信息技术的快速革新、全球经济发展速度放缓、市场竞争加剧等因素的影响，员工面临更多的心理困扰，心理问题日益凸显，成为影响企业工作绩效的重要因素。职业心理健康培训的对象包括企业中的各级管理者及所有员工，其内容主要是传授讲解心理健康的基本常识，帮助员工建立科学的心理健康概念，培养健康、良好的自我形象，形成健康的思维与行为方式，学习预防并科学处理职业倦怠与心理枯竭现象。

(2) 压力管理培训。压力会对社会、企业及个人产生不同的影响。压力对整个社会造成的危害正在逐年上升，源于压力的各种疾病治疗、提前退休以及事故、伤残、抚恤等公共服务费用的支出远高于过去。另外，员工与管理者的压力问题每年都使企业承受巨大的经济损失。同时，一旦人体处于长期的压力之下，就会产生诸多的生理或心理疾病以及各种行为问题。通过压力管理课程，员工将学习辨识压力的征兆与症状，识别不同的压力源，分析影响压力的因素，掌握压力的应对与干预策略，规划和制定有效的自我压力管理方案，学会有效的放松方法，建立健康的生活方式。

(3) 工作与生活协调培训。都市工作的紧张、生活节奏的加快，都使现代人的生活失衡。而通过工作与生活协调的培训课程，将促进员工了解人生的意义，认清影响工作与生活平衡的因素，明晰自己的事业与生活目标，准确把握工作与生活的关系，合理协调工作与家庭生活。

(4) 积极情绪培训。情绪是心理活动的重要组成部分，渗透于人的一切活动中。人的每一活动都是在某种特定的情绪背景下进行的，并受其影响和调节。改变工作中消极的情绪，学会认识并控制自我情绪状态，掌握情绪表达的技巧与方法，学会轻松快乐地生活与工作，这些都是积极情绪培训要达到的目标。

(5) 人际关系能力培训。即通过培训提高人际合作交往能力。任何人都不可能生活在真空中，员工的工作绩效往往依赖于同事之间的通力合作，这就需要员工学会理解，学会人际的沟通，减少彼此间的冲突。

(6) 态度培训。员工工作态度对员工的士气及组织的绩效影响很大，通过培训，建立起组织与员工之间的相互信任，培养员工对组织的忠诚，培养员工应具备的责任和态度。员工通过态度培训可以知道组织希望他们以什么样的态度工作，这既是一种指导，也是一种约束。

9.4 职业再规划与再定位

9.4.1 职业再规划

1. 再规划内涵

职业生涯再规划不仅要求个人根据自身的主观因素和客观环境的分析，确立自己的职业生涯发展目标，选择实现这一目标的职业，以及制订相应的工作、培训和教育计划，并按照一定的时间安排，采取必要的行动实施职业生涯目标，更重要的是需要从之前的职业规划中汲取经验。

2. 再规划特点

职业规划应有具体的内容或措施，如设立具体的职业目标和规划实现目标的途径。我们需要考虑目标的合理性、方向的准确性，把相关的条件和问题梳理清楚。一个良好的职业再规划要比初次规划更精确，应该具备以下三个特性。

(1) 适时性。之所以进行规划是为了预测未来的行动，确定将来的目标，因此各项主要活动都应有时间和顺序上的妥善安排，以作为检查行动的依据。

(2) 适应性。规划未来的职业生涯目标往往牵涉到多种可变因素，因此规划应有弹性，以增加其适应性。

(3) 持续性。人生中的每个发展阶段应该能够持续连贯地衔接，在不同年龄阶段有不同的发展目标与步伐，需根据具体的情况和需要逐一完成。

3. 再规划流程

再规划流程包括以下四个环节。

1) 机会评估

职业生涯机会评估，主要是分析内外环境因素对自己职业生涯发展的影响。每个人都生活在一定的环境中，其成长与发展都与环境息息相关。所以，在制定个人的职业生涯规划时，也要分析环境的特点、环境的发展变化、自己与环境的关系、自己在特定环境中的地位、环境对自己提出的要求以及环境对自己有利与不利的条件等。只有对这些环境因素都有一个充分的了解，才能在复杂的环境中做到趋利避害，使自己职业生涯规划能够更好地发展与实现。

(1) 社会环境。社会环境对每个人的职业生涯乃至发展都有重大的影响。它不但能够影响到我们的职业，还能影响到我们生活的方方面面。通过对社会大环境进行分析，了解所在国家或地区的经济、法制建设发展方向，可以帮助我们寻求各种发展机会。个人生活在社会环境中，必然会受到社会价值观念的影响。在现实生活中，大多数人的价值取向在很大程度上都是为社会主体价值取向所左右的。一个人的思想发展、成熟的过程，其实就是认可、接受社会主体价值观念的过程，而社会价值观念也正是通过影响个人价值观来影响个人的职业选择的。

(2) 行业环境。职业生涯是在特定的行业、具体的企业中进行的。组织的行业环境将会直接影响到组织的发展状况，进而也就影响到个人职业生涯的发展。行业分析既包括对目前所在行业的环境分析，也包括对将来想从事的目标行业的环境分析。可以从下几个方面关注行业环境：①行业发展状况。首先应当了解自己现在从事的是什么行业？这个行业在我们国家的发展趋势如何？②目前的行业优势和问题。在这方面特别应关注的是行业目前存在的问题是可以改进或避免的还是无法消除的？行业是否具有优势和竞争力？这种优势会持续多久？③行业发展前景预测。对行业发展前景的预测可以从两方面来进行分析，一方面是行业自身的生命力，是否有技术、资金支持等，另一方面也要考虑和研究国家对相关行业的政策。政府往往会根据经济与社会发展状况对一些行业发布法规、政策，如对一些行业实施鼓励、扶持，对另一些行业则要限制发展。

那么，为了让大家清楚知道所处的社会环境对职业选择和职业规划的影响，职业再规划时务必弄清以下问题：①你所在地区的经济发展形势怎样？是发展很好，还是一般或者较差？这个地区能给你提供怎样的发展机会？②你所在的行业是处于发展上升时期，还是处于衰落时期？这个行业会为你提供哪些发展机会？机会有多大？③社会上将会出现哪些新兴的行业？哪些新兴的行业比较适合你的发展？④社会上还有哪些地方、哪些行业和哪些企业有更好的发展机会？⑤还有哪些重要的社会因素会影响到你的职业选择和职业发展？

(3) 组织环境。如果你已经在工作或者将要进入某一个组织工作，组织环境就会对你的职业发展产生重要的影响。通过对组织的内部环境进行分析，可以帮助你了解企业在本行业和新的发展领域中的地位和发展前景，以及组织产品在市场上的发展前景。

对组织的评估也是一个渐进的过程。在选择一个组织时，我们要尽可能地利用可以获得的信息，了解组织的基本情况。通过对组织进行分析得出结论，判断自己对组织发展战略、组织文化和管理制度的认同程度，了解组织结构发展的变化趋势及与自己有关的未来职务的发展预计。但是在进入组织后，随着对组织内部的进一步了解，还应对组织作出重新评估，以进一步明确自己的发展目标或作出重新择业的决策。

2) 设定职业目标

职业发展必须有明确的方向与目标，目标的选择是职业发展的关键，坚定的目标可以成为追求成功的驱动力。研究表明：一个人事业的成败在很大程度上取决于其有无适当的目标，凡是成功的人士往往都有明确的奋斗目标，那些没有奋斗目标的人则很难获得成功。因此，一个未来的成功者必须是一个目标意识很强的人。对于职业在规划中设立的目标要求如下。

(1) 可行的。就能力和特点而言，实现这个目标是现实的、可能的。

(2) 可控的。对于一些可能会最终影响到你实现目标的因素，能够有效控制。

(3) 明确的。只陈述某一特定的目标，并且在一段时间之内只集中于这一个目标。

(4) 属于自己的。制定的目标应该是自己真正想去做的事情，而不是别人强加给你的。

(5) 促进成长的。目标应该是对自己和他人均无伤害性或破坏性的。

(6) 可量化的。目标应当尽量以一种能够用数字加以量化的方式来表达，而尽量不要采用宽泛的、一般的、模糊的或抽象的形式。以一种可衡量的方式开始你的目标，使你可以在向目标迈进的过程中计算、控制或调整自己的进程。

3) 设定职业路线

一旦我们确定职业和职业发展目标之后，就面临着职业路线的选择。职业路线是指当一个人选定职业后从什么方向上实现自己的职业目标，比如是向专业技术方向发展，还是向行政管理方向发展。可以说，职业路线是整个人生规划的展开。

职业选择的重点是通过对自身因素和环境因素进行系统分析，权衡利弊，做出路线选择，挑出能够实现自己目标的最佳路线。在选择职业路线时，首先应该对职业各要素进行系统分析，主要是从以下四个方面。

(1) 我想往哪一路线发展？在这方面主要应当考虑自己的价值、理想、成就动机等主观因素，以便确定自己的目标取向。

(2) 我适合往哪一路线发展？在这方面主要应当考虑自己的性格、特长、经历、学历、家庭影响等一些客观条件对职业路线选择的影响，以确定自己的能力取向。

(3) 我可以往哪条路线发展？在这方面主要考虑自身所处的社会环境、政治与经济环境、组织环境等，来确定自己的机会取向。

(4) 哪条路线可以取得发展？一旦选定自己希望和适合的发展道路后，还应进一步综合分析各方面的因素，判断自己的这条职业目标的实现路线是否可以取得发展。

4) 反馈和修正

事物都是始终处在运动变化中的。由于自身及外部环境条件的变化，职业规划也要随着时间的推移而变化。它既是个人对自己的不断认识过程，也是个人对社会的不断认识过程，它是使职业规划更加有效的一个手段。在制定职业规划时，由于对自身及外界环境都不是十分了解，最初确定的职业生涯目标往往都是比较模糊或抽象的，有时甚至是错误的。经过一段时间的工作以后，有意识地回顾自己在工作中的言行得失，可以检验自己的职业定位与职业方向是否合适。

(1) 检查评估。正确的评估可以检查职业是否恰当，检查实现目标的可能性，还可以准确地将自己能力放在那些重要的地方。经常结合自身的个性特征和社会环境变化，对职业生涯规划设计进行评估，有利于及时发现自己特点与实现目标的匹配度是否存在变化。

(2) 修正目标。任何职业规划都不是一劳永逸，需要根据检查评估的结果进行修正和适当调整，使之更加符合自身职业特征和社会需求。修正目标的重点是细节和具体策略，细节会影响职业目标的实现，具体策略则会将修正的结果落实到实际行动中，确保取得成功。

9.4.2 职业再定位

1. 再定位内涵

在最初进入职场 1~3 年的时间属于职业探索期，很多人在这个时期内都要尝试不同的职业。也正是由于可尝试的机会太多，可选择的范围太广，反而使很多人变得更加迷茫，觉得无从选择。工作伊始的迷茫期很多人由于从事了自己不喜欢或者不适合的工作而选择了跳槽，可跳槽一段时间以后仍然觉得现在的工作不适合自己。但由于我们的职业生涯周期是有限的，所以客观上不允许我们不断地尝试和探索。

职业探索期的主要任务是通过尝试不同的职业，重新认识和评价自己及职业环境，修订最初的职业定位，进行职业再定位，使自己的职业偏好具体化、特定化，最终完成职业定位。

很显然，这个阶段越短越好，越短越有利于自己的职业成功。可事实上，在我国这个阶段的平均用时是 8.6 年，相当于我们整个职业生涯周期的四分之一左右。一般而言，一个有一定见地职业选择，必须同时符合兴趣、能力、价值观三个层面的要求。在职业咨询领域，有这样两组公式：

$$精力=优势+价值$$

很多人在职业中感到精力不足，通常要么就是这份职业并不能发挥他的优势能力，要么就是这份职业虽然能发挥优势能力，但无法满足他的核心价值。

$$专注=兴趣+能力$$

对于一份职业的专注度，不仅仅在于其兴趣的浓厚程度，也需要其能力作为专注工作的基本保障，二者缺一不可。

2. 再定位方法

职业定位是自我定位和社会定位两者的统一，一个人只有在了解自己和了解职业的基础上才能够给自己做准确定位。那么，职场中人在经过一段时间的尝试之后，发现最初的定位并不适合自己时，应该怎样进行科学的职业再定位呢？在进行职业再定位的时候，关键是要做好以下几点。

(1) 全面、客观、科学地认识和评价自己。包括自己的职业兴趣、职业能力和性格特征。自己的职业兴趣和职业能力是否在同一个领域？我们经常遇到的案例有两种情况：一种是根本不知道自己的职业兴趣是什么；另一种是自己的职业兴趣和职业能力不在同一个领域。对于第一种情况可以通过和专业的职业咨询师交流来发现自己的兴趣，也可以借助专业的职业兴趣测量工具来发现。对于第二种情况则需要专业的职业咨询技巧和知识对其兴趣和能力进行整合统一。

(2) 辩证的分析评价自己所从事过的职业。包括职业的工作内容、知识要求、技能要求、经验要求、性格要求、工作环境、工作角色等。分析自己哪一份工作做的时间最长？相对来说自己最喜欢所从事过的哪一份工作？喜欢这份工作的什么地方？不喜欢这份工作的什么地方？每次离职的根本原因是什么？每一次选择职业的真正动机是什么？等等。在这个过程中来发现自己的职业价值观是什么。

(3) 找出自己的职业竞争力。通过对自己所从事工作的分析，列出自己工作中所取得的成绩，找出是什么因素促使自己取得这些成绩的，从而发现自己的职业竞争力在哪里。

(4) 整合自己的兴趣、能力、职业价值观和职业竞争力。经过上面的三个步骤，对自己已经有了一个较全面客观的认识，接下来需要对职业环境进行分析，如行业现状、发展趋势、市场供求情况、竞争程度等。要了解自己和职业要求的差距，就需要仔细地比较各个方面要求的差距。你可能会有某种职业目标，但是每种目标带给你的好处和弊端不同，你需要根据自己的特点仔细地权衡选择不同目标的利弊得失，还要根据自己的现实条件确定达到目标的方案，在此基础上对自己的职业进行再定位。

9.4.3　员工再择业

1. 再择业内涵

择业就是择业者根据自己的职业理想和能力，从社会上各种职业中选择其中的一种作为自己从事的职业过程。而再择业通俗地来说就是跳槽，跳槽对于我们来说，早已不是一个陌生的字眼了，如果去除一些客观的因素，从心理学的角度来分析这一现象，可以认为这是由于相当一部分人对自己的认识不够深刻、全面，而造成角色定位的错误，于是选择再择业的方式来改变现状。

2. 审时度势

员工再择业需要考虑到职业发展趋势、就业形式和就业政策变化。

(1) 职业发展趋势。在社会需求的推动下，科学技术和经济在不断地发展变化，新的职业不断产生，而当社会需求不再存在时，过时的职业就会逐渐消亡。随着现代科学技术的广泛应用，职业分工越来越细，种类越来越多，知识、信息、科学技术含量高的现代职业特迅速发展。与此同时，现代职业对从业人员的任职要求也将越来越高。在职业产生与消亡的客观规律要求下，选择职业类型时不仅要考虑个人职业发展意愿，还要考虑社会需求趋势的变化。职业环境和职业的发展趋势是相互影响、相互制约的，我们需要对职业环境作出合理清晰的分析，抓住关键信息，对职业发展趋势作出合理正确的判断，这样才能更好地把握未来的就业机会与方向。

(2) 就业形势。改革开放四十年来，我国就业形势快速发展，在工业化、城市化、市场化、国际化的进程中，涌现出大量企业，为劳动者提供了一定的就业机会。然而与迅猛增长的劳动力供给量相比，就业岗位的增加依然显得"步履沉重"。技能型人才是我国经济快速发展的顶梁柱，为我国实现现代化作出了突出贡献。近年来，技能型人才占就业人数的比例在日益上升，经济越发达的地区，对高技能型人才的需求越大，国家更是出台了一系列政策，旨在大力发展职业教育、大力培养技能型人才。一个地区的就业形势往往与当地的经济发展水平相联系，一般来说，经济发达地区开放程度比较高，市场化和国际化运作相对正规，所以能为劳动者提供的就业岗位比较多。而我国幅员辽阔，各地区的经济发展水平存在着很大的差异，因此，各地的就业形势也就有所不同。总的来说，我国东部沿海地区的就业形势好于西部内陆地区，开放程度较高地区的就业形势好于开放程度较低的地区。

（3）就业政策。我国当前的就业政策主要是：市场调节就业、政府促进就业和鼓励创业。我国正从一个制造业大国向制造业强国转变，各行各业对技能型人才都有着很大的需求。在我国的现代化进程中，技能型人才严重短缺。同时，市场经济的双向选择机制也使得高职生必须面对激烈的市场竞争，凭借自己的专业实力和综合素质得到工作岗位，进而获得职业生涯的发展。

3. 职业选择

职业选择就是劳动者依据自己的职业期望和兴趣，凭借自身能力挑选职业，使自身能力素质与职业需求特征相符合的过程。可以说，职业选择是人生中最重要的选择之一。具体来说，职业选择可以分为两种情况：一种是初次选择职业，可根据对个人因素和环境因素的分析结果，选择自己的职业；另一种情况是已经在职人员，可根据个人因素和环境因素的分析结果，对自己所从事的职业进行一次核查，如有必要可以重新抉择。再择业无疑是第二种情况。

（1）职业选择的要素和条件。①应该清楚地了解自己的态度、能力、兴趣、智谋、局限和其他特征；②应该清楚地了解职业选择成功的条件及所需知识，在不同职业岗位上所占有的优势、劣势、补偿、机会和前途；③上述两个条件的平衡。在清楚认识、了解个人的主观条件和社会职业岗位需求条件的基础上，将主客观条件与社会职业岗位相对照、相匹配，最后选择一种职业需求与个人特长匹配相当的职业。

（2）择业动机。个体行为动机的强度取决于效价大小和期望值的高低。效价越大，期望值越高，行为动机就越强烈，即为达到一定目标将会付出更大努力。如果效价为零乃至负值，则表明目标实现对个人毫无意义，甚至会给个人带来负担。在这种情况下，目标实现的可能性再大，个人也不会产生追逐目标的动机，自然也就不会对此有任何积极性，付出任何的努力。如果目标实现的概率为零，那么无论目标实现的意义有多么重大，个人同样不会产生追求目标的动机。

第一步：确定择业动机。

$$择业动机 = 职业效价 \times 职业概率$$

其中：择业动机表明择业者对目标职业的追求程度，或者对某项职业选择意向的大小。职业效价则是指择业者对某项职业价值的评价。

择业动机公式表明，对择业者来讲，某项职业的效价越高，获取该职业的可能性越大，择业者选择该项职业的意向或者倾向就越大；反之，某项职业对择业者而言其效价越低，获取此项职业的可能性越小，择业者选择这项职业的倾向也就越小。至此，劳动者要作出最后的职业选择决策，尚需进行第二步的活动。

第二步：比较择业动机，确定选择的职业。

择业者在对其视野内的几种目标职业进行了价值评估和获取了该项职业可能性的评价后，在测定对几种职业的择业动机的基础上，横向进行择业动机比较。择业动机是对职业的全面评估，它已经对多种择业影响因素都进行了全面考虑与利弊得失的权衡。一般来讲，多都应以择业动机分值高的职业作为自己的选定结果。

4. 职业决策

在进行职业决策时，必须以你对自身特征，尤其是你的技能和工作价值观和对相关职业前景的了解为基础。因此，职业选择应当符合以下三条原则。

(1) 兴趣原则：所选择的职业应当与自己的兴趣、性格相吻合，以使自己热爱这一职业。

(2) 匹配原则：所选择的职业应当与自己的综合素质相匹配，以使自己适应这一职业。

(3) 价值观原则：选择的职业应能体现出自己的真正价值，以不断发展自己，升华自己。

在我们挑选职业的同时，社会也在挑选我们。因此，如果能将个人素质和社会需要统一起来，我们就能更快更好地达到目的。为此，也就需要我们认真了解社会的需要，认识自己的素质特点，分析个人与社会的最佳结合点。实际上，如何综合考虑各方面因素，作出合理的职业选择，一直都是职业生涯管理中一项非常重要的内容。

参 考 文 献

[1] 曹薇. 大学生职业生涯规划与就业指导[M]. 西安：西安电子科技大学出版社，2019.
[2] 陈飞虎，赵广平. 个案概念化：发展、困境及整合模型[J]. 心理技术与应用，2021，9(08)：495-503.
[3] 陈伟，冷耀明，汪华. 职业生涯规划[M]. 北京：北京邮电大学出版社，2011.
[4] 崔楠，胡洋红，徐岚. 组织中的角色压力研究——整合研究框架及未来研究方向[J].软科学，2014，28(09)：82-86.
[5] 狄佩佩，乔亮，王素芳. PDCA 循环理论在大学生职业生涯规划教育中的应用[J]. 中国大学生就业，2022(04)：11-16.
[6] 何尊. 职业生涯规划与心理咨询相融合的辅导员谈心谈话模式研究[J]. 甘肃教育研究，2022(01)：95-98.
[7] 胡恩立. 大学生就业指导[M]. 北京：高等教育出版社，2021.
[8] 黄俊，杨晓春. 论中职生职业生涯规划教学研究的效果评估方案[J]. 职业技术，2017，16(02)：91-93.
[9] 霍彧. 现代职业人就业指导篇[M]. 2 版. 苏州：苏州大学出版社，2019.
[10] 蒋乃平. 职业生涯规划[M]. 5 版. 北京：高等教育出版社，2020.
[11] 李金亮，杨芳，周欣. 大学生职业生涯规划[M]. 长沙：湖南教育出版社，2019.
[12] 李庆奇，李智锋. 大学生职业生涯规划与就业指导[M]. 北京：科学出版社， 2017.
[13] 林枚，李隽，曹晓丽. 职业生涯开发与管理[M]. 北京：清华大学出版社，2010.
[14] 柳君芳，姚裕群. 职业生涯规划[M]. 3 版. 北京：中国人民大学出版社，2018.
[15] 清华大学职业能力发展研究中心. 初入职场 ABC：毕业生如何迈好职业生涯第一步[M]. 北京：化学工业出版社，2017.
[16] 任占忠，陈永利. 大学生职业适应指导[M]. 北京：北京交通大学出版社，2013.
[17] 邵晓红. 大学生职业生涯发展规划的设计与实施[M]. 北京：北京大学出版社，2009.
[18] 石洪发. 大学生职业生涯规划[M]. 北京：北京理工大学出版社，2020.
[19] 汤海滨，王克进. 职业规划——理论测评与分析[M]. 北京：清华大学出版社，2017.
[20] 通识教育规划教材编写组. 大学生职业生涯规划(慕课版 双色版)[M]. 北京：人民邮电出版社，2019.
[21] 王波. 大学生职业生涯与就业指导[M]. 成都：电子科技大学出版社，2016
[22] 王君，陈天勇. 职业压力源量表的编制及信效度检验[J/OL]. 中国健康心理学杂志：1-11[2022-04-14].
[23] 王新庆. 职业素养教程[M]. 北京：清华大学出版社，2019.
[24] 王学梅，冯美德，傅翔. 大学生职业生涯规划与就业指导实务[M]. 武汉：中国地质大学出版社，2011.
[25] 王莹. 大学生职业生涯规划[M]. 北京：清华大学出版社，2019.
[26] 吴延水. 工作压力研究综述[J]. 科技风，2012(23)：276-277.
[27] 徐伟. 职业生涯规划与就创业指导职业导航[M]. 北京：北京理工大学出版社，2018.
[28] 徐笑君. 职业生涯规划与管理[M]. 成都：四川人民出版社，2008.
[29] 张慧典，陈欣. 新时代大学生职业生涯规划教程[M]. 厦门：厦门大学出版社，2019.
[30] 张萍. 职业生涯咨询中的职业价值观探索[J]. 黑龙江人力资源和社会保障，2021(19)：69-72.
[31] 张秋梅. 中日高校职业生涯教育途径比较研究[D]. 延吉：延边大学，2019.
[32] 赵秋，黄妮妮，姚瑶. 大学生就业指导[M]. 北京：北京师范大学出版社，2017.
[33] 赵甜蜜. 工作压力管理[J]. 经营管理者，2005(08)：58-59.
[34] 郑成婧. 企业职工压力问题及管理举措[J]. 现代企业，2021(01)：76-77.
[35] 郑美群. 职业生涯管理[M]. 北京：机械工业出版社，2010.
[36] 周明星，咸桂彩. 现代职业生涯设计[M]. 北京：清华大学出版社，2007.
[37] 周晓璐. 工作的量身定位：职业生涯咨询：Career counselling[M]. 上海：上海人民出版社，2015.
[38] 周晓璐. 美、澳、日三国职业生涯咨询的比较研究[J]. 外国中小学教育，2015(3)：5.
[39] 周志远，曹俊伟. 大学生职业生涯发展规划与就业指导[M]. 北京：科学出版社，2010.
[40] 左丹，谷子菊. 大学生职业发展与就业指导[M]. 杭州：浙江工商大学出版社，2017.
[41] 杨兆辉. 大学生创新创业基本能力训导[M]. 北京：电子工业出版社，2020.
[42] 吴兴惠，许芳，白军福. 大学生职业生涯规划与就业创业指导[M]. 北京：人民邮电出版社，2021
[43] 韦巍. 中层干部六大核心管理技能训练[M]. 上海：上海社会科学院出版社，2016.
[44] 张西超. 员工帮助计划[M]. 北京：中国人民大学出版社，2015.
[45] 陈思炜. 知己知彼：职业定位、规划与发展[M]. 上海：上海大学出版社，2021.
[46] 通识教育规划教材编写组. 大学生职业生涯规划[M]. 北京：人民邮电出版社，2019.